三神之战

罗马,波斯与阿拉伯帝国的崛起

The War of the Three Gods:
Romans, Persians and the Rise of Islam

Peter Crawford

〔英〕彼得·克劳福德 著

郝福合 译

上海译文出版社

Peter Crawford
THE WAR OF THE THREE GODS: ROMANS, PERSIANS AND THE RISE OF ISLAM
Copyright @ 2013 by PETER CRAWFORD
This edition arranged with Pen & Sword Books Limited
through BIG APPALE AGENCY, INC., LABUAN, MALAYSIA.
Simplified Chinese edition copyright:
2024 Shanghai Translation Publishing House (STPH)
All rights reserved.

图字：09-2023-0042号

图书在版编目(CIP)数据

三神之战：罗马，波斯与阿拉伯帝国的崛起 / (英)彼得·克劳福德(Peter Crawford) 著；郝福合译．——上海：上海译文出版社，2024.11. -- ISBN 978-7-5327-9638-0

Ⅰ. K13

中国国家版本馆 CIP 数据核字第 2024VK0988 号

三神之战：罗马，波斯与阿拉伯帝国的崛起
[英]彼得·克劳福德 著 郝福合 译
责任编辑/宋　金　装帧设计/张志全工作室

上海译文出版社有限公司出版、发行
网址：www.yiwen.com.cn
201101　上海市闵行区号景路159弄B座
山东韵杰文化科技有限公司印刷

开本 890×1240　1/32　印张 10.5　插页 6　字数 160,000
2024年11月第1版　2024年11月第1次印刷
印数：0,001—6,000 册

ISBN 978-7-5327-9638-0
定价：72.00元

本书中文简体字专有出版权归本社独家所有，非经本社同意不得转载、摘编或复制
如有质量问题，请与承印厂质量科联系。T：0533-8510898

目 录

地图列表	……001
历代君主	……001
导言	……001
第1章 走向公元600年的罗马与萨珊	……007
第2章 篡位者之战与希拉克略起义	……037
第3章 "老兵出阵"	……053
第4章 "攻城槌已触墙"	……079
第5章 新来挑战者	……098
第6章 伊斯兰风暴	……120
第7章 穆斯林战兽肆虐（636）	……145
第8章 告别叙利亚和美索不达米亚	……176
第9章 夺罗马粮仓，断波斯国祚	……199
第10章 国主俱亡，三神存二，一雄胜出	……232
第11章 盛宴继续：从大西洋到印度洋	……246
尾声	……263
原注	……270
参考书目	……288
索引	……301

地图列表

（地图均由费伊·克劳福德［Faye Crawford］绘制。）

疆域图

罗马帝国（600） ······ 009

萨珊波斯（600） ······ 023

罗马帝国与波斯帝国（626） ······ 080

阿拉伯半岛 ······ 101

伍麦叶哈里发帝国与罗马帝国（750） ······ 249

战势图

罗马—波斯战争（611—624） ······ 055

希拉克略东征（624—628） ······ 073

希拉克略东征（627—628） ······ 090

里达战争（632—633） ······ 114

哈立德入侵伊拉克（633） ······ 127

哈立德与穆斯林入侵叙利亚（634） ······ 140

进军耶尔穆克（634—636） ······ 149

罗马属叙利亚失陷（636—637） ······ 181

进攻安纳托利亚和亚美尼亚（637—638） ······ 184

入侵埃及（639—642） ······ 206

穆斯林征服波斯 ······ 229

城市平面图

安条克 ······ 058

耶路撒冷 ······ 061

君士坦丁堡 ······ 084

泰西封 ······ 192

交战图

乌胡德之战（625） ······ 107

壕堑之战（627） ······ 108

瓦拉贾之战（633）：

    布阵 ······ 129

    包围 ······ 130

耶尔穆克之战（636）：

    布阵 ······ 152

    第二天，第一阶段 ······ 154

    第二天，第二阶段 ······ 155

    第三天，第一阶段 ······ 156

    第三天，第二阶段 ······ 156

    第六天，第一阶段 ······ 159

    第六天，第二阶段 ······ 160

    第六天，第三阶段 ······ 161

卡迪西亚之战（636）：

    布阵 ······ 167

    第一天，第一阶段 ······ 169

    第一天，第二阶段 ······ 170

    第三天，第一阶段 ······ 172

    第三天，第二阶段 ······ 172

    第四天，波斯军队溃败 ······ 174

杰卢拉之战（637）：
    布阵 ······ 195
    卡卡侧攻 ······ 197
纳哈万德之战（642）：
    布阵 ······ 221
    穆斯林进攻 ······ 224
    波斯军队进攻 ······ 225
    穆斯林反攻 ······ 226

历代君主

罗马皇帝（从查士丁尼一世到君士坦丁五世）
查士丁尼一世（Justinian I, 527—565）
查士丁二世（Justin II, 565—578）
提比略二世（Tiberius II, 578—582）
莫里斯（Mauricius, 582—602）
福卡斯（Phocas, 602—610）
希拉克略（Heraclius, 610—641）
赫拉克洛纳斯（Heraklonas, 641）
君士坦丁三世（Constantine III, 641）
君士坦斯二世（Constans II, 641—668）
君士坦丁四世（Constantine IV, 668—685）
查士丁尼二世（Justinian II, 685—695）
莱昂蒂乌斯（Leontius, 695—698）
提比略三世（Tiberius III, 698—705）
查士丁尼二世（复辟）(705—711）
巴尔达尼斯（Bardanes, 711—713）
阿纳斯塔修斯二世（Anastasius II, 713—716）
狄奥多西三世（Theodosius III, 716—717）
利奥三世（Leo III, 717—741）

"粪名"君士坦丁五世（Constantine V Copronymus, 741—775）

波斯皇帝（从库思老一世到伊嗣俟三世）
库思老一世（Khusro I, 531—579）
霍尔米兹德四世（Hormizd IV, 579—590）
巴赫拉姆六世·楚宾（Bahram VI Chobin, 590—591）
库思老二世（Khusro II, 590—628）
卡瓦德二世（Kavad II, 628）
阿尔达希尔三世（Ardashir III, 628—630）
沙赫巴勒兹（Shahrbaraz, 630）
库思老三世（Khusro III, 630）
布兰（Buran, 630—631）
阿扎尔姆公主（Azarmigduxt, 631）
霍尔米兹德五世（Hormizd V, 631—632）
霍尔米兹德六世（Hormizd VI, 632）
卑路斯二世（Peroz II, 632）
库思老四世（Khusro IV, 632）
库思老五世（Khusro V, 632）
伊嗣俟三世（Yazdgerd III, 632—651）

穆斯林四大哈里发
阿布·伯克尔（Abu Bakr, 632—634）
欧麦尔（Umar, 634—644）
奥斯曼（Uthman, 644—656）
阿里（Ali, 656—661）

伍麦叶王朝哈里发

穆阿威叶一世（Mu'awiya I, 661—680）

耶齐德一世（Yazid I, 680—683）

穆阿威叶二世（Mu'awiya II, 683—684）

马尔万一世（Marwan I, 684—685）

阿布德·马利克（Abd al-Malik, 685—705）

瓦立德一世（Al-Walid I, 705—715）

苏莱曼（Sulayman, 715—717）

欧麦尔二世（Umar II, 717—720）

耶齐德二世（Yazid II, 720—724）

希沙姆（Hisham, 724—743）

瓦立德二世（Al-Walid II, 743—744）

耶齐德三世（Yazid III, 744）

易卜拉欣（Ibrahim, 744）

马尔万二世（Marwan II, 744—750）

导 言

公元七世纪的历史地位举足轻重，然而却被严重低估。其时所处阶段出现于五世纪西罗马帝国灭亡之后，被轻描淡写地称作"黑暗时代"。此提法无疑措辞失当。在该术语所特指的西欧，这一时期并不黑暗，文化暗夜当然也未蔓延至东方。虽有盛衰起落，罗马帝国犹称雄地中海，而在中东，与之交锋最久的宿敌萨珊波斯帝国仍构成挑战。但这并不意味着七世纪的东地中海和中东地区未经巨变。最初三十载罗马与波斯再起干戈，或类乎以往数百年。东西军事对抗肇始于亚历山大大帝的征服乃至更早，已延续多个世纪，而此战判然有别。因宿命使然，罗马与波斯的最新冲突不仅至为惨烈，且是终极对决。

长久以来，罗马—波斯战争仅为短时恶斗，却少有胜负，多无果而终。最有力的证明莫过于，罗马人与伊朗高原统治者虽断续交锋近七百年，双方边界却无大改。历次征战或规模小，或为时短，几乎未给两帝国造成变化。602 至 628 年的战争则全然不同。此战中，大片领土易主近二十载，双方将上演政教阴谋，展开精心部署的大战与围城，致罗马帝国濒临覆灭。尽管在战火消歇时领土状况恢复如初，双方却因持久恶战而彻底改变：一方自此一蹶不振，另一方虽余八百年国祚，却前后迥然，后世史家只得易其名称。唯有战争可致此剧变，而促变之因还不止于罗马与波斯重启战端。希拉克略和库思老的交兵虽破坏巨大，所反映的七世纪情状却不足一半。二宿敌鏖战正酣而致两败俱伤之际，长期被认为专事贸易和袭掠的边陲荒漠正历经宗教巨变。

谈及七世纪,伊斯兰教的创立也许最广为人知,而善战信徒以新教名义实现的伟大军事征服却远不及前者闻名。受初建信仰激励,穆斯林先是一统阿拉伯半岛,继而对罗马和波斯的传统霸主地位发起挑战,并将之彻底推翻。先知穆罕默德逝后不到一代,经由一系列卓越战役和重大战斗,凭借政教上巧施宽容政策,伊斯兰教及信徒取得人类历史上最辉煌的军事征服之一,朝着完全改变中东乃至整个地中海地区、中亚、印度次大陆历史进程的方向跨出了重要一步。

七世纪带来了古典世界的落幕。

史料来源

七世纪极为重要,理当有大量宗教、世俗和考古史料存世。史料出自罗马、波斯、穆斯林、西欧或中国,来源众多。在罗马帝国,有狄奥菲拉克图斯·西莫卡塔①(Theophylactus Simocatta)的历史著作,他也许是普罗柯比②(Procopian)一脉最后一位史家;有皮西迪亚的乔治③(George of Pisidia)所写的政治诗歌,作者曾亲历626年君士坦丁堡围城战;有《复活节编年史》等匿名著

---

① 狄奥菲拉克图斯·西莫卡塔,七世纪初东罗马帝国史学家,被认为是晚古时期最后的史家,所著《历史》记述皇帝莫里斯在位期间(582—602)的史实。本书脚注除非特殊说明,否则均为译注。
② 普罗柯比(约500—约562),东罗马史学家,记载亲历和为自己熟悉的查士丁尼时代的内外政事,著有《查士丁尼战争史》《论查士丁尼时代之建筑》《秘史》。普罗柯比时代(公元六至七世纪)是东罗马首个修史时期,当时的史学家主要包括普罗柯比、阿加提阿斯·斯科拉丝蒂卡斯、狄奥菲拉克图斯·西莫卡塔。
③ 皮西迪亚的乔治,七世纪东罗马帝国诗人、史学家,曾随希拉克略征战。

作,或安条克的约翰①(John of Antioch)等人的残篇;有皇帝莫里斯一世所著的《战略》,该书不只述及罗马军队的组织,也谈到萨珊人、阿瓦尔人、斯拉夫人的军队;有追述历史的书籍,如尼基弗鲁斯②(Nikephorus)和狄奥法内斯③(Theophanes)等后世史家之作;有尼基奥的约翰④(John of Nikiou)对穆斯林入寇埃及的亲历记载、亚美尼亚的《库思老历史》(作者被误认为是塞比奥斯⑤[Sebeos]),很久以后莫夫谢斯·达斯祖兰奇⑥(Movses Dasxuranci)的《高加索阿尔巴尼亚王国历史》等区域史籍则让人们对七世纪获得更多了解。

波斯虽盛行口头传统,但在库思老一世治下,后期萨珊著述繁荣一时,涌现出大量哲学、神学、医学、政治学著作。库思老二世继续推动著书立说,汇集伊朗的民族历史故事,辑成《列王传》。当然,除神话、传说、历史和通篇的娱乐色彩之外,该书亦给人以道德、社会、政治等诸方面教益,故应审慎对待。¹ 同时须指出的是,对萨珊帝国及其宗教的了解多源自古迹、庙宇、钱币,而最重要来源当属沙普尔一世、纳尔西斯⑦(Narses)、大祭司克尔蒂尔(Kirdir)以及库思老二世的铭文和浮雕。²

---

① 安条克的约翰,七世纪史学家,其著作仅有残篇存世。
② 尼基弗鲁斯(约758—829),君士坦丁堡牧首、史学家,著有记述602至769年东罗马帝国大事的《简史》。
③ 狄奥法内斯(约752—约818),东罗马帝国史学家,所著《编年史》是关于七至八世纪东罗马帝国的重要史籍。
④ 尼基奥的约翰,尼基奥(尼罗河三角洲西南古城)科普特基督教主教,生活于七世纪。
⑤ 塞比奥斯,七世纪亚美尼亚史学家。
⑥ 莫夫谢斯·达斯祖兰奇,亚美尼亚史学家,约生活于十一世纪。
⑦ 东罗马帝国莫里斯时期的东境统帅、亚美尼亚裔将军。注意不要与查士丁尼一世时期的另一位宦官名将纳尔西斯以及后文的萨珊波斯国王纳尔西斯(293至302年在位)混淆。

阿拉伯文化也倚重历史的口口相传，而对阿拉伯人乃至整个世界而言，七世纪最知名、最重要的史料却是书面文献《古兰经》。该书不仅是伊斯兰教的基石，亦可用以还原该教初创时阿拉伯半岛的状况，正如《新约》可用以再现公元一世纪初朱迪亚①的情形。《古兰经》的笔法与伊本·伊斯哈格②（Ibn Ishaq）、拜拉祖里③（Baladhuri）、塔巴里④（Tabari）等人的存世著作有重大区别，原因或在于，直到建立自己的世界帝国后，阿拉伯人方充分认识到成文史的价值。

　　由于伊斯兰教外传，且罗马人依旧在意大利活动，东西方的远地史料亦可提供额外信息。中国文献述及波斯萨珊王朝最后数十年的境况以及穆斯林与中国之间的早期军事对抗，而《教宗名录》和助祭保罗⑤（Paul the Deacon）的著作等宗教文献记载有七世纪末或八世纪初西方诸国与罗马人以及后来伊斯兰征服者的冲突。

　　不过，七世纪的史料虽大量存世，但由于当时缺乏可比肩塔西佗⑥（Tacitus）、阿米亚努斯·马塞里努斯⑦（Ammianus Marcellinus）、普罗柯比等人的杰出史家，对其研究严重不足。该状况也许在罗马—波斯战争中体现最为显著：各事件已被基本证实，对许多重要战斗却语焉不详。数十年后，穆斯林文献对此有

---

① 朱迪亚，古巴勒斯坦南部地区，今巴勒斯坦南部和约旦西南部。
② 伊本·伊斯哈格（约704—约767），阿拉伯史学家，最早辑录穆罕默德生平事迹的作者。
③ 拜拉祖里，九世纪阿拉伯史学家，著有《伊斯兰国家之起源》。
④ 塔巴里（约839—约923），阿拉伯史学家，《古兰经》注释家，著有《历代先知与帝王史》。
⑤ 助祭保罗（约720—约799），伦巴第人、史学家，著有《伦巴第史》。
⑥ 塔西佗（约56—约120），古罗马史学家，著有《编年史》和《历史》。两书分别记载公元14至68年以及公元69至96年的史实，现仅存残篇。
⑦ 阿米亚努斯·马塞里努斯（约330—约395），古罗马史学家，著有《大事编年史》。该书记载公元96至378年间的罗马历史。

所弥补，却又出现新问题。尽管较之沙赫巴勒兹（Shahrbaraz）、沙欣（Shahin）、希拉克略的胜仗，对耶尔穆克（Yarmuk）、卡迪西亚（Qadisiyyah）等大战的记载要详细得多，但由于史籍为后世所撰，以口头讲述为据，故有欠准确，时序问题尤为突出，使得对先后事件的理解愈加困难。

为弥补众多知识空缺，早期穆斯林史家往往笔法夸张、大事渲染、描述重复，著作的可靠程度再被削弱，学者只得另寻独立佐证。遗憾的是，后世罗马史籍同样时序混乱，原因或在于，作者曾参考阿拉伯史料及口头讲述。后世罗马著述多有潜在的茫然情绪，似乎时过数十载乃至数百年，仍无法解释当初帝国的危局与宿命。不足为奇的是，七世纪的萨珊文献同样有失传或失真问题，或毁于穆斯林征服，或被阿拉伯学者擅用，因移译而走样。然而，史料虽有缺憾，但不应抹杀或无谓质疑其中的史实。唐纳、肯尼迪、霍华德-约翰斯顿等几位现代史家已竭尽所能，向世人证明这些文献可用以重构罗马与波斯的终极一战、伊斯兰崛起，以及整个七世纪的历史。[3]

拼写及术语

七世纪时局丕变，多种文化间的冲突以拉丁语、希腊语、亚美尼亚语、中古波斯语、阿拉伯语等诸多文字载于史册，须确立拼写与地名规范。为此，笔者弃用希腊语，而沿袭罗马名更传统的拉丁化拼法，如采用 Heraclius（希拉克略），而非 Heraklios，采用 Mauricius（莫里斯），而非 Maurice 或 Maurikios。因转译希腊语和拉丁语后变化巨大，许多波斯与阿拉伯名字更难处理。最典型的例证或许是波斯皇帝库思老，其名 Khusro 拼法繁多：Khusrow，Khusrau，Khosrau，Chosroes，Xosro，Xosrov，不一而足。笔者坦承对这些文字一无所知，故并未试图遵循任何语言惯例，而是力求保持拼写一致，希望不会给读者造成人物或地点的识别困难。

笔者以为，即使在阿拉伯大征服后，罗马帝国的架构仍大体未变，尽管语言上未必如此，故使用"罗马帝国"代替"拜占庭帝国"的提法，例外仅见于其他作者的直接引文。再者，出现在主战区北部欧亚草原的各部落联盟究竟源自何族，笔者无意参与讨论。因此，首提这些民族时，对其渊源将附以简要说明，再使用"阿瓦尔人""突厥人"等较传统或笼统的提法。至于穆斯林哈里发国家的部落构成，提法则更为笼统。在穆斯林扩张早期，对不同的阿拉伯部落有所提及，而当伊斯兰军队进入主战区后，则将之大致视作同一群体。

城邑和地区名多用古称，并附以现称或临近地名，以助识别；有些古称更为知名，则不附现称，如君士坦丁堡不再解释为今伊斯坦布尔。

当然，倘有讹舛，致读者疑惑，责任完全在我。

第 1 章　走向公元 600 年的罗马与萨珊

> 从直布罗陀到加沙,各地民众与东部行省一样,皆忠于罗马皇帝,遵奉同一信仰,保持同一装饰风格,使用同一固定货币。
>
> 布朗(2006),第 158 页

> 波斯族邪恶虚伪、奴颜婢膝,却又爱国忠顺。波斯人慑于恐惧,服从君王,故肯于为国吃苦、顽强作战。
>
> 莫里斯一世《战略》,第 11 章,1

> 耗资巨大,战果却微乎其微。
>
> 卡西乌斯·狄奥《罗马史》,第 75 章,3.2—3
> (关于罗马—波斯战争)

罗马帝国(600)

公元一至五世纪,罗马帝国的舆图变化甚微:东起美索不达米亚平原,西及大西洋沿岸,北至苏格兰高地,南达撒哈拉沙漠。然而实情远非如此。虽看似统一,东西却日渐分裂。在君士坦丁堡与罗马城,双方各拥首都和元老院。公元 395 年之后,分立阿卡狄乌斯(Arcadius)与霍诺留(Honorius)为帝。曾有众多帝王君临天下,而今两位新皇尚在弱龄——阿卡狄乌斯十七岁,霍诺留十岁,实权交由廷臣执掌。东部渐趋倚重文职政府,西部则更多受制于军方。东西本是手足一家,却开始相为敌仇。

匈人踏进欧洲，境外兵燹继起，罗马人因阋墙之争而应对乏力。面对民族大迁徙①，东罗马难免冲击，而由于莱茵河与多瑙河边境漫长，西罗马更难招架。蛮族如潮，将西罗马摧垮，但帝国沦亡远非这一句话可以总结，也非本书所涉范围。五世纪末，西罗马覆灭②。不列颠沦为布立吞人、盎格鲁人、撒克逊人、朱特人彼此攻伐的战场；西班牙成为苏维汇、西哥特两王国的所在地；高卢受到法兰克人、勃艮第人统治；阿非利加③落入汪达尔人之手；意大利则被东哥特人掌控。

然帝国疆域辽阔，虽连番失地，东部半壁江山仍坐拥古典世界最广袤领土和最发达文明。君士坦丁堡政治领导有力，军方多未敢造次。除却君士坦丁堡和其他城邑的坚固墙垣，新的防御武器将是外交权谋和贿赂收买，而非增扩军力。五世纪后半叶，东哥特人与伊苏里亚人军力再起。他们卷土重来，随之引发"种种乱局——烈度不大的战争、虚张声势的攻伐、诡计诈术、政变企图、和约签订、背叛与反背叛"[1]。非罗马式的被动策略虽不得人心，却帮助东罗马帝国成功应对了乱局。皇帝阿纳斯塔修斯一世④的"经济运筹"使帝国的坚实根基得到巩固。借由减免赋税、节流增效、施行专业改革，帝国得以恢复良好的课税基础。[2]据称，比及518年，国库黄金储备已多达三十二万磅。[3]

---

① 指欧洲民族大迁徙，发生于公元四至七世纪。其时，匈人入侵欧洲，致各蛮族（包括东哥特人、西哥特人、汪达尔人、勃艮第人、伦巴第人、法兰克人等在内）被迫西迁，西罗马因之覆亡。
② 476年，日耳曼人首领奥多亚克攻占西罗马首都拉韦纳，废黜皇帝罗慕路斯二世，自此西罗马灭亡。
③ 阿非利加，西罗马在北非所设省，大致包括今突尼斯、阿尔及利亚东北部、利比亚西部沿苏尔特湾海岸。
④ 阿纳斯塔修斯一世（约430—518），491至518年在位。登基时已年逾花甲，并娶先皇遗孀。在位期间，施行卓有成效的行政与财政改革，却因宗教政策而不得人心。

罗马帝国（600）

利用财政和军事稳局最充分者当属皇帝查士丁尼①。他在帝国各处大兴土木。⁴无论是位于拉韦纳的那座有皇帝本人著名镶嵌画的圣维塔莱教堂,还是从摩洛哥到耶路撒冷遍布地中海地区的各教堂,抑或是用于建造边境要塞的最新技术,还有位于比提尼亚的桑加留斯桥,无不彰显出罗马艺术和建筑的持久辉煌。而查士丁尼用心最多者则是首都。他下令重修圣使徒教堂和大宫殿;为庆祝以自己名义所获的大捷,建起查士丁尼之柱。而最令人惊叹者莫过于上帝圣智教堂,即通常所称的圣索菲亚大教堂。该教堂由一位数学家②和一位物理学家③设计建造,其规模在此后近千年的世界无出其右者。纵在今日,其壮观气势仍使人叹绝;特别是巨大的帆拱穹顶,其恢宏形制在文艺复兴前一直无与伦比。似乎连查士丁尼本人也慑服于建筑师的造诣,遂慨叹道:"所罗门④,我已胜你!"⁵

不过,查士丁尼利用阿纳斯塔修斯的遗产并非只为装点帝国门面。他斥巨资建起一支可实现其军事雄图的部队。对波斯人用兵初试锋芒后,查士丁尼将目光转向曾瓜分西罗马的蛮族诸国。首个目标即阿非利加的汪达尔王国。蒙上天垂顾,贝利萨留⑤赢得阿德底斯姆战役,克复迦太基,后于534年又击溃欲拯救王国的第二支汪达尔部队。⁶胜利之速超乎意想,查士丁尼遂征讨意大利东哥特王国。因再获好运襄助,兼之贝利萨留指挥得力,及至540年,波河

---

① 指查士丁尼一世(约482—565),527至565年在位,执政成就卓著,史称"查士丁尼大帝"。
② 指特拉勒斯的安提莫斯。
③ 指米利都的伊西多尔。
④ 所罗门,古以色列王国第三任君主(公元前十世纪),被认为是古代以色列最伟大的国王,尤以大兴土木著称,曾在耶路撒冷修建豪华宫殿和耶和华神庙。
⑤ 贝利萨留(约505—565),查士丁尼时名将。一生战功赫赫,多以少胜多,善以己长攻敌之短。

以南意大利尽归东罗马。[7] 十年后,南西班牙地区自西哥特人手中夺回,地中海几乎再成罗马内湖。

尽管查士丁尼的征战旗开得胜,巩固战果却更为棘手。只有当别处不起战端之时,所需资源方够维持。540年,与波斯人的战事甫一爆发,重心陡移。哥特人尚未击败,贝利萨留即被召回。征服意大利尚待十二载。帝国虽已在534年粉碎汪达尔人的抵抗,与当地部落的战事却持续到548年。西哥特人迅即对罗马属西班牙发起进攻。此外,在多瑙河边境,库特利格尔匈人攻势日紧。

若非命运痛下狠手,540年代的帝国或可应对这些难题。541年,正当帝国紧锣密鼓调兵之际,腺鼠疫在地中海暴发。疾患首现于埃及贝鲁西亚港,但或许源自尼罗河上游甚至更南地区,一俟传及罗马运粮船生满跳蚤的老鼠身上,即势如野火,四向蔓延。[8] 受疫病影响,年底前,在东部战线,贝利萨留与库思老一世的战争始终相持不下。542年岁初,瘟病传至君士坦丁堡,查士丁尼染疫。543年,瘟疫抵达意大利和高卢,544年或已波及爱尔兰。君士坦丁堡的骇人说法足见疫情之严峻:"日殁人数达五千,继而升至一万,且持续增多",墓园和万人冢尸满为患。[9] 更有甚者,541年仅是一个传染周期的开端。在随后两世纪,每代人都将遭遇一轮感染。瘟疫迁延日久,反复暴发,而史料显示,阿拉伯半岛及居民受疫病影响相对不大。这或可解释罗马和波斯两帝国因何无法抵挡伊斯兰洪流。

在查士丁尼盛名之下

虽暴发疫病,但因建筑、科技、文学(普罗柯比等人著书立说)、法律制度(颁布《查士丁尼法典》)等领域成就斐然,查士丁尼当政期无疑可跻身晚古时期最绚丽的时代之列。而其真正出色的建树则是西地中海的军事征服。这能否说明罗马帝国实力增强却完全另当别论。军事征服并不意味着在西班牙或阿非利加已建持久和平,因为几乎与此同时,西哥特人和柏柏尔人开始蚕食罗马领土。在意大利,与哥特人长期作战已多使城乡基础设施损毁严重,也令民众苦不堪言。公元 540 年之后,与波斯人的战争仍在持续,查士丁尼政府几乎来不及在被收复的行省重建防御工事和基础设施,致诸地在财力或军事上无以自我维持,旋即成为帝国财政的重负。帝国财政被转拨给东部主要行省。因士卒无饷可领,在被收复地区,军队战力渐衰,叛乱日增。而更糟情势尚待出现。

始战罢哥特人、汪达尔人与波斯人,550 年代,阿瓦尔人到来,多瑙河流域骤乱。来者究竟是谁,至今犹存争议。他们或是多元族群,由蒙古、突厥和嚈哒部落组成,为躲避兴起于中亚的突厥汗国而逋逃至此。查士丁尼随即雇佣他们,去征服在劫掠巴尔干的匈人和斯拉夫人,后又鼓动其干预格皮德人与伦巴第人的冲突。阿瓦尔人两战两捷,成为多瑙河流域无可争辩的霸主,自匈人阿提拉①之后,对罗马属巴尔干构成最大威胁。但罗马面临的更紧迫问题则是伦巴第人的反应。后者不愿受阿瓦尔人奴役,于 568 年迁至意大利,在此罗马人没有可击溃他们的兵力。意大利旋即沦为战端不止的泥潭,最终成为帝国人力和物力永远填不满的黑洞。

凭外交才能,查士丁尼或可稳定局面,但他于 565 年驾崩。此时,阿瓦尔人/伦巴第人之患尚待引发最大后果。这并非是说查士丁尼的继任者皆庸碌之辈。不过,随着六世纪挨向终点,日趋明显的是,查士丁尼不惟有外交天赋,且承天之佑,能在当政的大多时期,于麾下罗致才具谙练的武将文臣——贝利萨留、纳尔西斯、约

---

① 阿提拉(406—453),匈人帝国领袖,以野蛮残暴闻名,人称"上帝之鞭"。452 年,他攻陷西罗马首都拉韦纳,使西罗马帝国名存实亡。在其领导下,匈人帝国的版图曾达极盛。

翰·特洛格利塔、格曼努斯、卡帕多西亚人约翰、特里波尼安等等，不一而足。因再无能臣可用，再无骁将可遣，查士丁尼的继任者们发现，帝国几乎已无所凭恃。不久，莫里斯与希拉克略只得御驾亲征，倚重皇族和内廷理国，也不顾他们能否堪任。

在多瑙河边庭和意大利用兵受挫，对波斯人作战不力，兼之内政压力重重，似已逼疯查士丁二世①。提比略和莫里斯速将东部靖边视作当务之急。帝国军队多被成功部署到美索不达米亚，意大利和巴尔干的地方武装只能孤军奋战。趁此契机，伦巴第人不单掠去意大利北部一个王国，甚或夺走半岛中部和南部两个自治公国。罗马属西班牙则被西哥特人吞食，仅剩大西洋沿岸的狭长地带。而最令人忧心者却是多瑙河边境的失守。到582年莫里斯登基时，帝国已完全认识到阿瓦尔人之患，并通过缴纳岁贡大致将其化解。可是，罗马人却难抵斯拉夫人在南方的大举进攻。后者挣脱旧主阿瓦尔人的羁束，遍及巴尔干半岛，人数之众令伊利里亚和色雷斯军队无法阻遏。

因疲于应对阿瓦尔人、斯拉夫人与波斯人而无暇他顾，莫里斯②对西部行省采取断然行动，分别于584和590两年在意大利和阿非利加设立总督区。本质而言，此乃权力下放的政府，其掌权者，亦即总督，在拉韦纳和迦太基代皇帝处理文武政事。总督统揽大权，这多少说明，君士坦丁堡的中央政府已不愿或无力向远人提供长期帮助。不过，当七世纪阿非利加总督之子领兵叛乱③，势在改变国运时，总督区的设立将至少显现一处正面价值。

---

① 查士丁二世（520—578），565至578年在位，查士丁尼一世的外甥。当政期间因内外交困而患精神病，据传曾在宫里咬人。
② 莫里斯（539—602），582至602年在位，最终被推翻并处死。他亦是军事理论家，著有《战略》一书。
③ 指第2章所讲希拉克略之叛。

一家独尊——晚期罗马宗教

四世纪时，在罗马宗教领域，一神论基督教压倒多神论异教对手。胜利可谓来得神速。世纪之初，基督教会仍是小众，遭帝国上下一致迫害。然而，君士坦丁①于312年打赢米尔维安大桥战役②，将胜利归因于基督教上帝的襄助，一切随之变改。基督教不仅陡然合法，更是一跃成为君士坦丁执政王朝的信仰。至四世纪末，皇帝若非基督徒，则难以想象。在诸多方面，基督教的组织反映出帝国架构。时至今日，这一点从罗马用语在主教代理、主教辖区、教廷等天主教体系中的使用仍可见一斑。罗马主教实为宗教皇帝，高居各行省大小主教之首。但因帝国权力下放各地，教会架构亦须相应调整。到四世纪晚期，帝国东西分治，教皇被迫认可教会的类似格局。381年，君士坦丁堡牧首得到擢升③，其地位仅次于教皇。至查士丁尼时期，安条克、亚历山大④和耶路撒冷获认，跻身管理罗马教会的五大牧首区⑤。

然而，该格局并未结束教会的权柄之争。罗马和意大利的世俗影响渐趋衰微，而在皇帝支持下，君士坦丁堡的宗教势力则与日俱

---

① 即君士坦丁一世（274？—337），306至337年在位。330年，他将都城由罗马迁至拜占庭（初称新罗马，后以创建者之名称君士坦丁堡）。他是首位皈依基督教的罗马皇帝。
② 米尔维安大桥战役，发生于312年，地点在台伯河上的米尔维安大桥。君士坦丁获胜，政治对手马克森提乌斯溺毙河中。经此役，君士坦丁夺得罗马帝国西部控制权。
③ 381年，狄奥多西一世召集第一次君士坦丁堡会议。会议宣布，君士坦丁堡牧首的地位仅次于罗马教皇。
④ 亚历山大城，公元前332年由亚历山大大帝建造，并成为埃及首都，直至公元642年被阿拉伯军队占领。
⑤ 五大牧首区，包括罗马、君士坦丁堡、亚历山大、安条克、耶路撒冷，皆为帝国重要城市。

增。比至六世纪，查士丁尼不只在地中海各地广建教堂，试图强迫犹太教徒与其他异教徒改信基督教，且滥施皇权以左右教义。教皇若决计拂逆圣意，或遭强行罢职。教皇一职俨成君士坦丁堡的权力工具。不过，随着伦巴第人在意大利半岛不断侵蚀帝国统治，教皇日渐独立。

基督教内部亦充满纷争。有别于官方《尼西亚/迦克敦信经》①的观点形形色色，异见大多起因于对三位一体本质的分歧，特别是对拿撒勒的耶稣为何既是上帝圣子又是凡人马利亚之子这一问题存有争议。六世纪晚期出现的主要观点是基督一性论，即认为耶稣只有神性。这有悖于451年迦克敦公会议所表达的基督教官方观点。后者认为，耶稣兼具人神两性。在现代读者眼中，这一切看似迂腐而无必要，但在整个晚古时期，此类争议却会点燃宗教激情。因而，若皇帝或教会试图强迫全帝国认可同一基督教观念，则几乎必将触怒万千信众，属极度危险之举。在为帝国提供大量人力和赋税的埃及、叙利亚、美索不达米亚、亚美尼亚等地，基督一性论信徒为数众多，更是不可招惹。七世纪上半叶，希拉克略和继任者们尝试推行基督一志论。该教义折中，主张耶稣具人神两性，却只有神的意志。他们确将看到此类教义之争的分化力与破坏力何等强大，尤其在埃及和亚美尼亚。

罗马帝国亦有其他宗教群体。犹太人受太巴列牧首领导，在帝国人口中占比颇高。[10] 由于犹太人大流散②和基督教在帝国的传布，后来多个世纪，犹太人每遭无端猜忌。受以往叛乱影响，罗马人认

---

① 信经是基督教基本信仰纲要。325年召开由各地主教参加的尼西亚公会议，制定《尼西亚信经》。451年的迦克敦公会议重申《尼西亚信经》，并制定《迦克敦信经》。
② 公元70年，罗马军队攻陷耶路撒冷，摧毁犹太教圣殿。犹太人遭逐，自此散居世界各地。

为这些犹太群体是随时作乱的潜在"内奸","对帝国灾难公然表现出幸灾乐祸"。[11] 因此,犹太人不得与基督徒通婚,不得订立遗嘱,不得继承财产,不得到庭作证,"不得为帝国效力",且有证据表明,在地方曾发生强迫犹太人改变信仰之事。[12] 但是,罗马人对犹太群体存有戒心不无道理。尽管认为犹太人大流散将贻害无穷只是错觉,留在巴勒斯坦的犹太人确成隐患。在七世纪,犹太人邀波斯人夺取巴勒斯坦,与之合围耶路撒冷,后又迎入穆斯林,罗马人的担忧有所证实。

叛教者尤里安①在位短促,未产生长远影响,统归于异教信仰的种种迷信无法和基督教同日而语。[13] 然而,尽管不为帝国认可,尽管被查士丁尼贬至与犹太人和异端相当的法律地位,被罚没大量财产,甚而遭逐,异教信仰仍生生不息。异教在帝国虽受压制而不灭,这得益于众多邻族(如大量前伊斯兰阿拉伯人、柏柏尔人、阿瓦尔人、斯拉夫人、匈人、阿兰人、保加尔人、突厥人等)的异教信仰。不过,难有证据表明,罗马异教徒曾像基督教异端或犹太人那般引发影响到军事部署的祸乱。

晚期罗马军队

世纪更迭,罗马帝国今昔殊异,军队亦有变迁。罗马军团重建于三世纪的乱局②,经戴克里先③和君士坦丁改制而战力增

---

① 叛教者尤里安(331—363),361至363年在位。当政期间,宣布宗教信仰自由,欲改变自君士坦丁以来基督教的独尊地位,被基督教文献称为"叛教者"。
② 指三世纪危机(235—284)。其时,罗马帝国面临内忧外患,危机深重:外有异族入侵,国内经济衰败,财源枯竭,矛盾激化,民变不断,政权更迭频繁,前后共历二十六帝。284年戴克里先登基,危机始告结束。
③ 戴克里先(245—316),284至305年在位。父母为释奴,本人起于卒伍,由部属拥戴践祚。他终结了三世纪危机,并开创四帝共治:为便于统治庞大帝国,东西部各立一位正帝(奥古斯都),并分由一位副帝(恺撒)辅佐。最终他因病退位,以种菜自遣。

强,每支五千人的传统军团已被千人营取代。在四世纪多数时间,这支新军与精骑以及募自域外部落的偏师协同作战,重塑和保卫了帝国。然而,比至五世纪初,内战频仍,更兼对蛮族动武,伤亡甚巨,民众的从军意愿日减,因此越来越难以补充训练有素的罗马步卒。军队遂更多倚重蛮兵,而蛮兵随人数增多渐趋独立。这虽非帝国西半部覆亡的唯一缘故,但确是重要起因。

因地理位置有利,兼以文官治国,军队规模较小,故东半部免于类似命运。四到七世纪,东罗马军队的总体构成几无变化,仍包括屯于色雷斯、伊利里亚和东方的三支野战军,在君士坦丁堡护驾的两支野战军,查士丁尼时期又分别在亚美尼亚、阿非利加、意大利和西班牙增设野战部队。军队中坚主要是帝国兵员,辅以蛮族同盟军(foederati)及边防军。部队装备、组织、战术和后勤也同以往大体相当。提比略二世、莫里斯、希拉克略等马上皇帝确曾亲自挂帅,而领兵者常是皇亲贵胄,或虽非皇族却才能出众的统帅,如贝利萨留和腓力比库斯(Philippicus)。

详述罗马兵员的史料匮乏,对七世纪初军队的规模与构成难下定断。东部各行省野战军的规模或变化甚微。《百官志》①(*Notitia Dignitatum*)记载有四世纪末/五世纪初东西罗马帝国的军事架构。该书称,东罗马野战军兵力为十万四千,及至六世纪中期,为九万五千。530年代初的东方野战军酷似《百官志》所载。548年的伊利里亚野战军兵力为一万五千,而在395年则约有一万七千五百。[14] 此外,鉴于查士丁尼攻城略地后,在征服之地派驻野战军,六世纪中叶的军队规模或许更大。

---

① 《百官志》,一部古罗马文武官员官阶表,是了解四世纪末至五世纪初罗马帝国行政架构的重要史籍。

	395年	559年
第一中央野战军	2.1万	2万
第二中央野战军	2.1万	2万
东方	2万	2万
色雷斯	2.45万	2万
伊利里亚	1.75万	1.5万
亚美尼亚	—	1.5万
意大利	—	2万
阿非利加	—	1.5万
西班牙	—	0.5万
总兵力	10.4万[15]	15万[16]

由于伦巴第人、哥特人、阿瓦尔人和斯拉夫人的进攻，几可肯定兵力有所损耗，但招募起一支一万五千人的军队（称为"提比略之兵①"）或弥补了大量折损兵力。[17]因此，七世纪初罗马野战军的兵力或类似于查士丁尼当政晚期，即十五万。然而，这只能被视作名义上的数字，极可能反映不出实际兵力。莫里斯的建议进一步证实了这一点。他认为，一支军队有五千至一万五千人属规模适当，有一万五千至两万人则属规模庞大。[18]590年代的兵力语焉不详，仅知道曾发兵约三万到四万，协助库思老二世夺回波斯王位。

军队的战术构成亦有变更。罗马军队的组织向来复杂，而《战略》所讲或许最为详尽。该书认识到，"各国阵形和战术有别，不可等量齐观。"[19]其各军联合理论亦凸显古代战争之变。步兵战力的衰减或是最大变化，面对强弓硬弩和草原民族（四世纪末以来日益壮大）的机动骑兵尤其如此。[20]为应其所变，罗马人开始雇用草

---

① 提比略之兵，拉丁语为Tiberiani，由提比略二世（Tiberius II）募自外族。

原牧民，训练马弓手。然而，由于波斯人和日耳曼部落不断起兵，同时出于攻城之需，又因意大利、东部及巴尔干地形崎岖，训练有素的步兵仍大有用武之地。故此，虽则骑兵和其他精锐的比重不断增加，以提供必要机动与打击能力，步兵依然是罗马军队的中坚，尽管"长期受忽视，最终几被遗忘"。[21]

《战略》将步兵分为三类：重装步兵、轻装步兵、箭矢步兵。每名士卒留短发，披斗篷，着束腰外衣，穿厚底耐磨钉鞋。重装步兵相当于昔日的军团士卒，武器有剑、矛、短标枪及铅头标枪，护具有头盔和大型椭圆盾牌。暴露于阵前和侧翼的士卒著铠甲和胫甲。轻装步兵装备类似，有小标枪、矛、铅头标枪与投石器，而防护较少。步兵亦有大量弓弩娴熟的射手。但射手同样善用盾牌、标枪和投石器，足见其既能远攻，也可近战。[22]

步兵还有战术细分。其基本单位是十六夫队。四个十六夫队组成六十四人的翼形队，两个翼形队组成百夫队，两个百夫队组成营。在战场上，达二百五十六人的营部署成十六乘十六的步兵方阵。《战略》鼓励将步兵分成三或四组，并根据兵力变动轻装对重装之比。若人数超两万四千，一半步兵应是轻装。若人数不足两万四千，比例应降至三分之一。此外，每九名重装步兵应有一名留作后备力量。[23] 改革后的骑兵每三百人为一旗队，每一旗队分为三个百夫队，每个百夫队分为两个五十人的翼形队，而每个翼形队又分为五个十夫队。人数达两万一千的骑兵部队设各种机制，可见七世纪时骑兵作用增强。

军队建制反映出战术构成及不同兵源。部队既征召帝国各地的罗马士卒，亦招募非罗马兵丁，后者直接成为罗马兵或组成同盟军。同盟军初为履行和约义务、以示臣服的蛮夷，到六世纪时不再处于"被征服地位，而是与罗马人完全平起平坐"。[24] 因此，同盟步骑被视作罗马军队的固定组成，作为正规兵领饷和受训。另一类是私兵（bucellarii），初为非皇族人员的卫士。名称义为"食干饼者"，其由来是雇主供给基本吃喝。私兵编制与正规军无异，几乎来自各行各业。地主可武装私人农奴和佃户，而高级将领（如贝利萨留）可招募各种蛮兵与久经沙场的军官。这也意味着私兵人数从几十到数千不等，其规模取决于将领的地位与财力。君士坦丁堡政府将各地私兵纳入帝国军队，使其不至失控，后成外邦精锐军团。[25]

罗马军队还有其他劲旅。六世纪后期，内院卫队和禁卫军依然存在，却已形同虚设。查士丁尼拟派其出征时，他们栗栗危惧，情愿弃饷。[26] 真正锐旅是值宿警卫（excubitores，字面义为"哨兵"）与精英团（optimates）。前者由利奥一世于460年代早期作为宫廷卫队组建，约三百人，最初悉为伊苏里亚人。他们在六世纪势力日盛，查士丁一世、查士丁二世、提比略二世、莫里斯皆赖其支持才得以践极。提比略和莫里斯确曾做过先帝的值宿警卫队长。关于精英团，其由来有些争议。他们或早在三世纪便已出现，或由提比略二世创立，而到七世纪时，已成五千之众的锐师。[27]

罗马部队中战力远远不济者当属边防军。他们起初屯守边疆，是正规军的扩充力量，待遇和地位不高，与地方治安兵或农兵无异。[28] 边防军的战力衰颓过甚，致查士丁尼断其军饷，夺其军人身份。[29] 不过，若以为边防军百无一用，似太过悲观。"倘使边防军如此不堪其用，从君士坦丁至查士丁尼，至少会有皇帝曾留意到。"[30] 在整个六世纪，他们效力野战军，被派驻战略要塞与河流渡口。查士丁尼虽待之不厚，却似乎也在各处边廷大量维持边防军，534年甚至在阿非利加将其重建。[31]

尽管五世纪外邦兵员减少，但由于查士丁尼大事征伐，罗马军队被迫越来越多地遣用外邦兵力。552年，在布斯塔伽罗卢姆之战①中，蛮兵几与正规军人数相当，可见前者已何其重要。查士丁二世不愿遣用外邦兵力，致帝国在东部处境危急。直到提比略二世自境外广募兵员，东部局面才得以恢复。因财政吃紧，及至公元600年，莫里斯只得减少外邦兵员，但形势所迫，希拉克略又大量雇用蛮兵。后来罗马帝国也始终愿雇外邦兵员。史料显示，蛮兵来自同罗马人有交往的各个外族：匈人、斯拉夫人、格皮德人、伦巴第人、保加尔人、阿瓦尔人、法兰克人、勃艮第人、阿拉伯人、哥特人、汪达尔人、柏柏尔人、亚美尼亚人、高加索人、突厥人、波斯人。³²

对外邦人依赖若此或表明，招募罗马士兵遭遇困难。不过，尽管瘟疫一再反复，也难以证明人口锐减。论实力，罗马人远超同代人，人口纵减，仍具优势。³³罗马不乏人力，而蛮兵众多，这或许说明，军队待遇不足以吸引国人入伍。再者，士卒常无战心，擅离和背叛时有发生。即便如此，在六世纪末与七世纪初，其时财力充裕，帝国仍可征召足够士兵，以组建大军。

由此可见，纵领土有失，政治分裂，宗教离析，财力衰减，吏治腐化，战略与战术问题重重，七世纪初叶的罗马帝国仍是欧洲与中东霸主，其人口来源各异，信仰不同，技能多样，其军队依然可败任何敌人。

萨珊波斯

罗马帝国广为人知，七世纪的对手萨珊波斯却声名不彰。有人或了解波斯国——曾由"沙阿"②统治，1979年成为伊朗伊斯兰共

---

① 布斯塔伽罗卢姆之战，发生于今意大利瓜尔多塔迪诺镇附近。此役中，宦官名将纳尔西斯击溃东哥特主力。
② 沙阿，或称沙，Shah 的音译，全称为 Shahanshah（万王之王）。

和国①。有人或对波斯帝国阿契美尼德王朝略有耳闻。他们曾在温泉关遭斯巴达三百勇士阻击,亦曾被亚历山大大帝征服。甚至在研究古典史和早期中古史的许多学者看来,萨珊波斯也只是罗马帝国的无数军事对手之一。他们时或举兵进犯,而倘有罗马皇帝欲追寻亚历山大大帝的战争荣耀,他们遂雌伏于帝国军威。然而,萨珊波斯远不止于此。

论种族,萨珊人与前朝帕提亚②人相同,也是雅利安人后裔,不过更有可能是定居波西斯(今伊朗法尔斯省)的一个较早期分支。萨珊人自称是阿契美尼德人苗裔,二者的故土均在波西斯。罗马人认为他们是公元前六世纪"万王之王"居鲁士大帝③的胤嗣,虽然这种说法更有可能意在加强其政权的正统地位。34 萨珊国出现于公元三世纪早期,当时在内战与罗马入侵的双重压力下,帕提亚王朝的中央政权轰然崩摧。据载,萨珊是波西斯大祭司,其子巴巴克(Papak)利用该职位赢得支持,掌控此地。在 216 或 217 年帕提亚人抗击罗马入寇的同时,巴巴克的两子沙普尔(Shapur)和阿尔达希尔(Ardashir)正为争夺波西斯的控制权而厮杀,最终后者获胜。阿尔达希尔联合其他小邦,起兵反叛鏖战正酣的两位帕提亚国王沃洛加西斯六世④和阿尔达班四世⑤。阿尔达希尔三败后者军

---

① 霍梅尼领导伊斯兰革命,于 1979 年推翻巴列维王朝,废除君主制,建立伊朗伊斯兰共和国。
② 帕提亚帝国(前 247—224),又名安息帝国,在今伊朗,后被萨珊帝国取代。
③ 居鲁士大帝(前 590/580—约前 529),先后征服米底、吕底亚、新巴比伦,建立波斯帝国,后在征战中阵亡。他对被征服者宽仁以待,因此为人称道。
④ 沃洛加西斯六世,208 至 228 年在位,被其弟阿尔达班四世篡权后,仍保有对巴比伦的统治。
⑤ 阿尔达班四世,约 213 至约 224 年在位,帕提亚王朝末代国君,击败兄长沃洛加西斯六世,篡得王位。

萨珊波斯（600）

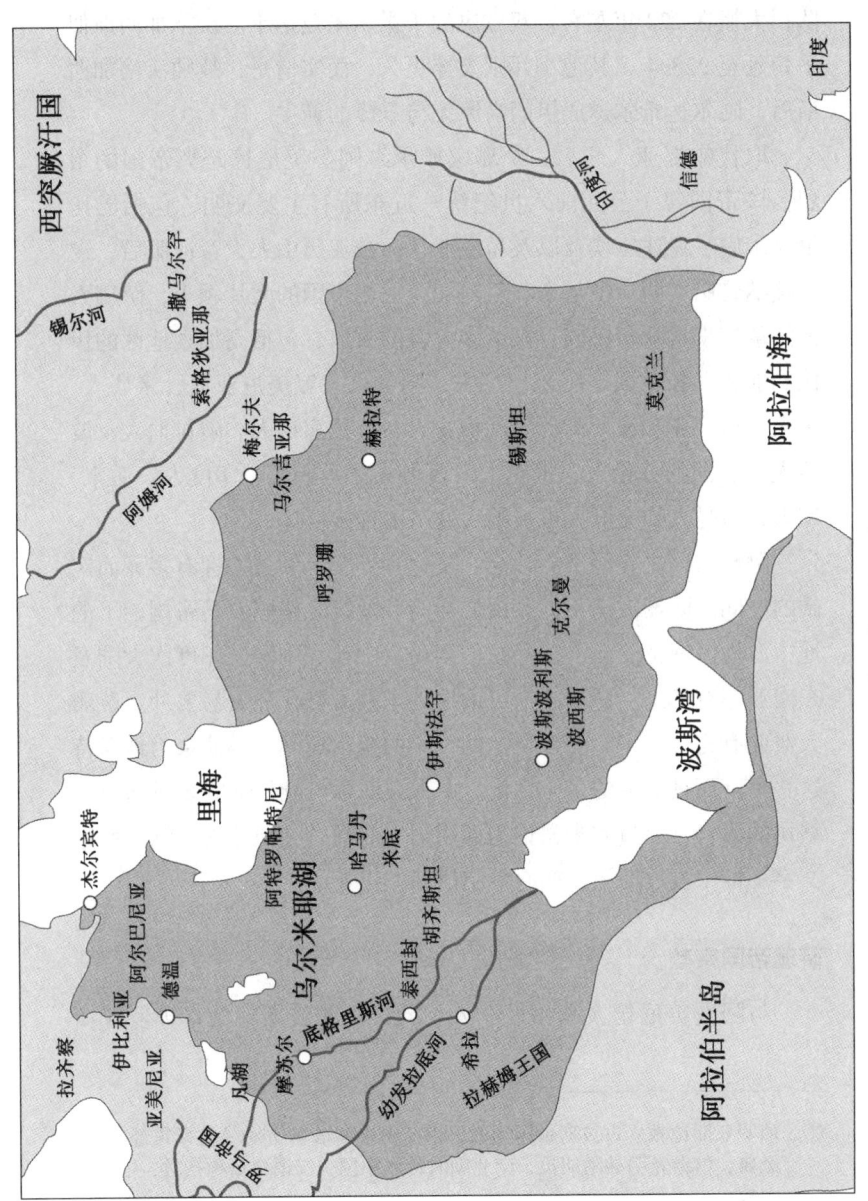

队,大概在224年左右,双方决战于霍尔米兹达干。沃洛加西斯似乎苟延至228年,其他小邦则支撑更久,而实情是,战败沃洛加西斯后,阿尔达希尔遂成伊朗高原无与争锋的霸主。35

取代帕提亚人之后,萨珊家族承继阿契美尼德跨洲帝国的余烈。该帝国曾于公元前六世纪统一近东所有主要文明,包括巴比伦、米底、亚述、埃及以及吕底亚,而被亚历山大大帝征服后,遂又接纳希腊文明。虽从未收复阿契美尼德帝国的大片领土,萨珊人依然掌控来自众多民族、操诸多方言的人口,包括高加索地区的伊比利亚人、拉兹人、阿尔巴尼人、阿兰人、亚美尼亚人、米底人,美索不达米亚和波斯湾的埃利梅安人、查拉塞尼人、阿拉伯人、波斯人,亚洲的苏伦人、贵霜人、塞伽人、月氏人、印度人。后来,匈人、嚈哒人和突厥人也被纳入这一多种族群体。

萨珊人因之在经济、社会、文化和外交等领域均拥有多元而广阔的空间。萨珊波斯不但经由波斯湾和丝绸之路同罗马帝国治下的地中海地区保持交流,与阿拉伯半岛、中亚、中国、印度次大陆及东南亚亦有往来。萨珊波斯可谓地处东西方文化和贸易要冲。萨珊人对此有充分认识,并在长达四百年的统治期间,不遗余力地保持这一丰富而具活力的多元文化。中古波斯语可能是琐罗亚斯德教① 祭司的语言,不过并未强推为通用语。有数篇波斯铭文,镌刻所用文字不惟中古波斯语,亦有希腊语和帕提亚语。

萨珊帝国宗教

与阿契美尼德人和帕提亚人相同,萨珊波斯亦信奉琐罗亚斯

---

① 琐罗亚斯德教,古波斯帝国国教,以《阿维斯塔》(亦称《波斯古经》)为经典,信奉光明神阿胡拉,南北朝时传入中国,汉语史籍称袄教,俗称拜火教。

德教。该二元神教源自伊朗神话中的天神和战神，由查拉图斯特拉（又称琐罗亚斯德）①创立，及至萨珊时期，已在崇拜主神阿胡拉·马兹达的道德真理中寻得平衡。善神阿胡拉与恶神德瓦斯以世界为战场的斗争反映出这一点。人类是唯一能选边的参战方，故此可左右战局。因历史悠久，同时由于"个人评断、天国和地狱、肉体复活、末日大审判、因灵肉重聚而得永生"[36]等该教教义成为犹太教、基督教和伊斯兰教等亚伯拉罕诸教②的基本构成，也许琐罗亚斯德教"对人类的直接和间接影响超过任何其他信仰"。[37]有此历史渊源，萨珊人特别注重将政权与琐罗亚斯德教相联系，宣称因"受神佑"而获天赐治权，主要以此确立其正统地位。[38]历代萨珊国王均宣扬对阿胡拉·马兹达的崇拜，并使其复归纯洁（曾被帕提亚人败坏）。因与神关系密切，他们自称现世神王，却也慎重强调位居神下。

在萨珊人治下，帝国各地琐罗亚斯德教的神职体系更加严密。至六世纪，各行省或地区均有维持教会笃睦的主祭司，而大祭司则监督教会上下，颇似基督教牧首与主教。同时，祭司团体主管全国各地众多圣火祠及宗教生活。然而，在萨珊波斯，琐罗亚斯德教绝非只是一门宗教。其道德规范为帝国提供法律准则：神职人员不单负责信众福祉，也为所有人伸张正义。虽组织严密，赖国家支持，但比之基督和伊斯兰两教，琐罗亚斯德教"教规繁琐，缺乏信服力，思想狭隘，不愿变革"。[39]

---

① 查拉图斯特拉，生卒年无考，一说生于约公元前628年，卒于约公元前551年。年少即辞亲远行，后获神启创立琐罗亚斯德教。查拉图斯特拉是古波斯语名字，义为"金色之星"，琐罗亚斯德则是希腊语名字。
② 亚伯拉罕诸教，指犹太教、基督教、伊斯兰教，三教同源，皆肇自闪米特人的原始宗教，均将亚伯拉罕（伊斯兰教称易卜拉欣）视为始祖，同时均将耶路撒冷视为圣地。

萨珊帝国信仰众多。[40]自二世纪始，基督教思想传入波斯，不过在沙普尔一世虏获数千罗马战俘之前，信徒始终寥寥。三世纪末在巴赫拉姆二世治下，曾发生迫害基督徒事件。由此可知，波斯基督教群体已壮大，被视为潜在威胁。罗马帝国皈依基督教后，波斯基督徒常遭非难，被视作替罗马人刺探军情、为其进犯做内应、暗中破坏萨珊帝国的"奸细"。但萨珊人似不必担忧，因为波斯基督徒确立起了有别于罗马教会的身份认同。410 年，他们在塞琉西亚-泰西封召集会议，成立由教长领导的教会组织。484 年，在君迪沙普尔再度举行会议，进一步凸显其独立地位。该会议宣布弃《尼西亚信经》而奉《聂斯脱利信经》。聂斯脱利主张耶稣人神两性分离。这看似又是一次微不足道的语义之辩。然而，分别于 431 和 451 两年举行的以弗所会议和迦克敦会议宣布将《聂斯脱利信经》革出教门。至此，波斯教会与罗马教会彻底决裂。萨珊人遂开始接纳波斯基督徒，库思老二世娶基督徒①为妻，任用基督徒主理财政，声称受基督圣徒护佑。

在萨珊帝国，犹太教徒的作用亦不容小觑。对犹太教徒虽时有压制，萨珊人却悦纳其参与社会生活，许其经商、做税官，并给予一定自主权。或许令人惊讶的是，在罗马—波斯战争（602—628）期间，波斯犹太教徒的作用竟超过波斯基督徒，攻打耶路撒冷时更是如此。虽偶有迫害事件，但一如前朝，萨珊人似对宗教持宽容态度。这或许并非出于天性仁慈，而是由于多元信仰问题有可能威胁和平，或引发叛乱，或因基督徒问题而授罗马以进犯口实。故此，择涵容而弃压迫属政治权宜。犹太教徒和基督徒参与收税、贸易及建筑工程，在财政、基础设施乃至军事方面使萨珊人获益，因之萨珊王朝更不愿对其施以迫害。

---

① 指希琳，来自亚美尼亚，为库思老二世所钟爱。

萨珊社会

如同君士坦丁堡的皇帝，万王之王手握军政大权，经由身边廷臣发号施令。其治下疆域概分两类：属国与行省。自帕提亚时代延续而下的小邦交由萨珊皇族及地方君主掌管。他们或享一定自治，有时则拂逆君意而引发祸患。萨珊人在取得控制权的疆域设省，而行省无既有政府，不能被列为附庸国。

萨珊帝国的社会分层更为多元。有四个等级略显分明的阶层：武士、祭司、农民、工匠，而他们仍可细分，且未涵盖全部人口。武士阶层的贵族是与国王世俗权力相关的最重要群体，包括萨珊皇室、地方君主及权贵家族。他们与万王之王因"互担职责，彼此依赖，共享利益"而有瓜葛，但依然不断给波斯王制造祸端。[41]

或因此故，在整个六世纪，卡瓦德一世和库思老一世试图改变贵族与军队的层级结构。[42]权位将由君王授予，而非世袭，擢升较低级文武贵族，令其治理帝国，成为抗衡资深武士阶层权势的力量。然而，虽施改革，在萨珊波斯的最后百年，君主和贵族依旧争斗不断，连后期最有作为的萨珊国君库思老二世亦无法置身其外。武士阶层与萨珊波斯另一强势群体祭司的权柄之争，是萨珊帝国内部安定的又一大患。萨珊王族、武士、祭司彼此攘权夺势，众人热衷内斗而不愿御外，终致波斯帝国分崩离析。[43]

然而，虽是治国最重要群体，上层阶级却人数最寡。萨珊波斯或盛行城邑生活。在前现代时期，美索不达米亚的城邑人口或最为密集。[44]但是和几乎所有古代国家一样，农业是萨珊经济的主要驱动力。农民阶层要供养帝国，负担已重，更兼须缴纳绝大部分国家税收，负累愈甚。匠人与商贾阶层更是等而下之。他们多不信奉琐罗亚斯德教，或因此受祭司歧视。遗憾的是，在萨珊帝国，筑师、医者、手工艺人和商贾虽作用重要，却略显无闻。筑师建造出舒什塔尔的凯撒坝桥和比沙普尔城等杰作,而波斯商贾将货物远销印度、中国,以及马来西亚等东南亚地区,或当掮客,将丝绸、珠宝、香料、香水、皮革、奴隶和动物从东方输往西方,亦将西方商品运售至东方。与罗马人和议时,商贸必在讨论之列;罗马人曾接洽埃塞俄比亚和阿拉伯半岛南部居民,以及欧亚平原的突厥人,欲颠覆波斯人的商业地位。商贸之重要由是可见一斑。[45]

人数最多的民众亦分两类:贫者与暴民。前者按琐罗亚斯德教的教义应受保护,而后者目无法纪,为其地主制造事端。奴隶是萨珊帝国另一大群体,从事农业和宗教等各类活动。他们虽被视为物品,亦被当人看待,故有别于主人的其他财产,且不受凌虐。在罗马帝国,奴隶占比或在10%到20%之间;萨珊奴隶是否与此相当,则无从知晓。[46]

萨珊军队

萨珊军队与波斯传统部队略同,由万王之王、皇室成员或贵族高官统率,包括贵族骑兵、来自低级贵族和游牧同盟的轻骑弓手、强制入伍且占主体的步兵。阿米亚努斯·马尔切利努斯、普罗柯比、莫里斯等罗马人的著述以及一些有价值的考古证据提供有足够信息,展现出较全面的情景。"能征惯战向来有助于佐证波斯君主的正统地位",故此,萨珊王须在战争中彰显自己拥有治权,受神垂青。[47]然而,若万王之王无法领兵或不善军事,萨珊兵权则由皇室或豪族出身的大将军执掌。此外,各行省和边地亦有军事统帅。可见,萨珊部队除军阶外,也有常设建制。库思老一世对军队建制加以扩充,将萨珊军队一分为四,分驻美索不达米亚、高加索、波斯湾和中亚,每支部队皆由将军统领。此举加强了波斯军队在多条战线持久用兵的能力,同时减少了对地方君主和权贵出兵的依赖。然而,叛乱却因此有增无减。将军身处君王视线之外,开始自行其是，巴赫拉姆·楚宾反叛即最显著例证。他不仅对萨珊王朝造成冲击，且在 590 或 591 年僭位，成为万王之王。

虽施改革，萨珊军队的中坚仍是贵族重甲骑兵。骑手和战马装备有"马铠、锁子甲、胸甲、胫甲、剑、矛、盾、棒……战斧或长杖、箭囊、弦弓两张、箭三十支，另有折索两条"。[48] 冲锋时，矛是主战武器，战马疾驰之下，"其威力足可刺穿两敌"，而骑兵陷于混战时，剑、短棒、战斧或长杖可派上用场。[49] 由筋腱、木头和兽角制成的反曲复合弓为远射利器，即使对抗最精良的罗马铠甲，也有巨大穿透力。

萨珊铠甲亦不容小觑。"位于塔奇布斯坦的库思老二世石窟展现出萨珊铠甲的发展巅峰"，[50] 但仍略同于阿米亚努斯在 363 年所讲："兵士从头到脚皆擐金属鳞甲。"[51] 周身着铠的习惯反映在敌军对萨珊重装骑兵的叫法中。希腊人与罗马人称其为被甲兵（cataphracts）或重甲骑兵（clibanarii）。前者义为"全身披挂"；后者可能出自波斯语"武士"（grivpan）一词，或更有趣的是，也许源于拉丁词"野外烤炉"（clibanus），以此讥消受沙漠炎日烘烤的骑兵。从骑兵中，又遴选出"不死军"，作为沙场劲旅和禁卫军，这当然是受其阿契美尼德前辈的启发，也就是在温泉关被列奥尼达①的斯巴达勇士狠狠教训的那支同名军队。

萨珊人也大量遣用征自帝国内部及周边众族（阿拉伯人、突厥人、贵霜人、匈人、嚈哒人和亚美尼亚人）的骑兵。他们多为轻骑射手，遣以攒射箭雨，扰乱敌阵，但缺乏重铠，极易遭袭，故此甚少投入混战。波斯骑兵的另一股力量是象兵。阿米亚努斯写道，

19

---

① 列奥尼达，古希腊斯巴达国王，以骁勇著称。公元前 480 年，在第二次希波战争中，他统率希腊联军约七千人镇守温泉关，阻波斯重兵十余万，击退敌方多次进攻。后腹背受敌，主力撤走，他亲领三百名斯巴达勇士死战不退，尽皆捐躯。波斯军队伤亡近三万，国王薛西斯的两个兄弟殒命。

363年，象兵现身战场，"几乎使人惊怖难当"，其"叫声、气味及怪相更是令战马慌惧不已"。[52]他还回顾称，巨兽一旦发狂，将伤及双方；骑手遂受命杀掉坐骑，将利刃或尖桩刺入巨兽脖颈。塔奇布斯坦石窟显示，库思老二世的军队曾调用象兵。后来，伊嗣俟三世曾遣战象抗击穆斯林。

长久以来，轻重骑兵配以弓弩，成为波斯军队的重要战术。借助反曲复合弓的威力，骑射兵不断致敌小规模伤亡，或迫其打乱防守阵形，寻求交战而不得，给重装骑兵以决战冲锋之机。尽管有人称波斯人"与斯基泰族①不同，不懂突然回攻追兵"，但想必他们仍善用史载的"帕提亚回马箭②"，即佯装逃遁，向后攒射箭矢，为罗马步兵所忌惮。[53]

萨珊军队的进攻主力为骑兵，其绝对主体却是步兵。萨珊射手有柳条和兽皮制成的长形曲面盾作掩护，装备复合弓。"由艺高射手操控，箭矢呼啸飞出，予敌致命创伤"，故射手颇受重视。[54]农军募自乡民，成员混杂，是不领饷的步兵。他们虽配长矛、盾牌和剑，在萨珊人的作战计划中却往往不被看重，多充当骑兵随从，守护辎重，参与围城。波斯人缺少重装步兵，罗马人认定其不善近战。[55]

波斯步兵虽有此不足，罗马人仍忌惮萨珊人的军事组织与谋划。莫里斯在《战略》中详述道："他们列阵迎敌，分左右中三队，每队人数相当……他们沉着坚定，以齐整密集之阵形稳步迈进。"[56]而萨珊人改进波斯军事组织的最显著例证见于围城战法。萨珊人向罗马战俘习得攻围战术，即使面对最大的城邑也无所畏

---

① 斯基泰族，公元前九世纪至公元前二世纪生活于中亚的游牧民族，善骑射，与早期波斯人联系密切。
② 帕提亚回马箭，亦称安息回马箭。帕提亚弓骑兵作战时佯撤，以诱敌追击，待彼追近，则转身回射。当时尚无马镫，该战法需高超骑术。

惧，其能力也在不断增强，甚至或已超越罗马人。的确，总体而言，萨珊人的军事研究似已精深，详论军事组织、驯马、骑术、射技、战法、后勤的手册以残篇存世。[57]

虽则组织严密，因缺少可靠佐证，萨珊兵力难以判知。他们与罗马人长期相持不下，可见能集结重兵。530年，多达四万波斯步骑与来自尼西比斯的一万援军齐攻屯兵达拉的贝利萨留，同时有三万大军往攻尼科波利斯，其中包括一支庞大的外邦偏师。[58]591年，库思老在巴拉拉松河部署有六万由罗马人与波斯人组成的联军，其中或有半数是拥护他的萨珊人，同时巴赫拉姆手握四万重兵。可见，波斯帝国能随时投入至少七万人马。[59]波斯军力或不止这些野战军。可能与罗马人一样，有些兵力须部署在边境，不单要抗击罗马人，还要防范高加索人、阿拉伯人、突厥人和印度人。

尽管阿尔达希尔欲结束帕提亚王朝的诸侯分立局面，建立一个权力更集中的国家，萨珊帝国却始终深受前代影响。早在萨珊人掌权之前，一家治国，贵族分阶，权贵与君主彼此依赖，帝国的总体构成、布局及运作等制度已确立。萨珊人发现，以上状况根深蒂固、难以革除，而且其延续带来更多安定。穆斯林阿拉伯人征服波斯后，这些传统依然存在。他们几无选择，对其中许多只能承袭。不过，在军事领域，萨珊人对帕提亚的传统有所发展。比及六世纪末，波斯帝国已能够利用罗马人的任何弱点。

回到出发点：罗马与萨珊交往史

罗马与萨珊时有交兵，这不足为怪。两帝国本质上皆黩武好战，故相视为敌。因此，在任何特定时间，但凡须转移民众对国内问题的视线，或欲使统治名正言顺，当权者则弃多年和平关系于不顾，而发动"彰显荣耀的"征战。为巩固权柄，击败帕提亚人之后，阿尔达希尔几乎又立刻引兵，往攻罗马属美索不达米亚，据传曾夸口"要夺回古代波斯人远至爱琴海的所有土地,声称这一切皆祖辈所留,本属波斯"。⁶⁰初战克取虽几无久守,于被征服者和罗马人却是警告:新立的萨珊帝国不容轻慢。

萨珊虽有此警示,且有十一个罗马军团驻守东部行省,但似乎罗马人迟迟未充分认识到新邻之患。阿尔达希尔再度兴兵,在美索不达米亚和叙利亚长驱直入。后来,其子沙普尔让罗马人倍感压力,罗马东部防线近乎崩摧。240和250两年代,波斯人攻陷杜拉欧罗普斯,甚至安条克等城,在巴巴利苏斯与埃德萨(今土耳其乌尔法)大获全胜,虏获罗马战俘数千,包括罗马皇帝瓦勒良。最后时日里,瓦勒良沦为沙普尔上马的垫脚凳。⁶¹在托罗斯山,罗马部队于退却时回击,波斯军队的征服脚步方被遏阻。商队贸易中心巴尔米拉的统治者塞普蒂米乌斯·奥德纳图斯(Septimius Odenathus)采取日益独立的行动,才使罗马扭转战局。奥德纳图斯不仅将波斯人逐出叙利亚,而且收复尼西比斯与卡雷两地,之后进逼泰西封。然而,胜利却带来巴尔米拉人对罗马人的反叛,兼之沙普尔辞世,萨珊帝国局势不稳,罗马—波斯战争告一段落。三世纪最后三十年,两帝国因有内讧,大抵互不相扰,只是在283年卡鲁斯①(Carus)曾洗劫泰西封。

直到世纪最后数年,始再起战端。波斯王纳尔西斯攻略亚美尼亚,败罗马人于卡雷城外。但罗马皇帝伽勒里乌斯②(Galerius)发起反攻,罗马军队完胜,于299年几乎尽吞北美索不达米亚。该状况直到330年代后期方有变改。其时,沙普尔二世对罗马领土发动连番攻势,以回应君士坦丁意在协助波斯基督徒的军事集结。不

---

① 卡鲁斯(244—283),罗马皇帝,282至283年当政,283年率兵侵入波斯,攻占波斯都城泰西封,后遭雷击身亡。
② 伽勒里乌斯(约260—311),305至311年在位。出身低微,曾以牧牛为业;后入伍,因战功卓著而被戴克里先提拔;最终罹患恶疾,悲惨死去。

过，波斯人虽数次得胜，但君士坦提乌斯二世采取守策，波斯军队未获重大战果。沙普尔二世于 359 年再度起兵，最终围困阿米达。罗马史家阿米亚努斯·马尔切利努斯曾参加此役，幸而生还。他对战事有过详述。为雪战败之恨，363 年，罗马最后一位异教皇帝尤里安亲统大军远征波斯，连番告捷，却未克泰西封，后在归途被杀。继任者约维安（Jovian）做出重大妥协，割让底格里斯河、亚美尼亚、尼西比斯、新加拉以远的所有罗马领土，尤里安的残兵始得回返。387 年，罗马与波斯再签和约，进一步议定边界。双方同意分治亚美尼亚，两帝国的矛盾焦点就此基本消弭。

下一世纪，罗马与波斯少有边事。在北部边地，蛮族大举侵徙，双方均无暇旁顾。整个五世纪仅载有两场不算残酷的短时交兵。比及 502 年爆发战争时，两国已同尤里安与沙普尔时代判然有别。罗马帝国西半部已倾覆于汪达尔人、哥特人与法兰克人的如潮冲击，而波斯人在向嚈哒人缴付巨额赔款，以保住其伊朗高原的"主人"地位。毫不奇怪，鉴于上述情形，阿纳斯塔西亚战争类乎以往交兵。起先，波斯人侵入阿米达与埃德萨，不久被罗马军队击退，边境复归当初。

尽管亚美尼亚不再是冲突焦点，但为争夺伊比利亚① 与拉齐察两块领土，不久罗马与波斯另起争端。520 年代中期，波斯属国伊比利亚向罗马人倒戈，战事爆发。至 530 年，显然波斯人已占上风。不过，皇帝查士丁尼与贝利萨留重整旗鼓，在达拉和萨塔拉取胜，抵住波斯兵锋。531 年，波斯军队在卡利尼库姆获胜，战事又延续一年，而及至 532 年 9 月，双方皆已厌战，遂签署和议（被乐观地称为"万世和约"）。和平维持了八年。库思老一世应拉齐察

---

① 此处的伊比利亚并非伊比利亚半岛，而是卡特里格鲁吉亚王国，亦称东伊比利亚或高加索伊比利亚，在今格鲁吉亚东部和南部。

(今格鲁吉亚东部)之请,乘罗马忙于意大利战事,对罗马东境发起数次大规模进攻。贝利萨留被调回,勉强牵制住库思老的兵力,但因有几座罗马城池顽强防守,且达拉又传捷音,罗马人得以光复美索不达米亚失地。至545年,战事似已耗至尽头。然而,拉齐察人决定放弃波斯"庇护"而转投罗马旧主,致拉齐察战争时打时停,又延宕十七年之久,但战果寥寥。561年,双方达成另一份被瞩望过高的和议,预期维系和平五十年。

和平仅持续十一年。波斯人在阿拉伯半岛南部拓展势力,威胁到罗马人经亚丁湾与印度的商业往来,同时罗马人与突厥人协商,欲剪除波斯人沿丝绸之路的势力。商贸利益产生冲突,引发新一轮干戈。572年,查士丁二世日渐精神失常,将兵马统帅马尔西安解职,此举可谓不合时宜。罗马对波斯属美索不达米亚的入侵遂告一段落。库思老麾下的波斯主力不单遏制住罗马兵锋,而且洗劫了叙利亚,并攻陷达拉。据信,查士丁因此发癫,最终逊位①。库思老挟胜利余威,在575年大胆突袭安纳托利亚②。然而,除塞巴斯蒂亚(今锡瓦斯城)外,遭袭击的罗马城邑皆抵住攻势。之后在梅利泰内附近,罗马军队给予库思老沉重一击。因有此败,库思老试图谋取和平,和约未立却先身故。继任者霍尔米兹德四世拒罢刀兵。战争焦点重回美索不达米亚和亚美尼亚,但在570年代最后数年及整个580年代,双方互有胜负,高下难分。

在诸多方面,572至591年的战争是以往长达三百五十载罗马与波斯交兵的缩影。双方俱曾取得大捷,俱曾在边地操纵代理人战争,俱曾遣派突袭部队进犯敌境。帝王一时兴起,或同盟互起纷争,都将速改总体态势,或颠覆多年的和睦共处局面。不过从全局

---

① 574年12月,查士丁养子提比略二世受封恺撒(副帝),开始主理国政。
② 安纳托利亚,小亚细亚旧称,连接亚欧两洲,今土耳其亚洲部分。

视之,却几乎一切如故。属国或转投敌方,一方或暂得先手,但在六世纪末,除却在美索不达米亚北部互有得失,罗马与波斯的边境极似三世纪初。表面看来,602至628年战争的起因与先前别无两样:罗马新皇加冕,波斯王决计兴师,意欲在两国边廷的传统战场一探对方虚实。波斯王库思老二世挑起战衅,且多占上风,却称兴兵是为彰显勇武,而绝非趁人之危。究其根源,在于572至591年战争的落幕:这场战争并非因累岁干戈彼此消耗和战而无果而走向司空见惯的和谈。

589年,十余载的军事和战略僵局被波斯将军巴赫拉姆·楚宾彻底打破。因未能在高加索击败罗马人,巴赫拉姆被霍尔米兹德四世革职,受到折辱,于是发难,速获大批波斯军队的支持。惶遽中,波斯贵胄将霍尔米兹德赶下宝座,立其子库思老二世为王。然而,巴赫拉姆余怒未息。忠于库思老的军队被击溃。不久,年轻的国王踏上流亡之途,叛将遂加冕为巴赫拉姆六世。萨珊国祚在史上首度中断,而库思老逃亡之地则更是关系重大。

590年岁终前,库思老遁至罗马属叙利亚,很快被送往君士坦丁堡,来到罗马宫廷。新皇莫里斯曾是东部战线的有为将军。他看到打破僵局、谋取巨利之机,遂应允派兵助库思老复位。591年岁初,罗马—波斯联军在尼西比斯附近战败巴赫拉姆所部,攻下波斯首都泰西封。之后,联军定下夹击策略,欲剿除篡位者。库思老与罗马东境统帅纳尔西斯从美索不达米亚逼近巴赫拉姆在阿特罗帕特尼(今阿塞拜疆)的阵地,约翰·迈斯塔康则从亚美尼亚入境波斯。在随后的巴拉拉松河战役中,库思老取得决定性胜利,重登波斯王位。莫里斯和库思老的联手使罗马与波斯的关系出现剧变。罗马虽未成为萨珊帝国的保护国,库思老却将亚美尼亚、伊比利亚、拉齐察、美索不达米亚的众多城邑和大片领土割予莫里斯,其中包括阿米达、卡雷、达拉、马泰洛波利斯(今锡尔万)、提格雷诺塞

24

塔、曼奇克特、埃里温、阿尼,不一而足。近东的力量均势由此丕变。

数百年来,罗马与波斯干戈不息,"似乎递胜递负、永不休止的循环"却无从打破。十年后,莫里斯与库思老的这次联手将引燃七世纪的冲突,恒久改变两大帝国及整个世界。[62]

第 2 章 篡位者之战与希拉克略起义

"卑劣之徒,何以竟掌政若此?"
"想必你将胜我一筹。"

希拉克略与福卡斯在后者就戮前
(安条克的约翰,《编年史》残篇 5:38)

波斯的开战口实:帝位更迭,蛮族袭掠,军队叛乱

罗马与波斯将爆发终极一战。开战起因不惟 572 至 591 年交兵的结束方式,亦在于协助库思老二世复辟后,莫里斯在十年中所采取的军事行动。近二十年间东境战线首次戢兵,莫里斯得以转而关注被罗马帝国长久忽视的问题:多瑙河流域行省。在六世纪,这些领土并不安定,尤其在查士丁尼晏驾后的三十年间。因罗马军队在一心应对波斯和意大利,阿瓦尔汗国的崛起以及斯拉夫各部落在南方的活动总体未受干扰。甚至在莫里斯于 582 年即位前数月,阿瓦尔可汗攻下西尔米乌姆(今塞尔维亚境内斯雷姆斯卡米特罗维察)。由此,多瑙河边防似乎被不可逆转地摧毁。斯拉夫人抢夺掳掠而未遇反击;584 年,阿瓦尔人洗劫了维密纳西姆和辛吉杜努姆(今贝尔格莱德)。财政困境每况愈下,多处战场交兵日久,莫里斯当政初期难见改观。罗马人可袭击来犯敌纵,可威胁其家园,亦可设伏毙敌。但是,因兵员匮乏、军饷不敷、士气低落,只得避免同大股敌军正面对抗,罗马统帅无法取得任何决定性胜利。这意味着,尽管可挫败单次敌袭,却难阻阿瓦尔人和斯拉夫人卷土重来。

不过，莫里斯决意再建多瑙河边防。库思老二世重登王位，和平随之而来。莫里斯将久经沙场的士卒由东部调至巴尔干。罗马人沿多瑙河全线部署兵力，得以在战略上化被动为主动。蛮族人犹可深入罗马境内。593年，斯拉夫人对马其顿发动袭击；598年，阿瓦尔人兵临君士坦丁堡城下。然而，及至七世纪初，莫里斯可以认为，多瑙河局势业已平定。蛮族人越来越不愿对抗兵力增强的色雷斯和伊利里亚军队，侵袭随之减少。最终，罗马军队开始跨过多瑙河，在敌人家园击溃阿瓦尔人和斯拉夫人。罗马大获胜捷，阿瓦尔汗国似濒临崩溃。其各成员部落开始兵戎相见，斯拉夫人与日耳曼人起而反抗压迫者。

岂料，602年岁杪，罗马情势丕变，多瑙河对岸的蛮族得到喘息。莫里斯胞弟彼得横渡多瑙河，在罗马尼亚南部再败斯拉夫人，战季由此结束。随后他接到让军队在敌境越冬的敕令。显然，该行动对战略、宣传与财政皆有裨益：可在敌方家园继续袭扰斯拉夫人；可赢得域外取胜的荣耀；可因粮于敌，节省帝国财政。然而，皇帝误判了形势。当政期间，莫里斯始终在力图撙节财用。作为耗资最大的执政工具，军队是主要目标。故此，尽管用兵连番告捷，莫里斯的财政改革与军事期望却使他不得军心。其节流举措已引发两场兵变。588年首起叛乱，迫使其放弃削减四分之一军费的计划；593年另一叛乱发生于巴尔干军队，其统帅违抗了在多瑙河以北过冬的命令，叛乱始息。

但在602年，出于对家族的忠诚，彼得并未抗旨。军队哗变，进逼君士坦丁堡，局势迅速失控。莫里斯很快发现，军方几乎无人勤王。他逃离首都，潜身于迦克敦一座修道院。是年未终，巴尔干军队攻克君士坦丁堡，立首领福卡斯为帝。新皇急于安抚将士，急于消除虽已失势却仍存在的威胁，遂将莫里斯从藏匿处拖出，强迫他目睹诸子受戮，随后将其处斩。这不仅是首次成功发生在君士坦丁堡的军变，亦将催生连番战争。库思老二世将以恩主被害为由，重燃罗马与波斯间的战火。在未来三十年，战火将烧遍东地中海。

新帝其人

关于在 602 年岁末成为奥古斯都①者，人们所知甚少。由其兄弟科门蒂奥鲁斯与多门兹奥鲁斯的名字可推断，福卡斯家族似来自色雷斯。其父或在巴尔干军队服役。但舍此以外，在六世纪末弗莱维厄斯·福卡斯见诸史载之前，人们对其几乎一无所知。福卡斯在军中定然精明强干。他不单是多瑙河下游一名士官，且在士卒中有足够威望，曾被推为代表团成员，代众将士向莫里斯诉怨。然而，这次痛苦经历不可能让福卡斯对皇帝及廷臣心生好感。不仅兵士的怨情被驳，从阿瓦尔人手中赎回战俘的请求被拒，致战俘遭屠，福卡斯本人似乎也受到廷臣殴辱。不足为奇的是，602 年，福卡斯成为叛乱首领，最终在君士坦丁堡被袍泽拥立为帝，将莫里斯取而代之。我们当然可以说，福卡斯只是一名适逢其时的寻常士卒，一个身不由己被军人权术拥上帝座的文盲傀儡。不过，虽几无证据，但另一种可能性同样存在，即福卡斯曾为实现个人目的而操纵时局，之所以赢得军心，既赖孔武有力，也凭巧施诈谋。

但无论情由如何，历史将福卡斯的即位丑化，这可以理解。他不仅起于卒伍，出身低微，篡位夺权而名分不正，且当政时一度招来祸殃，几乎毁掉罗马帝国。而后继者希拉克略情况亦然。二人的主要差异仅在于地位高低与执政长短。由后文可知，希拉克略出身戎行望族，年寿较长，缔造起拥有自己史家的新王朝。狄奥菲拉克

---

① 奥古斯都，最初是元老院赐封罗马帝国首任皇帝屋大维（公元前 27 年至公元 14 年在位）的称号，为拉丁文 Augustus（本义"伟大""神圣"）的音译，后成历任罗马皇帝的称号。

图斯·西莫卡塔和皮西迪亚的乔治等人对恩主的前任少有提及,而一旦讲到,则痛加挞伐,称其来自蛮族,将之比作神话中的蛇发妖孽①、半人马怪②、独眼巨人③、海中异兽④。后世史家皆认为,福卡斯的当政期是古罗马历史的低谷。1

尽管史家对福卡斯一致憎恶,他何以使帝国道德堕落,招致灾殃,却无人给出明确解释。从当时的史料来看,这是出于宣传意图,要为罗马帝国的困境寻找替罪羊。而许多现代学者态度同样偏颇,几无道理。甚至有些最重要的晚期罗马史家亦对福卡斯言辞刻薄,斥其为穷凶极恶的暴君,声称是他致罗马帝国瓦解,使阿拉伯帝国日渐强盛。2 在较晚近时期,曾有人试图超越对其訾毁污蔑并指摘其用兵不力的视角,去审视福卡斯及篡位背后的政治。然而,尽管遭责难之事或几乎完全非他所能掌控,长久以来对其为政所加的种种恶名却难以消除。3

同时值得注意的是,古今对福卡斯的毁谤在七世纪初并不普遍,当时有些群体拥护他登基和施政。显然,由于曾为其请命,他获得众多士卒拥戴。君士坦丁堡有些政治领袖或乐见莫里斯垮台,而将福卡斯推上皇位者可能是绿党⑤。他在帝国尤得人心的一地是意大利。新帝支持教皇格列高利一世惩治腐败、打击剥削的土地改革,后者曾在信中称谢。4 福卡斯将罗马万神殿赠予教会,故此仍受到格列高利继任者卜尼法斯四世的拥护。因为有此馈送,且他在

---

① 蛇发妖孽,在希腊神话中,是三个头生毒蛇、口长獠牙的女妖,见者化为顽石,音译"戈耳工",其中以美杜莎最知名。
② 半人马怪,希腊神话怪物,上身为人,下身为马。
③ 独眼巨人,希腊神话巨人,独眼长于额头,善锻造,音译"库克罗普斯"。
④ 海中异兽,《圣经》中的巨型海怪,身披鳞甲,象征邪恶,音译"利维坦"。
⑤ 东罗马时期,在君士坦丁堡赛车竞技中支持不同选手的市民分蓝党和绿党,两党后演变为对立的政治派别,蓝党代表统治阶级,绿党代表民众。

教义之争中继续支持教皇,或许还因为他在 603 年起复拉韦纳总督斯马拉格杜斯,罗马故此为他建起福卡斯之柱。这是罗马广场竖立的最后一座皇帝纪念碑,其上初有福卡斯镀金塑像。塑像今已无存,圆柱犹在。

福卡斯不惟受到教会和军队的普遍拥戴,而且因削减提比略二世和莫里斯时代令人不堪重负的税收,赢得大批民众支持。然而,虽看似已获广泛拥护,在首先视他为兵卒的人眼中,福卡斯仍不受欢迎。为巩固权力,福卡斯分别任命两兄弟科门蒂奥鲁斯与多门兹奥鲁斯为大元帅与执事长官,但被迫采取日趋迎合民众的政策。政权并未因此而稳固。据称,他日益残暴,曾处死数千人。鉴于史书对福卡斯记载有偏,数字不足为信,而他要铲除莫里斯的拥护势力却有可能。

库思老当政:最初十年

对福卡斯篡权,国内反应充其量毁誉参半,而最重要的反应来自域外。重登波斯王座后,库思老二世以十年时间巩固政权。巴赫拉姆·楚宾在巴拉拉松河战役中生还,逃至拔汗那① 突厥人处,而他曾替霍尔米兹德四世征讨过他们。库思老决计除叛。这与福卡斯类似:后者将莫里斯赶下帝座后仍置其于死地。再登大宝的万王之王或派刺客,或向突厥人施压,以此将对手剪除。库思老还遇到舅父维斯塔姆的所谓谋反。六世纪末期,后者在米底以个人名义铸造钱币。似乎这并非过于危险的反叛,公元 600 年后再无维斯塔姆及其铸币局的记载。不过,事情略显吊诡,因为最初维斯塔姆是辅佐库思老践统的重臣。也许库思老不愿将翊戴元勋留在身侧,也许权

---

① 拔汗那,中亚古国,位于锡尔河上、中游,今乌兹别克斯坦费尔干纳盆地,汉代称大宛,唐代称拔汗那或宁远国。

贵认为维斯塔姆威胁其势力而加以攻讦。因这类勾心斗角以及波斯贵族出名的善变，库思老对其以礼相待，却又不过多倚重。为制衡贵族，库思老加强与帝国基督信众的关系，并继续始于六世纪的选贤任能政策。同时，他延续祖父库思老一世的时代化改革，最著名的举措或许是编纂萨珊法典《千条判决书》。

　　库思老在国内管理有力，同罗马人维持和平，对其他边境遂采取更强硬的姿态。如前文所讲，诛杀巴赫拉姆·楚宾意味着对突厥人更为强势。同时，他寻求在阿拉伯半岛加强萨珊势力。从波斯湾经今天的卡塔尔、巴林和阿曼直到也门，萨珊势力早已根牢蒂固。而出于军事和安全目的，在阿拉伯各部落中，萨珊人最看重生活于幼发拉底河下游以南的拉赫姆人。大多时候，后者都是让其他部落安分的萨珊同盟，但同盟关系远非波澜不惊。六世纪末，库思老决定更直接地施以威权。因个人或政治上对萨珊有所冒犯，拉赫姆首领努曼三世遭废黜和杀害。609 年前后，祖加之战或因此爆发。此役中，拉赫姆人试图将萨珊军队从拉赫姆首都希拉赶走。他们虽未能推翻库思老的傀儡，却将萨珊军队击败。后世穆斯林史籍称此胜为阿拉伯人对强国的首捷。

　　库思老已战胜帝国内外反对势力，现急于到域外有所攻取。他不愿冒险在欧亚草原掀起突厥风暴，而用兵阿拉伯沙漠又无利可图，最终唯余一项选择：撕毁当初与莫里斯所立和约。福卡斯篡权僭位，库思老寻到可乘之机，以替恩人复仇为由起衅。

库思老与福卡斯交兵

　　引燃七世纪初罗马与波斯两帝国战火的确切诱因是东境统帅纳尔西斯的行动。他曾统领罗马别军协助库思老复辟。该将素来忠于莫里斯，拒认福卡斯皇位，并勒兵攻克查士丁波利斯。这是罗马属美索不达米亚的一处重镇，更为人熟知的名字是埃德萨。莫里斯长子狄奥多西仍在世的传闻为反抗篡位者的叛乱推波助澜。据称，狄奥多西买通关节，脱身缧绁，穿越罗马国境，后命丧拉齐察，可谓合乎时宜。虽然几可肯定所传不实，纳尔西斯却将之利用到极致：为使反叛师出有名，推出一位假充的狄奥多西。然而，此人虽具号召力和象征意义，却无法替代急需的军兵。不久，纳尔西斯被格曼努斯麾下忠于福卡斯的军队围困。反叛者与伪冒者于是求助于那个愿为莫里斯后嗣提供足够军援的人——库思老。

一如所料，波斯王迫不及待，趁罗马内讧之机挥师越境。对亚美尼亚的首攻似被击退于埃勒瓦尔德，而波斯军队在美索不达米亚胜绩更多，在康斯坦提亚附近将格曼努斯战败并诛杀，并在埃德萨一解纳尔西斯之围。然而，尽管为波斯王所救，推出假充的狄奥多西时可能还得到对方配合，但这名叛将或把库思老及其军队视作罗马东境的更大威胁。故此，纳尔西斯决定向福卡斯递出橄榄枝，遂前往君士坦丁堡。这是握手言和之时，福卡斯却视其为诛叛之机。纳尔西斯获安全承诺，仍遭俘、被杀，据传受到火刑。在考虑不周的报复行动中，福卡斯或已毁掉稳定东境局势的最佳希望，因为纳尔西斯不仅是他最得力的将军，且与库思老有过从。

纳尔西斯与格曼努斯既亡，东方野战军在康斯坦提亚败北，人们或许以为，罗马在美索不达米亚的势力将迅速瓦解。然而，由于美索不达米亚各地的众多城池设有重防，并有罗马驻军，累次久围不克，库思老被迫打起有失颜面的战争，这也是罗马—波斯冲突的常见局面。甚至，最重要的罗马要塞达拉抵御围困达十八个月，始在604年被攻破。围城日久，按理说，罗马人能够集结起阻挡库思老进攻的兵力。然而，若史料可信，因都城各派勾心斗角，福卡斯无暇他顾，在纳尔西斯与格曼努斯死后，面对库思老的入寇几无作为。责难或有一定道理。福卡斯在当政的最初三年，至少遇到两场阴谋，参与者皆包括莫里斯孀后康斯坦蒂娜，以及有权势的元老院议员另一格曼努斯。前者在莫里斯垮台后被送入隐修院,后者曾有望接任莫里斯之位。

不过,虽有上述国内问题,面对波斯入寇,福卡斯亦并非全然无动于衷。因时间与财力不够,同时或因缺少支持,无法募到新兵,他似乎更专注于从其他边关征调军队,以加强东部兵力。福卡斯于602年带至君士坦丁堡的兵马似乎未回多瑙河下游,到605年,多瑙河的其他军队似已派往东部。这些兵力或曾暂阻纳尔西斯叛军和库思老的攻势,而长远来看,似无法扭转东境战局。

库思老或对初期胜利感到意外,嗅到实现更大征服之机,似乎实施了范围更广的军事动员。对后来的战事及始末时间,史载不详,但库思老麾下诸将似要乘胜控制幼发拉底河全流域,并肃清罗马在美索不达米亚的势力。罗马调兵遣将时,萨珊也在动员兵力,消耗战依旧持续,而显然波斯人越战越勇,不久即攻入罗马属叙利亚。波斯人不惟在美索不达米亚连获胜捷。虽然603年初战失利,但于604和605两年,波斯军队迅速在亚美尼亚占得上风,在阿卡尼奇、巴锡恩和塔伦接连获胜,最终悉数克复591年割与莫里斯的波斯属亚美尼亚。

不仅调自巴尔干的军队没能阻止波斯兵锋,多瑙河沿岸也未补充大量新募士卒。福卡斯甚至可能将急需的财力用于防范蛮族突袭。调离如此多的兵力缓解了莫里斯施加于阿瓦尔人和斯拉夫人的军事及财政压力,将给巴尔干各行省带来严重后果。然而仍要再过十年,蛮族人对多瑙河边境的攻势才会又成罗马人的心腹大患。福卡斯本可专心应对日益告急的东境局势,但对内外交困的皇帝而言,一波未平,一波又起。希拉克略家族起兵作乱,终致福卡斯败亡。

希拉克略家族反叛

与福卡斯当年的叛乱不同,始于608年的这次对他的反叛由一名地位远高于兵士的人物领导。七世纪初,希拉克略家的族长是老希拉克略,亚美尼亚裔,在572至591年罗马—波斯战争期间曾任将官。⁵ 老希拉克略或曾服役别处,而据史料对他的最早记载,586至588年,他在东境统帅腓力比库斯麾下为将。他曾亲历索拉孔之战①与克洛马隆要塞之围②,并执行过一次危险的侦察任务,从波斯援兵手中参与救出腓力比库斯所部。在腓力比库斯染病或赴君士坦丁堡期间,他或曾暂做东境统帅。589年,他也参加过锡萨巴农之战③,为挽回罗马败局或立下大功,但这很可能是后世史书的杜撰,以颂扬老希拉克略的战勋。595年,莫里斯决定利用老希拉克略出身亚美尼亚的背景,任命他为亚美尼亚军事统帅,而任期似乎不长。⁶

当政后期,莫里斯擢升老希拉克略为阿非利加总督,委派其治理一方富庶丰足、驻军庞大的行省,想必皇帝对他抱有信任。后者携一众家小,赴迦太基上任。胞弟格列高利及眷属,包括格列高利之子尼切塔斯(Nicetas),俱往阿非利加,将在随后的反叛中发挥重要作用。在老希拉克略做总督的大多时间,妻子埃皮法尼娅似乎都相伴左右,但有段重要时期她曾离开阿非利加,致全家惶恐不安。⁷ 子女也随父来到新行省,包括玛利亚、小希拉克略和狄奥多尔。有人称,老希拉克略和埃皮法尼娅的三子名格列高利,似是历史错讹。⁸

而子女中的头等人物当属长子小希拉克略,是他最终在叛乱中

---

① 索拉孔之战,发生于586年美索不达米亚北部。此役中,罗马统帅腓力比库斯大败波斯寇敌。
② 索拉孔之战后,腓力比库斯欲乘胜攻下克洛马隆要塞,因波斯援军赶到而受挫。
③ 锡萨巴农之战,此役中,罗马统帅科门蒂奥鲁斯战败波斯军队,攻下锡萨巴农要塞。

脱颖而出,成为罗马皇帝。⁹ 他生于 575 年前后,因史料匮乏,早年生活模糊不清,有关早岁经历、同侪故友或宗教信仰的记载业已失传。几可肯定他受过古典教育,大概会讲希腊语和亚美尼亚语,在阿非利加期间也许还习得些拉丁文。父亲效力于腓力比库斯时,希拉克略或已到接受军训之年,也许还曾随父出征。借由父亲与亚美尼亚和北美索不达米亚的关系,他定然取得过有价值的情报,结识过重要人物。在形塑性格之年,他亲获一些情报也并非全无可能。

赴阿非利加时,希拉克略大约二十五岁。现存史籍称他"英俊高大,胆量过人,骁勇善战",¹⁰ "体健胸宽,蓝眼美目,金发白肤,满面浓髯"。¹¹ 亦有人说,希拉克略曾在阿非利加角斗场搏杀雄狮与野彘。¹² 虽有史料称,福卡斯曾恢复这些习俗,¹³ 且与猛兽对决可博得阿非利加人对希拉克略的好感,但更有可能的是,此乃文学笔法:因名字相似,将神话英雄大力神①的事迹附会于希拉克略身上。虽早已成人,且在阿非利加度过八载时光,希拉克略是否身负官职却不得而知。他有可能在老希拉克略手下听差,即便只是议事会成员。他未在阿非利加成婚。不过,也许为巩固同当地人的关系,或经父亲安排,他确曾订立婚约。女方叫欧多西娅,本名法比娅②,是阿非利加地主罗加斯之女。

这场联姻或是希拉克略家族谋反的一个缘由。608 年前后,欧多西娅和希拉克略之母埃皮法尼娅回返东部,可能来到亚美尼亚或卡帕多西亚的家族庄园。其间,福卡斯命两人前往君士坦丁堡,欲侵犯欧多西娅。¹⁴ 这大概只是流言,意在进一步败坏福卡斯的名声,同时也为希拉克略家族举事制造口实。但在反叛期间,似乎欧多西

---

① 大力神,古希腊神话中的伟大英雄,主神宙斯之子,是正义、勇敢和力量的化身。其名"赫拉克勒斯"(Heracles)与"希拉克略"(Heraclius)属同根词,词尾略有差异。
② 嫁给希拉克略后,法比娅改名欧多西娅。

娅和埃皮法尼娅确被福卡斯扣为人质。亦有史书称，福卡斯之婿、值宿警卫指挥普里斯库斯（Priscus）曾暗通希拉克略家族，鼓动其反叛日益不得人心的皇帝，而这亦可能是后世的渲染。该进言是在希拉克略谋反之前抑或之后，史载不一。[15]另有说法称，动身赴阿非利加前，希拉克略曾在君士坦丁堡的一处宫殿稽留，遂生夺位之心。

不过，虽有上述个人情由，举事主因却是福卡斯众叛亲离。不仅他与库思老在美索不达米亚交兵屡战屡败，而且"关于他为政暴虐、诛除异己、手段凶残的种种说法广为流传，无不为决意起兵再增理由"[16]。无疑，希拉克略家族首先联络东罗马各地同盟，探听帝国虚实，了解己方民心向背，汇聚阿非利加兵员与财力，后于608年举兵反叛福卡斯，希拉克略父子自称执政官。[17]这一政治姿态看似奇怪，有些令人费解，因执政官一职早已成为历史。541年之后，查士丁尼一世不再任命执政官。不过，在查士丁尼时期，执政官亦曾只由皇帝兼任，同时该职位曾象征军政大权。故此，希拉克略家族是在索求皇位而未明言，亦是在对罗马的辉煌过往致以适当敬意。

叛军兵分两路。希拉克略从弟尼切塔斯走陆路，直取君士坦丁堡的粮仓埃及。迦太基去亚历山大约两千公里（一千两百英里），尼切塔斯舍行舟而走旱路，看似匪夷所思。不过，攻打埃及或是调虎离山，意在将护驾军队从帝都引开，从而令福卡斯暴露于海军攻击之下。为使计成，希拉克略须亲率阿非利加海军主力，也是军队中坚。因此，尼切塔斯走陆路或为策应起事海军，沿途亦可另募兵员。究竟是确有此计，抑或仅是事后评断，现已无从知晓，不过尼切塔斯入埃及时，已从的黎波里塔尼亚和昔兰尼加两地募得三千罗马兵及数量不详的当地部落兵。

但是，即便进攻埃及是意在调虎离山，在谋划时希拉克略家族也并未掉以轻心。尼切塔斯不仅沿途征召兵力，而且到达前已做大量筹备。由于福卡斯不得人心，又经贿赂收买和秘密缔约，马留提斯行政长官莱昂蒂乌斯以及亚历山大前行政长官狄奥多尔倒向希拉克略阵营。[18] 先前叛军似乎也同亚历山大民众有所联络。尼切塔斯击败忠于福卡斯的军队后，民众随即起义响应。尼切塔斯及部将博纳基斯顺利扩展希拉克略家族在埃及的势力，可见福卡斯确已丧失民心。然而，因推进迅速，自负情绪或有所滋生。尼切塔斯分散兵力，派博纳基斯东进，继续攻取，自己则在亚历山大附近驻留。

博纳基斯在塞马努德与阿斯里布甫遇抵抗，进军步伐即大为放缓。就在他全军部署于阿斯里布之时，福卡斯麾下将军博诺苏斯率勤王援兵发动反攻，令其全然猝不及防。随后的战斗一解阿斯里布之围，博纳基斯遭俘、受戮，希拉克略残部急回亚历山大。对支持希拉克略反叛的民众，博诺苏斯施以凶残惩罚。人言其嗜血好杀，果真名副其实，然而恶有恶报。面对博诺苏斯的进攻，希拉克略的众多拥护者纷纷退至亚历山大。尼切塔斯获额外兵员，城防得以加强，使其击退福卡斯部队的两度进攻。博诺苏斯败于亚历山大城前，只得退回尼罗河三角洲。彼处，其暴行激起埃及民愤，所获给养减少。效忠福卡斯的军队被迫悉数撤出埃及，而博诺苏斯自己则于610年岁初从贝鲁西亚乘船赴君士坦丁堡，向福卡斯禀报称，埃及连同该地钱粮等重要供应已尽失敌手。

于希拉克略家族而言，此乃重大胜利，也是推翻福卡斯的重要一步，但对罗马帝国本身，尼切塔斯征服埃及却有诸多令人担忧的预兆。希拉克略从弟指挥一支大体由行省兵力和蛮兵拼凑而成的军队，即可从中央政府手中夺下帝国最重要的行省。这不单凸显出福卡斯已向东境投入过多兵力，而且暗示着罗马军力已总体衰退到日益糜烂的境地。罗马人与波斯人、阿瓦尔人交兵，现又自相为敌，情势将每况愈下。

斩下暴君之头

　　有尼切塔斯征战埃及，或许又因得到普里斯库斯等人的密报而受到鼓舞，希拉克略拟攻君士坦丁堡，以期速战速决。其海军远征的确切时间和路线无考，所率兵力亦不详，但据信，柏柏尔人再次贡献出大批士卒。[19] 且不论行军路线如何，希拉克略所部于610年9月末穿过达达尼尔海峡。不可思议的是，在他到达马尔马拉海之前，福卡斯及海军将领并未迎战。不过，尼切塔斯入侵埃及或已将福卡斯的海军引向东地中海，为希拉克略带来战略成果。因俘获埃及海军的部分兵力，或至少使之无法往援福卡斯，该策略甚至可能让希拉克略又增力量，得以攻克阿拜多斯与赫拉克里亚而几乎未遇阻挡。海战最终在索非亚近岸打响，叛军获胜。

　　只今，福卡斯唯望待希拉克略登陆时发起攻击，趁敌在畿辅立足未稳，将其赶回海上。然而，他不知希拉克略在何处抢滩。叛军已控制海洋，可任选上岸地点。福卡斯大胆推断希拉克略将在海岸城墙附近登陆，决定孤注一掷，遂派兄弟多门兹奥鲁斯率可用主力前去防守，但计策有失。610年10月3日，希拉克略的先头部队在赫布多蒙①登岸。该城位于君士坦丁堡外第七座里程碑处，由此得名。希拉克略所以选择赫布多蒙，除看重其战略位置外，或许还有象征意味。这里是色雷斯野战军的一处主要训练基地，而且曾在此拥立数位罗马皇帝，包括瓦伦斯、阿卡狄乌斯、霍诺留、狄奥多西二世，可能还有福卡斯。海岸城墙去赫布多蒙较远，多门兹奥鲁斯无力阻止希拉克略所部站稳脚跟。叛军兵临城下，却无法克敌，于军人政府而言，不啻当头一棒。希拉克略得以遥望福卡斯政权迅速垮台。

---

① 赫布多蒙，拉丁文 Hebdomon（义为"七"）的音译。

一如尼切塔斯在埃及的行动，希拉克略到来前，似已在君士坦丁堡广为联络。包括"杰出的"狄奥多尔在内，声隆望重的元老院议员纷纷背弃福卡斯，这已着实令人怀疑该政权的前途。希拉克略所部登陆赫布多蒙后，人们对政府的不满便暴露无遗。[20] 即使和希拉克略家族暗通款曲的传闻不实，普里斯库斯也对希拉克略有所帮助。他托疾不出，将皇家卫队的主力值宿警卫和私兵聚在府中，不准其参战。战车驭手卡利奥帕斯解救出埃皮法尼娅和欧多西娅，令福卡斯无法利用两人要挟希拉克略。在卡利奥帕斯领导下，绿党亦起而支持希拉克略。由于普里斯库斯保持中立，多门兹奥鲁斯无从发挥战力，博诺苏斯逃离首都民变时被杀，福卡斯大势已去。希拉克略抵达赫布多蒙两日内，都城忠君势力的反抗即告瓦解。

对福卡斯的终局，史载各异。有史籍称，福卡斯将国库余财尽抛大海，故被一众元老院议员和军官所杀。此说或在试图为国库空虚寻找借口，并将希拉克略发动内战之责转嫁于福卡斯。另有史书称，福卡斯在普莱西迪亚宫受擒，被押至尚在船上的希拉克略面前，后遭斩首分尸、全城示众。而对他最后时刻的最有名记述则是，福卡斯被拖至希拉克略面前，受到简短审问。在其统治遭到揶揄后，失位皇帝气概不俗，质问希拉克略当政又将如何。后者闻之暴怒，命人将其处决肢解、沿街示众，继而焚尸。由希拉克略的反应可知，这位新皇明白，行将就戮的前任或所言非虚。[21]

军队和拥护势力既已得胜，希拉克略随即筹备起加冕典礼。依惯例，他先是一番谦让推辞，后于610年10月5日，在圣司提反教堂，弗拉维乌斯·希拉克略获牧首塞尔吉乌斯加冕。甫一加冕，希拉克略即履行婚约，迎娶欧多西娅，后者受封奥古斯塔①。[22] 史

---

① 奥古斯塔，拉丁词 Augusta 的音译，"奥古斯都"（Augustus）的阴性形式，最初是屋大维妻子利维娅的头衔，后成为赐封给罗马皇帝妻女的称号。

料称,希拉克略"被元老院和民众宣布为帝"。[23] 此说合乎惯例,即"借元老院和民众之力,做到程序稳定合法"[24]。但这完全有可能只是后来史家的无中生有,意在使政权名正言顺。比之受人唾弃的前朝,该政权的上台同样残酷血腥、不合法统。

然而,福卡斯断头与希拉克略加冕并非政权更迭的尾声。福卡斯的拥护者遭凶残对待。针对莫里斯垮台后以铁腕手段统治帝国者,希拉克略鼓励人们发泄情绪,实施报复。不过,为使统治有别于福卡斯,希拉克略也愿意适时手下留情,比如在西克昂的圣狄奥多尔求情之后,赦免福卡斯的侄子多姆尼兹奥鲁斯。但福卡斯家族有一人仍对希拉克略新朝构成威胁。福卡斯胞弟科门蒂奥鲁斯率领未被萨珊人完全击破的几支军团之一,驻于冬营。他选择安卡拉作为基地可谓明智。此乃东境与君士坦丁堡间的战略要冲。希拉克略认识到该地之险,遂遣优迪基安努斯率军阻击,以防科门蒂奥鲁斯威胁都城。亦有可能是,此时尼切塔斯已挥师北进,直抵叙利亚,与优迪基安努斯会合后,或有足够兵力击败科门蒂奥鲁斯。但是,鉴于过去十载的战乱已对帝国造成巨大创伤,未来可能继续要同波斯人交兵,希拉克略不愿再有伤亡。

虽则侄子性命得免,弟兄却结局骇人,想必让科门蒂奥鲁斯不无忧心自己在投降希拉克略后的命运。同时他一定明白,麾下军队是谈判的可用筹码。波斯人尽管最初与福卡斯政权作对,却有可能愿将科门蒂奥鲁斯用作对抗希拉克略的武器——此类伎俩罗马人与波斯人已用于对方数百年。因此,为迅速讲和,结束僵局,新皇派腓力比库斯前去同科门蒂奥鲁斯谈判。为增加讨价还价的筹码,科门蒂奥鲁斯将腓力比库斯逮捕,威胁要杀他。但此计弄巧成拙。腓力比库斯不单是受人敬重的将军,而且,因拘禁并威胁本有豁免权的使节,科门蒂奥鲁斯尽失军内支持,不久被亚美尼亚将领查士丁努斯刺杀。

科门蒂奥鲁斯已死，希拉克略完全掌控罗马帝国的最后障碍得以清除。不过，上台之初虽伤亡甚小，希拉克略登基后却未能尽解帝国难题。打天下不同于治天下，如今他要抵御对力亏帝国虎视眈眈的外敌，还要解决国内争端，重建查士丁尼逝后五十年来已千疮百孔的帝国基础结构。[25] 甚至，罗马—波斯战争所以延长近二十年，究其主因，或在于希拉克略所挑起的内战。若非内乱分散兵力，因有波斯威胁激起部伍斗志，福卡斯及部将很可能与库思老决出胜负。萨珊国王选择在 610 年之后继续交兵，大概完全是因为希拉克略反叛给他以机会。

  但对于自己的所作所为，希拉克略无暇反思。他定然很快意识到，取江山倒也不难，而保江山则完全另当别论。即便伟大如希拉克略者也无法在一夕之间拯救罗马帝国。福卡斯受戮前曾对新皇出言轻蔑，可见前者对此心知肚明。

第 3 章 "老兵出阵"①

> 彼国属我。我欲立莫里斯之子狄奥多西为帝。希拉克略无我命令,擅自篡权,今却以我之财馈我。我不擒彼决不甘休。
>
> 库思老二世
>
> (塞比奥斯《历史》,第 24 章)

东境失守

坐稳皇位后,希拉克略着手再现帝治辉煌,重建基础架构,彰显法治的公正与公平,确立宗教典仪,使之成为帝国政权不可或缺的组成。他也认识到,须建立持久王朝。611 年 7 月 7 日,他和帝后欧多西娅迎来长女埃皮法尼娅。孩子诞于迦克敦附近的希尔雷亚宫。更重要的是,612 年 5 月 3 日,希拉克略·君士坦丁出生于君士坦丁堡索非安尼宫,自此希拉克略王朝后继有人。不期在当年晚些时候,希拉克略的天伦之乐戛然而止。612 年 8 月 13 日,欧多西娅卒于癫痫。据载,出殡时有人行为失敬②,致民众震怒,之后忤逆者被活活烧死。此事"暴露出希拉克略当政之初笼罩于君士坦丁堡的紧张情绪"¹。在欧多西娅病殁及忤逆者遭怒杀后,希拉克略和广大民众很快回归罗马帝国的严峻现实。根据盛赞希拉克略的颂歌,以及将其称为帝国救星的描述,人们会以为他一旦掌权,便将扭转同库思老二世的战局。而现实远非如此。福卡斯倒台后,军情未见起色。希拉克略当政的最初十年,战局反而大为恶化。

波斯人常宣称要重建阿契美尼德帝国,舍此目的外,库思老在战争之初的其他意图不得而知，但从实际来看，他也许希望在亚美尼亚和美索不达米亚有所收获，之后达成和约以确保战果。而战况好于库思老预想。趁福卡斯篡权引起罗马军内纷争之机，波斯人实施围城、虚攻、试探袭击，始终让罗马军队立足不稳，波斯兵马则在亚美尼亚和美索不达米亚战绩斐然，包括攻克达拉。当福卡斯的兵力被调往埃及去应对尼切塔斯的入侵时，库思老颁布总动员令，诸将得以再立战功。

后来波斯人在美索不达米亚的进军难称战果辉煌，但无疑是稳扎稳打。随着消耗战的持续，罗马军队损失惨重。双方在美索不达米亚展开恶斗。罗马人倾其可用之兵，奈何或被击溃，或躲于城垣背后，不断承受小规模伤亡，最终难免降敌。609年，阿米达陷落。翌年，埃德萨失守。至此，罗马人被悉数逐出美索不达米亚。608年，阿什塔特·耶斯塔亚尔逞阿卡尼奇、巴锡恩和塔伦大捷之余威，攻克罗马人在亚美尼亚的主要据点塞奥多西奥波利斯（今土耳其埃尔祖鲁姆）。此战或有冒牌王子狄奥多西协助。之后在609或610年某时，波斯将军沙欣取得大捷。自此，萨珊人几乎已控制亚美尼亚全境。[2]

不出所料，鉴于目前战局，希拉克略上台后的一件要务便是与库思老议和。他本以为，福卡斯既已败亡，萨珊人不再有交兵借口。但意想不到的是，库思老认为毫无理由接受和议，原因在于麾下部伍所向披靡，尤其在610年8月7日，即希拉克略加冕前两月，波斯大军跨过幼发拉底河，进犯罗马国境，击溃各关隘帝国守军，侵入卡帕多西亚。库思老蛮横地拒绝和议，沙欣继续挺进安纳

---

① 罗马军团精锐步兵由资深士卒组成，排在战阵第三行，只有在决战时刻才会参战。拉丁谚语"老兵出阵"意指战况危急。
② 一名女仆无意中从楼上窗口吐口水，口水恰巧落在皇后殓服上。

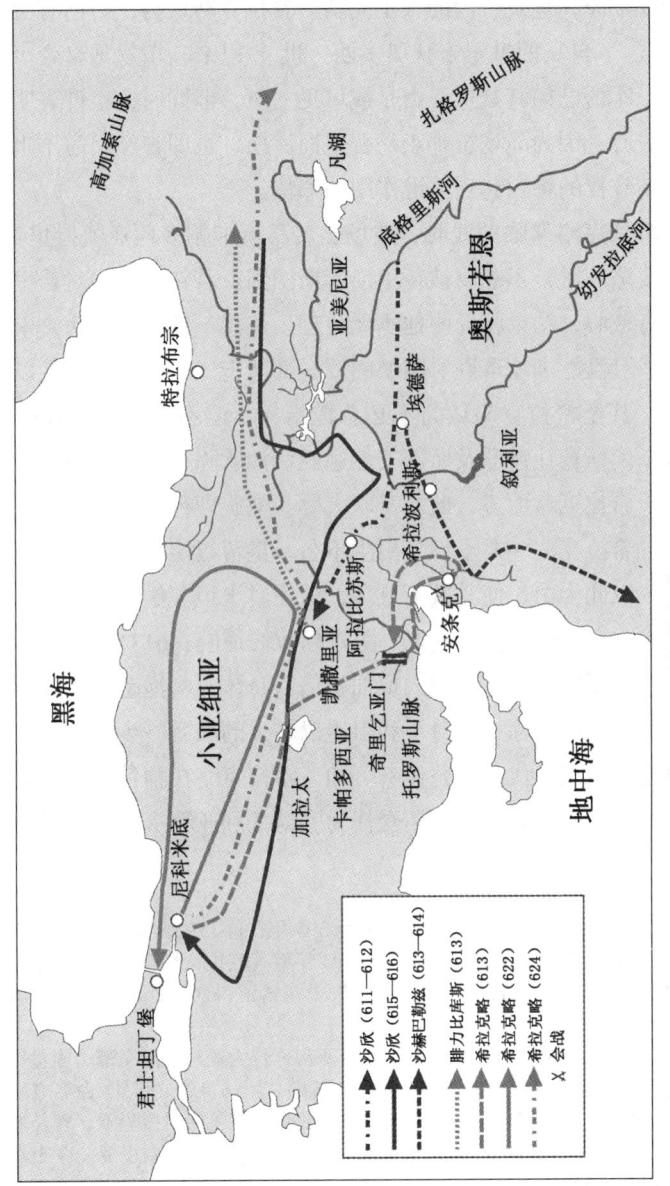

罗马—波斯战争（611—624）

托利亚平原，危及帝国的领土完整。希拉克略认为，自己有必要亲赴前线。³ 自从四世纪末狄奥多西一世①以来，东罗马皇帝少有亲征者。军情已何其紧迫，由是或可见一斑，但同时这也许表明皇帝存有戒心，因为战场统帅正是普里斯库斯，也即曾经闭门不出、对福卡斯政权的垮台起到关键作用的那位。

希拉克略驾临前线时，战场已转移至卡帕多西亚凯撒里亚②。沙欣攻陷该城，不意反被普里斯库斯围困。若希拉克略对普里斯库斯存有戒心，结果将证明他不无道理。该将不仅再次称病，未亲自接驾，且没能围攻取胜。围城的罗马部队士气有余，似乎足以逼降沙欣，甚至希拉克略认为不必总揽指挥。但不知何故，612年夏，普里斯库斯竟让沙欣及所部安然逃脱。沙欣临行将凯撒里亚付之一炬。于希拉克略而言，此乃奇耻大辱。他旋即行动，欲严惩普里斯库斯。希拉克略·君士坦丁出生不久，皇帝指定普里斯库斯为幼子教父，以此为由，使其放下戒备，前往君士坦丁堡。普里斯库斯在都城被褫夺兵权、强行削发、关进柯拉修道院，613年死于彼处。⁴

普里斯库斯的速亡使人愈加相信其身体确实抱恙。他遭罢职或只是希拉克略清除权力对手和阻碍以掌兵的最后一步。身兼多职的普里斯库斯被取代。由替任者可知，希拉克略在物色心腹。老希拉克略的昔日同袍腓力比库斯受任为安纳托利亚军事指挥；希拉克略

---

① 狄奥多西一世（347—395），379至395年在位。392年宣布基督教为国教；认为古代奥运会是异教活动，于394年将其废止；临终前将罗马帝国分给两子，长子阿卡狄乌斯得东部，次子霍诺留得西部，从此罗马帝国正式分裂。

② 卡帕多西亚凯撒里亚，今土耳其开塞利，曾为罗马帝国东部边疆重镇。在罗马帝国历史上，以"凯撒里亚"（意即"罗马皇帝之城"）命名之地为数众多。后文还将出现巴勒斯坦凯撒里亚（今以色列凯撒里亚，曾是罗马帝国犹太行省的行政中心与重要港城），格马尼西亚凯撒里亚（今土耳其卡赫拉曼马拉什）。

胞弟狄奥多尔成为宫廷总管；尼切塔斯官授值宿警卫指挥。因统帅被免，普里斯库斯的部曲或心存怨尤。希拉克略将其收编，赐予高位和特权。这可以被视作安抚措施，但亦有可能是，希拉克略急需精兵。

普里斯库斯可谓凯撒里亚惨败的替罪羊，但沙欣逃脱仍令帝国颜面扫地。过去十年罗马军队名声直落，今希拉克略亟须证明其雄风犹存。于是，613年岁中，腓力比库斯开始一场非比寻常的远征，进兵亚美尼亚，远抵塞奥多西奥波利斯，未经一战即引兵而退。之所以长驱直入，未正面赴敌或是主因。希拉克略承受不起任何伤亡。此番远征似乎也令波斯人意想不到。他们虽迅速收复腓力比库斯所经之地，却因措手不及，追击罗马军队似代价高昂。[5] 亦有可能是，腓力比库斯远征是调虎离山之策。希拉克略似已决定进攻叙利亚的波斯驻军。倘有任何波斯兵力被调离彼处，去同腓力比库斯交锋而徒劳往返，都将有助于该行动。然而，虽则史籍语焉不详，无法重构确切事件，但可以明确，613年在安条克附近，希拉克略与尼切塔斯的联军惨败于沙欣之手。库思老另一良将沙赫巴勒兹率一路大军，驻于叙利亚。可见，希拉克略历一次决战而横扫波斯军队的企图乃愚莽之举。

罗马人不只作战失利，而且发现其战略地位被彻底动摇。由此更是表明，这场失败的进攻何其不智。经此一战，帝国第三大城市安条克失陷，沙欣与沙赫巴勒兹直抵地中海岸边。这不仅令罗马帝国的威望遭到重挫，心理蒙受打击，也将通往埃及、巴勒斯坦、其他叙利亚行省的陆路切断，帝国被一分为二。更有甚者，安条克败军亦被拆散：希拉克略与狄奥多尔北撤托罗斯山，尼切塔斯则被迫南投大马士革。前者试图在山中守住防线，无奈伤亡巨大，不久被赶回安纳托利亚。波斯人攻破塔尔苏斯。[6]

尼切塔斯亦处境维艰。罗马军队被沙赫巴勒兹的追兵战败，到

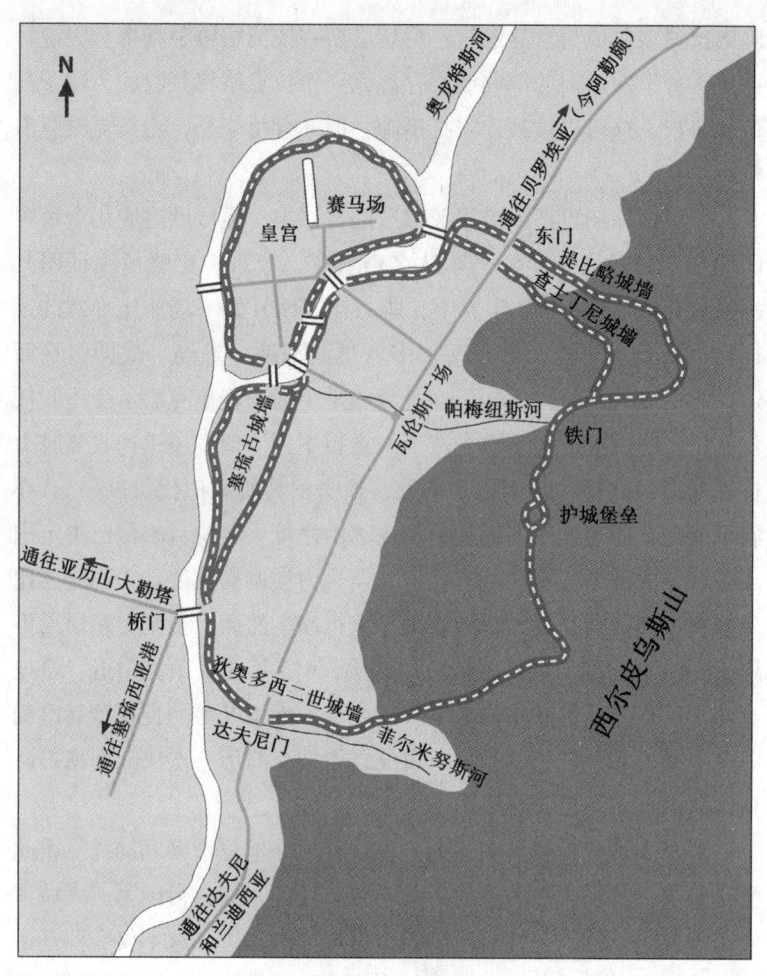

安条克平面图

613 年岁终，已丧失阿帕梅亚、埃梅萨（今叙利亚霍姆斯）和大马士革等主要城池。沙赫巴勒兹又在阿兹瑞阿特附近取得大捷，以至阿拉伯人将之载入《古兰经》。[7] 614 年，尼切塔斯亦可能在埃梅萨附近获胜。不过，虽声言致敌死伤约两万，并竖起尼切塔斯的骑马塑像以祝捷，却几无证据支持所称的战果。[8] 此次得胜也几乎未能拖住波斯人的征战脚步。到614年岁中，滨海凯撒里亚[①]、艾尔苏夫和太巴列三城有条件降敌，但有一城拒降。

耶路撒冷之围（614）

波斯人一路南下，进抵巴勒斯坦的宗教战场。信奉琐罗亚斯德教的波斯人对当地宗教几无兴趣，却似乎了解犹太人与基督教徒仇隙之深，已作充分准备，以利自身战略。有证据显示，早在608年，库思老已制订计划，为遂其目的，要利用萨珊帝国与犹太人的交好。他让犹太散民首领胡希尔之子尼赫迈亚在沙赫巴勒兹军中虚领头衔。这是犹太人与波斯人的公开缔盟。此外，波斯人声明，犹太人有权收回故园。上述举措不仅促使萨珊帝国的犹太人纷纷参加波斯军队，而且从征者还有罗马帝国的众多犹太人。沙赫巴勒兹从叙利亚开拔时，大批犹太人加入他和尼赫迈亚的队伍。其中有一位巨富，名叫太巴列的本杰明，从拿撒勒和加利利募得一支犹太军队。

兵近耶路撒冷时，又有来自南方的犹太人入伍，包括一群犹太阿拉伯人。史载，抵达城外时，沙赫巴勒兹与尼赫迈亚已召集数千犹太民兵，或达两万六千。很有可能的是，虽受信奉琐罗亚斯德教的萨珊人统治，众多犹太人仍期盼复国救主弥赛亚临世，而耶路撒冷被犹太—波斯联军夺下后，尼赫迈亚便开始被视为弥赛亚。在中东各地，犹太人纷纷暴动，以响应巴勒斯坦的"解放"。这同样对罗马人的守备有害无益。

耶路撒冷守军似几乎全由基督教司祭与平民组成。史籍提到，有一支"希腊"军被其名为阿巴·莫德斯图斯的僧侣自杰里科召集

---

① 滨海凯撒里亚，即巴勒斯坦凯撒里亚。

而来。不料，他们甫一靠近耶路撒冷，见围城波斯兵马势大，自知不敌，旋即撤走。这支"希腊"军有可能来自巴勒斯坦边防军，或来自尼切塔斯的后卫部队。他们来此或以为，若能躲入强大城防之后，即可解救这座重镇。然而，见波斯人已围城，罗马人知难而退。他们承受不起再度徒然损兵。

虽然在罗马—波斯战争中，耶路撒冷之围如此重大，且有其宗教意义，相关详情的史料却少之又少，连围城日期也众说纷纭。据一种讲法，波斯人攻城始于614年4月15日。[9]多数人认为，围城持续三周，但史料大多表明，波斯人破城是在5月17日到20日之间，而非5月5日（以4月15日为起始时间）。[10]沙赫巴勒兹布阵合围，要守军弃械投降，或许还称，援兵可随尼切塔斯撤走。然而，提议遭拒。双方或迎恶战，原因尤其在于耶路撒冷城防坚固。[11]史籍重点提到使用投石机和其他重型武器砸击城墙，而波斯人善打攻围战，亦有可能另施手段，如动用云梯和攻城塔，乃至开掘隧道以毁坏城垣。甚至有人称，萨珊人发明出某种化学战武器，用于破坏行动。[12]不过，也许为提防"希腊"军或尼切塔斯去而复返，沙赫巴勒兹不敢倾尽兵力进攻，决定主要采取砸击法以破坏城墙。该手段耗时长，因为七世纪时罗马人的石工技艺可构筑殊为坚固的墙体，在君士坦丁堡尤其如此。争奈承受二十天的重砸之后，耶路撒冷的城墙似最终倒塌，犹太—波斯联军攻占圣城。

战后情状言人人殊。据称，为报复围城前发生的反犹暴动，如今犹太人将怒火发泄到耶路撒冷的基督教众身上，经沙赫巴勒兹准许，策划屠城。特别是根据斯特拉提吉乌斯①的记载，军队大肆烧

---

① 斯特拉提吉乌斯，耶路撒冷马撒巴修道院僧侣。他对当时圣城所受暴行和破坏记载最详。

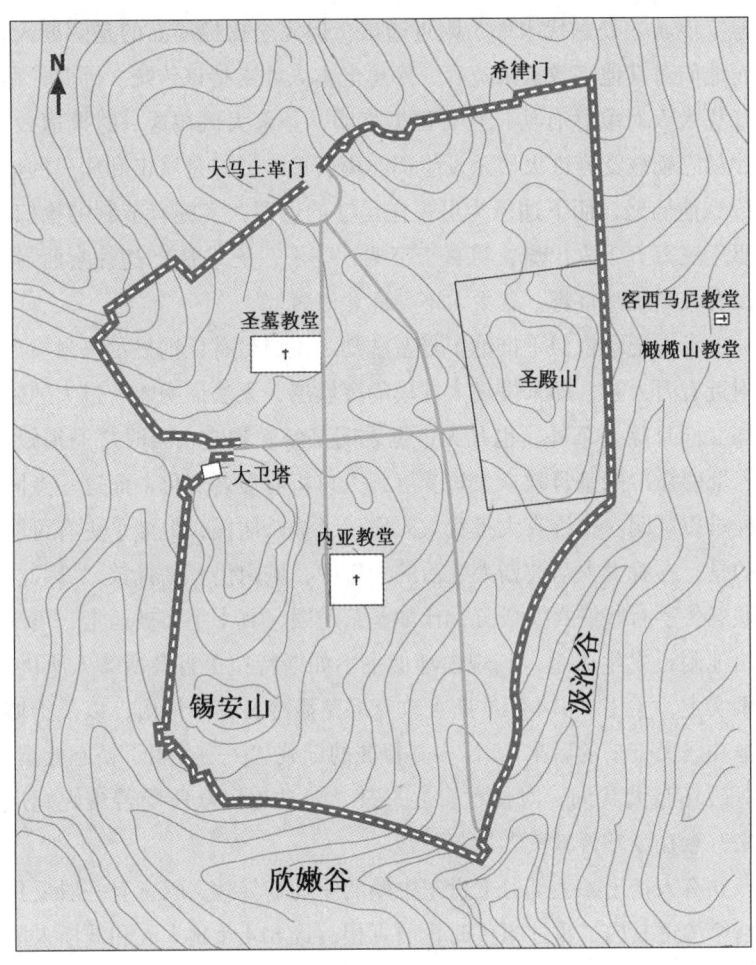

耶路撒冷平面图

杀，圣墓教堂①等建筑被焚毁，男女老幼受戮者多达六万五千。有种说法尤其骇人：两万五千基督徒俘虏拒绝改信犹太教，在玛米拉

---

① 圣墓教堂，耶稣墓所在地。

池（该城一处古代水库）附近遭屠。但完全操控局面的是萨珊人，而他们对其他宗教素来宽容，库思老本人亦支持该传统。因此，尽管犹太人对取胜有功，且有证据表明，圣墓大概在这一时期遭毁，沙赫巴勒兹竟容许大屠杀发生仍匪夷所思。或许是城市和居民的抵抗令他恼怒，而下述行为可视作足够的惩罚：实施有节制的抢掠，驱逐三万五千人出城，将真十字架、圣矛、圣海绵①送往泰西封。没有波斯统帅首肯，犹太人不会肆意屠戮。[13]

考古记录也似乎推翻了野蛮洗劫之说。虽有证据显示玛米拉池附近有万人冢，却未发现大规模的废墟层，无法证明曾有过大肆破坏。而且除圣墓外，也几无证据表明基督教教堂在当时广遭损毁。若耶路撒冷的基督教众大量受屠，人口将有显著变化，而这一点同样难以证明。或许有大批犹太人取代了被杀居民，但似乎更有可能的是，在犹太人与波斯人统治的十年中，城内仍有基督教。[14]因此，诚然传言有些许真实成分，比如圣墓遭毁，真十字架被运走，玛米拉池附近发生屠杀，其规模却似乎不如斯特拉提吉乌斯等人所讲。事实上，关于"614年波斯人攻克耶路撒冷，其中情由，以及给城池和居民带来的后果"，许多基督徒的记载"……（属）精心杜撰，对破坏夸大其词，对伤亡言之过甚，对被逐民众所受苦难娓娓道来，意在令基督教读者惊骇"[15]。

有人指出，大部分七世纪中期的罗马基督教文献皆有一股反犹情绪渗透其内，重述事件时歪曲真相，致614年犹太人和波斯人屠城一事被用于战后宣传。因此，基督教徒篡改历史的可能性似乎更大。偏见或因犹太人投向库思老和波斯人而生，但战前敌意便已存

---

① 真十字架是耶稣受难的十字架；圣矛是罗马士兵为确认耶稣已死，用以戳刺耶稣侧腹部的长矛；圣海绵是耶稣受难前，罗马士兵用以蘸酒给他饮用的海绵。三物皆基督教圣物。

在。甚至反犹暴动或是巴勒斯坦犹太人吁请库思老发兵相助的一个起因。当一支犹太军队进逼耶路撒冷时,提尔的犹太人遭城市当局残酷对待:每有一座教堂被毁,则处决百人,将首级隔墙掷向围城军队,可见对犹太人的怨怼之深。[16]

安纳托利亚和埃及被犯,更多领土失守

无论614年耶路撒冷遭际如何,圣城及真十字架落入尼赫迈亚·本·胡希尔与太巴列的本杰明共同领导的犹太人和波斯人之手,重挫了罗马帝国的锐气。鉴于基督教典仪在希拉克略当政初期的重要作用,这不只令帝国颜面大失,且使人怀疑是神降天谴。[17]帝国厄运却未就此而止。希拉克略兵败安条克城外,给南方和安纳托利亚皆带来严重后果。在南方,沙赫巴勒兹将尼切塔斯赶回埃及。希拉克略的兵马撤退在前,沙欣探得余下东部守军的虚实,发现其战力、组织与士气皆不足。615年,波斯兵马疾穿罗马属安纳托利亚,远抵迦克敦。该城隔博斯普鲁斯海峡与君士坦丁堡相望。沙欣深入罗马国境而未遇太大抵抗,可见罗马武备废弛已何其严重。

然而须指出的是,希拉克略不与一路挺进的沙欣正面交锋,可能意在保存已锐减的兵力。敌军几乎已兵临国都,希拉克略仍拒改既定方针,而是派腓力比库斯再犯波斯国境,彰显出战略悟性。因补给线受到威胁,沙欣自迦克敦回师,欲阻击并歼灭腓力比库斯所部,不料这名足智多谋的老将避开此劫,再次安返罗马国境。然而,他却难逃岁月摧折,似乎再次执行调虎离山行动后不久即染病身故。希拉克略痛失最能征惯战之将。

因耶路撒冷沦陷,波斯军队进逼博斯普鲁斯海峡,不出所料,615年希拉克略再度试图与库思老弭兵议和。鉴于此前库思老拒认其皇位,希拉克略派遣禁卫军长官奥林匹乌斯、首都行政长官莱昂

蒂乌斯，以及阿纳斯塔西乌斯，向库思老递交罗马元老院和人民书信。[18] 此等法统细节不大可能被库思老及国策顾问看重。大军四面进逼敌境，波斯王或看到"尽取罗马帝国"的时机，不太可能有媾和之念。[19] 向库思老派遣特别使团的起因，或许是波斯统帅沙欣驻于迦克敦时，希拉克略与他有过联络。[20] 尽管沙欣自己无权和希拉克略谈判，且使团无功而返，但希拉克略与在外波斯统帅会晤的先例将于十年后产生重要影响。

腓力比库斯的进兵虽迫使沙欣从迦克敦撤离，却难以拖缓波斯军队南下的脚步。萨珊人以攻克的耶路撒冷作跳板，进犯埃及，这或许是他们最看重的目标。战争详情同样不得而知，但沙赫巴勒兹的攻势似乎始于616年前后攻克埃及边城贝鲁西亚。由此，波斯人取下尼基奥等城邑和巴比伦堡（构成今开罗历史最久的部分），进而控制尼罗河三角洲。波斯人愿商谈条件、接受投降，这只会有助于他们挺进亚历山大，而埃及人愿降，可能是因为获悉犹太人与波斯人对待耶路撒冷的行径，或至少是因为听闻幸存基督徒的夸张说法。

尼切塔斯组织埃及防御的详情同样不为人知，但他须应对兵败叙利亚后敌我众寡悬殊、补给日益匮乏的难题。这意味着，罗马人不太可能与沙赫巴勒兹正面交锋，而是依赖亚历山大的防御工事。同时，尼切塔斯补给匮缺，欲征用教会资源，与牧首施舍者约翰产生矛盾。此事成为日后希拉克略与教会周旋的先兆。埃及有数百万信奉一性论的科普特基督徒，他们反感帝国政府及其《尼西亚/迦克敦信经》，故而此地亦是宗教冲突的一处中心。塞浦路斯爆发民众骚乱，导致同希拉克略的联络中断，从而进一步削弱了尼切塔斯的防御。

虽困难重重，但尼切塔斯似乎仍在亚历山大组织起有效防守。史料显示，罗马守军抵抗长达一载。据传在619年，内奸向围城波斯军队通报称,有一条废弃水渠绕过防御工事。波斯军队由此突入城中,亚历山大似遭血洗,尼切塔斯与牧首约翰逃往塞浦路斯。然而,希拉克略从弟此后再无记载。史料匮乏,无以推知尼切塔斯殒命的时间或缘由,但可以明确的是,到 620 年,希拉克略再失一名可靠而得力的将领。攻占亚历山大后,沙赫巴勒兹从所建各处基地出发,及至 621 年已逐步控制埃及其他地区。

波斯人并非大举入寇罗马领土的唯一势力。由于多瑙河失去色雷斯与伊利里亚野战军的有力守护,613 至 616 年,阿瓦尔人在潘诺尼亚、达契亚与达尔达尼亚大部横行无忌,迫使成千上万民众躲避于帖撒罗尼迦和君士坦丁堡的城垣背后。多瑙河边境的失守不可挽回。较之阿瓦尔人,斯拉夫各部落进犯得更深更广,在巴尔干和希腊半岛各处定居。直到九世纪尼基弗鲁斯一世①当政时,希腊半岛始由罗马人收复,而多瑙河直到十一世纪初巴西尔二世②在位时方又成为帝国疆场。615 年,西哥特王西塞布特重夺马拉加与阿西多③。当此艰难时期,希拉克略亦被迫接受罗马属西班牙失守的现实。[21]

此外,意大利再起纷争。伦巴第人犯境,兼之罗马教廷日益自信和独立,几乎导致拉韦纳总督区的终结。总督约翰本人大概在 615 或 616 年被杀。希拉克略委派的阉人④埃留提利乌斯同教廷重

---

① 尼基弗鲁斯一世(约 750—811),802 至 811 年在位,在同保加尔人作战时阵亡,头骨被敌人做成酒杯。
② 巴西尔二世(958—1025),是东罗马在位时间最久的皇帝(963—1025)。当政期间,帝国继查士丁尼时代再迎黄金期。他曾下令剜去一万五千名保加利亚战俘的双眼,百人留一目,以引俘归国,故有"保加利亚屠夫"之称。他对内戡平叛乱,向外收复失地,戎马倥偬,终身未婚。
③ 两地在西班牙。
④ 在罗马帝国,宦官地位尊崇,职责不限于管理皇宫内务,担任行政要职者有之,担任军事统帅者有之,担任神职领导者亦有之。

修旧好，击败孔扎的约翰麾下叛军，与伦巴第人达成某种协定，但他于619年反叛。虽然埃留提利乌斯的谋逆在卢西奥利斯迅速被罗马军队镇压，欧洲各行省却兵连祸结，不断消耗业已吃紧的帝国资源，或至少无法向君士坦丁堡提供实际的重要物资。

此时罗马普通民众若认为昏君既去，又换庸主，亦情有可原，因为希拉克略当政的最初十年远比前任糟糕。如福卡斯般暴虐或史无记载，军事上却一败涂地。仅仅半个世纪前帝国尚掌控整个地中海，而今几乎无处不受外族侵略，君士坦丁堡亦不能免，该城现处波斯人与阿瓦尔人的威胁之下。希拉克略狼狈不堪，据说曾声言要徙都迦太基，[22]终被谏阻。但皇帝拟委弃已做国都近三世纪的城市，由记载足见罗马人处境之危。

帝国现状

阿瓦尔人与沙欣已兵临城下，城内派系纷争不断，因此，自613年兵败安条克城外以来，希拉克略一直努力让君士坦丁堡免于刀兵。他征用圣索菲亚等都城教堂的金银财物，向阿瓦尔人纳贡，使其撤围；发兵波斯国境，逼退沙欣；将争斗各派掌控于股掌。[23]鉴于前一世纪各派行为失序之甚，此举非同寻常，或可看作是希拉克略正在国内成功重塑皇家威望的一个明确信号。然而，正是在此时（622—624）的君士坦丁堡，希拉克略再娶引发秽闻，因继室是外甥女，即胞姐玛利亚之女玛蒂娜。血亲相奸导致轩然大波。起初，牧首塞尔吉乌斯拒绝主持婚礼和授封仪式。[24]乱伦婚姻不单造成宗教丑闻，也为日后政治纷争埋下伏笔。或许因父母是近亲，希拉克略与玛蒂娜的子女显露病象，夭亡者十中有五。在幸存子女中，玛蒂娜决意让长子赫拉克洛纳斯取代希拉克略·君士坦丁，继承皇位。

疆土沦丧，资源遭夺，威望受挫，帝国损失巨大，此外，宗教与继统问题日益严重。然而颇令人惊讶的是，科门蒂奥鲁斯被诛后，希拉克略的帝位在国内未遇重大威胁。同时值得一提的是，希拉克略坐稳皇位后，库思老及部将似乎未大力扶持狄奥多西假冒者或任何其他潜在篡位者做正统罗马皇帝。因无内讧，希拉克略得以专注于重塑个人地位，并调集余部准备反攻。或许因瘟疫卷土重来，[25]且双方有所厌战，波斯人征服埃及后似有一段休战期。这同样对希拉克略有利，使他得以"观察波斯敌情，重组部伍，力图准确评估帝国现状"。[26]

皇帝所见并未带给他太多宽慰。失地的财政后果十分严重。罗马政府试图削减开支，其中有例可援，比如对众多官员和士兵降俸减饷，重铸货币，减少弗里斯①铜币的重量，在君士坦丁堡推行六芒星银币，上刻铭文语带绝望："上帝保佑罗马人。"(*Deus adiuta Romanis*)[27]领土沦丧，尤其埃及失守，也对帝国的农业经济造成巨大冲击。埃及不仅是帝国最殷富的行省，也为帝国，特别为君士坦丁堡等较大城市提供大部分粮食。都城被迫于618年废除粮食救济制度。[28]此时希拉克略军队的实情不得而知。几可肯定，自查士丁尼收复失地以来一直困扰帝国的财政与兵力问题至今仍有后遗症。同波斯人、阿瓦尔人和斯拉夫人交兵败北，以及内战消耗，皆使军况日趋不堪，而尼切塔斯与腓力比库斯等宿将的离世更令现状雪上加霜。

不过，经打探敌情，希拉克略或留意到一些正面讯息。波斯人的进兵虽声势浩大、统领有方，却并非无懈可击。主要弱点也许在于，波斯人进军过速，导致通讯及后勤补给线太长。尽管表面上罗马民众几无游击抵抗，但作为众多民族的征服者，波斯人不得人心。再者，似乎波斯人未能在新占领土上建造任何基础设施，无作

---

① 弗里斯，面值很小，最初由皇帝戴克里先于296年发行。

物收益和税款。这也就意味着，除一些美索不达米亚人与犹太人外，几无证据显示，波斯人能募得士兵。同时，萨珊军队缺乏团结，这几乎是其惯有问题。军队自身仍缺少专业素质，过多依赖雇佣兵与下层兵员以维持军纪。罗马人还发现外交和间谍渠道畅通。与库思老、沙欣和沙赫巴勒兹的初期联络虽大多无果而终，却由此可见波斯君臣的勾心斗角，日后能加以利用。

然而，要利用波斯人的这些弱点，希拉克略须先定方略，继续令深陷困境的军队重振锐气与战力，并使其避开危险，免于激烈的消耗战。埃及战场已关闭，除一些规模有限的海战外，与波斯人交兵的唯一战场在安纳托利亚。萨珊人除暂取卡帕多西亚凯撒里亚和迦克敦之外，似未久留安纳托利亚高原，某种程度上使得托罗斯山脉成为两帝国之间界限模糊的临时边境。因此，战斗时有时无，更多局限于单次突袭，而非部署周密的大战。何以应对该军情变化，似乎皇帝和谋臣确有充分商讨，而希拉克略好像坚信，不仅军队须利用守备不严的边境上阵对敌，且皇帝亲征对鼓舞军队士气也必不可少。

主动出击——622年的东征

为建立一支可与波斯人争锋的军队，希拉克略将巴尔干野战军余部调往安纳托利亚，加强已驻扎于此的罗马兵力。[29] 这种弃巴尔干人于水火的做法看似胆小怯懦，实则务实且必要。对帝国存亡的真正威胁来自波斯人，况且，安纳托利亚是资源的主要供应地，须优先考虑。此外，阿瓦尔人与斯拉夫人不善围城，罗马人可仰仗帖撒罗尼迦和君士坦丁堡等大城市的防守，保持罗马人在多瑙河以南的存在。所调兵力已运过博斯普鲁斯海峡，玛蒂娜和御驾野战军统帅布诺斯的摄政事宜已办妥，希拉克略遂大张旗鼓，携圣母马利亚像，于622年4月5日渡海，去往安纳托利亚掌兵。[30]

希拉克略挥师东向，经比提尼亚，进抵安纳托利亚北部，一路收离纠散。希拉克略集结的兵力未见诸史册，但很可能民族众多，不仅有御驾、东境、埃及、亚美尼亚和巴尔干等野战军的余部，亦包括希拉克略强征入伍的蛮兵，比如从阿非利加带来的柏柏尔人，或者一些急于摆脱阿瓦尔人奴役的斯拉夫人、匈人、日耳曼人。[31] 兵员多样对希拉克略的军队有利，众多民族各具作战本领，使部伍汇聚各类技能，适应力强，同时却也带来军纪问题。

希拉克略的行军路线颇具争议。或许他自安纳托利亚北部出发，挥师东南，入卡帕多西亚，挺进凯撒里亚。但是，鉴于他不愿冒险同沙赫巴勒兹（由埃及新至安纳托利亚掌兵）正面交锋，他更有可能沿黑海岸边一路东进。途中，双方的阿拉伯哨探有过小规模战斗，罗马分遣队得胜，战俘被劝倒戈。确有说法称，一名波斯士卒投向罗马人，不久又逃回萨珊军队，被当作逃兵处死。[32]

也许沙赫巴勒兹料到希拉克略欲突袭亚美尼亚，遂将东去道路和山口封锁。然而，希拉克略的行动似乎快于沙赫巴勒兹预想。他已抵达尤海塔以西赫勒努蓬图斯（今土耳其乔鲁姆省贝伊奥祖），在奥弗利莫斯附近侧翼包抄波斯营盘。沙赫巴勒兹再次快速回应，反向进军，绕过罗马军队侧翼，本可发起夜袭，或因月亏而未成。[33] 次日，沙赫巴勒兹发现，希拉克略已选定战场，在东面的广袤平川严阵以待，迫使萨珊军队在开阔地作战，而沙赫巴勒兹不愿如此。[34] 因而，虽成功反向进军，又得夜袭之机，沙赫巴勒兹却临阵退走。希拉克略亦未强与之大战。

而数日后，希拉克略又经排兵布阵，寻到期待的战机。通过周密部署哨探，罗马皇帝发现，沙赫巴勒兹已设伏，决定以下述箴言为训："伏兵若被发觉并遭速围，必将害人不成反害己。"[35] 为此，希拉克略施计，令小股兵力佯败，诱波斯军队出击。为使计成，希拉克略选派锐旅。若所遣士卒的军纪与战力并非最优，诈败或旋成真逃。希拉克略有此涉险用兵之念，足见他与众将对士卒抱有信心。且不论冒险与否，曳兵之计实施完美。见有小股罗马部队脱逃，波斯兵马不顾队形散乱，发起追袭。罗马队伍由希拉克略的精锐卫队引领，得以反攻，将敌军逐出战场。[36]

希拉克略无法承受敌方反攻或再遇埋伏的风险，决定不予追击。而当整编后的军队去往本都山冬营时，想必希拉克略心怀庆幸：军队已出色通过首次真正考验。与库思老的一名顶级将领交锋并小有胜利，足以振奋罗马军队及整个帝国的士气，也适时提醒波斯人，罗马军力依然构成威胁，其皇帝堪称劲敌，而先前出兵卡帕多西亚凯撒里亚和安条克时锋芒未露。622年的出兵似乎简单明了：为抢占最佳地利，一方进军，另一方反进军，后双方开战，一决输赢。然而，虽取得伤亡不大、鼓舞士气的胜利，但可以说，此次兴师终以交兵，对希拉克略而言，或多或少是战略失败。完全有可能的是，他原想不动一刀一兵。沙赫巴勒兹虽然受挫，波斯军队仍阻挡住希拉克略的兵锋，使之未能踏入波斯或亚美尼亚一步。

希拉克略却也得到一些弥足珍贵的经验。安纳托利亚的战局向来不稳，622年的出兵亦不例外：占领之地难以掌控，双方都要善于利用对手"军力的漏洞和易变的军心"。[37]此番出兵也表明有效侦察的重要：唯有如此，才能确保行军的速度与准确的谋断，而后者在这种猫戏老鼠般的与敌周旋中至为关键。希拉克略取得这些经验，且整编军队成效卓著，在制订方略以扭转对抗波斯人的败局过程中，已迈出第一步。

大进军（624—625）

但是，622年所筑根基几乎尽毁于623年岁中。[38]希拉克略离开本都山的军队，返回君士坦丁堡，去应对阿瓦尔可汗。后者要求与罗马皇帝会晤。面对在该战线恢复停战的军政与财政压力，希拉克略允其所请,于623年6月5日前赴色雷斯赫拉克利亚。或出于压力,希拉克略行动仓促,对会晤地点侦察不力。阿瓦尔人利用外交示好布设圈套,希拉克略自投罗网。最终皇帝成功脱身,返回国都,而阿瓦尔人趁乱再次兵临君士坦丁堡的主墙之下。[39]

尽管阿瓦尔人公然背信,但由于同波斯人的战事仍在持续,希拉克略几无选择,只能继续和阿瓦尔人谈判,并被迫忍气吞声,缴纳赎金,其数量相当于昔年支付给阿提拉的规模,包括二十万苏勒德斯金币①,并送去大批高级人质,其中有自己的私生子约翰·阿撒拉里科斯、侄儿斯蒂芬,以及布诺斯的私生子。[40]然而,希拉克略心知肚明,与阿瓦尔人的和约形同废纸。几乎不出所料,他甫回亚洲,阿瓦尔人即背弃和约,索求更多财物,原因或许还在于,"阻止(罗马人)取得大捷对其有利,否则希拉克略得胜后,会将矛头转向他们"[41]。显然,与阿瓦尔可汗签订和约所带来的财政与政治风险在预料之中,但希拉克略认为有必要冒此风险,因为他拟于624年出兵。[42]

希拉克略历经内战、失败、屈辱、帝国近乎分崩的情势,逐步再建、重塑、考验了军队,检验了自己的战略和战术领导力,但及至624年,他已有"要攻入波斯腹地的欲望"。[43]624年3月25日,希拉克略离开君士坦丁堡,四年后始返国都。然而,尽管大张声势,希拉克略出兵的确切意图却不得而知。他是否拟大举侵略波斯值得怀疑,同时他也不太可能想对库思老快速实施决胜一击,虽说该战法在过去数百年曾大获成功。此次出兵又将是运动战和补给夺取战,而非予敌致命打击。不过,622年战胜沙赫巴勒兹之后,希拉克略及士卒或更有信心寻机再败敌军。

---

① 苏勒德斯金币,一种古罗马金币,拉丁文是solidus,字面义为"实心的",或因其较厚而得名。

最初，希拉克略兵发卡帕多西亚凯撒里亚，或表明他意在重施622年的旧计：将沙赫巴勒兹从山中据点引至安纳托利亚平原，以再败对手。不料，也许沙赫巴勒兹对其挑衅未作反应，也许对罗马人遽尔大胆出兵全无防备，故此未能追赶。因无追兵，希拉克略可自主行军，遂挥师亚美尼亚边境。待意识到罗马皇帝的意图后，沙赫巴勒兹纵敌不击，而是进犯罗马国境。希拉克略的进军脚步未受阻碍。甫至亚美尼亚，他向库思老又修一书，希望止战。波斯王以为敌人可任其摆布，遂再拒谈判，回函仍措辞倨傲，称罗马皇帝为"戋戋蠢奴……纠合一众匪盗"，甚而奚落基督教上帝，称耶路撒冷、凯撒里亚和亚历山大被波斯人攻取而上帝却无力拯援，同时称，基督为犹太人所害①而无以自保，又何以佑护罗马人免受库思老侵略？[44]

信中措辞对罗马人的宗教和爱国情感伤害过大，似更有可能是由希拉克略的宣传机构杜撰，而非波斯王所写，意在煽动士卒、民众及教牧人员的情绪。同时，似乎希拉克略曾对外声称，自己梦见过有人将萨珊王推翻，并向他禀告："现将彼交于陛下。"这或是希拉克略所做宣传攻势的另一侧面。[45]有人称，希拉克略兴兵类乎中世纪的十字军东征②。倘若他确实借助宗教情绪、爱国情感及梦境宣传，则该说或有几分可信。不过，宗教情绪只是本次出兵的部分缘由，故"十字军东征"之比并不妥帖。[46]再者，即使库思老确曾写过挑衅意味如此强烈的书信，即他确是如此张狂矜夸之人，此信也并未准确反映出624年岁中的真实情状。希拉克略的兵力或不

---

① 耶稣的言论与犹太教传统发生冲突。其门徒犹大人犹大为三十枚银币将他出卖。最终，犹太教公会以渎神罪判处耶稣死刑。

② 十字军东征，以收复被穆斯林所占土地为名、由罗马天主教教皇乌尔班二世对西亚发动的宗教战争，历时近两百年（1096—1291），前后共九次，因士兵佩戴"十"字标记（十字架象征基督教）而得名。

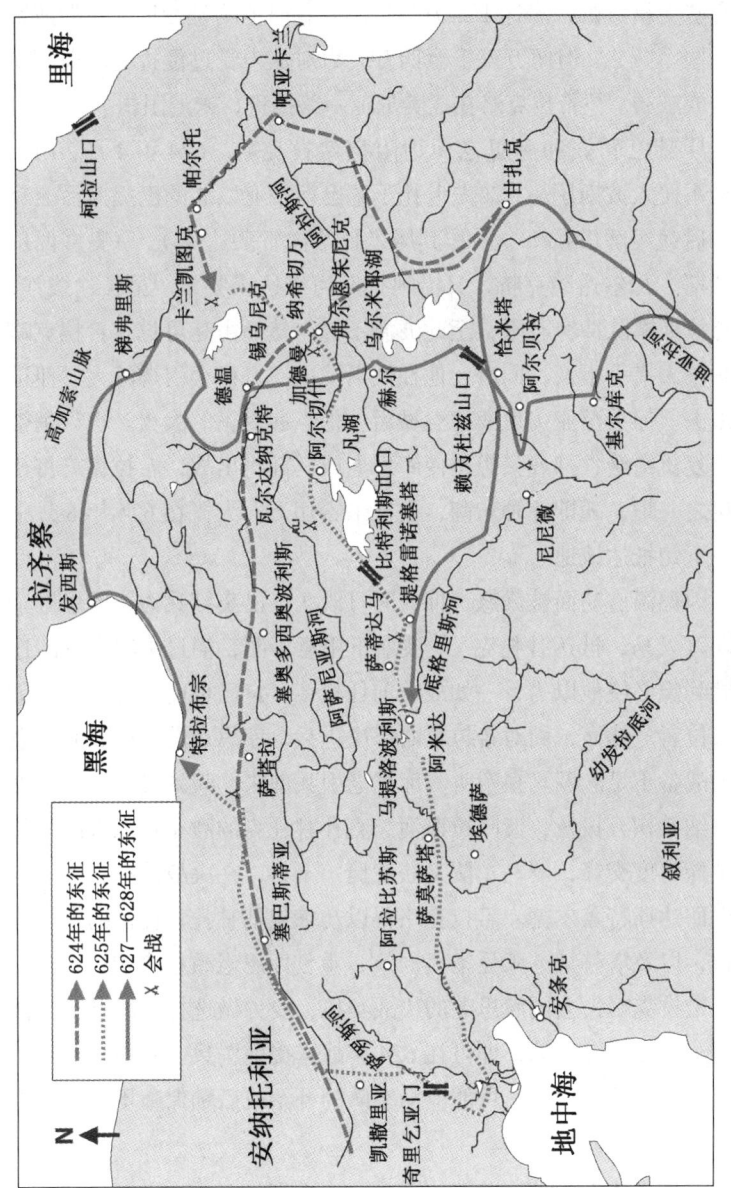

希拉克略东征（624—628）

像有些史籍所讲,多达十二万,也不及昔时罗马皇帝远征波斯所率的一些军队,[47]但两万五千至四万兵力对从未受过侵扰的波斯国境已构成威胁。[48]希拉克略在亚美尼亚一路挺进,未遇阻击。

沙赫巴勒兹和库思老无力阻挡希拉克略。624年4月20日,罗马军侵入波斯国境,[49]先屯扎于塞巴斯蒂亚以北的巴提斯吕亚克斯,后途经萨塔拉(今土耳其居米什哈内省萨达克)、塞奥多西奥波利斯、瓦尔达纳克特,又沿阿拉斯河抵达霍罗桑。虽长途跋涉,但与波斯军队冲突有限,至此波澜不惊。然而由是可见,希拉克略令萨珊人措手不及,同时,他在波斯境内一有机会引燃战火,便迅速出击。但兵至亚美尼亚德温城后,他点起真正的大火。也许稍带宗教复仇情绪,抑或只想诱使库思老或其部将出战,希拉克略将德温付之一炬,随即挥师东南,去往纳希切万,大概在624年6月中旬或下旬抵达该地。[50]

因德温遭劫而被激怒,抑或时日既久,已集结兵力,库思老亲提四万人马,抵达甘扎克。[51]波斯王用意不明,但过去二十年的连番胜利想必使他以为,一如战败前任皇帝,自己也能击垮这个自负的篡位者。然而,面对希拉克略果决进兵,库思老的回应表明,波斯人战备不足。罗马皇帝听闻库思老引兵前来,嗅到良机。希拉克略从纳希切万拔营,渡阿拉斯河,直扑甘扎克的敌军。双方的阿拉伯哨探再度交锋,罗马军队又获胜捷。不料,在决战前夕,库思老却退回达斯特盖尔德。希拉克略得以劫掠包括甘扎克在内的大部分乡村,以及塔赫特苏莱曼圣火祠①,重创库思老政权声望。

希拉克略失去同库思老的决战契机,要另做选择。波斯王已被吓退。若能将之生擒,即可在624年战季提前罢兵。然而,亦存在诸多制约进兵的因素。可能罗马军队的补给或后勤保障不足,在晚

---

① 塔赫特苏莱曼圣火祠,位于今伊朗西阿塞拜疆省。

夏炎威中,难以长久入侵美索不达米亚和伊朗高原,尤其是库思老可能已采取波斯人惯用的焦土战术。此外,若孤军深入,希拉克略或受到库思老与沙赫巴勒兹和沙欣两面夹击。罗马领导层虽有分歧,但常识占得上风。希拉克略决定让军队避开险地,遂北撤高加索山麓丘陵,以靠近伊比利亚盟军。彼处可过冬,亦可募得更多兵力。[52] 有些当地人并不欢迎他们,比如帕尔托居民。他们不愿加入罗马军队,遂弃家进山。但是,有大量阿尔巴尼亚人、拉兹人、伊比利亚人响应罗马皇帝号召。624 年结束,想必希拉克略对战果心满意足。

遗憾的是,罗马皇帝已退至易受困之地而不自知。库思老似见到契机。625 年岁初,波斯人兵分三路,由沙赫巴勒兹、沙欣和沙拉布兰加斯分领,向罗马阵地集结。[53] 经不断周密部署哨探,兼之有高加索盟军情报,希拉克略及时意识到身处险境,遂离开卡兰凯图克营地,去往黑海港口。岂料沙赫巴勒兹西来,切断退路,而沙欣和沙拉布兰加斯则迅速收复希拉克略于 624 年所克城镇,并占领各处河津与山口。罗马军队被迫退回塞凡湖附近锡乌尼克地区。沙欣提三万之众,在沙拉布兰加斯近援下,欲同希拉克略对决。其计策是,将对手赶入凡湖以北的山口,而彼处将是沙赫巴勒兹途经之地。[54]

四支大军的具体动向依然无考,但似可肯定的是,希拉克略须从速行动,以免遭合围。连番用计,加之倍道兼程,让罗马军队暂脱险地,而希拉克略认识到,须趁早突围。他鼓动士卒说,在即将到来的战斗中,阵亡可得永生。[55]

希拉克略并未任从自己按敌方意愿,与三路波斯大军同时交战。为此,他派出假扮的逃兵,到波斯军营散布消息称,罗马人在撤退,且另有波斯军队在逼近。此计看似作用不大,但希拉克略巧妙利用波斯将领间的勾心斗角。沙赫巴勒兹、沙欣、沙拉布兰加斯彼此争功，皆急于出战。希拉克略利用萨珊人的迫切心理，先后引诱沙拉布兰加斯和沙欣进入于己有利的地带——加德曼附近的一片草原，将两人依次击败，予敌重大杀伤。

然而，胜利并未让罗马人脱离战略险境。虽则败北，沙拉布兰加斯和沙欣的有生力量犹存，而沙赫巴勒兹尚未出战。希拉克略从加德曼向阿拉斯河回撤，可能拟在纳希切万附近平原扎营。沙欣却紧追不舍。罗马人渡过阿拉斯河，在弗尔恩朱尼克附近安营后，发现非再战不可。随后战况亦几无记载，仅知道希拉克略再度取胜，沙欣所部被打得七零八落，只得与沙赫巴勒兹合兵。[56] 虽然罗马人连取两胜又添一捷，但由于他们从高加索地区撤走，而波斯大军尚存，故此高加索盟军纷纷逃离希拉克略所部。罗马军队不惟兵损严重，同时失去向导。而军队若逃，向导至关重要。

希拉克略虽有此损失，却似乎绕过沼泽，将波斯人阻隔在后，得以向阿尔切什潜进。[57] 离开弗尔恩朱尼克后的西进途中，希拉克略不断派人刺探敌情，取得更多回报。有消息称，沙赫巴勒兹正企图在凡湖以北布设陷阱。后者兵分三路：在阿尔切什附近陈兵六千，以伏击罗马人，另有六千兵力屯于罗马进军路线上的阿里，而第三股人马则在北部阿里奥维特地区活动。若落入圈套，希拉克略将困于三路波斯军队与凡湖北岸之间。不过，因先获情报，希拉克略不仅避开埋伏，且再次还以重击。他将《战略》中另一计策用于波斯人："若敌方要塞内营帐散乱无序，夜袭敌营可成。"[58] 首次夜袭似将波斯伏兵的西路歼灭殆尽，但希拉克略并未撤逃，而是立即去突袭在阿尔切什由沙赫巴勒兹亲率的分遣队。似乎后者仅收到仓促预警，随后罗马军队闯入他在阿尔切什的营盘。有记载称，沙赫巴勒兹尽失女眷和士卒，以及粮秣辎重、个人资财，仅以身免，逃回北部波斯军营时赤身跣足。[59] 实情或不若此说狼狈，但凡湖以北的两场败仗确失颜面。

至 625 年 2 月底，波斯三将俱败。希拉克略撤回罗马境内较安全地带的路线已明朗许多。不过，罗马皇帝仍要作出抉择：走相对容易但供给不敷的塔兰塔关隘，抑或翻越托罗斯山进抵叙利亚东北部，彼处供给较充足，却更危险。他选定后者，急速启程。自凡湖以北拔营后只过数日，希拉克略不仅横渡雅纳尔苏河（据称渡河地点靠近古代亚美尼亚都城提格雷诺塞塔），而且涉过尼姆菲奥斯河（今巴特曼河）。不过，罗马军队或遭波斯与阿拉伯追兵半渡而击，有所伤亡。有人称，罗马军队损失惨重，阿拉伯诗人阿厄夏曾对大破敌兵赋诗赞颂，阿拉伯人将此河命名为萨蒂达马，意即"嗜血之河"。此说似言过其实。罗马军队好像并未放缓脚步，离开凡湖仅一周，即抵达马提洛波利斯。希拉克略继续兵进阿米达，自该地向君士坦丁堡发出进军报告，后途经萨莫萨塔，横渡杰伊汗河，完成撤退。[60]

沙赫巴勒兹重整旗鼓，一路追击希拉克略，甚至可能在杰伊汗河附近与之另有一场鏖战。据称希拉克略被迫于阵前亲自鼓动军心，不过这或是他人讴功颂德之辞。[61] 罗马军队渡过杰伊汗河，一路将波斯追兵甩在身后，通过奇里乞亚门①，重返卡帕多西亚凯撒里亚。希拉克略行军神速，似在 625 年 4 月抵达凯撒里亚，此时战季尚余很长时间。但回师更安全地带使希拉克略在战略和战术上有更多选择。经短暂僵持，波斯人似乎也意识到这一点。双方脱离战斗，波斯兵马南返，罗马军队北进，穿越塞巴斯蒂亚，横渡哈里斯河，进入黑海岸边的冬营（大概在特拉布宗附近）。

624 至 625 年的东征大获胜捷，但歌功者们在谁是胜利者这一点上各执一词——一如所料，萨珊人夸大其词，声称阻击希拉克略于波斯境外，迫敌撤兵，在其归途一路攻扰，取得包括萨蒂达马

---

① 奇里乞亚门，土耳其南部托罗斯山一处山口。

大捷在内的胜利。而罗马人则对希拉克略奋勇奔袭、萨珊顶级名将一败再败、波斯国王落荒而逃大加渲染。波斯人所言也有真实一面，而认为双方均未致敌惨败之说亦不无道理。然而，甘扎克遭劫以及塔赫特苏莱曼圣火祠被毁却对库思老政权的威望造成重挫，对来年波斯王的行动产生重大影响。希拉克略重创敌军，令战局逆转。在波斯力压罗马二十余年后，希拉克略"完美施用"《战略》计策，置敌于被动，为困境中的军队赢得多场胜利，证明自己善用战术、善谋战略。[62]

第4章 "攻城槌已触墙"①

> 我追求和平。火烧波斯实非我愿,而是为你所逼。让你我罢兵修睦,止熄战火,以免一切俱焚。
>
> 希拉克略致库思老二世的最后通牒,628年1月6日
>
> (狄奥法内斯,《编年史》,创世纪元②6118年)

君士坦丁堡之围(626)

到626年,罗马与波斯的终极一战正迅速进入尾声。在时人看来,库思老胜出几乎无可置疑。波斯在叙利亚、亚美尼亚、巴勒斯坦、埃及等征服地区的统治未受直接威胁;波斯军队攻入罗马剩余领土而未遭反击;罗马皇帝仅有一支主力可救帝国于危亡。不过表面之下,罗马亦有恢复元气的明显迹象。希拉克略非但纵横敌境近一年之久,总体伤亡不大,且尽克波斯顶级名将,摧毁塔赫特苏莱曼圣火祠,予波斯军队以损伤和心理打击。情势依旧危殆,但较之东征前,确有更多乐观理由。

库思老急于洗刷624至625年的败辱,不给罗马恢复元气之机,遂于626年岁中,命军队攻打罗马帝国最后的堡垒——希拉克略在安纳托利亚北部的驻军,以及帝都君士坦丁堡。虽然沙赫巴勒兹、沙欣、沙拉布兰加斯和库思老本人曾尝败绩,但似乎波斯军力未受大损。库思老犹可调遣沙赫巴勒兹往攻君士坦丁堡,指派沙欣对阵希拉克略。沙赫巴勒兹的军力史乘无载,但与调拨给沙欣的五万人相比不会出入太大。库思老虽然仍手握两支大军,却将之同

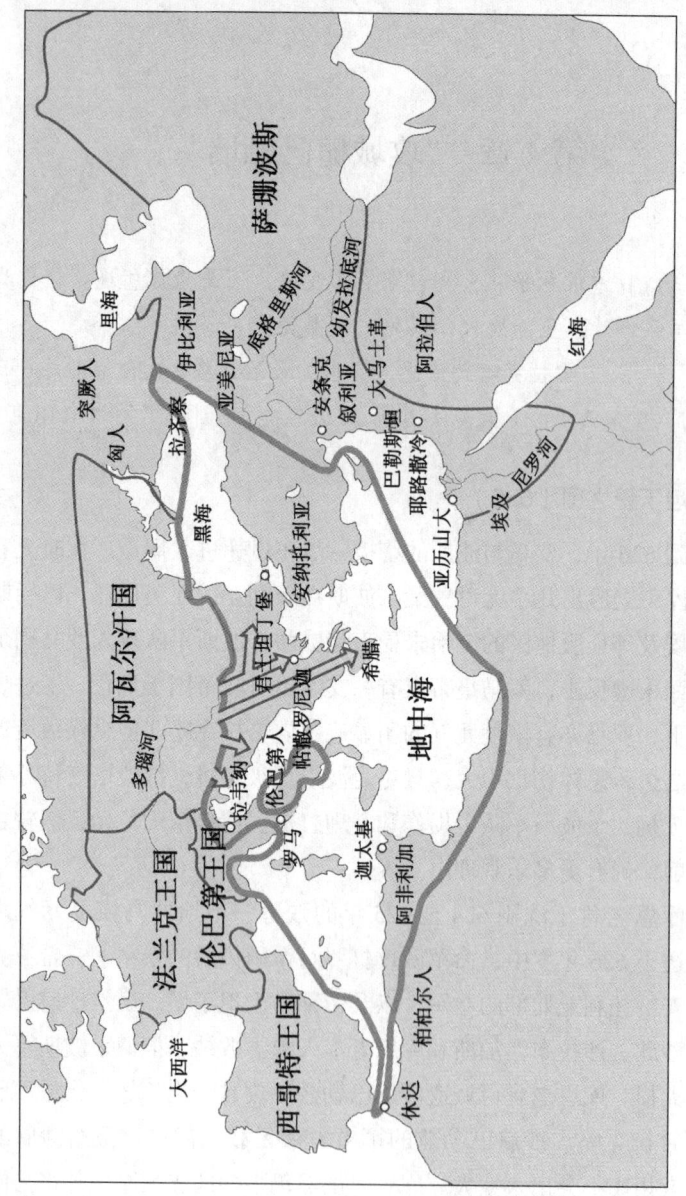

罗马帝国与波斯帝国（626）

时派往域外，可见他也许感到须结束战争的个人或政治压力。

沙赫巴勒兹与沙欣二将所率大军并非罗马帝国在 626 年的唯一忧患。阿瓦尔人虽已在 623 年获巨额赎金，却不出所料，最后仍违信背约。或者阿瓦尔可汗曾在 626 年岁初举兵威胁罗马国境，或者希拉克略的细作意识到和约将告失效。比及 626 年 4 月，皇帝已遣阿萨内修斯为使，去同阿瓦尔人交涉。谈判无果而终。不久，阿瓦尔人攻至君士坦丁堡城郊。进兵途中，阿瓦尔人或了解到沙赫巴勒兹屯于博斯普鲁斯海峡亚洲一侧，并知晓其克取罗马都城之意。沙赫巴勒兹重占迦克敦的时间不确，但似乎早在阿瓦尔主力 6 月末兵临君士坦丁堡之前，他已进袭迦克敦腹地，于彼立足已稳。¹ 不过，在波斯军队到迦克敦之前，沙赫巴勒兹与阿瓦尔可汗不大可能有过直接联系或攻打君士坦丁堡的作战协调。双方只有获悉彼此到来，才会有所配合。² 但是，只有应波斯人之请，阿瓦尔人方参与围城，因为后者不善攻围，而即使对于最善攻城的军队而言，君士坦丁堡的城墙亦构成最大挑战。

然而，阿瓦尔人进兵必有预谋。到 6 月末，约三万主力已抵君士坦丁堡。据信，在围城期间，阿瓦尔人、斯拉夫人和日耳曼人援军纷至，兵力再增，而人数达八万之说或言过其实。³ 君士坦丁堡被围，人们曾将怨愤发泄于约翰·塞斯莫斯③ 身上。此人似有政治筹谋，不过仅带来一场局部骚乱。尽管当时希拉克略不在城内，骚乱也未对政权构成威胁。但君士坦丁堡民众渴盼圣驾回銮。希拉克

---

① 这是古罗马作战时奉行的政策：一旦开始攻城，则不再纳降，对守军将不会手下留情。
② 创世纪元，犹太教与拜占庭所用纪元，拉丁文为 Anno Mundi（创世之年），缩写为 AM。按狄奥法内斯所用标准，上帝在公元前 5493 年创世。
③ 约翰·塞斯莫斯，君士坦丁堡城市长官。当时为节省政府开支，他试图取消御林军的面包配给，并大幅提高面包价格，在 626 年 5 月引发骚乱，被解职。

略虽然未归,却似乎派来援兵。即便如此,守军好像也仅有约一万两千人,由军事长官布诺斯和牧首塞尔吉乌斯统领。[4]

阿瓦尔人利用7月前两周围城,阻止居民找粮、收庄稼、聚拢牲畜。或许此时人们最深切地感受到了失去埃及和该地粮食供给的痛苦。[5]同时,阿瓦尔人着手建造围城装备,包括寨栅、攻城塔、有龟甲形连环盾保护的攻城槌。[6]罗马守军累次出击,欲破坏攻城战备。阿瓦尔人似利用所建寨栅,将逃离巴尔干各行省的罗马难民引往君士坦丁堡城门,从而阻挡守军出击。

看到阿瓦尔大军围困城池、击退守军,却不见皇帝归来,居民只得求助于宗教仪式。牧首塞尔吉乌斯手擎圣母马利亚像,沿城墙一路激励士气,并祈求神助。[7]同时,当事三方不断有外交往来。至7月末,阿瓦尔人已同沙赫巴勒兹取得接洽,大概与此同时,阿萨内修斯还都,带来阿瓦尔可汗的要求,即君士坦丁堡完全投降。该要求自然遭拒。7月29日,阿瓦尔可汗亲临围城阵地。他检视完己方部署与罗马城防,或许还收到波斯人承诺,随后下令攻城。[8]

次日,阿瓦尔人将攻城槌准备就位。7月31日,首攻开始,攻城塔和抛石机也压向城墙。战斗持续到最后时刻,即下午5时,阿瓦尔人与斯拉夫人对包括佩格地区在内的各处城墙发起无数次进攻,俱被守军击退。[9]8月1日,阿瓦尔人转攻查瑞休斯门与圣罗曼努斯门之间的城墙,久战后再被打退。[10]一支斯拉夫分遣队临时发起海上攻击,企图突破金角湾城墙,亦不克。布诺斯希望阿瓦尔人因两日徒然损兵能够休战;他试图缴纳贡金,诱使阿瓦尔可汗退兵。不料提议遭拒,但阿瓦尔可汗确曾要求再启谈判。波斯使团在随后会晤中承诺派援,阿瓦尔可汗为之振奋。波斯使团同时告知罗马人:"尔等皇帝既未进犯波斯,亦未回援。"[11]阿瓦尔可汗再次要求君士坦丁堡完全投降,且全城居民渡博斯普鲁斯海峡,归由沙赫巴勒兹措置。[12]

谈判或持续数日之久。有记载的下一场战斗发生于 8 月 6 日，阿瓦尔人再度发起陆地猛攻，被击退，死伤枕藉。翌日战斗如前，斯拉夫人企图突破金角湾，再告失败。意识到阿瓦尔人无法独立破城，波斯人试图从罗马水师手中夺下制海权，以加入围城战。然而，8 月 7 日罗马水师取胜，尤其在次日，罗马军队挫败波斯人将四千骑兵渡运至欧洲的企图，似乎让沙赫巴勒兹力援阿瓦尔可汗的意图落空。这也许说明，8 月 7 日的海战类同调虎离山，或者渡海尝试是最后的无奈之举。

波斯军队渡运欧洲失利，这成为结束围城战的关键。在 8 月 6 日和 7 日的大战中，阿瓦尔人伤亡甚巨，因而似意志衰颓。获悉波斯人抢渡失败，他们便开始撤军。据称，阿瓦尔人退兵前，已举行谈判。这使人怀疑布诺斯或重提一周前的纳贡请求，而此次请求被接受。布雷契耐区圣葛斯默与圣达弥盎教堂遭毁，布诺斯却阻止罗马守军出战复仇。[13] 这愈加印证了以贡金换退兵之说。波斯人对撤围的反应不详。沙赫巴勒兹可能在迦克敦过冬，抑或立即撤退。而无论作何反应，想必波斯人明白，不控制海洋，君士坦丁堡则难近半步。

尽管阿瓦尔人带来破坏与伤亡，但罗马部队在君士坦丁堡城头与附近海域击退敌军，此为帝国大捷。希拉克略虽御驾不在，却因谋划国都保卫战而受到歌颂。人们认为，胜利有赖皇帝支持，故此，不赞誉实际统帅布诺斯而颂扬皇帝属罗马人的习惯之举。而称颂希拉克略之外，因护佑都城于危难，至高功勋归圣母马利亚。据说，在围城期间，连阿瓦尔可汗亦曾见到圣母马利亚沿城墙行走。[14] 人们以为是政教人物挽救了君士坦丁堡而为其歌功颂德，却忽视了帝都保卫战取胜的真正原因：阿瓦尔人缺乏作战经验，因攻城技术不精、后勤能力落后而整体战力有亏；君士坦丁堡城防坚固；罗马海军对波斯人、阿瓦尔人、斯拉夫人的来犯海军具备优势。[15] 若无

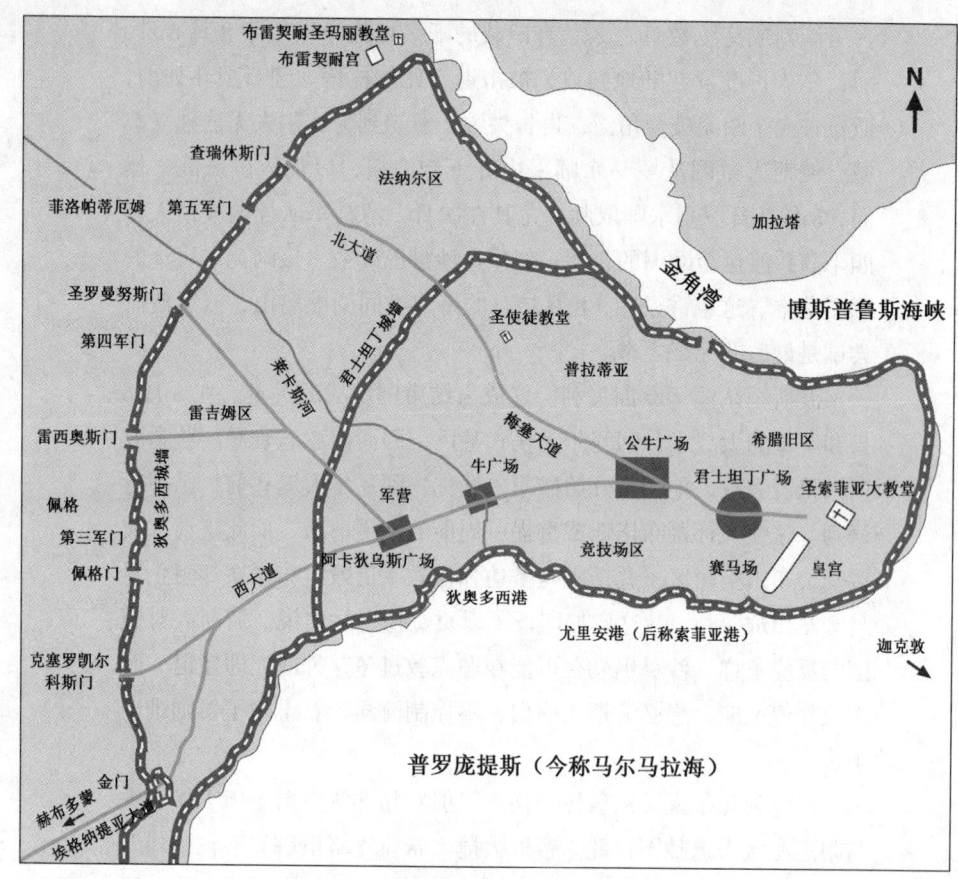

君士坦丁堡平面图

这些因素，波斯人和阿瓦尔人大有可能破城。

  战胜阿瓦尔人并非626年罗马人所获唯一大捷。君士坦丁堡围城战走向结束时，沙欣对屯于安纳托利亚北部希拉克略的军队展开攻势。他所下军令不详，有可能是防止希拉克略去解君士坦丁堡之围，并击溃最后一支罗马部队。沙欣成功阻止了希拉克略所部还兵博斯普鲁斯海峡。有人却认为，希拉克略从未打算回銮，因为他若愿意，罗马海军可护驾。不过，这却留下疑问：缘何此时希拉克略将兵权转交狄奥多尔。原因或是，他认为兄弟更能胜任统兵，同沙欣展开看似不可避免的大规模静态战。而另一种解释似乎更有可能：希拉克略并未打算和部伍待在一起，而是因担心被沙欣或沙赫巴勒兹擒杀而被迫驻留军队附近。亦有可能是，希拉克略驻跸安纳托利亚前线与都城之间，以同双方保持联络。

然而，首项命令虽已成功完成，在执行第二项命令时，沙欣却似乎失策，终以溃败。见有契机可灭罗马军队，沙欣往攻狄奥多尔。两军在科洛内亚与萨塔拉之间相遇。情况似乎是，波斯军队虽有老兵做中坚，怎奈新兵过多，战力不够。狄奥多尔得以击溃敌军，沙欣兵败命殒。[16]波斯军队的真实败况史籍缺载，可见并非惨败。无法遮掩的事实却是，狄奥多尔为罗马人再赢胜利，致劲敌沙欣丧生。

最后之战

君士坦丁堡保卫战获胜，沙欣败亡，因此希拉克略未返国都，而是集中精力，引兵波斯。他意识到，624至625年得以力挫沙赫巴勒兹、沙欣和沙拉布兰加斯，自己颇有几分运气成分。本次出兵，他决定另施策略，以招募急需的兵员。为此，他回师黑海岸边，遣部分将领及小股精锐乘船赴拉齐察。627年岁初，皇帝亲率五千兵力与之会师。[17]罗马军队从发西斯（今格鲁吉亚波季附近）港口开拔，几乎向正东挺进。这是因为，希拉克略虽已到高加索地区，伊比利亚人与拉兹人却并非募兵对象；真正目标在东北。

不过，真正的募兵对象尚存疑问。几可肯定要招募的是突厥人，但他们常被认作可萨人。后者在七世纪结束前将统治里海西北岸地区。而在620年代中期，可萨人仍是受制于西突厥汗国的部落之一。故此，希拉克略要联络的是整个西突厥汗国，抑或里海边的一个分支，并不完全清楚。[18]

可明确的是，交通突厥人的决定并非心血来潮。希拉克略意在利用六世纪所辟商道，趁库思老将兵力尽数投入新征服之地，并追击希拉克略、攻打君士坦丁堡时，诱突厥人进袭波斯领土。为此，625年，他遣安德鲁为使，去同突厥人接洽。626年岁中，出使突厥取得成果。一支突厥人的突袭队伍从高加索出发，骤然进犯波斯国境。因波斯人迎击，突厥军队未能扩大行动，而所获俘虏和战利品似激起突厥可汗的贪欲。[19]627年岁初，突厥人卷土重来，攻克位于柯拉（今俄罗斯联邦达吉斯坦共和国杰尔宾特）的新建萨珊堡垒，扼住里海西岸进波斯的唯一通道，使突厥人既可大举进攻，亦可与西来的罗马军队取得直接联络。

突厥可汗与罗马皇帝的会晤地点在梯弗里斯（今格鲁吉亚首都第比利斯）。双方出于礼节，互有大量馈赠，突厥可汗宣誓效忠希拉克略，后者将女儿欧多西娅许配给可汗或其子，后双方合兵。[20]面对罗马—突厥联军，因战备不足，武器落后，兵力过弱，难以有效阻敌，波斯统帅盖山王子临阵撤退。但是，当希拉克略与突厥可汗向梯弗里斯发起进攻时，该城拒降。罗马人虽以配重抛石机轰击城墙，居民仍坚持抵抗。得悉沙拉布兰加斯率千骑援兵正在赶来，他们斗志更盛，甚至嘲弄起敌军。[21]围城战延宕过久，又无进展，希拉克略决定退兵，径取波斯。在美索不达米亚的炎威中作战，突厥人毫无准备，因此，突厥可汗带麾下大部撤离。据说，他留给希拉克略四万人马，但此说过于夸张。鉴于攻打梯弗里斯失利，可汗未攻波斯而回返，罗马与突厥联盟似无重大战果。不过，希拉克略所获兵力虽被夸大，因得到一些精骑，罗马军力或有增强。626和627年突厥人的进袭给波斯北境造成重创。

这并非希拉克略在626年岁尾或627年岁初唯一的外交举措。库思老虽未罢免624和625年的败将，耐心却已受严重考验，而朝内有人进谗，或致波斯王戒心更重，担心重蹈巴赫拉姆·楚宾反叛的覆辙。史籍显示，君士坦丁堡围城战之后，库思老对沙赫巴勒兹失望至极。攻围失利难说罪在沙赫巴勒兹。波斯的地中海水师尚在初创。若非在叙利亚或埃及各港夺下罗马战船，波斯海军将从零起步。想必沙赫巴勒兹知道，海军实力与敌相去悬殊，自己在迦克敦驻军实质上是徒作姿态。然而，也许在波斯王廷看来，围城期间沙赫巴勒兹按兵不动，并非意在使部伍免于徒然送命，其人不复可信。

随后数年，有传闻称，库思老决定解除沙赫巴勒兹兵权，遂致函迦克敦驻军副将卡尔达里甘，令其处死沙赫巴勒兹。书信不意被罗马人截获。同沙赫巴勒兹会晤时，希拉克略利用此信以及沙欣之死的可怕传言，使对方确信，拥护库思老对其不再最为有利。之后，沙赫巴勒兹伪造信函，杀掉四百名波斯军官。此计让迦克敦的波斯驻军尽归其麾下。罗马人支持他做波斯王，取代库思老。或许作为酬报，沙赫巴勒兹似乎提供给希拉克略进攻波斯的向导。这一时期，沙赫巴勒兹之女奈姬与希拉克略之子狄奥多西也许还订下婚约。[22] 当然，只要罗马战败，或希拉克略进兵迟缓，沙赫巴勒兹都将不复中立。后者采取具有战略眼光的行动，回师叙利亚北部波斯领土。由此，他不惟可利用农业发达的土地养兵，亦能控制四方通讯，应形势所需，出兵波斯，或进逼罗马。

无论此次往来是否完全可信，至627年战季开始，沙赫巴勒兹及所部已不再是直接威胁。这成为战争的重大转折点。国都及交通线已基本安全，于是627年9月中旬，希拉克略从梯弗里斯出发，欲入侵波斯。突厥可汗或回返高加索以北的家园，或同一支象征性的罗马部队一起，再围梯弗里斯。该城最终陷落，时间不明。因对突厥可汗与罗马皇帝倨傲无礼，城池遭毁灭性洗劫。[23] 或许由于对希拉克略的突袭猝不及防，同时兵力悬殊，沙拉布兰加斯被迫撤退而未能解梯弗里斯之围。据称，库思老本人曾对希拉克略当年的晚攻决定表达过讶异。但有记载称，一支波斯大军被派往北部抵挡罗马人。这本身说明,库思老拟趁希拉克略进入冬营之机,对其同样发起晚攻。[24]

希拉克略南下经德温、过阿拉斯河时,或已知晓这支由亚美尼亚人罗赫·韦罕率领的波斯军队正在逼近。[25] 后者或预判希拉克略一如625年,沿凡湖北岸向西撤回安纳托利亚。但罗马皇帝出其不意,从德温沿乌尔米耶湖西岸几乎向正南挺进,所走路线近似于今天土耳其与伊朗的边界。罗赫·韦罕意识到希拉克略正去往美索不达米亚,但为时过晚,波斯部队只得拼命追赶这支决计要攻略波斯政治、人口和商业中心的大军。

希拉克略途经赫尔,或许还通过赖万杜兹山口,10月9日抵达查迈萨地区,在此休整近一周。能在一地屯扎如此之久,不仅说明其秋季攻势令波斯人措手不及,且表明罗赫·韦罕追击谨慎。他并未沿乌尔米耶湖西岸追赶罗马军队,以防落入圈套或陷于缺粮境地,而是循东岸而下,所走路径类似于希拉克略在624年自纳希切万去往甘扎克的路线。即便如此,似乎罗赫·韦罕仍难觅给养,[26] 但他自甘扎克出发,沿乌尔米耶湖南岸追赶,在查迈萨发现希拉克略的踪迹。

或在近一周的休整期间,希拉克略和谋士们开始计划与罗赫·韦罕一较高下。无疑,皇帝继续巧用哨探及当地情报,不只在密切监视迫近的波斯军队,且在寻找合适的战场。或许意在引诱罗赫·韦罕交战,罗马军队开始大为从容地行军,用去六周方于12月1日到达扎卜河,而此前从梯弗里斯到查迈萨的路程要远很多,耗时却不足一月。横渡扎卜河之后,希拉克略立即折向西北。这更说明他决意要追敌一战。此举令追兵无法将罗马军队困于美索不达米亚的两河之间,可见罗马皇帝具有更深远的战略意识。同时在罗赫·韦罕看来,该动向或表明罗马军队在试图逃遁。希拉克略调离大多数后卫部队,进一步迷惑住敌方。罗赫·韦罕已被希拉克略计

胜一筹，同时对脾气日渐暴躁的库思老存有戒心，似乎已身不由己，只能在尼尼微的平原对敌展开追袭。²⁷

小胜致大捷——尼尼微之战（627）

希拉克略意识到罗赫·韦罕在横渡扎卜河尾随，立即派东部统帅瓦汉前去袭扰。此战至关重要。瓦汉的战俘中有一名罗赫·韦罕的护卫。他证实，罗赫·韦罕在寻敌作战，不过正等待西来的三千援兵。希拉克略不会冒身陷敌围之险，而罗赫·韦罕不愿罗马人安然逃离波斯，对战几乎势所难免。因此，627 年 12 月 12 日，希拉克略猛然回杀，直面波斯追兵。尼尼微之战随后爆发，确切地点不明。公元前 331 年，亚历山大大帝曾在高加米拉战败阿契美尼德波斯国王大流士三世。人们曾认为尼尼微之战发生在同一片平原。该观点也许缺乏考古或地理证据，不合实际。但两处战场距离相近却并非全无可能。卡拉姆莱斯村或坐落于实际战场附近，同名河流或从战场淌过。

战斗的确切动向同样无考，而似乎明确的是，希拉克略依《战略》所言，选择扎卜河附近的开阔平原而非崎岖地带作为战场，以便用密集队形部署士兵。尽管已到七世纪，以密集队形作战仍是罗马军队的真正实力所在。同时有记载称，尼尼微以东平原雾气弥漫，罗赫·韦罕无法立刻看清希拉克略的直接意图，波斯弓箭手甚至不能精准射击，罗马军队得以开始秘密部署。在随后被雾气笼罩的混战中，似乎罗马军队非但攻敌于不备，而且可能用到《战略》攻敌侧翼的战术，将萨珊部队包围。²⁸

无论详情如何，总之希拉克略获胜，但绝非致敌惨败，此战的历史地位被夸大。战后，两军仍彼此紧临，波斯军队将罗马骑兵的饮马场景看得真真切切。日暮时分，似乎波斯军队阵形尚整，退至"陡峻大山下的丘陵"崎岖地带，此山或是艾因塞弗拉山。²⁹ 他

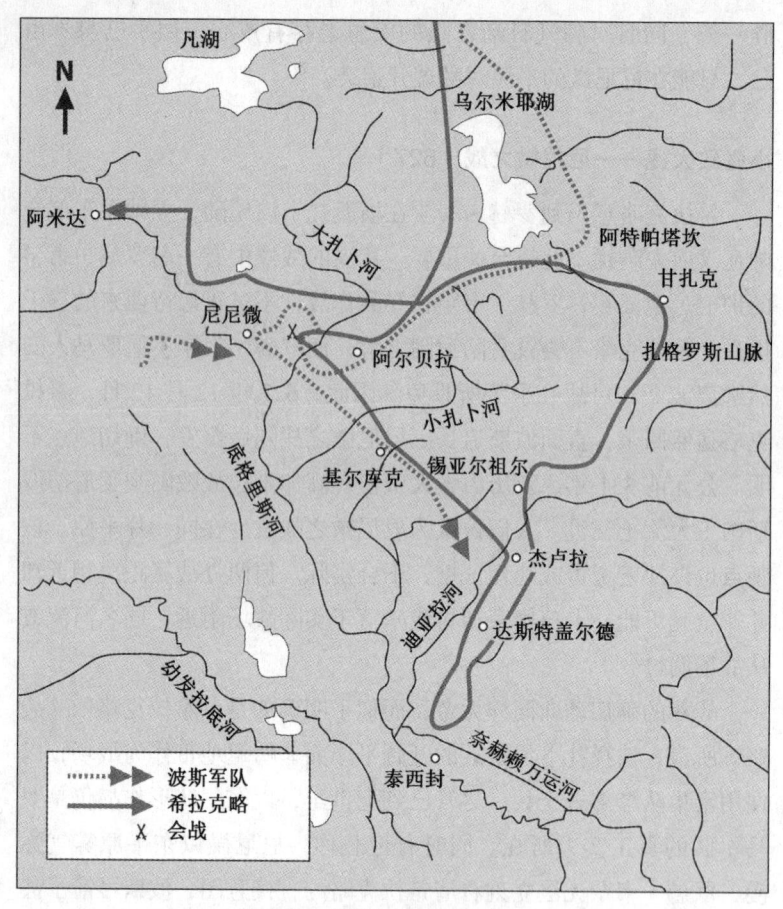

希拉克略东征（627—628）

71　们定有伤亡，据称的一万两千参战兵力折损至半却不大可能。[30] 罗赫·韦罕本人命丧疆场，而被希拉克略阵斩之说似同样不太可信。[31] 因突厥骑兵数量不实，希拉克略在尼尼微之战中拥兵七万的记载愈加令人质疑。两万五千至三万兵力的可能性要大得多。故此，尽管罗马军队在尼尼微获胜，罗赫·韦罕殒命沙场，罗马兵力继续占优,但波斯军队未被歼灭,一旦与西来援兵会合,仍对希拉克略构成实际威胁。

鉴于战季早已结束,想必波斯人料知罗马军队将得胜而还,战斗终了遂移兵西北,去同援军会师。然而,他们再次低估了希拉克略的战略魄力。罗马皇帝趁机最后进兵,将尼尼微之战的小胜转化为政治和军事决胜。波斯大军移师西北,这就使得罗马军队在去往伊朗高原农业主产区途中,不再遭遇重兵拦截。休整一周后,希拉克略折回向东,12月21日于阿勒通柯普吕附近再渡扎卜河,而一支罗马骑兵由中队长官乔治率领,夺下小扎卜河上的四座桥梁,希拉克略得以在12月23日安全过河。[32] 罗马皇帝在亚兹丁(库思老的财政大臣,属于基督教聂斯脱利派①)位于基尔库克的府邸度过圣诞节。希拉克略同萨珊帝国的基督教上层人物有过从不足为奇,因为借此可获重要情报,亚兹丁亦将成为得力盟友。

罗马军队无西还迹象,库思老的处境似日益危殆。战事迁延日久,波斯帝国已感疲顿;希拉克略神出鬼没,不知他随后将进击何处,对此波斯帝国大伤脑筋。库思老原以军威立国,自624年以来与罗马和突厥交兵连番失利,极大动摇了执政根基。罗马人今已兵临家门。库思老命尼尼微的波斯败军驻扎于希拉克略与伊朗腹地之间,以期对自己受损的威望有所重塑,结果却是枉然。波斯残兵渡过大小扎卜河,屯于罗马军队之南,但主要是徒作姿态。这支部队充其量仅有万人,难敌希拉克略的优势兵力;罗马人一路深入波斯国境,他们只能尾随其后;罗马人攻克、洗劫德泽里丹宫和鲁萨城时,他们唯有袖手旁观。罗马人渡迪亚拉河时,他们本

---

① 基督教聂斯脱利派,由君士坦丁堡牧首聂斯脱利于428至431年开创,主张耶稣具人神二性二位,认为马利亚仅生耶稣凡体,未予其神性。唐太宗时成为最早传入中国的基督教派,时称景教。

可趁机攻之，但希拉克略甫一逼近，波斯军队即望风而逃。罗马人攻下杰卢拉及其大狩猎场，欢庆628年的新年时得以尽享大量野味。

罗马皇帝取得如此战果后，库思老军队的逃兵告知，波斯王正在杰卢拉以南约四十英里处的巴萨罗斯等候罗马军队到来。希拉克略速抓战机。一时间，罗马皇帝与波斯王似要一较高下，以决出战争终局。不料，因情报有误或过时，待希拉克略抵达巴萨罗斯，库思老早已退兵。这不足为怪，因为波斯王几乎无力阻挡罗马皇帝的兵锋。希拉克略攻下杰卢拉，得以控扼从伊朗高原到美索不达米亚平原的要道，切断波斯援军的任何现实路线，而沙赫巴勒兹仍在叙利亚按兵不动。波斯王意识到，在628年岁初与敌交兵必遭失败。他别无选择，只能继续撤退，以期在别处收聚散兵。

波斯军队皆不愿或无力阻击希拉克略，而罗马兵力亦不足以对伊朗高原扩大攻势。希拉克略几无选择，只得攻夺、摧毁宫殿与宗教建筑，继续瓦解波斯士气，破坏其政局的稳定。此举很难说是他所希冀的辉煌战功，但比之重建亚历山大式帝国的执梦，结束战争的实际需求更为重要。故此，希拉克略遣半数兵力攻下达斯特盖尔德，夺得大批战利品，而他率另一半兵力，攻取贝布达奇的一处宫殿，将其摧毁后，于628年1月6日兵抵达斯特盖尔德，适逢主显节①。[33]他致函库思老，称自己不愿焚毁波斯，已到息战之时。[34]不过，此举似重在宣传，而非直接争取和平，因为希拉克略有可能将书信公之于罗马军队和波斯民众。书信巧妙刻画出两个不同形

---

① 主显节，基督教纪念贤士朝拜耶稣的节日，在每年的1月6日。据《圣经》记载，耶稣诞生后，有三位贤士见伯利恒上空升起一颗大星，在其指引下，赍礼往见耶稣。

象：罗马皇帝俨成气量不凡的胜利者，而库思老必败无疑却一意孤行，漠视民众苦难，成为和平的唯一真正障碍。后者声名由是愈加狼藉。

希拉克略未等回书，便于1月7日离开达斯特盖尔德，再度引兵去追击库思老，因此似乎证实，信件只是用于宣传。然而，其先遣侦候乔治发现，奈赫赖万运河阻断了去往泰西封之路，因主桥被毁无法通过。希拉克略遂遣一支斥候军，由梅泽齐奥斯统领，去另寻津渡，未果。希拉克略放弃进兵波斯国都的企图，2月24日经沙赫拉泽尔北返。[35] 此举堪称审慎。曾有多位先皇难抵诱惑，去攻夺波斯国都，却因深入敌境过远，后勤难以为继，最终惨败。然而，希拉克略在拜尔宰稽留长达一周。由此可见，他无法克取波斯都城，不能诱敌交战，难以进兵伊朗高原，致征伐略失方向。不过，希拉克略逗留拜尔宰时，沙赫巴勒兹所派使团，由千夫长古尔达纳斯帕·拉泽率领，带来罗马人期盼的讯息。

终　局

希拉克略本不必为无法袭取泰西封而焦虑。他已给库思老二世政权造成致命毁伤。对手政权的末日尤为悲惨。库思老于627年岁杪逃离达斯特盖尔德时，不仅要面对希拉克略所施的军政压力，且身染痢疾。病患进一步妨碍到其执政能力，也令继统问题出现变数。库思老打破长嗣继承制，越过长子西罗斯，立子迈尔达桑为储，给业已紧张的局势火上浇油。因心怀怨艾，加之对战局不满，西罗斯联合大批萨珊权贵，起兵反抗父王。他暗通古尔达纳斯帕，许诺称，若后者说服军队，拥护自己反叛库思老，他将增加军饷，并与希拉克略媾和。

库思老有两子参与政变。由此可见，沙赫巴勒兹乃至希拉克略本人曾为这场密谋推波助澜。[36] 政变亦有可能牵涉到基督教神职人员,因为波斯人圣阿纳斯塔修斯①在贝斯萨洛殉难前数天,即1月22日,曾预言道:"几日后,你将获释,不敬上帝的昏君将伏诛。"[37]此话被视为出自圣徒之口的神奇预言,但很可能是内幕消息。实际上,军队与教会数百年来一直在争夺对萨珊政局的影响力,此时两派首领却在共谋推翻库思老。可见,库思老在两方势力中皆已大失人心。

且不论肇因如何,628年2月下旬政变爆发。2月23日库思老被捕,西罗斯践极,萨珊人称其为卡瓦德二世。[38]库思老受到五天的羞辱与折磨,之后同自己选定的继承人迈尔达桑一起,遭弓手射杀。库思老二世当政期间,萨珊帝国的疆域达到最广,强大的罗马帝国被逼入绝境。在历代波斯国王中,其被弑虽比较典型,却似乎颇为难堪,令人唏嘘。不过,他虽在叙利亚、巴勒斯坦、埃及、亚美尼亚、安纳托利亚攻城略地,但作为统治者却极度不得人心,其败亡既是希拉克略进犯或沙赫巴勒兹中立所致,也是自身骄横与贪婪所招。[39]关于库思老之亡,另有说法称,他被囚于自己众多宫殿中的一间,只有无数金银珠宝(可见其贪图奢靡享乐,罔顾民众死活)为伴,不得饮食,最终饿死。[40]

卡瓦德二世信守诺言,即刻同希拉克略接洽。后者于3月11日到达甘扎克,希冀达成和解,并提及重修莫里斯与库思老二世所缔结的旧好。希拉克略已控扼萨珊帝国交通要枢,过去三年已击溃每支被派去同自己交战的波斯军队,又见萨珊帝国陷入内讧。即便他在议和时向卡瓦德二世开出天价,也是合情合理。然而,希拉克略意识到己方战略险境、帝国现状及厌战情绪,境况一如以往二十年。因为麾下"最后一支罗马军队"犹处敌境腹地,大片罗马领土

---

① 圣阿纳斯塔修斯,基督教殉道者,被捕后受尽酷刑,拒不捐弃信仰,被库思老处死。

陷于敌手，阿瓦尔人随时会再度进袭，沙赫巴勒兹手握重兵，仍在战场，希拉克略非常愿意接受基于602年战前现状所立的和约。

故此，在3月24日收到卡瓦德二世的休兵请求之后，希拉克略提出条件：尽释战俘，支付赔款，撤离罗马国境，与其突厥、高加索和阿拉伯盟友达成广泛和议。库思老致罗马和波斯民众深陷苦难，遭到天谴，难逃一死。事态至此，希拉克略也表示遗憾。[41] 4月3日，获悉卡瓦德二世受所提条件后，希拉克略终于能踏上漫漫归途。他留下欧斯塔修斯，继续就赔款偿付、圣物返还进行谈判。希拉克略于4月8日率军离开甘扎克，经亚美尼亚南部和美索不达米亚北部班师回国。停战后，皇帝的确切动向不明，似乎他在阿米达附近度过冬季，后大张旗鼓返回君士坦丁堡。准确日期不详，但他曾于629年3月21日颁布一道新法令，似乎已在国都。且不论具体时日，破坏巨大的长期战争既止，希拉克略及民众欢庆胜利，或达九天九夜。[42]

然战事已息，忧患尚存。两国所签和约虽已生效，大量波斯占领军仍驻于罗马境内，或未即时接到卡瓦德的归国敕令，或如沙赫巴勒兹，拒不承认卡瓦德为"万王之王"。直到希拉克略胞弟狄奥多尔率一支罗马大军，携卡瓦德与沙赫巴勒兹的书信前往，方说动许多波斯驻军归国。即便如此，埃德萨的波斯驻军仍拒不撤走。为迫其离开，狄奥多尔只得动用弩炮。另有说法称，许多犹太人担心曾结盟波斯而受惩，便鼓动波斯军队留驻，在埃德萨发生僵持后，众多犹太人遭袭。希拉克略只得直接下诏，赦免犹太人的罪愆，不许基督教徒再行报复。

占领军返回波斯，萨珊军况大为好转，或已强于罗马。由于在整个东地中海的溃败，更兼外敌掳掠，致罗马军队七零八落，兵源近乎枯竭，多年后该状况才得以扭转。条件如此有限，希拉克略却能召集一支上下齐心的军队，入侵并击败波斯，此举堪称奇迹。而政治上却是另一番情状。历经内战和累岁征伐，希拉克略或已疲惫不堪，且痛失两儿两女，[43] 但由于二十年良好的战时统治及最终胜利，他一手缔造的王朝已立稳根基。

在波斯，境况迥异。推翻库思老二世的斗争异常残酷，"囚犯和背叛琐罗亚斯德教者被处死，（令人越发感到）末日危途的氛围"[44]。卡瓦德大肆屠戮王族贵胄。据信，为稳固王位，他残杀弟兄达十八人之多。因波斯王常有庞大后宫，在萨珊统治集团内部，手足相残并不罕见。只要新王执政长久，或继承人根基牢固，则不至贻有后患。而卡瓦德二世并不具备上述条件。当政仅八个月后，他于628年秋晏驾，年仅七岁的幼子阿尔达希尔三世承继王位。兵戈已被谈判取代，军教共弃的对象已死，新王登基，双方皆希望对其施以影响，军教之间宿怨再起，王位频更所致的政治乱局因而加重。

持久和平之路另有一重巨大阻碍，即沙赫巴勒兹。该将曾保持中立，对结束战争发挥过关键作用，今处境虽略显尴尬、进退失据，然势力未减。屯驻叙利亚的大军仍在其麾下，但不同于萨珊统治集团的其他人物，他与罗马皇帝有约在先。即今，希拉克略已同波斯王修睦，而沙赫巴勒兹拒认后者地位，抗命不归。[45] 波斯军队仍占据罗马部分领土，感到荣誉攸关，须信守对先王的旧诺。为打破僵局，希拉克略再次卷入萨珊愈演愈烈的政治旋涡。629年7月，他在阿拉比索斯与沙赫巴勒兹会晤。双方议定，波斯余部撤出罗马领土，波斯归还真十字架及其他圣物，沙赫巴勒兹之女奈姬嫁与希拉克略之子狄奥多西。

实质上，阿拉比索斯峰会不仅开启了沙赫巴勒兹从萨珊人手中攘夺波斯王位的战端，同时也预示此战必胜。罗马皇帝或默许或明言，给予沙赫巴勒兹支持与合法地位。后者经罗马属美索不达米亚迅速归国，以其军力横扫萨珊王庭组织涣散的抵抗。630年4月27

日,阿尔达希尔遭弑,沙赫巴勒兹登基。希拉克略收到沙赫巴勒兹之子尼基塔斯移交的圣海绵与圣矛;[46]630年3月21日,真十字架回归耶路撒冷,并为此举行盛典。希拉克略与波斯新主、突厥可汗之间商定儿女联姻。因三强搭建起私人桥梁,近三十年来饱受兵燹之地仿佛得以宁靖。未来看似一片光明。

然而,当政者终将猛醒。罗马—波斯战争终章(602—628)的落幕虽为中东带来新曙光,而新时代将超乎希拉克略与沙赫巴勒兹的意想,其开创者更是令人始料不及。

第 5 章　新来挑战者

> 阿拉伯曾是任人践踏的卑微民族。我们沦落到啖狗肉、食蜥蜴的境地。而真主为赐予荣耀，在我们中间造化出一位先知……
>
> 布朗（2006），第 193 页

"不知神的指引"——前伊斯兰阿拉伯[1]

日后击败罗马与萨珊两大中东霸主者是游牧民族，其实这不太出人意表。数百年来，草原民族的流寇式袭掠在东西方皆屡见不鲜，未来多个世纪将依然如此。在希拉克略与库思老的交兵中，阿瓦尔和突厥两游牧部族曾发挥重要作用。不过，尽管两部落集团还将分别给罗马和萨珊带来祸患，但彻底打破力量平衡者并非他们，而是一个半游牧经商民族。罗马与波斯在进行破坏巨大却将无果而终的战争之际，阿拉伯半岛正值剧变。因这场变革，不出一代，各据一方的部落将归于一统，成为共信新兴伊斯兰教的国家。

人们对前伊斯兰阿拉伯所知甚少。[2] 不过能确定的是，此间虽以干旱多石地带为主，居者却绝非预想的原始游牧民族。以游牧为生的贝都因人遍居半岛各地，其部族社会"勇敢、好客、忠于家族、以祖先为傲"，但只认部落首领的权威，而不懂政治或法律等更为先进的概念。[3] 不过，靠近沙漠绿洲地区或有农耕，使麦地那等城邑得以繁荣。游牧阿拉伯人与定居阿拉伯人皆需水源以养畜、灌田，绿洲常引燃冲突。

阿拉伯半岛的生活方式不止游牧和定居农业。由于毗邻尼罗河流域以外的非洲大陆，经波斯湾和亚丁湾与印度次大陆有海上贸易通道，阿拉伯半岛成为将诸地大批货品运往罗马帝国东部市场的中转站。麦加等商路重镇因之迅速发展。在六七世纪罗马与波斯的常年交兵中，诸城日益重要。

因农商聚落拓展，富贾与大地主权势日增，基本已形成统治贵族。不过，虽则社会与政治有所进步，文明源远流长，农业和贸易得以发展，城市聚落出现扩张，阿拉伯半岛居民却未摆脱部族生活的束缚。究其原因，由于地理环境恶劣，人们需群体生活以得护助，需家族纽带以获亲情。诗歌在阿拉伯社会广为盛行，反映出部族文化依然重要。阿拉伯人确有书面语言，阿拉伯铭文被保存至今，但诗歌似是口头传统。一种"脱胎于阿拉伯各方言的诗化共同语"最终形成，诗歌这类对伟大先祖勋绩的咏唱功不可没。[4]

在阿拉伯和叙利亚沙漠的贝都因部落中，部族生活方式最为显著。因惯于袭掠，他们与罗马和波斯接触最多。虽然在两大帝国互施权术兵谋时，阿拉伯半岛相对置身其外，未与之争雄角力，但长久以来同双方均有交往。[5] 公元前63年，在庞培①吞并叙利亚和巴勒斯坦之后，罗马人首次接触到除商人以外的阿拉伯部落成员，从而见识到北阿拉伯部落既爱经商又常抢掠的特性。为取得更多荣耀，同时或为根除袭掠，公元前26年，罗马皇帝奥古斯都发兵远征。大军由埃利乌斯·加卢斯②率领，沿红海东岸而下。此次出征似乎接触到南阿拉伯鼎祚长久的萨巴王国③。罗马人领教到阿拉伯

---

① 庞培（前106—前48），古罗马共和国名将、政治家。一生征伐四方，战功卓著。为对抗元老院，曾于公元前60年与恺撒和克拉苏结成"前三头同盟"。在罗马内战中败于恺撒，逃至埃及，被埃及国王托勒密十三世所杀。
② 埃利乌斯·加卢斯，罗马帝国埃及行省第二任总督。
③ 萨巴王国，阿拉伯半岛南部一古国（约前800—275），位于今也门。

半岛多地的恶劣环境,舍此之外,远征未获任何重要战果。

罗马人未征服阿拉伯人,却待之如他邻:做生意使之有利可图,甚至允其加入罗马军队,以利用其"对当地地形、气候,以及帝国潜敌用兵的了解"。⁶ 罗马人与阿拉伯人遂有文化交流,边地尤盛。加萨尼等阿拉伯部落皈依基督教,成为罗马人极得力的盟友,为罗马军队提供兵员,阻挡其他阿拉伯部落的侵袭,制衡波斯势力。马尔库斯·尤利乌斯·菲利普①出生于罗马帝国阿拉伯行省的特拉可尼,244 至 249 年曾做罗马皇帝。这或许是罗马与阿拉伯交往的最佳例证。

萨珊人意识到罗马人同阿拉伯人存在交往。为取得军事荣耀和商业利益,他们于 220 年代推翻帕提亚人之后,立即着手拓展在阿拉伯半岛的势力。阿尔达希尔夺下波斯湾西岸的阿拉兹和梅尚地区,甚而势力或达巴林。沙普尔一世则将波斯势力扩展到阿曼。在沙普尔二世执政早期,阿拉伯人自巴林起兵,侵入波斯腹地。萨珊军队对阿拉伯半岛大举兴师,予以残酷报复,最终有大量阿拉伯人逃至波斯境内。在北阿拉伯,一如罗马人对待加萨尼人,萨珊同希拉的阿拉伯拉赫姆王朝建立起密切关系,以获得缓冲和制衡力量。加萨尼与拉赫姆这两个阿拉伯同盟经常替各自宗主国作战。萨珊王朝也大力拔擢阿拉伯部落首领,比如拉赫姆首领蒙齐尔三世得到任命,掌管东阿拉伯大片地区。

罗马和波斯两国军队虽有阿拉伯骑兵身影,两帝国与各自阿拉伯同盟的关系却绝非一帆风顺,至七世纪则急转直下。罗马与加萨尼同盟关系的破裂似乎起因于宗教分歧。有别于罗马官方立场,加

---

① 马尔库斯·尤利乌斯·菲利普,曾任近卫军长官。244 年,十九岁的戈尔迪安三世在同波斯作战时殒命,马尔库斯自立为帝。248 年,他举办罗马建城千年庆典。249 年在平叛时被杀。

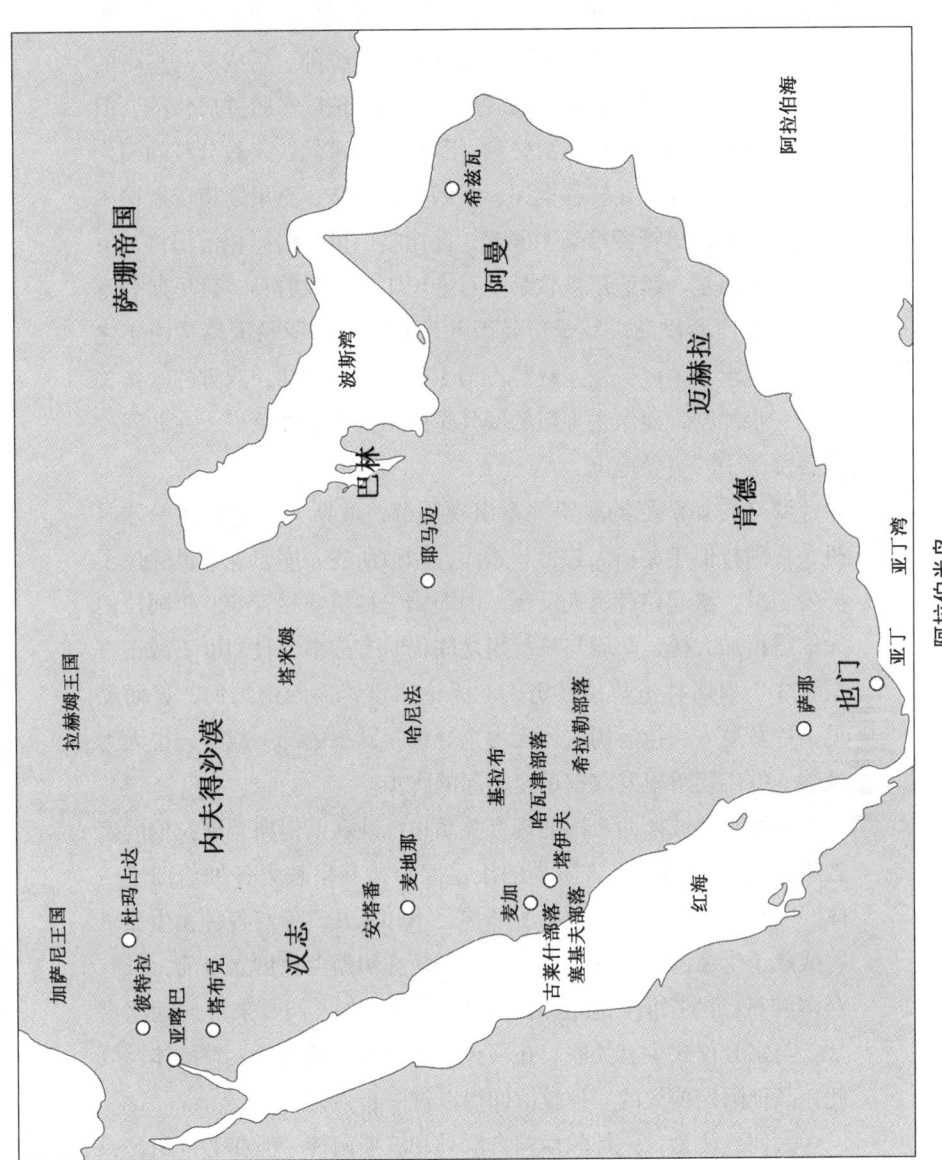

阿拉伯半岛

萨尼人虽是基督徒,却信奉一性论。因宗教纠葛,双方关系已遭破坏,而当加萨尼首领孟迪尔三世被时任东境统帅、后成罗马皇帝的莫里斯逮捕后,双方彻底决裂。罗马与阿拉伯联军曾并肩作战,但由于攻泰西封不克,或阻敌失利,致埃德萨遭劫,宗教分歧的旧伤重被揭开。也许意在转移批评,或因妒火中烧,莫里斯指责孟迪尔勾结波斯人。尽管责难毫无根据,提比略二世却情愿相信部将,下令拘捕孟迪尔。孟迪尔被软禁于君士坦丁堡一段时日,莫里斯登基后,见逐西西里岛。其子努曼因此反叛,侵袭罗马国境达两年之久。后为求和解,努曼亲赴君士坦丁堡,不意被捕,双方的紧张关系进一步加剧,而派去平叛的罗马军队则摧毁了加萨尼人在北阿拉伯各部落中的主导地位。

  罗马与加萨尼的联盟关系出现瓦解,波斯人本可借此绝佳时机,在阿拉伯半岛扩大势力。然而,如前所述,库思老二世除掉了努曼三世,激起拉赫姆人反叛,因而错失良机。尽管609年阿拉伯人取得祖加大捷,萨珊与拉赫姆之间仍时有战事,且烈度不减,直至633年穆斯林击败拉赫姆人。无论诸事背后因由如何,显而易见,加萨尼人与拉赫姆人皆无力主导穆罕默德的统一战争,也无力减缓630年代哈里发政权迅速崛起的脚步。

  与罗马和波斯两帝国的现存关系也反映在前伊斯兰阿拉伯的宗教中。阿拉伯地处八方贸易的十字路口,其宗教集各种信仰于一体。阿拉伯人多信奉异教,所拜神灵不知凡几,皆与各种无生命事物或赋予生命的现象有关。不过,即使在伊斯兰教创立以前,虽有众多神祇,阿拉伯社会也信仰主神安拉。在人们看来,他远超俗常,与宗教仪式少有关联。在阿拉伯亦有基督教和犹太教团体。故此,其他阿拉伯人的一神教信仰得以进一步强化。

  人们或认为,一神教信仰自罗马和波斯南传,但在七世纪,一股最新的宗教浪潮竟来自南方和西面。也门各部落经红海与非洲大陆广泛发生文化和贸易往来，将科普特基督教从埃塞俄比亚带入阿拉伯。宗教思想沿商道一路北传，遇见自罗马帝国和加萨尼、拉赫姆部落南下的类似思想。两股思想中途邂逅于麦加。阿拉伯半岛的这一地区已是游牧、定居农业和商业的文化融汇之所。

穆罕默德

　　七世纪初，宗教、社会和政治矛盾在冲击阿拉伯社会，因商贸和农业发展而累积的财富与权势同部落制度的群居生活日益抵触，在麦加和麦地那等繁荣城市及周边尤其如此。在这些城市，新贵富商与农场主对游牧民族的军事统治构成挑战。因罗马与波斯长期交兵，正常商贸往来中断，致使经营区域较固定的商人与游牧部落争夺仅存的资源，矛盾愈加突出。

　　正是在这方不同的思想、冲突的文化、各异的信仰交杂碰撞之地，出现了一种新型宗教。610年前后，一名时乖运蹇的中年商人对生活境遇心怀绝望，常到麦加城外，"在荒凉的山顶间颓然游荡"，找寻人生意义或目标。[7]他获得神启，见到世界末日与真主审判人类的诸多幻象和讯息。这位名叫穆罕默德·本·阿卜杜拉·本·阿卜杜勒·穆塔里布的商人开始宣称，只有信仰伊斯兰教，即顺从真主意志，只有常祈祷、行善、克己，以此感恩真主，方可升入天堂。否则，将遭受地狱的痛苦与折磨。穆罕默德以长盛于阿拉伯文化的诗歌形式朗诵神示，向民众传教。同时，他将诗歌汇编成书，即义为"诵本"的《古兰经》。对这门新型宗教的未来而言，此举更加重要。或许后来《古兰经》才成定本，而它不只是教典。因其他有关伊斯兰教起源和穆罕默德生平的阿拉伯史籍写于至少百年之后，《古兰经》也是记载七世纪初阿拉伯事件的同期历史文献。

　　经宣讲教义，穆罕默德迅速聚拢起一小群忠心耿耿的信众。他们来自穆罕默德的家族和部族亲属，称为"乌玛"，即"神之子民"。他们视穆罕默德为伊斯兰教的先知,愿追随其后。然而,与几乎任何对抗现有秩序的新思想一样,穆罕默德与其乌玛很快便同阿拉伯社会的部族势力,尤其是自己的古莱什部落产生冲突。该部落首领非但不承认穆罕默德为真主使者,而且认为他决意要危害自己的生活方式和社会地位。由于同叙利亚和南阿拉伯有商贸往来,同麦加周围游牧部落有同盟关系,以及管理天房① 和黑色圣石②(据说由易卜拉欣和伊斯玛仪放置于此),这些首领地位显要。⁸

他们的担忧不无道理,因为"罕有宗教像伊斯兰教一般,如此明确地约束人的言行"。⁹ 穆斯林须终其一生,准备接受真主的审判。该行为不容于部落社会,因为伊斯兰教训导民众要畏惧真主的审判,而不是担心辱没所在部落。个人毁誉并不取决于所在部落或祖先的功过。甚至有人称,伊斯兰教之所以禁酒,与其说为避免喝醉,莫如说为免生效仿先人的冲动(据信酒后有此冲动)③。¹⁰ 伊斯兰教以敬神为立教基石,拥有教典,与犹太教和基督教同属亚伯拉罕一神信仰。这不足为奇,原因如下:犹太教和基督教流传于阿拉伯半岛,亚伯拉罕的影响早已存在于阿拉伯文化之中,阿拉伯各部落以及新月沃地④ 和叙利亚、阿拉伯沙漠附近的各族同属闪米特族

---

① 天房,也译"克尔白",穆斯林朝觐中心,位于今沙特阿拉伯麦加禁寺广场中央,是一座以灰褐色岩石砌成的立方体建筑。据伊斯兰传说,天房由易卜拉欣(《圣经》中的亚伯拉罕)与其子伊斯玛仪(《圣经》中的以实玛利)建造。
② 黑色圣石,据传易卜拉欣建造天房时由天使加百列所赐,镶嵌于天房东南角,初为白色,后因吸收朝圣者的罪恶而变黑。
③ 当时普遍认为,阿拉伯人酒后会追慕祖辈事迹,向往先人生活。而穆斯林应畏惧末日审判,而不应心念既往。(据彼得·布朗《晚古世界》,第190—191页)
④ 新月沃地,西亚和北非土地肥沃地区,包括埃及、约旦、黎巴嫩、巴勒斯坦、以色列、叙利亚、土耳其、伊朗、伊拉克、塞浦路斯等国部分地区,从地图上看,如一弯新月,故此得名。

源，且比邻而居。实际上，穆罕默德和后继者们在阿拉伯半岛到处传布伊斯兰教，使阿拉伯社会疏离于部落渊源和游牧根脉，而与罗马和波斯文明往来更为密切。

古莱什首领们扬言要对抗穆罕默德，"直至一方毁灭"。后者在伯父阿布·塔利布①的护佑下免遭报复。[11]然而，当穆罕默德开始抨击异教神灵和礼仪时，双方矛盾加剧。阿布·塔利布和先知妻子赫蒂彻②离世后，至622年，穆罕默德在麦加已难以立足，遂携信众，迁到临城耶斯里卜，即后来的麦地那③。不久，动身之日（622年9月9日）被确立为伊斯兰教的纪元开端。圣迁④如此重要，是因为大体上穆斯林政权自此崛起。穆罕默德很快发现，麦地那各部落更愿接纳其教义。穆斯林传布新思想，积极裁决争端，化解商业财富、农业土地所有和群居部落生活的复杂矛盾，将几支麦地那部落团结为影响一方的联盟。

麦地那势力增强，与麦加产生直接冲突。麦地那靠近北通叙利亚的商道，穆罕默德及亲随欲借地利之便。于是，穆斯林沿用贝都因人的战术，开始袭掠麦加商队，称此举意在补偿被迫留在麦加的财物。当然，在麦加人眼中，袭掠者与盗匪无异。麦地那与麦加敌意日深，在623年岁末和624年岁初，双方军队冲突渐多，而称得上战斗的首次交锋发生于624年3月13日（伊斯兰历2年9月17日），战场在巴德尔。穆罕默德先得情报，求胜心切，投入兵力逾

---

① 穆罕默德是遗腹子，六岁失恃，由伯父抚养成人。
② 赫蒂彻，穆罕默德的首任妻子。595年，二十五岁的穆罕默德迎娶四十岁的富孀赫蒂彻。
③ 麦地那，在今沙特阿拉伯西部，穆罕默德圣迁后改称"麦地那·乃比"（意即"先知之城"），简称麦地那，与麦加、耶路撒冷并称伊斯兰教三大圣地。
④ 圣迁，旧译"徙志"，也可音译为"希吉拉"。原词在阿拉伯语中义为"迁徙"。

三百人,去袭掠一支财货最多,因此也是力量最强的麦加商队。继三三对决①穆斯林取胜后,穆罕默德下令箭矢齐射,发起有序冲锋,将麦加防线击溃。此役堪称伊斯兰教的首捷,向盟友,或许也向穆斯林自己证明,一股新兴势力正在崛起。

然而,巴德尔之败并未击垮麦加人。穆斯林继续袭掠。一年多后,625年3月19日(伊斯兰历3年10月3日),双方军队在乌胡德山麓再度交锋。穆斯林巧作战略筹谋,择对战场,趁麦加优势骑兵未至,击退其步兵。但他们为攻下麦加大营,选错时机,投入兵力过多,虚掷来之不易的有利条件。麦加骑兵统帅哈立德·本·瓦利德(未来十年,此人将有更大建树)领军绕过敌阵,袭击穆斯林后方和侧翼。穆罕默德撤上山坡,而哈立德逆转战势,原本穆斯林几乎胜券在握,最终双方打成僵局。

乌胡德之战虽胜负难分,古莱什部落却将日渐强大的穆罕默德树为大家共同的敌人,同犹太人和贝都因游牧部落结盟,以挑战穆斯林对麦地那的统治。627年3月末,古莱什部落及同盟约一万兵力逼近穆罕默德的阵地。穆斯林情知正面交锋无法克敌,遂挖掘纵横交错的壕堑,阻断北通麦地那的道路,遣三千有战斗力的麦地那居民守卫。随后的对抗称为壕堑之战,实则是麦地那攻围战,自627年3月31日持续到4月底。古莱什部落及同盟对该战法全无准备,面对穆斯林的防御难以发挥战力。尤其在围城前,穆斯林已掘壕沟,妥收庄稼,致麦加骑兵似成旁观者。

两军相持不下,此时攻围战成为智谋的角逐。穆罕默德及暗探开始对古莱什联盟施行反间计,其主要目标是古莱什与古莱扎日近的关系。后者是犹太部落,生活在麦地那以南高地,此前曾保持中

---

① 穆罕默德派阿里、哈姆扎、奥贝达出战,前两者分别阵斩对手,又助奥贝达杀死敌将,但奥贝达伤重而亡。

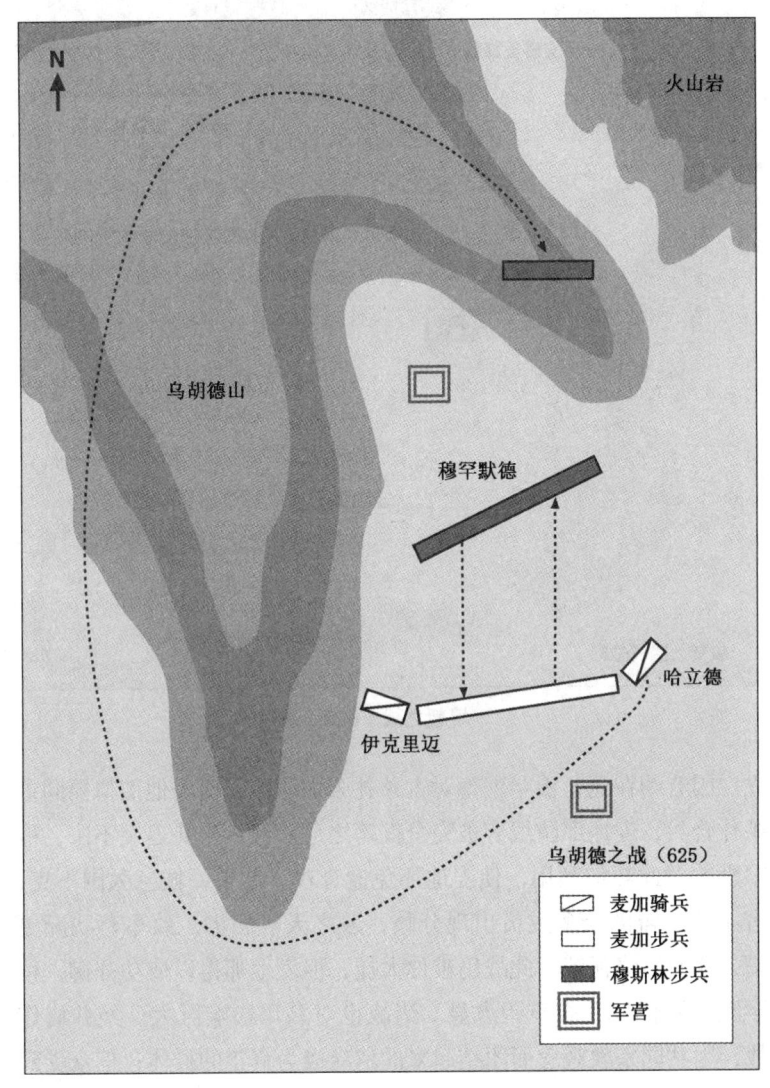

N

火山岩

乌胡德山

穆罕默德

伊克里迈　　　　　　哈立德

乌胡德之战（625）

图例	
◿	麦加骑兵
☐	麦加步兵
■	穆斯林步兵
▢	军营

乌胡德之战（625）

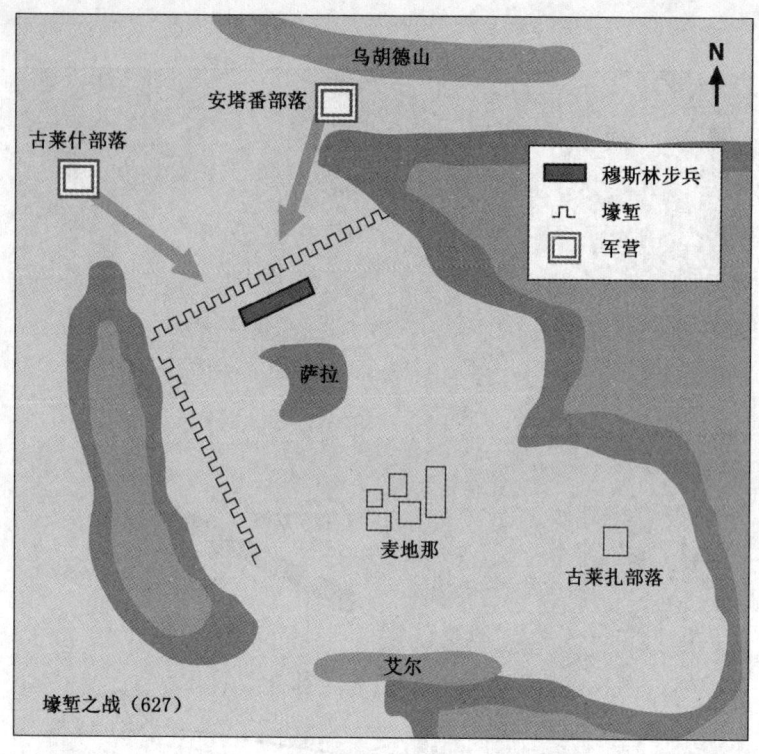

壕堑之战（627）

立。因有约在先，穆罕默德对古莱扎未加防范，而今他们似要同古莱什合兵，麦地那防线有被完全摧垮之危。但古莱扎迟疑不决，穆罕默德对此巧加利用，使麦地那免遭合攻。结果，城邑久围不克，古莱什联盟的众多成员出现分歧，兼之天气恶劣，致军营状况更糟，联盟最终瓦解。此战仍难称大捷，但麦地那得以成功守御，穆罕默德及伊斯兰教声望愈显。诸战也对乌玛影响巨大。经并肩作战，因共同宗教观念而团结起来的信众成为真正的群体；信众受到战斗洗礼，同时认识到，真主不唯赐予胜利，且亲自上阵，因此，该群体的宗教观念已化为炽烈信仰。

同时，历经诸战，穆罕默德的教义最终定型。面向麦加而非耶路撒冷祈祷等教仪被充分阐明，涉及道德、财产、婚姻和继承的教规业已制定。由于穆斯林教规和教义得以明确，尤其是穆罕默德作为真正神使的地位得到巩固，伊斯兰教同其他亚伯拉罕宗教分离。圣迁以来，穆罕默德所以屡获胜捷，信仰犹太教和基督教的部落功不可没，故此，这一分化本有可能重挫穆罕默德的传教事业，而由于穆罕默德不再赖其军事支持，分化未酿大患。改信伊斯兰者与日俱增，特别是在麦加，且穆斯林不断加强对北去商道的控制，古莱什部落被迫于628年3月来到谈判桌前。对穆罕默德而言，他需要麦加提供技能与人手，需要信徒到天房朝觐，从而助推宗教大业。经谈判，达成十年休战协定。尽管许多穆斯林对《侯代比叶和约》的条款并不满意，但古莱什部落承认穆罕默德及信众的政治地位与自己平等。和约也向众多非穆斯林麦加人表明，伊斯兰教并非外来信仰，而是深植于阿拉伯文化的信仰，是与之同享诸多仪式、习俗和思想的信仰。

和约签订后，穆罕默德着手对付其他敌人，包括纳迪尔与古莱扎两部落，最大胆之举则是抗衡罗马属阿拉伯各行省。在629年9月的穆塔之战中，穆罕默德所部虽败于可能是希拉克略皇弟狄奥多尔麾下的罗马—阿拉伯联军，拒敌勇气却表明，壕堑之战后，穆罕默德的信众已人数大增。如今，穆斯林的兵力不再以百计，而是以千计。629年5月31日，哈立德·本·瓦利德归信伊斯兰。对伊斯兰教的日后传播而言，这也许是最重大事件。除穆罕默德本人外，哈立德的传教之功或无人可及。其才能早已得到先知赏识。穆塔之战中，哈立德率穆斯林主力成功脱险，使之免遭屠戮。穆罕默德称其为赛义夫拉，意即"安拉之剑"。然而，即便是先知或许也未尝预见，在未来十年，哈立德真将完全无愧于该称号。而显然穆罕默德已有长算远略。他遣使去觐见罗马和波斯皇帝，请求二者接纳伊斯兰教，却未被理睬。穆罕默德或以此作为自己和后继者发动征战的一个口实。

不过，在策划对外用兵前，须确保内部团结。与麦加订立的十年和约仅维持两年，双方同盟即发生冲突，致穆斯林和古莱什重回战争边缘。穆罕默德的最后通牒被置之不理。629年岁末，穆斯林及同盟军或有一万兵力扎营于麦加城外。面对强敌，古莱什自知抵抗徒劳无功。630年1月11日（伊斯兰历8年9月20日），穆罕默德引军拿下麦加，对方虽未正式投降，却几无抵抗。穆罕默德宣布大赦，去朝觐天房，与信众一起，移除旧神塑像，使众多麦加人相信，异教神灵已辜负他们，并说服对方归信伊斯兰。

穆罕默德归真，哈里发政权建立，里达战争①

征服麦加后不久，穆罕默德却认识到，传教于邻不必再诉诸如此血腥的武力。攻克麦加仅两周左右，穆斯林军队再踏征途，去迎击哈瓦津与塞基夫的部落盟军。据称，在穆罕默德攻打麦加前，这些贝都因人曾策划袭击麦地那。2月初，两军发生侯奈因之战。穆斯林在谷地遇伏，最终却取得决胜。之后，穆斯林在奥塔斯又败敌兵，残敌退守塔伊夫城。穆斯林围城不克，但居民恐再遭围攻，遂开城请降，皈依伊斯兰教。据传，因获悉罗马将犯，穆斯林约三万大军继续北征，兵发塔布克，最终似收服众多不安分的北方部落。穆罕默德及信众的军力日见增长，似足以征服阿拉伯半岛大部，迫其宾服于麦地那的军政领导。

然而，尽管再胜，先知显然年渐迟暮。632年岁初，他最后一次赴麦加朝觐②。其间，他发表了也许堪称最具感染力的演说之一，

---

① "里达"是音译。原词在阿拉伯语中义为"叛变"。
② 632年3月，穆罕默德率穆斯林十万余众赴麦加朝觐，因其不久后归真，史称"辞别朝觐"，简称"辞朝"。在麦加附近的阿拉法特山，穆罕默德发表《辞朝演说》。

敦促穆斯林勿内部相残，莫为宿怨寻仇。他同时宣称，自己将战斗不息，直至人人承认"万物非主，唯有真主"。此语将成为伊斯兰教两大基本信条（即清真言）之一。欲成穆斯林，人们须承认真主独一无二、为无始之原有，须承认穆罕默德是真主先知，须诚心念诵清真言："万物非主，唯有真主；穆罕默德，主的使者。"632年6月初，穆罕默德身染温病，6月8日在麦地那归真①于妻子艾莎房中。据称，先知体力衰竭时，希望口授书信，表达对穆斯林社会未来的冀望，而欧麦尔·本·哈塔卜告诉穆罕默德，《古兰经》的著述已足够伊斯兰教受用。穆罕默德欲口授遗愿，欧麦尔却加以劝阻，其动机虽存争议，但所言不虚。《古兰经》及所传讯息是穆罕默德布教使命的真正遗产。他也许曾向犹太教、基督教、摩尼教以及阿拉伯本土宗教借鉴教义、教规和思想，但穆斯林在昔日与今时皆无须多虑。穆罕默德从未声言要揭示新真理，仅仅自称是众多天启先知中的最后一位。诸先知包括阿丹、易卜拉欣、努哈、穆萨、达伍德、易勒亚斯、叶哈雅、尔撒②等。他们皆宣扬同一种一神宗教。伊斯兰教广具魅力，部分原因在于，它吸纳了"为人所知、所懂的措词与形象"，¹² 但穆罕默德的教义并未因之减弱影响。在七世纪的阿拉伯这方文化汇聚之地，伊斯兰教是新生思想，可超越诸多彼此各异、时而相互冲突的信仰而成为主导力量。这是穆罕默德的最大贡献。

但穆罕默德的遗产不唯创立一门新教。在传播安拉启示的过程

---

① 穆罕默德享年六十二岁，葬于麦地那先知清真寺。他虽妻室众多，憾无子嗣，在归真前亦未指定继承人。
② 《古兰经》中出现的许多先知与《圣经》一致，仅中文译名有别。《古兰经》中的阿丹、易卜拉欣、努哈、穆萨、达伍德、易勒亚斯、叶哈雅、尔撒分别对应《圣经》中的亚当、亚伯拉罕、诺亚、摩西、大卫、以利亚、施洗者约翰、耶稣。

中,他同时成为日益强大的世俗领袖。因独揽军政与宗教大权,先知归真后,继之而来的不单有深切哀痛,亦有巨大乱局。谁将继承先知之位,领导迅速崛起的穆斯林国家?穆罕默德的追随者分为三股势力:近期归信伊斯兰教的麦加大族,接受了穆罕默德及其乌玛的麦地那人①,与他一同出走麦地那的信众②。三方领袖召开密会,推举穆罕默德最早的追随者之一阿布·伯克尔为首任哈里发③。人们虽认为穆罕默德的先知地位无人可承,早期哈里发却拥有宗教权威的光环及不断加强的政治权柄,可谓兼教宗与皇帝身份于一身。

然而,阿布·伯克尔未获普遍认可。有人认为,穆罕默德曾选定堂弟兼女婿阿里·本·阿比·塔利布④为继承人。阿里的拥护者与接受阿布·伯克尔的多数派暗斗不断。阿布·伯克尔、欧麦尔、奥斯曼、阿里这最初四位穆罕默德的后继者⑤每有人辞世,暗斗皆转为明争。双方嫌隙渐深,已不止于谁将领导穆斯林这一问题。主张哈里发应由乌玛推选与认为阿里后裔才是先知合法继承人的两方出现教义歧见。时至今日,逊尼派⑥与什叶派⑦之间仍有此分歧。

对于推选阿布·伯克尔为哈里发的结果,阿里以穆斯林为念,

---

① 亦称"辅士"。
② 亦称"迁士"。
③ 哈里发,阿拉伯语音译,义为"代理人""继任者",穆罕默德逝世后,用以指称伊斯兰教执掌政教大权的领袖。
④ 阿里·本·阿比·塔利布,穆罕默德伯父阿布·塔利布之子,穆罕默德将女儿法蒂玛许配于他。
⑤ 四人与穆罕默德皆有翁婿关系:阿布·伯克尔和欧麦尔有女嫁与穆罕默德,奥斯曼和阿里曾娶穆罕默德之女为妻,而奥斯曼先后迎娶穆罕默德两女。四人被称为四大哈里发,或正统哈里发,皆推选产生,自632至661年相继掌权。之后出现阿拉伯帝国的首个世袭王朝伍麦叶王朝。
⑥ "逊尼"系阿拉伯语音译,义为"遵循传统者"。逊尼派认为哈里发应由推举产生。穆斯林大多属于此派。
⑦ "什叶"系阿拉伯语音译,义为"追随者"。什叶派拥护阿里及后裔担任哈里发,亦称"阿里派",是伊斯兰教第二大教派。

似乎暂表默许。阿拉伯局势日益动荡，阿里的务实之举或受此影响。许多阿拉伯部落似乎认为，他们与穆罕默德所立盟约随后者离世而废止。阿布·伯克尔被迫立即采取军事行动。此前，穆罕默德曾再度派兵，远征罗马帝国外围。大军由乌萨马·本·扎伊德统领，未遇罗马部队，似乎迫使数支叛教部落重皈伊斯兰。然而，趁大军在外，多个其他叛教部落兵发麦地那。仓促间，阿布·伯克尔拼凑起一支部队抗击叛军，一直坚持到乌萨马回师。

为促成阿拉伯政教统一，经用心策划，阿布·伯克尔及众将开始连番用兵，史称里达战争或叛教战争。诸战是穆斯林乌玛的首次真正尝试，欲将伊斯兰教的直接影响扩展到阿拉伯半岛西海岸以外，终获大捷。哈立德·本·瓦利德率穆斯林主力，深入阿拉伯中部腹地。穆萨利马和图莱哈自命先知，正于此间积蓄拥护力量。穆斯林在布扎卡和盖姆拉两战连胜，至632年9月末，图莱哈被征服。再战一月，阿拉伯中部余地得到平定。哈立德挥师东进，去迎战穆萨利马。后者已击败两支穆斯林征讨部队。12月初，两支部队的残部及麦地那援兵与哈立德会师，大军开赴耶马迈。随后是一场血战，最终哈立德再获大捷，穆萨利马丧命。

哈立德并非唯一成功戡乱的穆斯林将领。在11月底的迪巴之战中，反叛的阿兹德部落被伊克里迈击溃于阿曼。后者又赴迈赫拉，未及动用援兵，即迫使一支更大的叛逆部落重皈伊斯兰。穆斯林夜袭哈吉叛军，在波斯湾沿岸再夺一场次要胜利，最终在633年1月末迫使巴林雌服。632年岁秒，忠于哈里发的也门驻军克定又一波叛乱。领导靖乱者是波斯人费尔罗兹。他是穆罕默德的追随者，在先知归真前数月，曾平定过一场反叛。爆发叛乱的最后一地是哈德拉毛，时间为633年1月。反叛的肯德部落兵力强大，与当地忠于哈里发的穆斯林势力僵持不下。然而，作乱时机不当，终致失败。分驻也门与迈赫拉的穆海尔、伊克里迈军团赶到，速围肯德

里达战争（632—633）

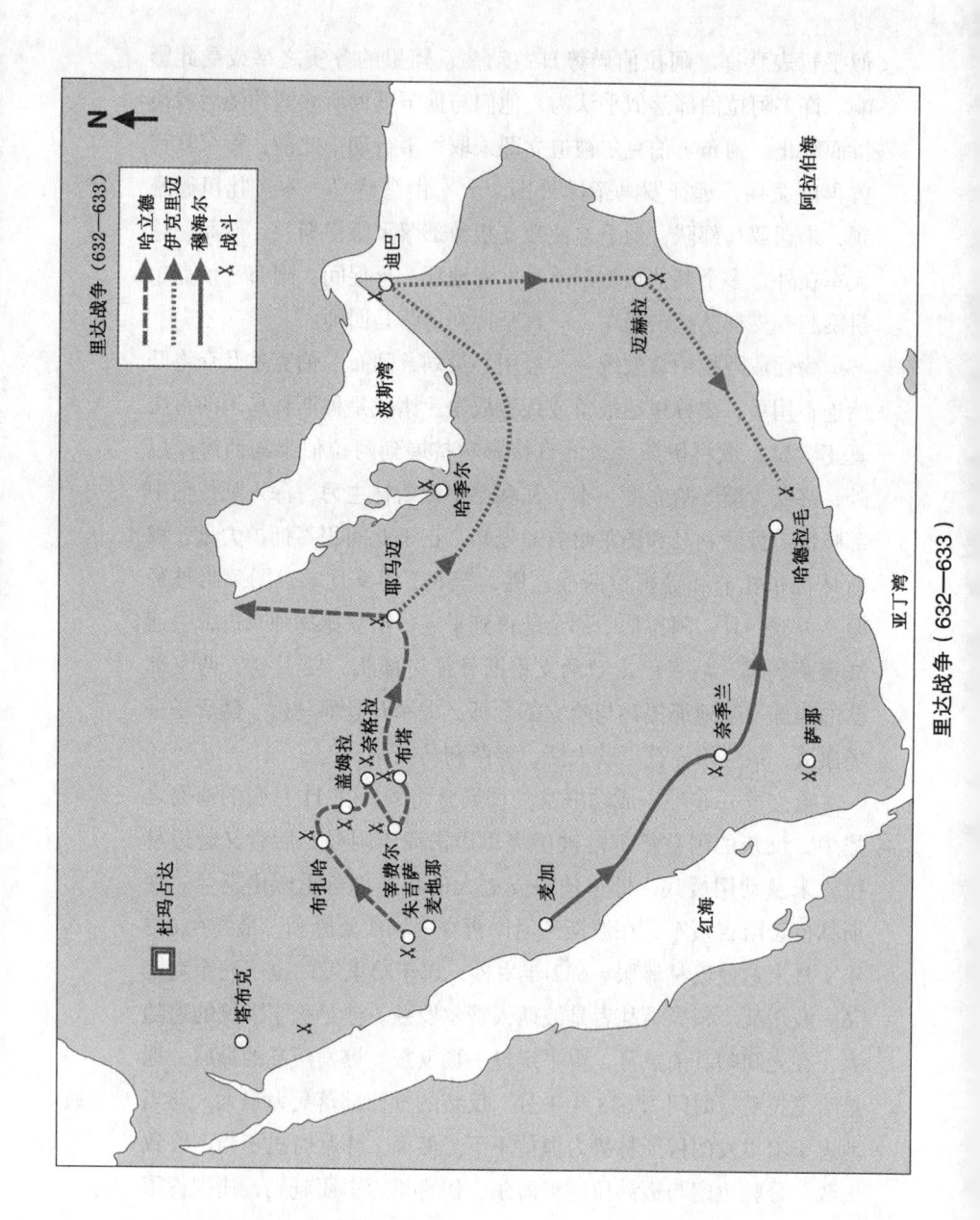

叛军。他们很快攻克叛军在扎法尔和努贾尔的据点。持续仅半年的里达战争至此结束。

对阿布·伯克尔而言，这场麦地那哈里发领导下的阿拉伯统一战争是军政大捷。然而或许更重要的是，此战向依旧怀疑伊斯兰力量的民众表明，先知信徒不仅虔诚不渝，且幸遇多位才具秀拔的军政首领。人们或以为，此次军事行动后，阿布·伯克尔将罢战收兵，投入时间巩固穆斯林对阿拉伯的统治。而他似乎从未有过此念。流淌在耶马迈的鲜血尚未冷却，哈立德及军队已受命，欲发动一场规模远大于前的征伐。在北方，仍有阿拉伯人尚待顺服安拉的意志；再往北，诸王曾断然回绝穆罕默德以伊斯兰教拯救他们的提议，今将领受该教威势。

穆斯林军队

人们大多认为，"之所以在阿拉伯半岛实现征服，原因在于对手势弱，而非穆斯林的初建军队兵强马壮。"因此，大征服前的阿拉伯军队所受关注极少。[13] 主要由于史料匮乏，兵力如何招募、组织和统领，尚无细致研究。不足为奇的是，除招募阿拉伯人在军中做哨探之外，罗马人与波斯人对穆斯林的军事组织只字未讲，而阿拉伯人的记载存在问题。[14] 因其宗教性质，阿拉伯史籍往往认为，克敌制胜是由于将士虔心诚敬、顺服真主，而非治军有方、英勇善战。为达特定目的，或由于遣用文学手法以凸显原本不为人知的情节，事件或被歪曲。在刻画先人时，后世伊斯兰史籍也往往错植年代，将自己所处时期的社会、政治和军事组织投射于伊斯兰教初期，使人产生"对治军统兵的错误认识，实则当时军队之混乱远超记载"。[15] 因潜在问题重重，试图再现早期穆斯林军队的任一方面都将充满风险，难有定论。

穆斯林最初的军事行动是劫掠商队和袭击邻近贝都因部落，以补充资源、报仇雪耻、震慑潜敌、夺取襟要，或强迫归信伊斯兰。突袭行动反映出穆斯林的初建军队所遇敌手是谁，反映出真正的对阵战在阿拉伯战争中何其罕见。同时，凭借突袭，"穆斯林积累起大量财富和作战经验，实现了诸多政治与战略目标。"[16] 然而，因伊斯兰的敌方势力增强、声望提高，组织涣散的军队难以制胜。穆罕默德及众谋士临时制定出一套更为系统的治军方略。

伊斯兰教崛起所带来的最直接变化或在军队领导方面。前穆斯林时代的战队几无指挥体系，而是由部落首领统率，首领地位源自出身与战功。按照伊斯兰教义，最高兵权（在阿拉伯半岛大部可谓闻所未闻）归于穆罕默德和继承人哈里发。不过，因战场离麦地那越来越远，有必要任命军事统帅。在部落中选将时，先知与继承人哈里发表现出对部族权争的洞察力，而对哈立德和阿姆鲁（两人后归信伊斯兰）等人的任命则表明，穆罕默德乐于在穆斯林内部擢升军事人才而不计出身。同时须指出，有关哈里发在麦地那速传军令、遥相指挥的事例多有记载，对此应当存疑。[17] 一些重大再部署或受命于哈里发，而在战场上，决断者可能多是受哈里发委派以实现战略目标的将领。

也许由于哈立德等杰出将帅的统领，军队体系或更完备，非复部落式构成。似乎穆斯林的军阵类于晚古时期的罗马和波斯部队，分左中右三组。史籍也提到前卫与后卫。据载，在卡迪西亚之战中，出现一种更有序的建制。穆斯林统帅赛义德·本·阿比·瓦卡斯将军队分成十人一小组。不过，这或是后世作家牵强附会。里达战争期间，尽管政教高层介入，且出现众多独立部队，也几无迹象显示，当时有所谓的正规军甚至半常备军。

一如其他古代部队，早期伊斯兰军队大致分步骑两类。不过，须提醒一句：二者界限模糊，骑兵常下马作战，步兵也常乘马或骑驼。[18] 早期绝大多数阿拉伯骑兵均为轻骑，每用作突袭兵、游散兵或长矛兵,而非弓骑兵或重骑兵(比如罗马和波斯军队的重甲骑兵)。同时值得注意的是,在阿拉伯,战马数量不多。这或可解释,阿拉伯骑兵缘何更多运用机动战法,投入小型战斗,以避免人马的重大伤亡。[19] 这或许也能部分解释,在阿拉伯战争中,缘何打头阵者是步兵。穆斯林步兵核心由持剑战士组成。他们手持用来戳砍的带柄直剑,也使用铁尖长矛与标枪。穆斯林步兵另有一大部分是猎训而成的弓手。阿拉伯弓似乎比波斯弓小,而射速或许更快,可以更有效保护步骑。

关于早期穆斯林的防御武器,罕有实物传世,而存留至今者又难以定代或溯源。武器鲜见于穆斯林史料,除非自身出名,比如穆罕默德所用的剑盾弓矛。大多数穆斯林士兵作战时可能盔甲不全。阿拉伯锁子甲确有存世,不过大征服前在穆斯林军队中使用的多寡却难以判定。铠甲制购费用高昂,大概仅最富有的阿拉伯士兵或者曾服役罗马或波斯军队的士兵才用得起。大征服前,头盔或较少,多以佩戴防护帽替代。步骑兵皆持盾。对此史载不详,而现存的几份相关史料称,阿拉伯盾牌常为木质或皮革,"状如小型圆盘,直径必不足一米。"[20]

使用攻城武器的穆斯林兵力较为次要。阿拉伯城邑多有一定防御工事,但极少能抵挡长期围攻,是以穆斯林几乎不习围城战。摆柄投石机(类于欧洲配重投石机)等攻城武器见诸后来的穆斯林军队。不过,在630年代,阿拉伯人使用攻城武器的多寡难有确论。630年,曾有一架投石机用于塔伊夫攻城战,但对抗适度防御显然未能取胜。这或可解释,为何投石机更有可能用于杀伤敌人,而非摧毁城防。[21] 亦无证据表明阿拉伯人曾用过该武器前身扭力投石机。由此进一步说明,阿拉伯人的攻城战术总体尚属初级。其攻城战力虽易被轻视,实则阿拉伯与阿瓦尔等部族社会善于学习,适应战况能力强。尤其是阿拉伯人似乎很快认识到,"胜利常在于先期谋略,而非仅凭武力。"²² 既有此认知，穆罕默德、其继任者以及各位统帅经谈判或封锁，将城邑与其盟友巧妙分割，而后"只要对方缴纳定额贡金，则不咎既往，提供保护"。²³ 凭借攻谋兼施，大马士革、泰西封、耶路撒冷、安条克、亚历山大等主要城市最终也落入穆斯林军队之手。

　　伊斯兰世俗权力到来，募兵过程开始依稀可见。志愿入伍者或指定的部落汇聚到麦地那或预定地点，组建成军，之后被派往战场。阿拉伯战士多是贝都因人。这不足为奇，因为他们惯于袭战、长于骑射、善用剑矛。²⁴ 而随着穆斯林社会迅速发展，兵源更广。有证据表明，穆斯林武装一些居所较固定或生活较贫困的人员参战。²⁵ 在初期，穆罕默德和乌玛能保存兵力并连连告捷，与犹太教徒、基督教徒以及其他非穆斯林部落的同盟关系功不可没。扈从与奴隶亦见于穆斯林军队，他们未必均是阿拉伯人。倒戈者也使穆斯林兵力增强，同时致对手力量削弱。

　　史载的穆斯林兵力似乎程式化，每令人难以置信。在早期历史中，所载人数通常甚少，比如，突袭兵力不足百人。然而，穆罕默德能速遣上万乃至更多兵力，未免令人生疑——巴德尔之战三百，乌胡德之战七百，穆塔之战三千，麦加之战一万，侯奈因之战一万两千。进攻罗马和波斯时，穆斯林军队也被认为规模偏小，卡迪西亚之战或只有六千兵力，美索不达米亚南部驻军大概仅四千。

　　同时，因夸大对手罗马和波斯兵力，阿拉伯兵员之寡定是有所掩饰。两大帝国或许人数占优，但几可肯定，差距并不像穆斯林史籍所讲那般悬殊。有时，穆斯林史籍声称敌兵有数十万之众。其所言兵力多应以当时的视角审视。在之前的两个世纪或更久的时间段里，罗马和波斯部署的军力明显滑坡，²⁶ 以致莫里斯认为，五千到一万五千规模适宜，一万五千到两万则属大型军队。²⁷ 在耶尔穆克之战中，穆斯林或投入两万至四万兵力，可见他们与对手的兵力差距不如通常所想之大。

不过，早期穆斯林军队相较前伊斯兰时代虽有发展，却仍旧落后。比之罗马和波斯对手，他们因有骆驼，在沙漠中的机动能力也许更强，而战术居于劣势，兵力逊于敌方，尽管差距或许并不悬殊。里达战争虽胜，就组织架构而言，穆斯林军队却依然更像部落战队，而不似罗马人所能调遣的专业队伍。他们不领军饷，不得福利，入伍不作登记，但是受斩获机会驱使，受部落战友激励，受宗教信仰鼓舞。他们一旦聚在穆斯林麾下，由一群能征善战的将领统率，必将成为一股渐趋势不可当的力量。630年代，两大帝国将领教这股强大的毁灭之力。

第6章 伊斯兰风暴

> 沙漠蛮族横行于他人土地,如在自己家园;他们面目粗陋,骑乘野畜,踩躏我们可爱而有序的国家。在受侵略者眼中,有何景象能比这更悲惨可怕?
>
> 忏悔者圣马克西莫斯
> 〔《拉加》(1990),第186页〕

风暴之眼——战争间隙的罗马与波斯两帝国

628年,希拉克略踌躇满志,班师归国。罗马失地重被收复,盟友登上萨珊王位,帝国军力再获证明,也许最重要的是,真十字架和其他圣物即将收回,基督教的至尊地位得以彰显。他或许希望,近二十载的持续交兵之后,自己可得些喘息。然而,多年干戈已致巨大破坏,令民众流离失所,"虔信基督的皇帝"(新近自称)依然任重道远。罗马—波斯战争(602—628)结束,双方又立和约,或类乎六世纪末莫里斯与库思老二世的做法,然而为大体恢复战前状态,两帝国均投入诸多精力和财力。罗马在所收失地再树威望,希拉克略的声名与军功或起到一定作用,但兵火造成的千疮百孔和心理重创犹待修复,并非大笔一挥或签署盟约即可解决。诸地受冲突直接影响的经济、生活与基础设施或毁损严重。战事虽歇,"君士坦丁堡却未能立即重获源源不断的丰裕收入。"[1]

军事方面,希拉克略希望遣散军队,以缓解帝国财政压力,尤其"此时已不见劲敌,支付巨额军费难以说通"[2]。希拉克略当政期间，各阶段军力及战后军队的遣散人数均难考证。但是，希拉克略不太可能削减被认为是正规军的兵力，裁军或多是解散非罗马分遣队。即使此举可得证实，较之正规军，分遣队的服役状况也总是少有记载，对于评估630年前后罗马的军力作用不大。据称，当时的军队规模小于查士丁尼时期，大概在九万八千到十三万之间。³不过，波斯的政治危机愈演愈烈，希拉克略或对遣散军队重作考量。若波斯将军或君主具备胆魄，为赢取威望，会决定攻袭罗马领土，因此，罗马皇帝被迫在东境派驻重兵。波斯爆发内战后，担忧或有减轻，但是633年穆斯林发动进攻时，罗马出兵波斯属美索不达米亚，可见希拉克略仍未放松警觉，甚至正试图进一步加强罗马在两河流域的势力。

　　罗马在巴尔干的势力几乎已被阿瓦尔人和斯拉夫人彻底摧毁，却未采取军事行动加以重建。这充分说明，希拉克略对波斯素怀戒心，亦对缩减预算念念不忘。590年代，为震慑阿瓦尔人，莫里斯发动战争，但所需军力过大；大批征调军队有引发哗变的风险，福卡斯即前车之鉴。也许基于这两重考虑，希拉克略愈加不愿向巴尔干再遣兵力。他未收复畿辅，可见他更不会考虑从西哥特人手中夺回西班牙，或在意大利重彰日趋衰落的帝国权威——在该地，教皇势力渐大，伦巴第人总是为所欲为。

　　希拉克略虽取得军事胜利，在宗教领域却无法平息有关基督性质的争论。为激励战时帝国士气，希拉克略宣扬基督崇拜、倡导宗教习俗、推广圣物敬奉。此举连同迎娶玛蒂娜，或使宗教争端加剧。争端已持续数百年，希拉克略虽直接介入，也未能找到化解途径。⁴事关帝国未来的最重大挑战或在于，兵民因战争与疾患而殁者成千上万，或许更多。该状况需多年方可恢复正常。⁵人力短缺因波斯难民涌入而有所缓解。难民"需要吃住而产生潜在的社会安定问题，但同时拥有各类技能和知识"，也带来诸多潜在好处。⁶希拉克略之所以在罗马和波斯边境保持军事存在，如潮的难民或是一个原因。

希拉克略虽试图削减军事预算，却似乎即刻着手一项庞大的重建计划，投入大笔公共资金，用以整修畿辅和其他大城遭毁之地。事后看来，这些资金或有更好的用途，因为在七世纪余年，帝国将面临持续的财政困境，不过在630年代初，振作民众士气似更紧要。630年2月以前，未来的君士坦丁三世迎娶了尼切塔斯之女格蕾戈里娅。这桩婚姻不仅使希拉克略王朝更为团结，也是举办盛典、鼓舞人心的又一契机。

630年最盛大的活动当属皇帝前往耶路撒冷，参谒回归的真十字架。然而，此举或致无法预见的后果。由于希拉克略驾临耶路撒冷，也许还稍有尝试要重建加萨尼人缓冲带，穆斯林或以为罗马皇帝拟对其用兵，遂对阿拉伯北部的政治真空加以利用。作为减费措施，留用的阿拉伯雇佣兵被停发军饷，因此，似乎"在巴勒斯坦与叙利亚定居区边缘的一些地方，紧张关系升级，怨尤情绪加剧，暴力事件增多，人们对皇帝权威愈加轻慢"。[7]据说，罗马帝国在632年遭大范围突袭，上述状况由此可见一斑。突袭者身份史册无载，可能是阿拉伯人、穆斯林或其他。

对于穆罕默德在阿拉伯增拓势力一事，罗马人与波斯人有何实际了解不得而知。或多或少必有流言传过边境，却不太可能引起地方当局的足够重视。在之前数百年的阿拉伯沙漠，小型王国每此兴彼衰。希拉克略和沙赫巴勒兹纵知此事，也不会将乌玛视作威胁，或以为新兴的伊斯兰"迷信"只是一时风气。

罗马人并未留意到阿拉伯的统一，究其原因，不仅他们自身在疗愈战争创伤，而且在630年岁中，萨珊政权发生灾难性解体。沙赫巴勒兹废黜阿尔达希尔三世，似乎出现稳定的新政局，其根基是军队势力以及和希拉克略的同盟关系。而该政局不久即陷入混乱。

由于沙赫巴勒兹是在罗马皇帝的支持下,借由军事手段篡位夺权,起初即遭到萨珊统治集团多数人的排斥。军事力量稍见削弱,其地位则岌岌可危。事实上,沙赫巴勒兹并未经受住最初的军事考验,政权最终瓦解。

波斯人对此次军事考验的来龙去脉并不陌生。627年,罗马与突厥合攻梯弗里斯不克,但希拉克略成功进犯波斯,波斯随后大乱,突厥可汗去而复返。突厥人围困梯弗里斯两月,最终破城。"恐怖的黑云笼罩于危民头顶,(直到)哀叫与呻吟止息,无人生还(,黑云方始退散)。"[8] 突厥人得步进步,侵入亚美尼亚,或欲将其征服。此时,沙赫巴勒兹似乎刚从叙利亚启程,踏上回泰西封的归途。他遣兵一万,由霍纳统领,前往御敌。不料,在追袭一支退却的突厥分遣队时,霍纳所部误入陷阱。在随后的屠杀中,突厥人"未放过一兵一卒"。[9] 对沙赫巴勒兹而言,兵损如此之多带来致命后果。废黜阿尔达希尔仅六周后,他遇刺身亡。

罗马皇帝往往不太关注这类波斯内讧,而此番异乎寻常。希拉克略不单丧失盟友沙赫巴勒兹,因萨珊已陷入愈演愈烈的政治乱局,如今或再起兵革。库思老二世、卡瓦德二世、阿尔达希尔三世以及沙赫巴勒兹接连晏驾,兼之经济状况不利,极大削弱了萨珊统治。卡瓦德"将萨珊王族有资格或有能力的男性继承人屠戮殆尽",局势更趋恶化。[10] 直到须寻找合适人选,以取代篡位者沙赫巴勒兹时,人们才真正意识到,手足相残已至何等严重地步。最终库思老二世之女布兰登基,可见萨珊王族人事凋零之甚。

当政十五月,布兰重建基础设施,降低课税,维持同希拉克略的和睦关系,在整顿饱受战火摧残的波斯帝国方面有所成就。不过,王权日益动摇,对此她几乎无能为力。觊觎王位的对手及权势日崇、叛心渐起的将军和官员让她前功尽弃。631年10月她被一名叛将废黜,萨珊中央政权彻底乱作一团,以至630年代初的年表模糊不清。依照后世史家所言及钱币证据，布兰被废后的一年中，至少七人曾践萨珊王位。布兰在泰西封的直接继承者是其妹阿扎尔姆公主，而后者似乎也在短短数月后触怒军方。帝国各地，其他萨珊远亲和军队将领竞逐王位，史乘所载的君主有霍尔米兹德六世、库思老三世、卑路斯二世、库思老四世、库思老五世。[11]632年岁中，伊嗣俟三世①即位，乱局中看似再添一人。但因领导有力，更兼好运傍身，伊嗣俟三世似乎恢复了一定秩序，在军方支持下，掌权近二十年。通常情况下，在位如此之长有利于恢复政权声望。而正如上文所讲，当时远非正常时期，伊嗣俟三世当政的二十年是萨珊史上最动荡的时代，终将走向致命结局。

希拉克略麾下兵力可作大致估算，而630年代初萨珊军况却完全成谜。库思老对罗马人作战失利，削弱了原本不够专业的军事构架，而沙赫巴勒兹之叛、霍纳抗击突厥的惨败，加之内战，更是使之动摇。因此，尽管缺乏史料，却不妨说，面对即将崛起于沙漠的强敌，波斯军队难以措手。

罗马和波斯的战后策略易受指责：希拉克略更关注帝国经济、基础设施及宗教信仰，对军力发展与作战整备重视不足；波斯轻易陷入内讧，造成自我消耗。不过，人们如此诟病，主要是凭后见之明，以及出于对两大帝国的过高期望，即认为二者当能预见即将骤起的阿拉伯风暴。以往二十六年，罗马与波斯互动干戈，在徒然交兵中耗损大量资源，故此，罗马人与波斯人将目光更多局限于战争的直接后果不足为奇。这种狭隘目光虽可理解，却必将对罗马、波斯，乃至几乎整个古代世界带来深远影响。

---

① 伊嗣俟三世（约624—651），库思老二世之孙，波斯萨珊王朝末代君主，632至651年在位，登基时年齿尚幼，后命丧梅尔夫（中国史籍称木鹿，今土库曼斯坦马雷）。译名"伊嗣俟"出自《新唐书》，沿用至今。

哈立德与穆斯林征服幼发拉底河

里达战争获胜,阿拉伯大部统一,阿布·伯克尔速移目光,着手向半岛以外传播穆罕默德的教义。由此看来,他似乎深谙罗马和波斯两帝国的状况。无论是否如此,对手皆身处困境,穆斯林得到进兵良机。摧毁加萨尼与拉赫姆两个缓冲国似成初战树威的关键。看来定是由于拉赫姆王国在幼发拉底河南岸军力不够,当地阿拉伯部落首领穆萨纳·本·哈里斯得以对美索不达米亚成功发动数次突袭。穆萨纳与麦地那伊斯兰政权虽无联络,但他已获胜捷,也许还到过麦地那,这两点都鼓舞了阿布·伯克尔去尝试更大胆的军事扩张。不过,其动机与其说是拓展势力,莫如说是统一国家。数百年来,幼发拉底河两岸一直有大量定居和游牧阿拉伯人活动。故此,"简而言之,征服伊拉克的初始阶段不过是里达战争的延续,是伊斯兰国对阿拉伯各部落的慑服。"[12]

初时,阿布·伯克尔遣伊亚德·本·甘姆进兵杜玛占达。此地是沙漠边缘的绿洲城镇,经一条历史悠久的商路可抵希拉。同时,哈里发派刚刚在内志和耶马迈取胜的哈立德沿波斯湾北进,再溯河而上,赶赴希拉。似乎该计划是让伊亚德攻取杜玛占达,大概要将该地用作伊斯兰领土和幼发拉底河之间的补给站,而后同穆萨纳以及来自下游的哈立德会师,以钳形攻势袭取希拉。然而,目标急攻不下,伊亚德被迫长期围城,征服幼发拉底河流域的任务拱让他人。

有关穆斯林对波斯的开局攻势,史载须审慎对待。633年春末至634年4月"会战"众多,可见最微不足道的小战亦被虚夸为"会战",且出于宣传目的,敌军人数被严重夸大。有些战斗的记载程式化,其真实性也令人怀疑。关于哈立德从耶马迈出发的时间颇有争议,对其征伐的大部分时间线亦众说纷纭,开拔时间可能在

633年春末或夏首。[13] 对其军队的构成与规模亦并非完全清楚。有人称规模庞大,兵力多达一万八千,包括贝都因人、麦地那人,以及其他部落成员。但哈立德所部可能规模甚小,或只有两千人,核心兵力来自麦地那和古莱什部落,辅以其他部落分遣队。哈立德在进兵希拉途中或募到更多兵力,该估计主要依据下述说法:在抵达幼发拉底河之前,有四支各两千人的分遣队加入其队伍。

据载,哈立德首战于扎特萨拉希尔,时间大概是633年4月末,史称"铁索之战"。此役中,哈立德玩弄一名波斯总督霍尔木兹于股掌,诱使对手在科威特东部沙漠往来追赶高度机动的穆斯林纵队。波斯一方很可能并非本国部队,而是阿拉伯雇佣军,兵力远不及史载四万之众。俟敌力竭,哈立德在卡兹玛城附近发起进攻。穆斯林的阵列不详,但可能略似于波斯军队,即按传统排布,分左右两翼和中路。发生在扎特萨拉希尔的战斗所以得名"铁索之战",是因为据称一些波斯阵列以铁索相连,意在迫使厌战士卒并力作战,或示敌以血战到底的决心。且不论情由如何,据说,哈立德在单挑中阵斩霍尔木兹。之后,穆斯林全线发起总攻,一举击溃波斯军队。

此战告捷,哈立德北进乌布拉。另一支波斯军队似在该地集结,包括铁索之战的残兵以及据称由卡林所统的部队。后者是在霍尔木兹修书告急后伊嗣俟三世所派援兵。也许因穆斯林进兵神速而仓皇失措,或因穆萨纳所率穆斯林分遣队突降眼前而分寸大乱,卡林从乌布拉城外的纳赫尔马拉运河撤退,沿底格里斯河奔逃。经侦察获悉,波斯军队停驻于迈德海尔,想必哈立德认为卡林走错一步,似乎立抓战机,于633年4月底之前发起攻势。令人生疑的是,大河之战的经过类乎铁索之战:波斯统帅被单挑斩杀,穆斯林发动总攻,一举击溃波斯军队。穆斯林的得胜之师折向西北,溯幼发拉底河奔赴希拉。

哈立德入侵伊拉克（633）

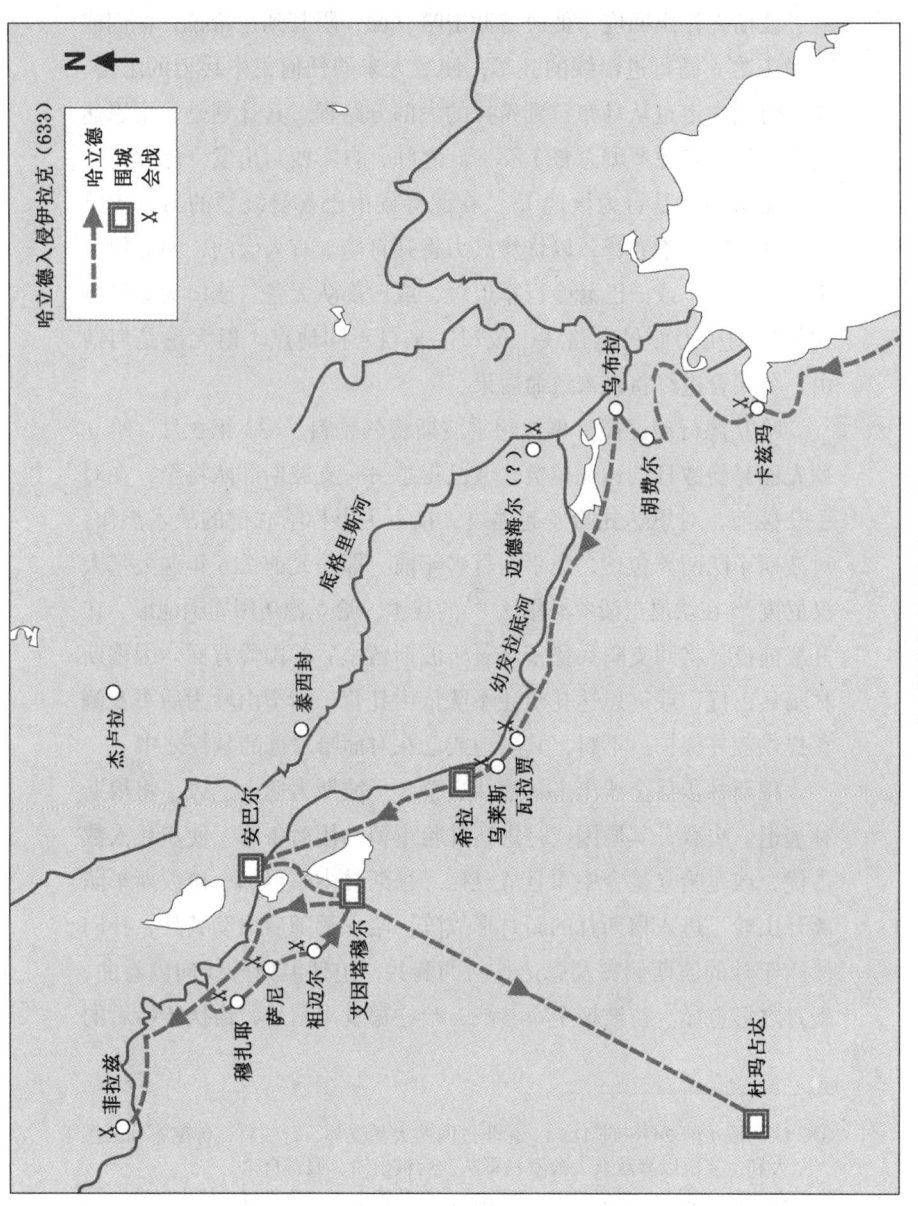

波斯人作出回应，似决定截击哈立德，阻其到达希拉。他们或已撤走哈立德行进沿线的驻军，使敌人未遇任何集中兵力的阻击，在短时间内走过从乌布拉到希拉的大部分路程。其计划是，由恩达扎哈（据称是呼罗珊总督）率一旅之师，自泰西封出发，停驻瓦拉贾（无法确定是否为该地），[14] 在此等候由巴赫曼统领的另一支队伍，共同阻击哈立德，以优势兵力将其打垮。有人会问，两军何以不一起进兵，或曰巴赫曼行军迟缓，或曰部队无备，或曰为减轻乡村的后勤压力而另走路线，或曰因来自不同地点。但无论是何情由，分兵合进终将带来致命后果。

哈立德行动迅捷，再次超乎波斯将领预料。633年5月，哈立德先巴赫曼数日到达瓦拉贾，或已得悉另一支波斯部队将至，在对手获援前，对恩达扎哈发起强攻。接下去堪称哈立德的战术杰作：对波斯军队两翼包抄，类乎八百多年前，即公元前216年迦太基人汉尼拔①在坎尼击溃罗马军队②的战术。哈立德巧用周围地形，在开战前夜，将两支骑兵秘密部署于波斯营垒后的山岭背面。因穆斯林骑兵占优，或许恩达扎哈让军队依山扎营，指望山岭为后军及侧翼提供额外保护。不料，其阵地或已在对面哈立德的掌控之中。

穆斯林步兵全线出击，战斗启幕，但波斯人速占上风，将穆斯林逼退。史载，其原因或是恩达扎哈审慎动用后备军，使步兵人数占优，或是哈立德令中军且战且撤。穆斯林中军退却，诱波斯军队离开山岭，进入穆斯林的新月形战阵。哈立德随后出动骑兵，扑向暴露于外的波斯侧翼及恩达扎哈的骑兵，迫使波斯阵线向内卷曲，新月之形愈显。待波斯全军参战，哈立德发出信号，命伏于岭后的

---

① 汉尼拔（前247—前183），北非古国迦太基统帅、行政官，曾率军远征意大利，多次以寡敌众大败罗马军队，后被击溃，服毒自杀。
② 在坎尼会战中，汉尼拔以六千伤亡，歼敌近七万。此役成为战史经典。

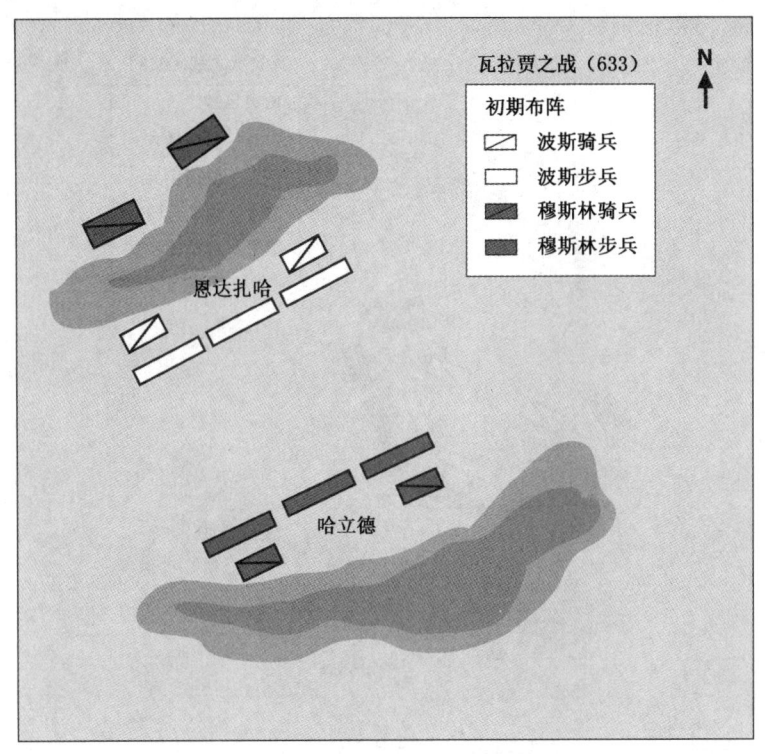

瓦拉贾之战（633）：布阵

骑兵抄击敌后。因四面受敌，新月阵内拥挤不堪，波斯兵无法挥动剑矛，许多人就地受刃。哈立德不仅展现出制胜谋略，据说还在单挑中力斩号为"万人敌"的一名波斯巨人。

哈立德兵胜瓦拉贾，常被誉为将领运用战术、速度和战场地形以寡克众的典范。据载，恩达扎哈的人马多达五万，但实际上其兵力很可能未超哈立德（至多一万五千，也许更少），并非一支真正的萨珊皇家军队，其构成包括扎特萨拉希尔和迈德海尔的残兵，以及一些来自波斯同盟阿拉伯部族的援兵和波斯地方驻军。亦有说法称，穆斯林的包抄战术虽然获胜，仍有数千萨珊士卒逃脱，包括恩

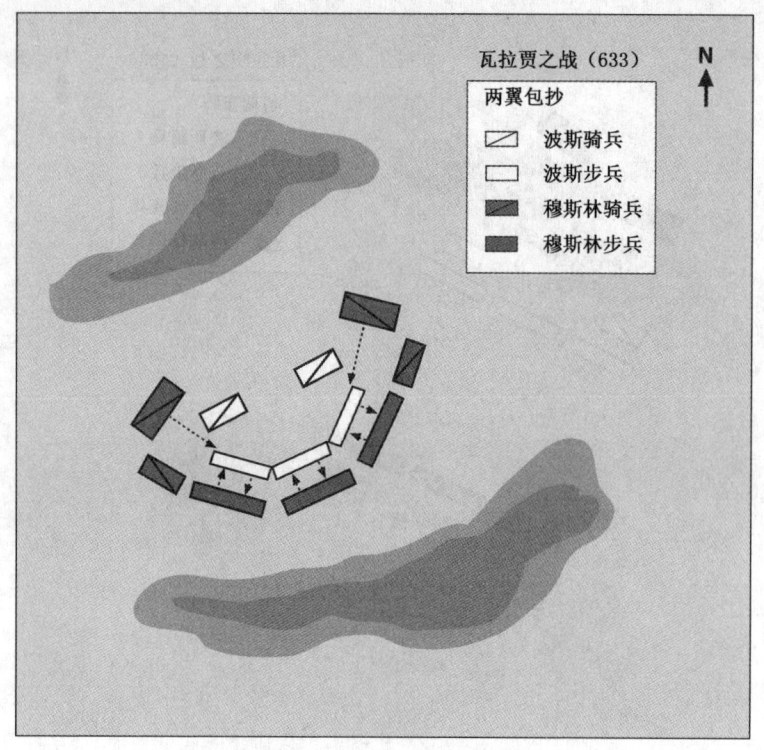

瓦拉贾之战（633）：包围

达扎哈本人，不过据信他并未逃往幼发拉底河，而是遁入沙漠，后来渴死。即使瓦拉贾之胜的规模被夸大，下述说法也几乎无可置疑：哈立德实现希拉的战争目标前，在波斯帝国边境持续数月的开局之战已显示出，他是一名善战将领。

虽兵败瓦拉贾，伊嗣俟三世仍迫切希望截击哈立德，阻其到达希拉。故此，巴赫曼受命奔赴乌莱斯，去和恩达扎哈残部以及正在集结的阿拉伯基督兵会师。巴赫曼似已返回泰西封，与伊嗣俟三世商讨军情，命裨将贾班率军前赴乌莱斯，并有令在先：自己不回，勿与穆斯林交战。据传圣躬违和，但无论何故，巴赫曼未返军营。

哈立德得悉贾班动向，试图先敌赶到乌莱斯，以击败阿拉伯基督兵，避免遭遇人数占优的合兵之敌。但他进军欠速，抵达战场时，发现敌兵约三万之众。哈立德略无惧色，不容波斯—阿拉伯联军排兵布阵，几乎立时发起进攻。对乌莱斯之战的详情所知甚少，而双方似陷入步兵血战。这或许正中贾班下怀。他要利用幼发拉底河与哈塞夫河作掩护，以防侧翼遭敌骑攻击。然而，哈立德攻其不备，萨珊人的进一步计划被打乱。经数小时激战，哈立德损兵或超两千，而波斯—阿拉伯联军企图脱离战斗，回撤希拉。此时，穆斯林军队表现出多次追袭中常有的凶悍，骑兵对萨珊退敌穷追猛打，致其死伤惨重，哈塞夫河为之变红。

似乎慑于乌莱斯之战的兵威，一些当地阿拉伯部落向哈立德乞降，接受人丁税①，而哈立德并不满足，仍要围攻希拉。因波斯守军与阿拉伯部落兵败瓦拉贾和乌莱斯，加之哈立德或已给出合理条件，希拉居民未作长久抵抗，于633年5月底前献降。希拉既降，哈立德仅用短短数月，即完成征服幼发拉底河下游和中游地区的重任。

不过，并非所有抵抗都已击溃。无论是否已获准，总之哈立德未经一月即再踏征途。由于此役同后来哈立德进兵叙利亚混淆，且或被夸大，确切时段与事件顺序不详。人们对哈立德在攻克希拉后的进兵持怀疑态度，原因主要在于，虽兵员极少，他仍取得赫赫战功。所部似乎只是从耶马迈带来的核心兵力，至多两千，也许更少，余部则留驻希拉，或各返部落家园。因兵力有限，哈立德自希拉进击西北的首战更像威慑其他阿拉伯部落的突袭，而不像协同兵力的征服战。[15]

从希拉出发，哈立德再次沿幼发拉底河而进，最终兵抵安巴

---

① 人丁税，阿拉伯帝国向治下非穆斯林民众所征，或音译"吉兹亚"。

尔。由希拉扎德统领的一支萨珊守军企图抵抗。穆斯林箭雨齐发，633年7月，守军归降，获得优待。哈立德沿今天伊拉克米勒赫湖西岸南下，往攻艾因塔穆尔，633年7月末，于此战败一股阿拉伯基督兵，可能还有少量萨珊边防军。因记载混乱，安巴尔和艾因塔穆尔两场围城战或次序颠倒。据说，攻打艾因塔穆尔时，哈立德接伊亚德来书。后者请援，以袭夺杜玛占达。信中详称，因守军众多，兼之其盟友加萨尼余部增援，伊亚德虽得阿布·伯克尔援兵，仍无力攻下这座沙漠城镇。双方均无法取胜，围城战很快陷入僵局，双方互射箭矢，守军偶尔出击，却少有斗志。

哈立德知道，这座商埠对联络麦地那有重要作用，遂急速南下，去往沙漠边缘。抵达战场后，哈立德认识到，伊亚德所言不虚，守军确乎兵力雄厚，任何破城努力都将付出极高代价。因此，哈立德接手伊亚德所部，加以重新部署，完全封锁城池（令人生疑的是，为何之前伊亚德未如此行动），后撤部队，在离城很远处扎营，以引诱守军再次出战。守军统帅是阿拉伯基督徒，名朱迪·本·拉比耶。他对按兵不动日渐懊恼，这次果然中计。伊亚德打退向南突围的敌军，哈立德率大部击溃朱迪主力的冲锋。此役也可能并非突围战，而是对阵战，而结果别无两样。[16] 守军就刃或遭俘者数以百计。战斗虽未直接导致全城投降，但守军初尝败果，伤亡甚巨，坚持抵抗的心力皆受重创。围城战如何结束不得而知。似乎在633年8月末，穆斯林破城，杀尽余下守军。

与麦地那的联络通道既已打通，哈立德与伊亚德北归希拉。633年9月末，哈立德听闻令人不安的讯息：巴赫曼正在安巴尔附近屯集重兵，其中包括他在乌莱斯之战中的残卒、当地萨珊驻军，以及大量阿拉伯基督兵。哈立德决定，趁敌集结未毕将之击溃，遂以迅速而果决的一贯方式作出反应。少量兵力由伊亚德统领，留守希拉。数日之内，哈立德在艾因塔穆尔重整队伍，人数多达一万五千。他分兵三路,遣其中两路往攻分别在胡赛德与海纳菲斯会合的萨珊军队,第三路作后备,由他亲领,以应对阿拉伯基督兵在沙漠会师反攻。然而,这次大胆行动未能阻止萨珊军队合兵。虽袭取胡赛德获胜,攻打海纳菲斯却协同不力,萨珊军队与阿拉伯部落兵得以会师穆扎耶。

因海纳菲斯之败,对哈立德而言,阻止穆扎耶、萨尼、祖迈尔之敌会合变得更加迫切。为此,他发动夜袭,走出迄今最险一步。哈立德用兵不凡,兼之走运,三路人马分由胡赛德、海纳菲斯和艾因塔穆尔集结而来,神鬼不觉,在离穆扎耶几英里处合兵。随后发生穆扎耶之战,却无异于一场屠杀。波斯—阿拉伯联军大营被包围、攻破。生还者逃往萨尼,哈立德似紧追不舍,633 年 11 月中旬,一如前次,再度出其不意,夜攻敌营。不久,哈立德第三次实施夜袭,在祖迈尔取胜。三战策略相仿,或启人疑窦,不过,虽有夸饰,及至 633 年岁杪,巴赫曼所筹划的波斯—阿拉伯联军反攻似已受挫。

巴赫曼合兵未成而败北,在随后时段,史乘所载哈立德的动向或许最不足信。他溯幼发拉底河继续进兵,在 633 年 12 月末或 634 年 1 月初,对菲拉兹发起进攻。此间地处波斯属美索不达米亚边缘,正对面即罗马边境,被认为是幼发拉底河沿岸最后一座萨珊要塞。彼此相距太近,据称有一支罗马军队与萨珊人马合兵,共战哈立德。因为罗马与波斯边境相邻,且击败库思老后,希拉克略在波斯境内有驻军,罗马人参加菲拉兹之战确有根据。不过,罗马人纵使参战,对阵哈立德的兵力也不可能如记载所言,增至离谱的程度,即十倍于穆斯林兵力。一定有人发问:既然罗马人仍以为这是阿拉伯人对波斯的突袭,为何还要同阿拉伯人打对阵战?故此,认为罗马军队参战纯属杜撰的观点难以全盘否定,不过,因反证不足,也只是怀疑而已。战斗的关键似乎在于,联军须渡幼发拉底河,以迎战穆斯林军队。趁其渡河,哈立德发起攻击,调步兵困敌于河岸,之后遣骑兵攻彼侧翼。罗马—波斯联军甫一过桥,穆斯林军队便将桥夺占,决胜时刻到来。联军几乎四面受敌,最终被击溃。见主要退路已绝,众士卒纷纷跳河,企图逃命,结果却是枉然。

据称,战至难分胜负时,哈立德曾许誓言:若安拉赐予胜利,他将赴麦加朝觐。因此,再次得胜后,哈立德驻守菲拉兹,后命军队返回希拉。他不想引起注意,只携少数随从,秘密南下麦加,前往践誓。哈立德安然返回幼发拉底河流域,虽行事谨慎,以防被人发现,哈里发仍获知消息,遂致信哈立德,斥其举动鲁莽。正当哈立德组织兵力,准备克取卡迪西亚(幼发拉底河以南波斯的最后阵地之一)时,不料又接阿布·伯克尔来书。哈立德一路攻伐,旨在实现伊斯兰对幼发拉底河以南阿拉伯各部落的直接或间接统治,因进兵迅速、行动果决,一向高奏凯歌,而今将被调离,但并非降职。在哈立德沿幼发拉底河一路攻取时,其他穆斯林军队已做好武备,欲进袭另一称霸中东的强大帝国。哈立德将奔赴叙利亚。

穆斯林入侵叙利亚

穆罕默德筹划将阿拉伯人尽皆统一在伊斯兰旗帜下。叙利亚和巴勒斯坦的一些地区因生活有阿拉伯人,起初即成穆斯林军队的袭夺目标。不过,族裔民族主义之外,进兵黎凡特①另有动机。此处是伊斯兰先知易卜拉欣的故土,亦是阿拉伯社会的发祥地,宗教和文化地位重要。耶路撒冷已成犹太与基督两教中心,且由于同易卜

---

① 黎凡特,古地名,指地中海东部地区,大致包括今叙利亚、黎巴嫩、约旦、以色列和巴勒斯坦。

拉欣、苏莱曼①、尔撒等其他伊斯兰先知的渊源而成圣地，如今又将被视为"登霄"②（先知穆罕默德"夜间神奇升天"）之城。[17] 此外，叙利亚和巴勒斯坦两地同阿拉伯世界的商贸交往由来已久。穆罕默德认识到，两地有益于自己的新兴帝国，曾数次造访叙利亚。波斯入侵已致巨大破坏，罗马历经久战已师老兵疲，罗马与加萨尼部落的联盟关系已破裂，因此，一如幼发拉底河流域的情状，进兵叙利亚和巴勒斯坦的最佳时机或已到来。有迹象表明，希拉克略正力图与加萨尼人重归盟好。穆罕默德或为此而担忧，因为以罗马作后盾的强大部落必对穆斯林国家构成重大威胁。故此，迅速进兵叙利亚被认为战略上势在必行，宗教、文化和财政上都将有益。

先知看到时机，甚至在629年9月哈立德指挥穆塔之战挽救穆斯林军队于危难以及630年先知征服麦加之前，已数度发兵突袭叙利亚。632年6月8日，弥留之际的穆罕默德仍在计划再遣乌萨马·本·扎伊德远征。阿布·伯克尔登位后，立即派出这支远征军。乌萨马远征的确切目的不详，但情况或是，因罗马试图重建与加萨尼的同盟，穆罕默德联盟体系的北部地区已开始瓦解。阿布·伯克尔因里达战争获胜而受鼓舞，同时对罗马重修同盟的企图存有戒心，便对罗马帝国边境发起一场更为大胆的远征，一如决定进兵伊拉克南部。

如同穆斯林早期历史的大多数事件，入侵叙利亚和巴勒斯坦的记载甚多，时间却多有冲突。但从中可理出大事概况，将行动分为三个阶段：633年发动入侵，634年复活节前后哈立德到来；愈斗愈勇的穆斯林军队与派来应敌的罗马部队展开对决，最终在636年

---

① 苏莱曼，即《圣经》中的所罗门。
② 据《古兰经》，621年7月27日夜，穆罕默德乘天马布拉克，由天使加百列陪同，自麦加禁寺来至耶路撒冷远寺，马踏登霄石，遨游七重天，见到众先知与真主，当夜返回麦加。

8月的耶尔穆克之战中达到高潮；罗马在叙利亚的军事抵抗被彻底粉碎后的十年间，穆斯林巩固对所占领土的统治，最终确立起罗马与穆斯林的边界。

为实现远征，阿布·伯克尔下令将分由阿姆鲁·本·阿斯、舒拉比尔·本·哈萨纳、阿布·乌拜达·本·贾拉、哈立德·本·赛义德①统领的四支大军合兵一处。但是，对哈立德·本·赛义德的任命似有争议，或至少存在疑虑。他似乎被派往北方，去收附更多阿拉伯部落，却遭遇失利，被迫撤军。或因此故，其兵权被耶齐德·本·阿比·苏夫扬接替。四将及各自兵马基本互不隶属，但可能有一位指挥联合作战的最高统帅。不过，统帅是阿姆鲁、耶齐德，抑或阿布·乌拜达，众说不一。

人们对诸将的去向有更多共识。阿姆鲁受命驰入巴勒斯坦。在前伊斯兰时代他曾到此经商，熟悉该地风土。同时，在罗马属黎凡特地区，巴勒斯坦防御最弱。罗马东境野战军已部署于叙利亚北部与美索不达米亚，巴勒斯坦驻军很可能是非正规阿拉伯部落兵及半专业边防军。况且，这些人马并非汇聚一处已有武备的大型部队，而是一两百人为一小队，分散于各行省，"最适合低强度的被动站岗，或守卫设防坚固的阵地。"[18] 据载，为迎战这些守军，阿布·乌拜达、舒拉比尔与耶齐德各勒兵七千，而阿姆鲁仅带三千士卒，这与他说近似，即援军到后，穆斯林总兵力为两万四千。[19]

633年暮秋，阿姆鲁离开麦地那，走红海岸边商路，跨过今沙特阿拉伯边境，进抵亚喀巴湾前端附近的约旦境内。他自此穿越内盖夫沙漠，向加沙进发，行军路线或类似于今天以色列与埃及边

---

① 哈立德·本·赛义德，曾做穆罕默德文书，未宣誓效忠阿布·伯克尔，在634或635年与罗马军队作战时阵亡。书中涉及三位穆斯林将领，其名同为哈立德：哈立德·本·瓦利德，哈立德·本·赛义德，哈立德·本·阿尔法塔。

界。阿姆鲁走出瀚海，靠近达钦和巴丹的村庄，同当地罗马首领，可能是加沙驻军指挥有过谈判。阿姆鲁究竟有何谈判意图，我们只能推想，但这位罗马将领定会以为，阿姆鲁不过又是阿拉伯劫掠者而已。不出所料，谈判无果而终。634年2月，阿姆鲁纵队与当地罗马守军爆发战事，史称达钦之战。[20] 穆斯林的最终获胜提醒罗马人，"劫掠者"的潜在战力不容小觑。而穆斯林并未止步于此。阿姆鲁的更大目标似乎是，要在死海和亚喀巴湾之间建立作战基地。

另三位穆斯林统帅在加利利海、约旦河与死海以东征战。尽管靠近集结于叙利亚北部和美索不达米亚规模更大的罗马军队，但想必与阿姆鲁类似，阿布·乌拜达、舒拉比尔和耶齐德所遇同样是分散的小股守军。这些守军习惯于防御固定阵地，而不擅长追赶高度机动的突袭者。[21] 阿布·乌拜达在大马士革以南的戈兰高地积极作战，或威胁到加萨尼首都贾比亚。据说，他还带兵攻克阿雷奥波利斯（亦称迈阿布）。[22] 这是穆斯林军队占领的首座罗马城邑。耶齐德似乎在死海以东和东北部的拜勒加地区征战。他从该处遣阿布·乌马马引一支别军，横渡约旦河，先后在阿拉巴和代比耶，将塞尔吉乌斯统领的约五千罗马兵打得溃不成军。[23] 不过，整件事鲜为人知，且两地具体位置不详，故此战的重要性不应高估。舒拉比尔曾领兵在耶马迈作战，不久前又被派去增援过乌萨马·本·扎伊德，此次被调或只是作为阿布·乌拜达和耶齐德的后备力量，并为监视刚又归降麦地那的阿拉伯部落。然而，舒拉比尔率军抵达死海以东后，史乘对其再无记载。因缺乏依据，无以评断他在入侵叙利亚初期的作用。

关于初期战事，细节不详，时序混乱。虽然阿布·乌拜达曾攻取阿雷奥波利斯，但似乎四支队伍未将兵锋指向大型城镇或农业产区，而是始终不离沙漠边缘。此间，"讲阿拉伯语的游牧和半游牧部落占人口主体。"[24] 既然穆斯林不曾进攻罗马要地，则下述疑问可得解释：何以两万四千外敌入寇国境，罗马史籍却几乎只字未提；何以驻守美索不达米亚和叙利亚北部的野战军未及早行动，前去赴敌。四路人马经初期行动，已在罗马边境及周围襟要成功立足，而又未招致罗马帝国的过多反应，阿布·伯克尔看到大获收益的契机。不过，在派遣这些军队进袭叙利亚和巴勒斯坦的中心城市之前，哈里发认为他们需要增援。是因为兵力不济，抑或因为缺少老练善战的将领，以指挥对罗马人作战，我们无法确知。而不论是何缘故，634年岁初，阿布·伯克尔派人延请哈立德·本·瓦利德。

时序错置，哈立德兵抵叙利亚

一俟接到阿布·伯克尔命其前往叙利亚的敕令，哈立德即刻启程，随行五百到八百人，约是他初从耶马迈带至伊拉克的半数兵力。不过，关于出发地和行军路线，众说纷纭。有记载称，阿姆鲁、舒拉比尔、阿布·乌拜达与耶齐德的军队离开麦地那仅一个月，哈立德即从伊拉克启程。阿布·伯克尔或早有派哈立德去叙利亚之意，而更合理的解释则是，一些阿拉伯史料将叙利亚战事的时间延后数月。有史籍称，菲拉兹之战后，哈立德立即取道沙漠商都巴尔米拉，径往叙利亚。另有史料称，他自杜玛占达出发，经萨布比亚尔和该地水源，穿过沙漠。或许最令人信服的说法是，哈立德在希拉受命，随即返回艾因塔穆尔，后穿越沙漠挺进西北，去往巴尔米拉附近，最终抵达大马士革东北。

为省时间，哈立德似已选走险路：不沿幼发拉底河北进，或走商道经杜玛占达南下，而是穿越叙利亚沙漠尤为干旱的地带（被认为在古拉吉尔与苏瓦之间）。然而，行期六天，纵队带的水不够所有人马饮用。哈立德采纳泰伊部落成员拉菲·本·阿姆鲁的建言，难题得解：强迫约二十头骆驼大量饮水，封紧驼口，阻其进食或反刍,以免水被弄脏。穿行沙漠需要水时,则宰杀骆驼,自驼胃取水。此为哈立德较出名的一项策略。[25]

不过,该做法亦无从确知。哈立德抵达叙利亚战场后,史载事件变得时序混乱,几乎无法理清。即使后世阿拉伯史家曾试图理出头绪,也以失败告终,对穆斯林进攻叙利亚城镇、罗马如何反应、穆斯林击溃罗马抵抗,未能给出连贯事序。既然罗马人与穆斯林已爆发直接冲突,罗马史籍本应更密切关注巴勒斯坦和叙利亚的军情,提供条理更清晰的记载才是。然而,狄奥法内斯、尼西比斯的以利亚①,以及叙利亚人米海尔②的现存记载均未提供所期望的内容。其著述语焉不详,这也许表明,多个世纪以来,罗马人的修史传统已普遍衰颓,或者这是数十年兵戈所致。他们便只好借用阿拉伯人同样自相矛盾的史籍。不过,人们最常有的共识是,大战始于波斯特拉之围,继而是阿吉纳丹之役,后佩拉、大马士革、巴勒贝克、埃梅萨相继被克,最终是耶尔穆克之战及战后余波。[26]

且不论行军路线如何,哈立德似在苏瓦走出沙漠,通过巴尔米拉后,可能在迈尔季拉希特,趁加萨尼人庆祝节日(大概是634年4月24日的复活节)之际,将其击败。他突然现身大马士革东北,似将罗马人的防线击垮。该防线为抵御其他阿拉伯兵力而先有或临建。但记载过甚其词,令人误解,因为黎凡特地区的罗马军队看似几乎是拼凑而成,不具该有的组织架构。击溃加萨尼人之后,哈立德南下波斯特拉,去同阿布·乌拜达、舒拉比尔和耶齐德会师。

---

① 尼西比斯的以利亚(975—1046),曾任尼西比斯大主教,被称为十一世纪阿拉伯语最重要的基督教作家,所著《编年史》是记录萨珊波斯历史的重要典籍。
② 叙利亚人米海尔(约1126—1199),曾任叙利亚东正教牧首,所著《编年史》用叙利亚语写成,是中世纪最长的编年史。

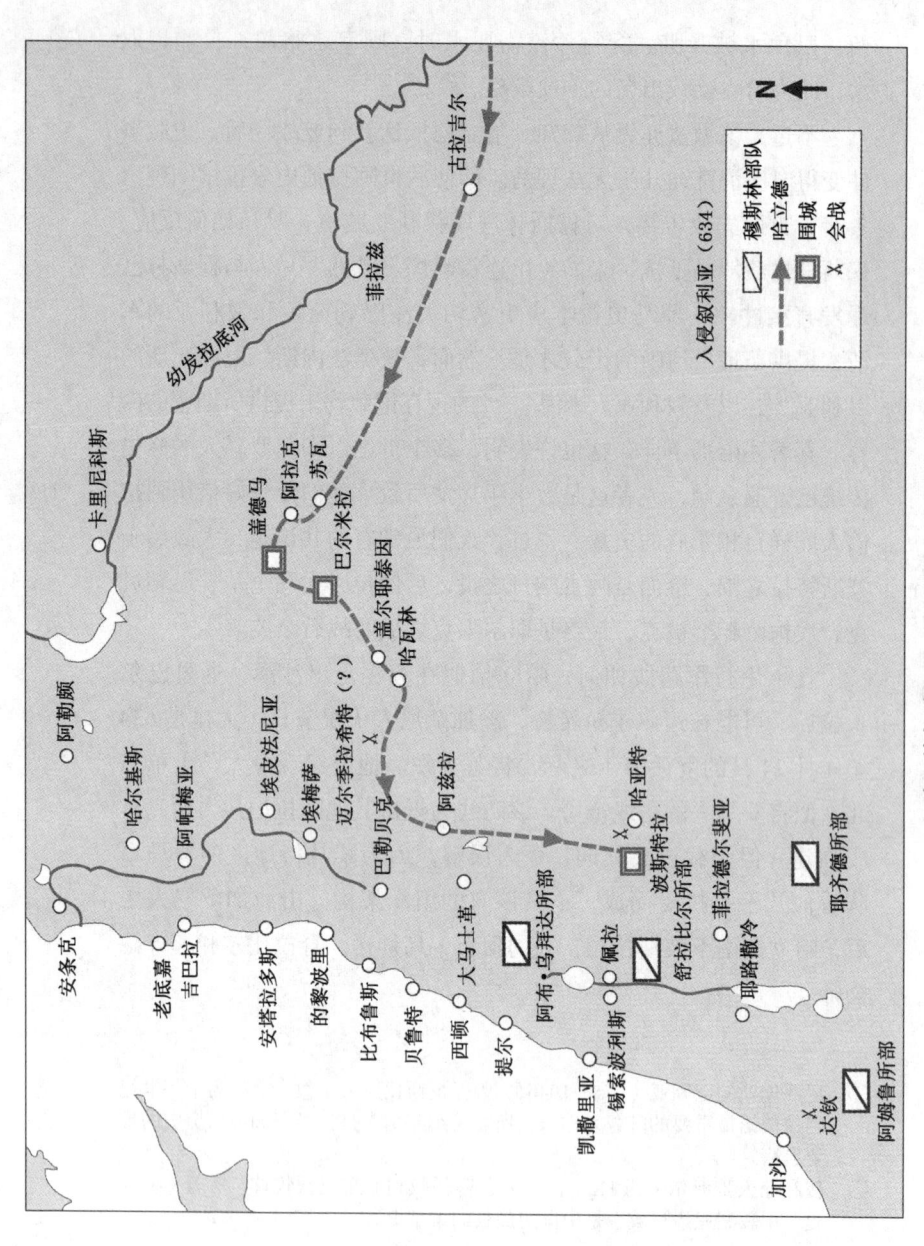

哈立德与穆斯林入侵叙利亚（634）

据信，为抢功、先哈立德拿下波斯特拉，阿布·乌拜达和舒拉比尔发起攻城，反败于守军。待哈立德，也许还有耶齐德到后，战局始得扭转。次日再战，合兵的穆斯林军队打得守军龟缩至城墙背后。634年7月中旬，该城投降，同意缴纳人丁税。

关于波斯特拉被破，另有说法更为生动。穆斯林攻城前，罗马将领罗曼努斯向哈立德投下战书，要与之单挑。哈立德勇武过人，声名日显，遂欣然答允。不期在交手前，两人先有一番宗教辩论。罗曼努斯就伊斯兰教发问，随后宣誓，承认安拉是唯一真主、穆罕默德为先知。而后，由罗曼努斯引导，阿布·伯克尔之子阿卜杜勒-拉赫曼率一支阿拉伯别军，穿行地道，绕过城防。潜入者向穆斯林围城部队打开城门，城池速破。该罗马将领之名① 令人想到讲故事惯用的象征手法，暗示罗马人屈从于穆斯林信仰，故此说或不足为信。

阿吉纳丹之战

穆斯林虽在634年7月中旬攻克波斯特拉，却无太多余暇庆祝胜利。舒拉比尔所派密探回报，在耶路撒冷东南约四十公里处的阿吉纳丹附近，罗马人正集结重兵。希拉克略似已亲临埃梅萨。起初，他的到来或出于行政和宗教目的，但他很快成为战略掌舵人，"运筹指挥，……参与外交谈判"。[27] 不过，虽有皇帝坐镇，且罗马统帅或是其弟狄奥多尔，屯守阿吉纳丹的罗马兵力仍被史籍严重夸大。[28] 现代史家对军队规模重新评估，结论是，兵力并未过万，中坚是亚美尼亚人，由亚美尼亚将军瓦尔丹统领。[29] 相比之下，哈立德、阿布·乌拜达、舒拉比尔、耶齐德、阿姆鲁的总兵力或达一万五千。

---

① 在拉丁文中，"罗曼努斯"（Romanus）意即"罗马人"。

在阿吉纳丹，罗马人或发现敌军势众。由此可见，罗马兵力已何其不堪，同时他们对穆斯林的威胁估计不足，认为后者与其祖祖辈辈一样，又是突袭而已。然而，未等狄奥多尔集结更多兵力，穆斯林将领即发起攻击，这非同小可。

罗马与穆斯林的首度鏖兵似是恶战。双方巧施诈谋，将士英勇拼杀，对此多有记载，而穆斯林兵力似乎占优，且穆斯林最高统帅（哈立德或阿姆鲁，对此说法不一）能利用该优势克敌。为此，穆斯林军队似分三大阵营，还有三支较小的策应分队，一支由耶齐德率领做后备，另两支护卫两翼。狄奥多尔的布阵方式或与敌相类。战斗之初，罗马的远程射手试图损敌兵员，或乱其阵脚。随后是几场单挑，再后，穆斯林军队发起总攻，双方战斗惨烈，至暮输赢未显。翌日激战如昨，瓦尔丹殒命。穆斯林侧卫加入战团，罗马军队仍未溃败。耶齐德的后备分队参战后，人数优势方见效果，狄奥多尔所部开始崩溃。罗马残兵分作三股，分别逃往加沙、雅法和耶路撒冷，而阿拉伯军队狠命追击，众多敌兵受刃。

该罗马军队虽非最为精锐，但兵败阿吉纳丹的后果却不可低估。哈立德从幼发拉底河河畔起兵，穿越沙漠，攻下波斯特拉，重创罗马人匆遽建起的边防线，而此役战胜狄奥多尔，遂重挫整个罗马东境的防御。狄奥多尔和希拉克略自埃梅萨退走，回撤至叙利亚北部。穆斯林军队因而横行无忌，肆意攻袭。被弃之不顾后，罗马军民逃"向巴勒斯坦和叙利亚看似安全的有墙城镇"。[30] 罗马人想到如此避敌可以理解，因为这在以往行得通，且这些城镇和堡垒设防坚固，若守御充足，几无理由认为抵不住阿拉伯人的任何进攻。在罗马乡间和毫无防御的小型城邑抢掠已足，突袭者便会归乡。

若在当初，这不失为良策。而在630年代，结果将是一场灾难。罗马人将穆斯林军队等同于往常的阿拉伯袭掠者，殊不知伊斯兰教已灌输团结精神、决心和毅力。罗马守军躲在城墙背后，各自为战,进攻手段有限、尽在敌方预料之中,战力大打折扣。一旦穆斯林凭外交或封锁攻克这些堡垒,罗马的防御阵地即告瓦解。

阿吉纳丹之败也使帝国最重要的政治、宗教与个人问题愈加凸显。狄奥多尔虽逃过一死,但历经此战,其军旅生涯开始走向终结。他返回埃梅萨面君。因其败北,并指责希拉克略迎娶外甥女玛蒂娜,弟兄似乎失和。据载,狄奥多尔如是评价兄长:"其罪孽永在其面前。"[31] 盛怒之下,希拉克略将兄弟削职,命其回君士坦丁堡,令瓦汉和狄奥多尔·特里图里奥斯取而代之。狄奥多尔何时动身无从确知。史料显示,他曾在636年参加罗马反攻,克复埃梅萨和大马士革,但后被解职,归返君士坦丁堡,遭玛蒂娜囚禁、折辱。

因狄奥多尔公开蒙辱,君士坦丁堡的军方高层密谋推翻希拉克略、玛蒂娜、希拉克略·君士坦丁以及赫拉克洛纳斯的统治。密谋的最重要成员是亚美尼亚高级将领,如大卫·萨哈鲁尼和瓦拉兹提罗茨,以及执事长官狄奥多尔。后者是皇侄,即受辱的狄奥多尔之子。他们计划经政治施压或更为现实的流血事件,逼希拉克略退位,而代之以他的私生子约翰·阿撒拉里科斯。后者曾在阿瓦尔汗国为质,显然此时已回。不料,计划未施,密谋者却被其名不详的廷官出首,尽遭缉拿。

对谋害希拉克略及家人一事,瓦拉兹提罗茨也许仅是知情,似乎缄口不言,受到从轻发落,徙阿非利加。[32] 阿撒拉里科斯与狄奥多尔也免于一死,被判流刑,但身为皇室成员,他们是潜在威胁,故此先遭政治肉刑。这种毁容、致残之刑或始于希拉克略及其充满宗教色彩的当政期,意在使人再无可能承继大统。皇帝被日益视为上帝的世俗代表,身无伤残几乎是头等要事。阿撒拉里科斯与狄奥多尔是以遭断手劓鼻。前者见逐马尔马拉海普林基波岛,后者被徙高多梅莱特(可能是晚期罗马对马耳他群岛的称呼)。押送后者的解差得希拉克略明示：到后断其一腿。[33]

  政变虽败，毕竟曾有密谋，或已动摇人心。娶玛蒂娜属乱伦，希拉克略已是不洁之人。这一指控必严重伤害七世纪罗马帝国日渐浓厚的宗教情感。阿撒拉里科斯蓄谋夺权，希拉克略曾倚重的皇室成员背叛自己，东境的军事危机日益恶化。人们渐趋认为，此乃皇帝因再娶之罪所受天谴。这场谋逆也暴露出希拉克略的军力之弱。大卫·萨哈鲁尼越狱出逃，回到亚美尼亚人中间。皇帝竟无军力将其缉捕。自希拉克略战败波斯、奏凯还朝仅过六载，而今634年已逝，帝国军况和政局似与萨珊同样不堪，日后还将远甚当前。

第7章 穆斯林战兽肆虐（636）

> 天可怜见！（希拉克略）看到，帝国将毁于行割礼①的异族之手。
>
> 弗雷德加《编年史》，第65页

阿布·伯克尔辞世，欧麦尔继位，大马士革失守

据称，阿吉纳丹之战后，罗马人破坏河津甚至河岸，水淹约旦河流域大部，企图阻挡穆斯林兵锋，却几无效果，穆斯林突进如常。的确，他们似撤回约旦河以东，但显然在追袭罗马残兵，或许也意在防止交通线延伸过长。继而穆斯林将兵锋指向佩拉与斯基托波利斯。两城亦称法赫尔、伯珊，彼此几乎隔约旦河正对。在佩拉城外，哈立德再克敌军，围城约四月之久，最终纳降。似乎兵不血刃，斯基托波利斯即落入阿姆鲁和舒拉比尔之手。有关阿吉纳丹之战及随后约旦河流域战事的确切时间存有争议。有人认为阿吉纳丹之战直到635年1月才发生，而更为可信的时间是634年7月底。人们通常更认可这一较早日期，因为"普遍认为，时值阿布·伯克尔执政的最后数月，他在临终时获悉穆斯林捷报"。[1]

634年8月初，阿布·伯克尔受寒病倒，而据称，这是一年前中毒的后遗症②。他自知寿限将尽，恐重现内斗，一如当初先知归真后留下的阴霾，经与谋士和臣属充分协商，决定亲命继承者，最终选定欧麦尔·本·哈塔卜。阿布·伯克尔宣布完决定，立下遗

嘱，于634年8月23日（星期一）离世，葬于穆罕默德墓旁。尽管毁谤者称，其哈里发之位篡自阿里，但他曾是穆罕默德极重要的早期拥护者和谋士。无论以何种手段掌权，其拓土之功都难以否定。阿布·伯克尔依靠先知奠定的宗教、社会和政治根基，在位两年稍多，却让哈里发政权从阿拉伯半岛联盟中脱颖而出，迅速崛起为横跨阿拉伯的国家，足以抗衡并力挫古代世界两个最强大的帝国。

欧麦尔最初不得人心，受人惧怕而非爱戴，与阿布·伯克尔一样有争议。反对者认为，应由阿里继承哈里发之位。不过，新任哈里发很快表现出演说家的天赋与政治家的精明，释放了里达战争所俘众多奴隶，赢得贫者和贝都因人的广泛拥护。此外，他将争议土地让与阿里，试图弥合同对方的裂痕。通常以为，欧麦尔继位后不再军事扩张，转而巩固所占土地。然而，这或许仅仅因为他继位时，正值阿吉纳丹之战后的间歇期。欧麦尔当政期间，非但战伐不止，且几乎四面出击，加速征进。不过，欧麦尔完成的最重大任务或许是解决了疆域日广的哈里发政权不断增多的治理需求，将政治与管理体系用于阿拉伯领土。及至644年欧麦尔离世，阿拉伯疆域西起今利比亚，东及印度河流域，南自亚丁湾，北达阿姆河[③]与高加索山脉。

欧麦尔虽对阿拉伯哈里发政权的组织结构有长期的积极影响，他最初的一项决定却令人费解。正当穆斯林的合兵之师挺进

---

① 按伊斯兰教规，穆斯林男孩须施行割礼。相传，这是安拉对先知易卜拉欣男性后裔的要求。
② 关于阿布·伯克尔的死因，说法有二：其一是，一年前食物被投毒，殁于中毒后遗症；其二是，沐浴受寒，最终不治。
③ 阿姆河，流经塔吉克斯坦、阿富汗、乌兹别克斯坦、土库曼斯坦四国，全长两千五百公里，为中亚流量最大的河流，《史记》称妫水，隋唐称乌浒水。

大马士革时，有消息称，哈立德将被褫革最高兵权（倘若他确是统帅），由阿布·乌拜达接任。不知此举是因为欧麦尔与哈立德之间存在家族恩怨（两人是表亲），抑或是因为欧麦尔担心哈立德的军事才能在削弱伊斯兰影响力。也有说法称，直到攻占大马士革后，阿布·乌拜达始将移交兵权的命令告知哈立德，原因也许是他欲揽胜利之功，或是他清楚哈立德的能力。无论何故，哈立德已再无指挥阿布·乌拜达、阿姆鲁、耶齐德和舒拉比尔的权柄。

不过，穆斯林的毁灭力量未受影响。罗马残兵撤向大马士革，穆斯林军队紧追不舍。在大马士革以南迈尔季苏法尔平原，或有过血战。哈立德再胜，但代价高昂，损兵多达四千。而对此战时间，说法差异巨大，甚至有人称，此战可能与阿吉纳丹之战混为一谈，故此，迈尔季苏法尔之战或许并非发生在大马士革之战前夕，甚至从未发生过。大马士革守军避而不战，该城被团团包围，哈立德、舒拉比尔、耶齐德和阿布·乌拜达所率穆斯林各部在每座城门对面严阵以待。同时，穆斯林另派阿布·达尔达引一支分遣队，驻守到附近的拜尔宰村。这支外围驻军规模虽小，作用却大：当罗马援兵从埃梅萨抵近时，其为大马士革的围城部队提供了预警。穆斯林将领遂得以派兵拦截，最终在大马士革以北欧加卜山口将其击溃。

围城战似持续至少四个月，也许更久，直到635年8月末或9月初才结束。当时，大马士革守军已精疲力竭，又因希拉克略未遣援兵而士气低落，遂向一名穆斯林将领开城投降。不过，参与谈判的是哈立德、阿布·乌拜达、耶齐德诸将中的哪位，史籍再次莫衷一是。与此同时，另一将领破城而入，致情况愈加复杂。且不论两将是谁，他们在城中心相遇，同意视大马士革为和平归降的城市。

罗马人的耶尔穆克之劫

耶齐德留守大马士革，在635年最后数月，哈立德、阿布·乌拜达与舒拉比尔麾军北上，先夺巴勒贝克，后取埃梅萨，而不久前希拉克略刚撤离该城。叙利亚的主要城市沦陷之快定然令希拉克略震惊不已，最终或让皇帝认识到，所面对的阿拉伯人威胁之大远非传统的袭掠者可比。兵败达钦可轻易说成小战，阿吉纳丹沦陷可归因为穆斯林进击迅速、人数占优，但大马士革、巴勒贝克和埃梅萨的失守却难以解释。

既有此认识，希拉克略及诸将便着手广募兵员，以期给穆斯林致命一击。果如所料，瓦汉和狄奥多尔·特里图里奥斯麾下兵力被夸大为二十五万乃至更多，着实令人难以置信。[2] 东境通常驻有两万野战军，在波斯战争结束与阿拉伯人入侵的间歇，罗马人欲恢复以往兵力已足够困难，遑论在短短数月募集二三十万。

东部野战军的剩余兵力，安条克、哈尔基斯、阿勒颇、美索不达米亚和埃梅萨的新兵分遣队，加之阿吉纳丹、佩拉与大马士革的败卒，以及亚美尼亚人、加萨尼人，甚至一些斯拉夫人的盟军，人数或近四万。然而在630年代，即便是这等规模的兵力恐怕也非希拉克略之所能及。当初与波斯人交战时，皇帝尚招募不到如此兵力，此时军队已缩编而要抗击穆斯林，又何以做到？因此，估计罗马兵力在一万五千至四万之间（更接近前者）或更合理。[3]

在史籍中，较之罗马兵力，围攻耶尔穆克的穆斯林联军数量远没有如此夸张。众多原始资料与二手资料均称人数在两万四千左右。[4] 也有记载称，在战斗期间，穆斯林援兵接踵而至，总数或达六千。[5] 由此可见，即使考虑误差，罗马人数或确占一定优势，在耶尔穆克，双方也远非通常所想，兵力并不悬殊。

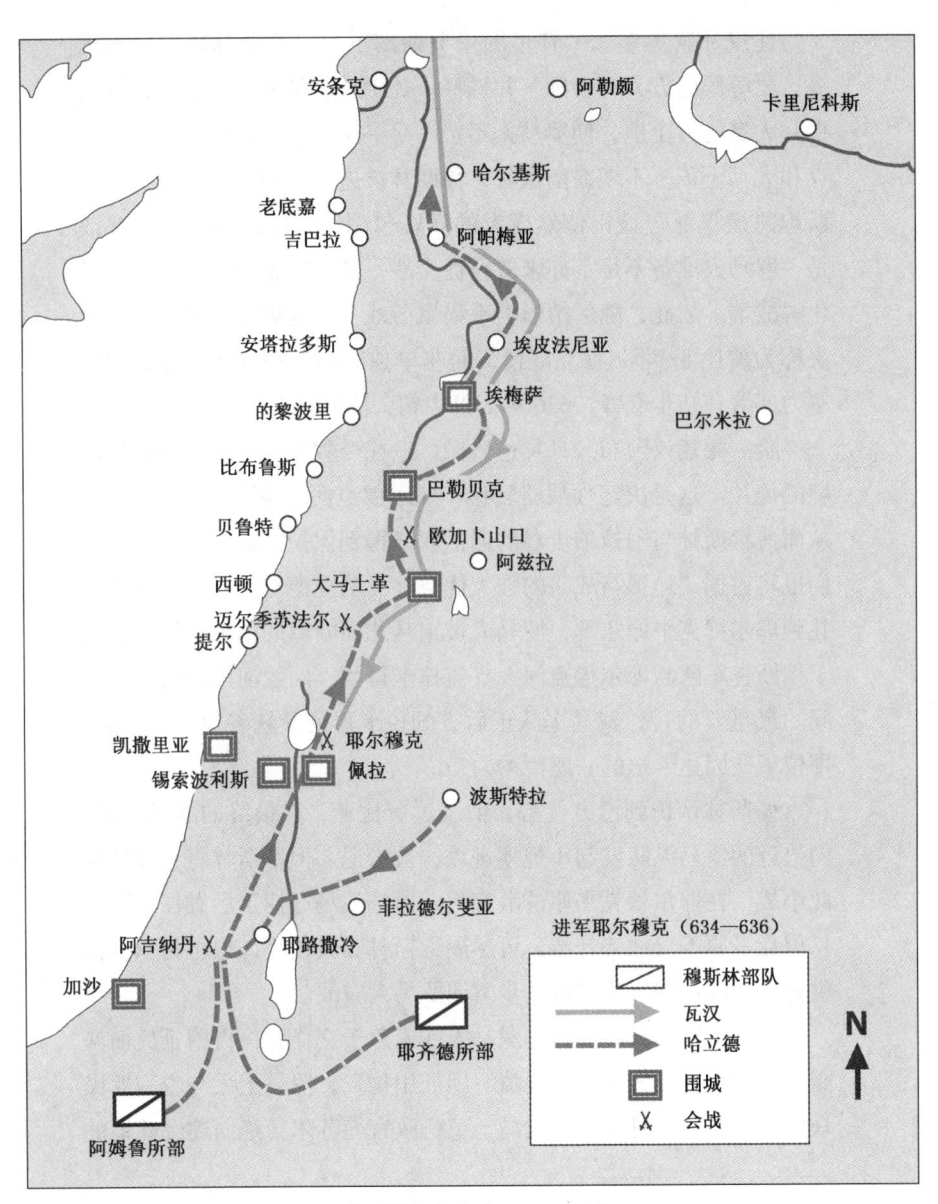

进军耶尔穆克（634—636）

瓦汉和狄奥多尔·特里图里奥斯南下时，穆斯林决定暂不出战，要等候已方人马会师，并选择一处更有利的战场。故此，他们捐弃大量已占土地，使罗马人不费一兵一卒，重夺埃梅萨、巴勒贝克和大马士革。不期在南撤时，穆斯林被进兵中的罗马军队及巴勒斯坦凯撒里亚等城市依然庞大的守军包围，处境危殆。而情况或是，罗马人准备不足，亦未敢仓促交战，甚至还希冀凭外交和计谋化解战端。故此，随后情形类乎猫鼠游戏。有些史家遂将最终的对决称为贾比亚-耶尔穆克战役，而非单独的耶尔穆克之战。经数周军力部署和初步交锋，636年8月中旬，决战爆发。

哈立德建议阿布·乌拜达后撤，退往今叙利亚西南、临约旦边境的德拉。这是决定性战略转移。耶尔穆克河[①]阻挡住罗马侧攻，从而使穆斯林与阿拉伯半岛的通信联络得到保护，且一旦有战，他们也将占据"地形与战略的强大优势"。[6]哈立德与阿布·乌拜达驻扎到耶尔穆克平原东部，罗马人被迫从北面崎岖的山地靠近，置身于穆斯林军队与耶尔穆克河及支流拉卡得河、阿兰河周围的沟谷之间。最重要的是，罗马军队正后方的拉卡得河及峡谷仅一处可渡，即位于艾因达卡尔的一座桥梁。

穆斯林认识到己方优势，似绕过贾比亚，在最终的战场以北，向迫近的罗马纵队发起小规模进攻，被击退。但穆斯林将领或欲经此小战，在耶尔穆克平原诱敌交兵。所选战场亦便于后勤保障。耶尔穆克平原不仅地势开阔，可尽展穆斯林骑兵优势，也可为双方提供充足的牧草和水源，进一步引诱罗马人应战。

为使穆斯林自乱阵脚，罗马人或未急于交锋，一再稽延反而暴露并加深了己方将领间的裂隙。因征用物资，罗马士兵与叙利亚民众发生矛盾。官复原职的大马士革行政官曼苏尔拒绝向途经此地的

---

① 耶尔穆克河，约旦河最大支流，发源于叙利亚西南部。

瓦汉提供军需。而最大分歧出现在罗马将领之间。瓦汉已被希拉克略任命为最高统帅,但军中语言不一,紧张关系似因此而生。瓦汉和特里图里奥斯互不信任,因未被授予最高统帅之职,后者或心怀怨怼。两名罗马将军乔治和布奇纳特似乎也出现军阶之争。[7] 四位高级将领因私怨而失和的同时,加萨尼统帅贾巴拉及所部似被冷落,虽深谙对手穆斯林,却无权参与军情决策,甚至不能参加大多数战斗。[8]

如此内斗不单影响到罗马军队的战力,抑或在战前数周妨碍到瓦汉与属将的战略判断。为维护个人地位和部伍团结,或几乎迫于无奈,瓦汉断然挥师耶尔穆克平原,尽管他将身处耶尔穆克与拉卡得两河峡谷之间,战略位置于己不利。当然,战斗落败,军队方有危险。虽在达钦、阿吉纳丹、佩拉和大马士革累遭败绩,再败之危罗马人仍不知预防。至于穆斯林军方高层,则已做重大决策。战斗前夕在穆斯林将领的会议上,阿布·乌拜达将最高指挥权让与哈立德。不知是阿布·乌拜达屈从于属下的多数意见,抑或是真心认为哈立德更适合指挥即将到来的交锋。

636年8月15日,两军最终对阵于耶尔穆克平原。双方的初期部署彼此相类:主力步兵分左翼、左中、右中、右翼四队,骑兵做策应。罗马军队右翼由乔治统领,大概部署于耶尔穆克峡谷以北一英里处。左中、右中战队很可能是瓦汉与狄奥多尔·特里图里奥斯所部,而左翼由布奇纳特率领,似将暴露于开阔的平原中央而处境危险。为发挥步兵的人数优势,罗马战线似由北向南延伸出十三公里。四队各有骑兵策应,同时,瓦汉似乎引一支庞大的预备骑兵殿后,或许是为守卫罗马大营和那座至关重要的桥梁(位于艾因达卡尔的拉卡得河之上)。加萨尼骑兵似乎也得到调遣,以保护罗马军队后方、桥梁和游散部队。

穆斯林军队的部署与敌方类似,以防被长长的罗马战线包抄。

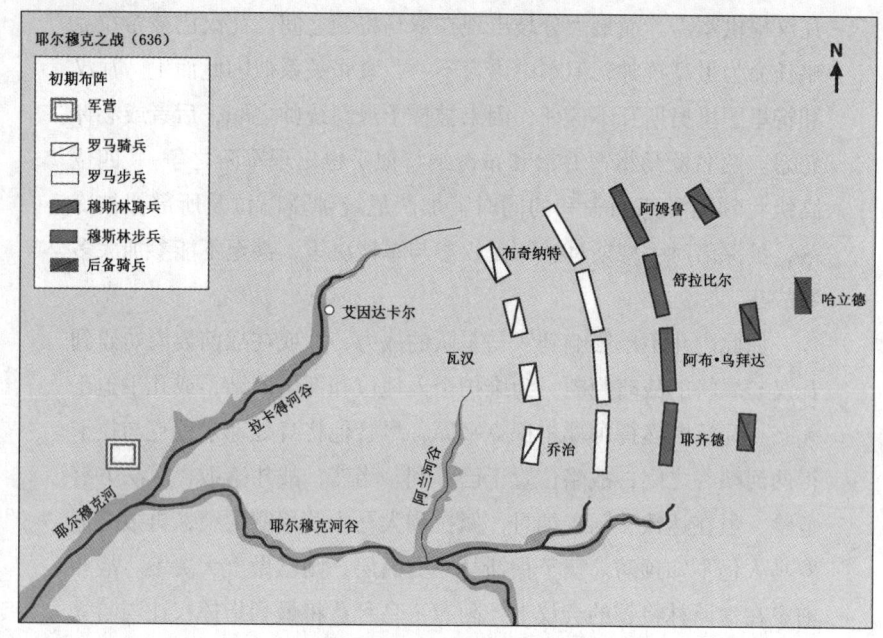

耶尔穆克之战（636）：布阵

耶齐德引兵做穆斯林左翼，与乔治对阵；阿布·乌拜达、舒拉比尔分领左中、右中战队；与布奇纳特对阵的右翼归阿姆鲁指挥。此前，他从巴勒斯坦北进，与撤自大马士革的穆斯林军队会合。穆斯林左右两翼各有一支骑兵策应，另一支骑兵居中策应阿布·乌拜达与舒拉比尔。同瓦汉相似，哈立德率穆斯林骑兵主力殿后接援。值得一提的是，尽管初期部署似有条不紊，但由于多支部队相距遥远，耶尔穆克之战更像是一系列几乎孤立的战斗。在总体战略方案下，各将领独立指挥。[9]

636 年 8 月 15 日，第一天

破晓时分，两军相距一英里，开始一对一单挑。这已是穆斯林的常用战术,既为鼓舞己方斗志,打击对手士气,亦可在开战前尽量多斩敌将。穆斯林军队有一群穆巴里津,即受过专训的决斗战士,他们赢得多数对决不足为奇。时至正午,瓦汉对战前决斗感到厌倦,又恐再失将官,遂下令沿整条前线发动试探攻击,以判知穆斯林步兵实力。如此广泛的正面进攻本可迅速暴露出穆斯林战线的弱点,瓦汉却似乎仅投入三分之一步卒,穆斯林老兵即可应对。这场烈度较低的战斗持续半天有余。虽有一些小高潮,但直到日落休战,双方均无进展。

636年8月16日,第二天

翌日,为消灭敌军,瓦汉令部队更加勠力而战。左中、右中战队牢牢困住穆斯林中军,瓦汉命乔治和布奇纳特分率左右翼战队发起猛攻,逼退敌军两翼。为挽回战局,耶齐德与阿姆鲁被迫投入骑兵。然而,穆斯林两翼虽有增援,仍难抵罗马人强攻,开始溃败。有种说法广为流传:穆斯林女眷介入,痛斥回营士兵[①],直到此时,两翼才免于彻底崩解。败退的穆斯林步骑受此奚落,知耻而后勇,重整旗鼓,再入各自战团,穆斯林战力得以及时加强。

而在耶尔穆克之战的次日,真正挽救穆斯林军队者却是哈立德,他再度证明自己善用骑兵。哈立德意识到,罗马军队右翼虽在节节逼退耶齐德所部,却因盾牌相扣而行进迟缓,遂指挥后备骑兵,去增援处境更难的穆斯林北面侧翼。彼处,布奇纳特的进攻或许是过于成功了,可谓凶猛异常,逼得穆斯林右翼直接朝大营回撤,而非向内塌缩,结果反而使得穆斯林军队免于被围。在布奇纳特和罗马全军看来,这或许无害,但遇有精明果决如哈立德者,就

[①] 在阿拉伯帝国早期,女人地位较高,常随军出征,甚至参战。在耶尔穆克之役中,有穆斯林士兵调侃道:"我们怕的是夫人,不是敌人!"

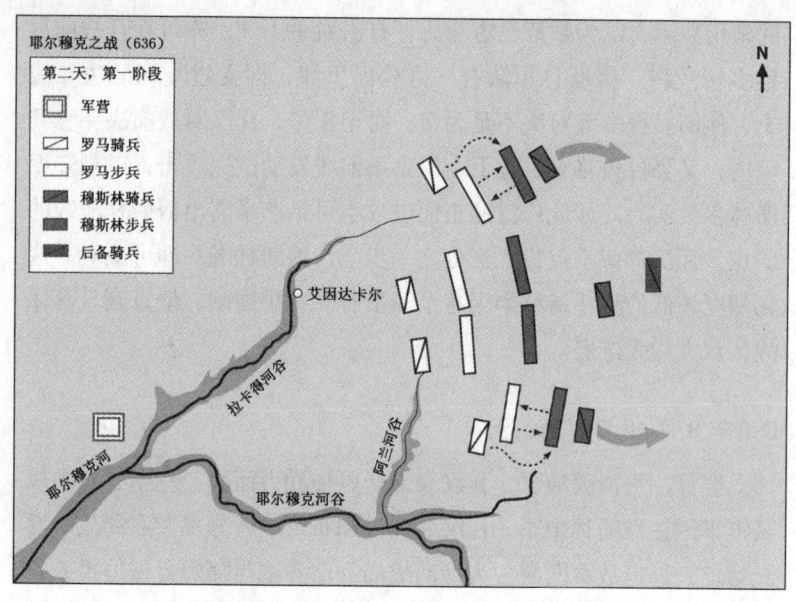

耶尔穆克之战（636）：第二天，第一阶段

整体战局而言，情势迅速变得不利于罗马一方。布奇纳特急于追袭退却的穆斯林右翼，同保护自己右翼的罗马左中战队失联，致所部暴露于危险之中。

哈立德见到敌方弱点，遂集结穆斯林步兵，并派遣阿姆鲁引骑兵绕过穆斯林军队北侧，往攻布奇纳特左翼。与此同时，哈立德带后备骑兵杀入罗马左翼和左中战队之间的缺口。三面同时出击，先是阻住布奇纳特的兵锋，而后将之逼退。受此胜鼓舞，穆斯林中路由阿布·乌拜达和舒拉比尔率领，发起反攻，击退罗马中路，在罗马右中战队与乔治正在进击的右翼之间也撕开一道裂口，哈立德再引后备骑兵杀入。右侧遭耶齐德骑兵攻击，乔治与布奇纳特一样，三面受敌，被迫撤回已方阵地。尽管苦战竟日，侧翼有多处被罗马军队突破，但哈立德发起攻击，以挽颓势，战线大致恢复到当日开

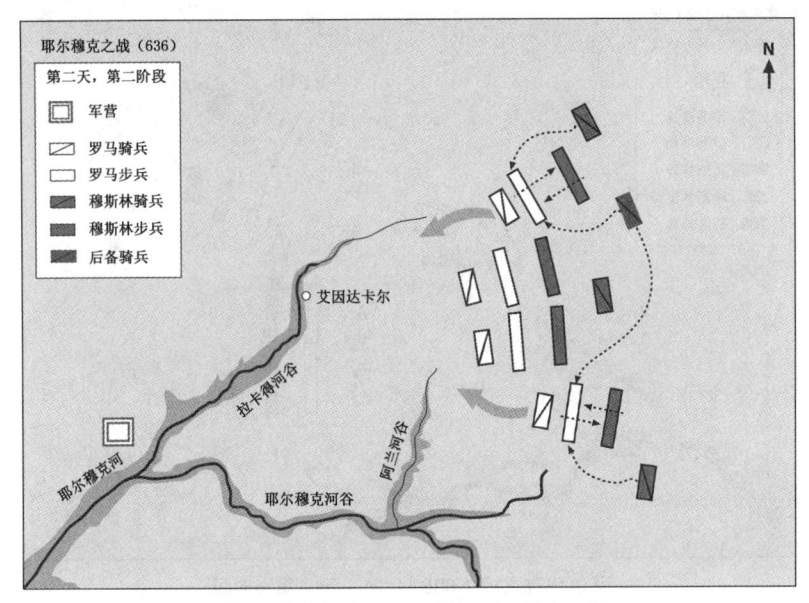

耶尔穆克之战（636）：第二天，第二阶段

战时。瓦汉宏大的进攻计划宣告失败，罗马人似乎信心大减，而穆斯林成功击退如此猛烈的进攻，更兼统帅临危不乱，士气因之高涨。

636 年 8 月 17 日，第三天

哈立德的骑兵反攻得手，似乎令瓦汉惊慌失措。他与部将竟然忘记，初战时己方计划曾获成功。在乔治，尤其是布奇纳特的猛攻之下，穆斯林侧翼溃败。若侧翼和中路加强协同，发起类似攻击，不予哈立德可乘之隙，罗马人则大有可能占据上风。然而第三天，瓦汉专攻穆斯林右翼，在战场南端，乔治与耶齐德之间却几无战事。罗马右中战队牵制住阿布·乌拜达所部，而罗马左中战队和布奇纳特左翼加强协同，分进合击。不料有如昨日，当布奇纳特和

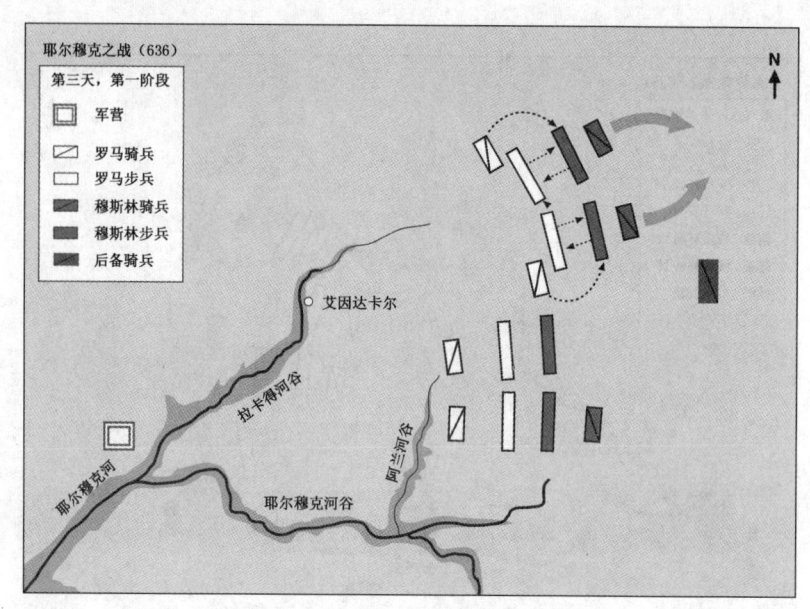

耶尔穆克之战（636）：第三天，第一阶段

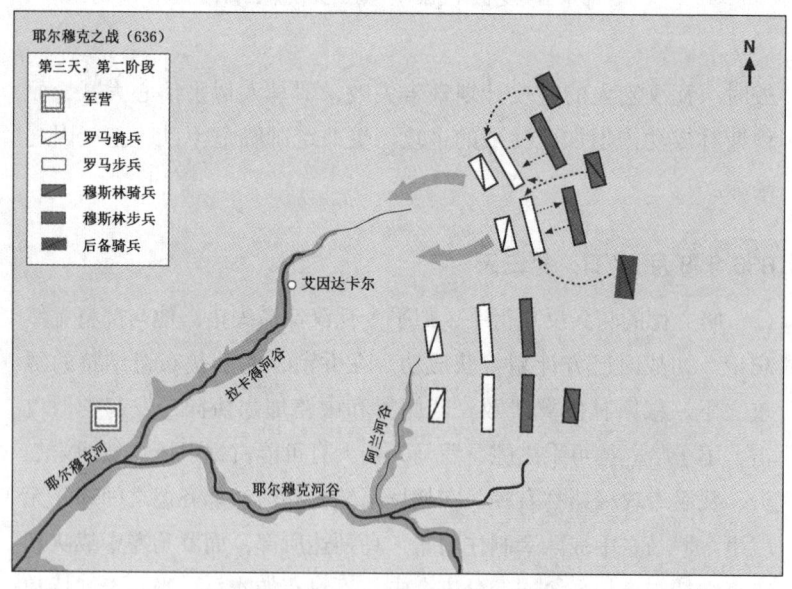

耶尔穆克之战（636）：第三天，第二阶段

罗马左中战队开始逼退阿姆鲁和舒拉比尔所部时，罗马军队出现缺口，哈立德再次速抓战机。策应的罗马骑兵被打退，布奇纳特所部与罗马左中战队的侧翼失去保护，哈立德、阿布·乌拜达和阿姆鲁的骑兵连番发动凶猛攻击。双方均有重大死伤，罗马人被迫退回起点。

636 年 8 月 18 日，第四天

见哈立德一再投入备用骑兵，瓦汉意识到穆斯林已穷尽兵力。第四天，进攻计划似前：突破穆斯林右翼或右中防线，迫使哈立德为挽回战局再次尽遣后备军；俟战场北半部穆斯林悉数参战，瓦汉派遣右翼和右中战队的生力军，摧垮阿姆鲁和舒拉比尔所部。计划开局顺利，布奇纳特所部再占阿姆鲁上风，迫其尽出骑兵，以遏止罗马兵锋。瓦汉的左中战队逼退舒拉比尔的右中战队，迫使哈立德再次悉遣后备骑兵，以防穆斯林右翼完全崩解。此时，瓦汉定然预感胜利在望。

不料，未等瓦汉下令自己的右中战队和乔治的右翼发起攻击，哈立德抢先一步，令阿布·乌拜达与耶齐德所部向敌方右中和右翼发起破坏性进攻，使罗马右翼未能打出致命一击。为摆脱攻袭，罗马右翼和右中战队尽遣步骑弓手，向阿布·乌拜达与耶齐德所部攒射箭矢。罗马弓手箭法高超，大量穆斯林士兵至少失去一眼[①]。在许多穆斯林编年史中，耶尔穆克之战的第四天被称为"失目之日"。但这番流血并非徒然。阿布·乌拜达与耶齐德成功阻住罗马右翼对北部战场进行有力支援。没有援军，罗马左翼和左中战队的侧面一再受到穆斯林骑兵攻击，又被打退。

---

① 约七百名穆斯林成为独眼。

636年8月19日，第五天

瓦汉的第二项宏大计划亦告失败，其兵力和信心均遭重创。第五日，罗马一方未列阵出战，足见士气已衰。瓦汉遣使穆斯林，请求暂时休战。哈立德看出，罗马人的军心和战力已丧失殆尽，遂不允其请，决计要乘敌之危。为此，他并未急于交战，而是花去近一天时间，暗中集结起几乎所有可用骑兵，约八千以上，组建成一支庞大的突击部队，将其藏于战线之后。不过值得注意的是，穆斯林骑兵并未尽用于这支部队。一股约五百骑的小分队由达拉尔·本·阿兹沃尔率领，借夜色掩护，夺下位于艾因达卡尔横跨拉卡得河谷的桥梁。达拉尔夜袭得手，并守住桥梁，击退罗马人和加萨尼人的反扑。这将在战争第六日，也是最后一天，给瓦汉所部造成严重后果。

636年8月20日，第六天

哈立德果决坚定，达拉尔夜袭成功，罗马军队士气渐堕，因此，第四天战斗结束后，主宰战局的角色已完全颠倒。自636年较早时罗马人反攻以来，穆斯林一直处于守势，面对罗马军队的兵锋节节败退，在耶尔穆克平原上，对瓦汉的部署反应被动。而今已到哈立德支配战场之时。第六天，两军列阵再战。穆斯林步兵全线发起总攻。罗马步兵投入战斗，哈立德派骑兵攻击罗马左翼。因这支骑兵规模庞大，布奇纳特的骑兵很快被冲至一旁，步兵丧失保护，陷入危境。瓦汉似乎意识到敌军在发起侧翼猛攻，遂令余下的三支骑兵在罗马阵列后方与后备骑兵会合，准备反攻。然而，不知是因为协同不力、联络不畅，还是因为哈立德进袭迅速，罗马骑兵反应不及，无法救援布奇纳特。罗马左翼曾数次要为瓦汉赢得胜利，却因同时遭阿姆鲁正面进攻与哈立德侧面袭击，最终溃不成军。

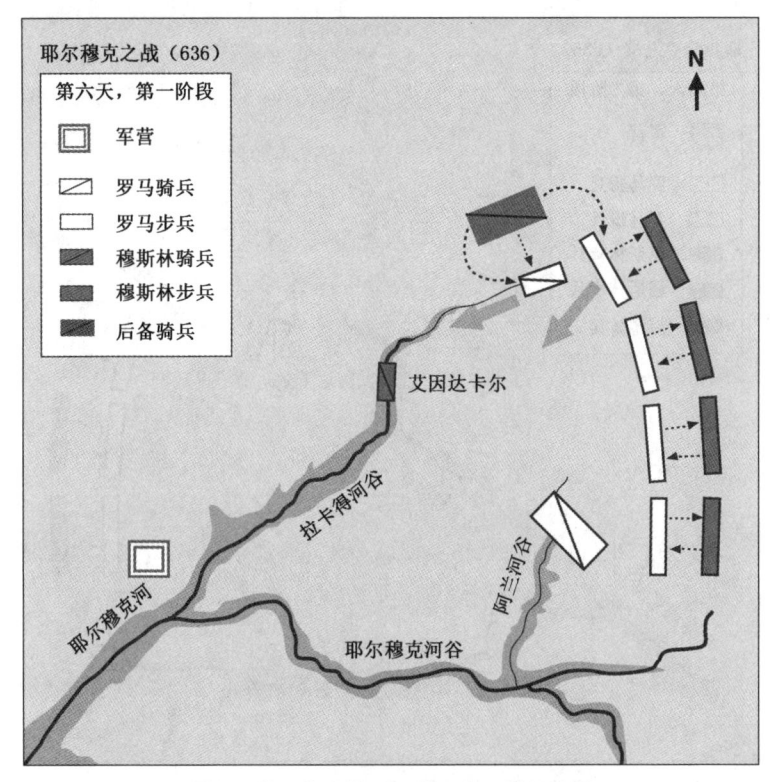

耶尔穆克之战（636）

第六天，第一阶段

- 军营
- 罗马骑兵
- 罗马步兵
- 穆斯林骑兵
- 穆斯林步兵
- 后备骑兵

地名标注：艾因达卡尔、拉卡得河谷、耶尔穆克河、阿兰河谷、耶尔穆克河谷

耶尔穆克之战（636）：第六天，第一阶段

大量罗马士卒虽坚持奋战，布奇纳特所率左翼仍被击垮，尤其当溃兵被赶入罗马余部时，罗马阵线尽遭摧毁。此时，阿姆鲁所部调转方向，进攻罗马左中战队失去保护的侧翼，罗马军队更是乱作一团。瓦汉还有最后一张牌可打，即利用正在会合的骑兵发起反攻。然而，哈立德与日俱增的声望果然不虚。他未给罗马骑兵以集结时间。布奇纳特的侧翼一垮，哈立德旋即投入骑兵突袭部队，发起闪电攻势。罗马骑兵士气颓靡，散乱无序，且猝不及防，被冲到一边，不顾残余步卒生死，北逃山中。

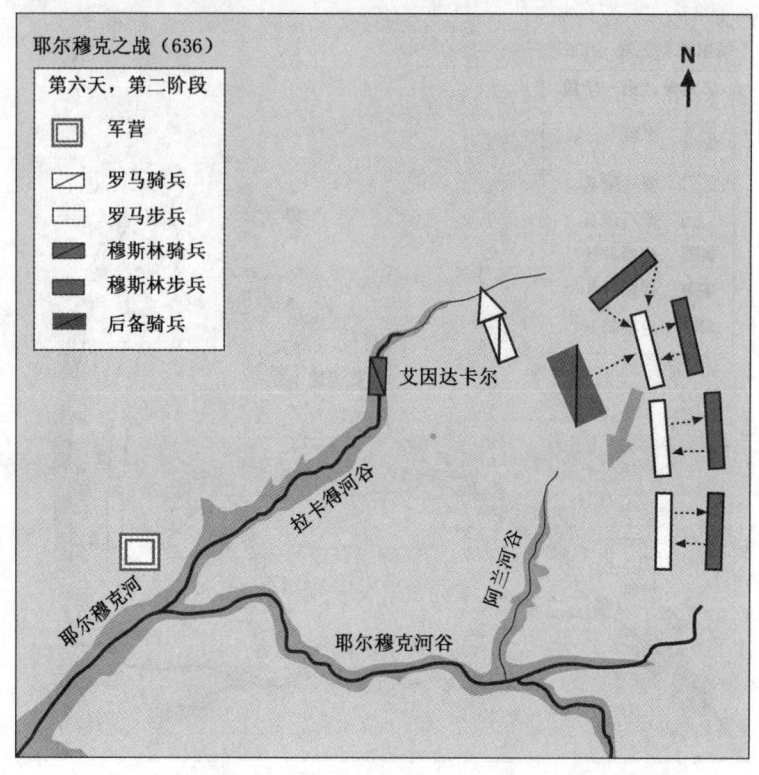

耶尔穆克之战（636）：第六天，第二阶段

130　　虽被骑兵弃之不顾，且四面受敌，罗马步兵仍英勇奋战，若摆脱穆斯林军队，且战且退，或可自救。但罗马骑兵已逃离战场，此刻，瓦汉因中计而误入的这方阵地隐患毕露。艾因达卡尔桥最是关键，却已被达拉尔的骑兵牢牢掌控。哈立德的骑兵与穆斯林步兵阻断向北和往东的一切去路，达拉尔扼住西遁的唯一路线，罗马步兵被困于穆斯林军队与耶尔穆克河及支流拉卡得河的峡谷之间。结
131　　果，罗马士兵纷纷逃下深谷，或冒险跳入谷下激流，因此而毙命者远多于丧生敌手者。

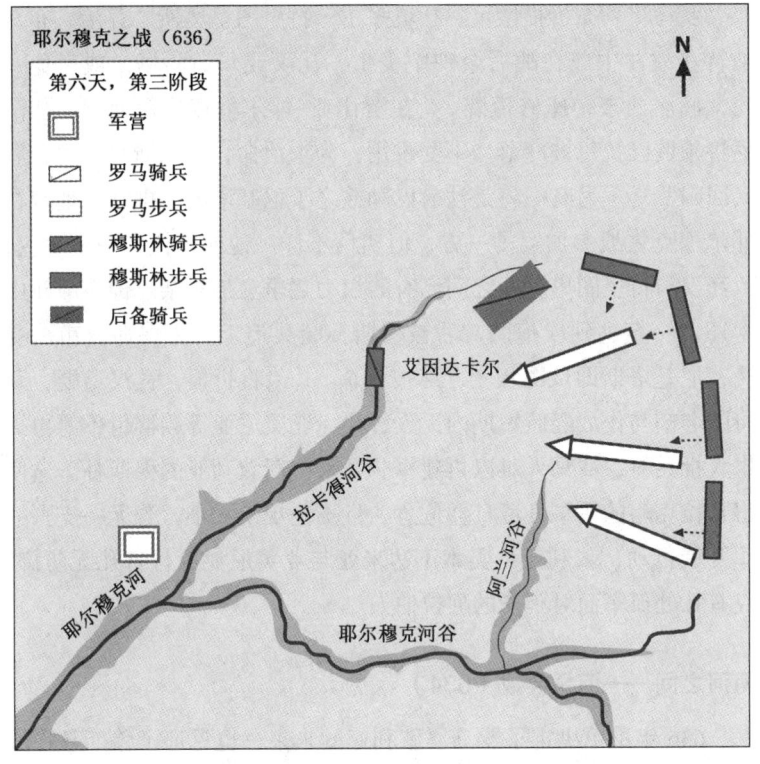

耶尔穆克之战（636）：第六天，第三阶段

不过，虽身陷"绝地"，仍有罗马士兵逃离耶尔穆克战场。大多数生还者可能在哈立德骑兵发动攻击前北遁，或一直在拉卡得河西岸把守罗马大营，但有些人成功逃过峡谷。不幸的是，生还者之劫并未就此而止。罗马军队在耶尔穆克惨遭屠戮，不只因为战场厮杀，更是由于"穆斯林军队乘胜追敌之迅疾、彻底、凶猛、不懈与坚决"。[10] 穆斯林各路骑兵并未停歇和欢庆，而是四散开来，追亡逐北。这支曾在636年岁初光复叙利亚诸城的罗马军队被猎杀殆尽。

罗马将领亦折损惨重。狄奥多尔·特里图里奥斯、乔治、布奇纳特在战斗中或在战后余殃中丧生，瓦汉或殒命疆场，或幸免一死，谪居西奈一座修道院。[11] 在贾比亚-耶尔穆克战役期间，加萨尼将领贾巴拉每被冷落、不受重用，为求活命，向穆斯林倒戈，后又回归罗马。另有一将是沙赫巴勒兹之子尼基塔斯。据载，他曾在耶尔穆克之战参加罗马一方，但实情不详。他或曾执掌一定兵权，致瓦汉与特里图里奥斯之间已有的权力之争愈加复杂。他在战斗中生还，一直逃到埃梅萨，后被穆斯林骑兵追上。为保命，甫一受擒，尼基塔斯即试图叛变，终被诛杀。[12] 诸将折损，瓦汉遭贬，众将的名望与作战经验短期内无人替代，亚美尼亚等族群也不愿再提供大批兵将，罗马人难以再建军队，来抗衡叙利亚的穆斯林。这使得希拉克略的军事处境日益危急。且不论规模大小，若无一支野战军开展行动，叙利亚、美索不达米亚与亚美尼亚等行省几无防御，仅有几处孤军面对猖獗的阿拉伯人。

两河之间——河桥会战（634）

　　636年不单决定了罗马属叙利亚的未来，也见证了穆斯林在波斯属美索不达米亚取得关键突破。及至633年岁杪或634年岁初前赴叙利亚时，哈立德已几乎征服幼发拉底河以南萨珊的全部领土，并组建多支驻军守卫征服之地。表面上，这些穆斯林的新领地由穆罕默德早期拥护者阿姆鲁·本·哈拉姆掌管，而希拉城周边手握实权者则是曾在哈立德征战中立下大功的穆萨纳。然而，萨珊人的军事报复仍不断构成威胁，卡迪西亚驻军曾是哈立德的下一目标，至今尚未征服。因有此威胁，穆萨纳一再向麦地那修书求援，甚至有可能亲赴穆斯林首都，拜谒阿布·伯克尔，再请增兵。

　　但直到634年8月欧麦尔继位后，请求始得满足，阿布·乌拜达·本·莫德受命，率部前去增援。在麦地那，阿布·乌拜达集结了约千名自己塞基夫部落的志愿兵,以此为核心,北进途中,不断接收当地部落兵,抵达希拉时,或已有约四千兵力。与穆萨纳及其一千左右部落兵会师后,他们渡过幼发拉底河,展开攻势。据载,这支穆斯林纵队与波斯—阿拉伯联军接连交兵,许多战斗的先后次序和确切地点却无从查实,仅知道战场位于希拉与泰西封之间的冲积平原。[13] 可确知的是,这些袭击足以给波斯造成麻烦,而且距泰西封不远,将刺激对方大规模出兵。巴赫曼自波斯首都启程,兵发幼发拉底河。

虽则一些史书有如是记载,且哈立德沿幼发拉底河高奏凯歌,但很可能他未遇真正的萨珊帝国军队。一如叙利亚的罗马人,伊嗣俟三世及部将原以为这不过是阿拉伯人的又一次袭掠,故反应迟缓。波斯不仅曾遭罗马与突厥入侵,且沙赫巴勒兹遇刺后内战爆发,破坏严重。波斯人因忙于疗愈战争创伤,更是无暇顾及穆斯林的进攻。故此,期望伊嗣俟三世能认识到伊斯兰的新兴威胁并即时反应,恐有些不切实际。或许只有当兵败瓦拉贾和希拉城陷落之后,伊嗣俟三世及众将才"开始重视阿拉伯人的威胁"。[14] 此外,633年岁末,巴赫曼的军队集结未成,相继在穆扎耶、萨尼和祖迈尔战败,或许时过一年,伊嗣俟三世才组建起另一支军队。

无论情势如何,总之,阿布·乌拜达领兵沿幼发拉底河一路征伐,巴赫曼则从泰西封南下,对决势所难免。战斗似发生于634年11月,战场在今天库费(也有史料记载为米尔瓦哈或盖尔盖斯)附近的一处渡河点。[15] 巴赫曼屯扎在幼发拉底河东岸,据传拥众三万,欲截击杀奔前来的穆斯林,但兵力或有虚夸。至于穆斯林部队,他们在美索不达米亚军威大振,战利颇丰,阿布·乌拜达与穆萨纳的兵力或已增至九千。而更大可能则是,和阿布·乌拜达兵至希拉时记载的五千相比,其军力变化不大。[16]

战场在幼发拉底河岸边,两军分处桥头与桥尾,在随后的战斗中,桥梁是双方争夺的焦点。阿布·乌拜达挟胜利余威,或许也为扬个人声名,面对巴赫曼时气势汹汹,试图强渡。不料,虽成功过河,其冒进却带来灾难。巴赫曼或有意让穆斯林渡河,以致敌最大伤亡。但战斗的相关记载显示,决定结局者却是波斯军队中的象群。其气味和声响令穆斯林骑兵大乱。阿布·乌拜达率军攻击象群,自己反被一头猛冲而至的白象踩死。主帅既亡,穆斯林桥头阵地大部就此崩解。此时,河桥之战由失败变为灾难。穆斯林溃兵被驱入河中,致千人受戮,另有约三千人被水冲走。有记载称,桥梁实为一名穆斯林士兵所毁,意在逼迫同袍不要逃命,坚持战斗。穆萨纳负伤,部卒似乎多毫发无损。由此可见,他们也许是穆斯林后卫,或另寻办法得以渡河。

　　穆斯林军队似因此败而溃散,穆萨纳归乡乌莱斯,阿布·乌拜达的塞基夫部落兵回返麦地那。然而,波斯人虽在河桥之役获战术全胜,却未乘势追击,似乎犯下战略错误。再者,一如罗马人,波斯统治阶层不了解先知言行及著述对阿拉伯人影响之巨。以往,阿拉伯袭掠者若遭此惨败,早已弃美索不达米亚而走。波斯统治阶层大概以为,无须再有军事介入,被哈立德征服的城邑将重新效忠萨珊帝国,也许穆萨纳将继承拉赫姆缓冲国的王位。无论缘故如何,634年11月,波斯人未对阿布·乌拜达乘胜逐北,军事上看似反常,实则并非如此。真正的不寻常之处在于,虽遇此败,穆斯林并未屈服。

卡迪西亚之战

　　河桥会战后,穆斯林虽未屈从,但毫无疑问,幼发拉底河沿岸战事暂息,或达一年之久。多路兵力屯于叙利亚,以对抗罗马人。为应其请以增援幼发拉底河沿岸的穆斯林前哨,欧麦尔须招募志愿兵,却似乎遇到困难。应征人数过少,哈里发只得求助于迄今未被遣用的阿拉伯人,即里达战争的反叛部落。此前阿布·伯克尔一直拒用这些作过乱的部落。而欧麦尔在军事上务实,并示人以宽厚,对其从征求之不得。怎奈虽新获兵员,欧麦尔仍无法集结起一支成规模的军队。确有几个部落遣兵前来,而派兵最多的是塔明与巴吉拉,各有千人左右。欧麦尔亟需兵力,巴吉拉首领贾里尔·本·阿卜杜拉有讨价还价的巨大筹码,不仅官授新军统帅,而且从通常归哈里发所有的战利品中分得四分之一。贾里尔身居高位,手握重兵,但好像穆萨纳仍总揽兵权,二人似生冲突。

穆萨纳虽负伤在身,却毫不耽搁,再次发动突袭。在河桥之役前夕,此类突袭战利颇丰。有记载称,在布韦卜,他与波斯军队展开阵地战而获胜。不过,似乎"布韦卜之役"只是小战,被夸饰渲染,"意在让穆萨纳及其部落名扬后世,也为洗刷兵败河桥之辱。"[17] 因河桥会战伤亡甚重,穆斯林担心惨剧重演,贾里尔虽已率援抵达希拉,他们也怯于同波斯军队发生大规模对抗,总是采取打完即撤的突袭战法。

穆斯林无力或不敢打阵地战,处境有些危险,贾里尔和穆萨纳又有兵权之争,是以欧麦尔发起更大规模的征兵。为缓和贾里尔与穆萨纳的矛盾,新兵将由地位明显高于两人的将官统领。欧麦尔本欲亲自挂帅,并在筹备希拉之行,后被说服,放弃此举,同意任命穆罕默德曾经的一位亲随统揽伊拉克前线兵权。最后人选是参加过巴德尔之战的赛义德·本·阿比·瓦卡斯。他引一千哈瓦津部落兵抵达麦地那,后从该地出征,北去希拉,沿途发出募兵号召。赛义德到达幼发拉底河沿岸时,麾下兵力定可匹敌对阵过萨珊的任何一支穆斯林军队。穆萨纳伤重不治,同贾里尔的恩怨乃止。同时,赛义德迎娶穆萨纳遗孀,擢升穆萨纳胞弟穆安纳为军务会成员,从而速将来自沙伊班部落的隐患消弭。

赛义德来得适逢其时。伊嗣俟三世最终完全掌控了帝国,又因巴赫曼在河桥之战取得大捷而备受鼓舞,如今要全力应对南部疆陲。为粉碎穆斯林的威胁,波斯王集结起一支由步骑和象兵组成的大军,任鲁斯塔姆·法罗赫扎德为帅。而有关这支波斯军队的兵力却众说纷纭,记载从三万到二十一万不等。[18] 然而,尽管后一数字荒诞不经,但鲁斯塔姆的兵力即使仅为三万,较之赛义德的联军可能也大有优势。

虽有史料称,穆斯林可投入重兵,[19] 赛义德的兵力却极有可能在六千到一万两千之间。[20] 为支持上述观点,有人曾试图确定穆斯林军队的部族构成,共发现八个不同兵源:赛义德的哈瓦津部落兵一千,耶梅尼部落兵两千三百,萨拉特部落兵七百,阿拉伯半岛中部部落兵两千八百到七千,贾里尔和穆萨纳原有兵力约三千,欧麦尔所派援兵两千,伊拉克东南部穆吉拉·本·舒巴所部四百到一千五百,哈希姆·本·乌特巴(赛义德亲属)、伊亚德·本·甘姆所率叙利亚兵力分别为三百到两千、一千到五千。[21] 另外,有记载称,赛义德将士卒组成分队,各有指挥,其内每十人为一小队,从而使军队组织更加完备。虽然记载或有年代误植,但从阿布·乌拜达的河桥兵败中,穆斯林或已汲取前车之鉴,且就组织性而言,赛义德所部或远胜于以往由部族武士组成的阿拉伯军队。

鲁斯塔姆从泰西封一路行军,抵达希拉以东约三十英里处,在穆斯林军队对面列阵。鲁斯塔姆和赛义德似乎都不太急于同对手交兵。有记载称,636年7月,两军已各据阵地,而似乎直到11月中旬才发生卡迪西亚之战。人们容易认为,赛义德迟于交兵,是担心再遭惨败;可作战时他自始至终都毫无退意。他派斥候侦察敌情,遣兵袭掠美索不达米亚,傲慢地要求鲁斯塔姆皈依伊斯兰教,诸举亦表明他并不怯战。而他似乎与欧麦尔有过反复沟通,因此想必知道,小股援兵已从阿拉伯、叙利亚和伊拉克南部源源而来,将

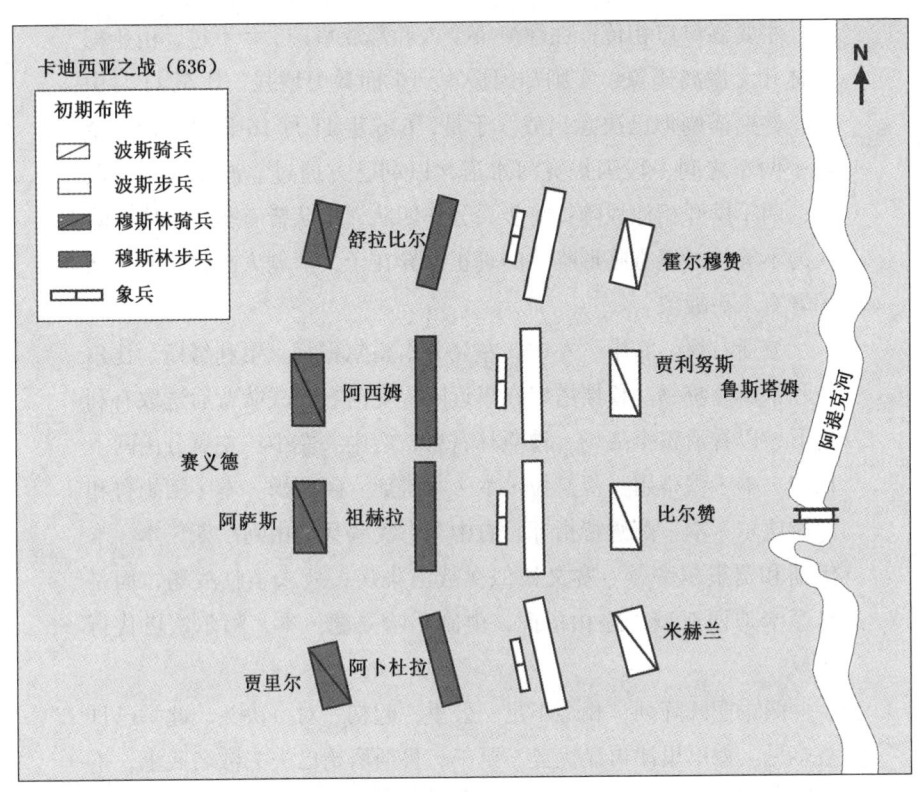

卡迪西亚之战（636）：布阵

壮大己方队伍。就鲁斯塔姆而言，或许他指望穆斯林重蹈河桥惨败的覆辙。但赛义德有别于阿布·乌拜达，不会意气用事、率尔出击，后者因行事鲁莽而付出惨重代价。另有可能则是，与身在叙利亚的希拉克略及麾下众将一样，鲁斯塔姆也以为，面对他带到卡迪西亚的大军，穆斯林将不战自溃。

636年11月16日，第一天

因"战局的总体进展"缺乏记载，卡迪西亚之战的经过模糊不清，主要靠口口相传，往往渲染个人和部族事迹。[22] 不过，由于穆斯林几无撤离迹象，实则却因援军到来而兵力增强，比至 11 月中旬，鲁斯塔姆似已决意出战。于是，636 年 11 月 16 日晨，他下令填平两军之间一段阿提克河水道，以利己方通过。波斯人安全渡河，两军摆开相似战阵：将步兵分作四队，每队皆有骑兵策应。除兵力不等外，双方阵形唯一的真正差异在于，萨珊人在每队步兵前部署有八头战象。

波斯右翼、右中、左中、左翼分由霍尔穆赞、贾利努斯、比尔赞和米赫兰统领。鲁斯塔姆在靠近阿提克河右中战队背后选取有利地形，以看清整个战场。穆斯林右翼、右中、左中、左翼分由阿卜杜拉·本·穆蒂姆、祖赫拉·本·哈维亚、阿西姆·本·阿姆鲁和舒拉比尔·本·萨姆特指挥。右中与右翼骑兵分由阿萨斯·本·卡伊斯和贾里尔率领。赛义德似在战前染疾，故未亲临战场，而是坐镇卡迪西亚城，遥相指挥，由副手哈立德·本·阿尔法塔代行兵权。

两军摆开阵列，相距不足一公里，起初一对一决斗，此举已日益多见。穆巴里津再显优势。至午，鲁斯塔姆已失去数名武士，不愿再有折损，又恐军心受挫，遂命米赫兰进攻穆斯林右翼。先是箭如雨发，随后波斯战象冲向阿卜杜拉的步兵，将其逼退。贾里尔带右翼骑兵攻击敌侧，欲稳战局，却被米赫兰的重甲骑兵阻截、击溃。赛义德意识到右翼有险，速作反应，以救其脱困。阿萨斯的右中骑兵与祖赫拉的右中步兵向米赫兰的步兵发起侧翼攻击。贾里尔的骑兵力挽颓势，遏止住萨珊骑兵的进攻。反攻将米赫兰的最初攻势挫败，使穆斯林防线得到恢复。

左翼攻势受阻，鲁斯塔姆下令对穆斯林左翼和左中战队发起类似进攻。面对攒射的箭矢、霍尔穆赞与贾利努斯骑兵的侧击，以及战象的踩踏威力，穆斯林又开始败退。但阿西姆减弱了波斯人的兵

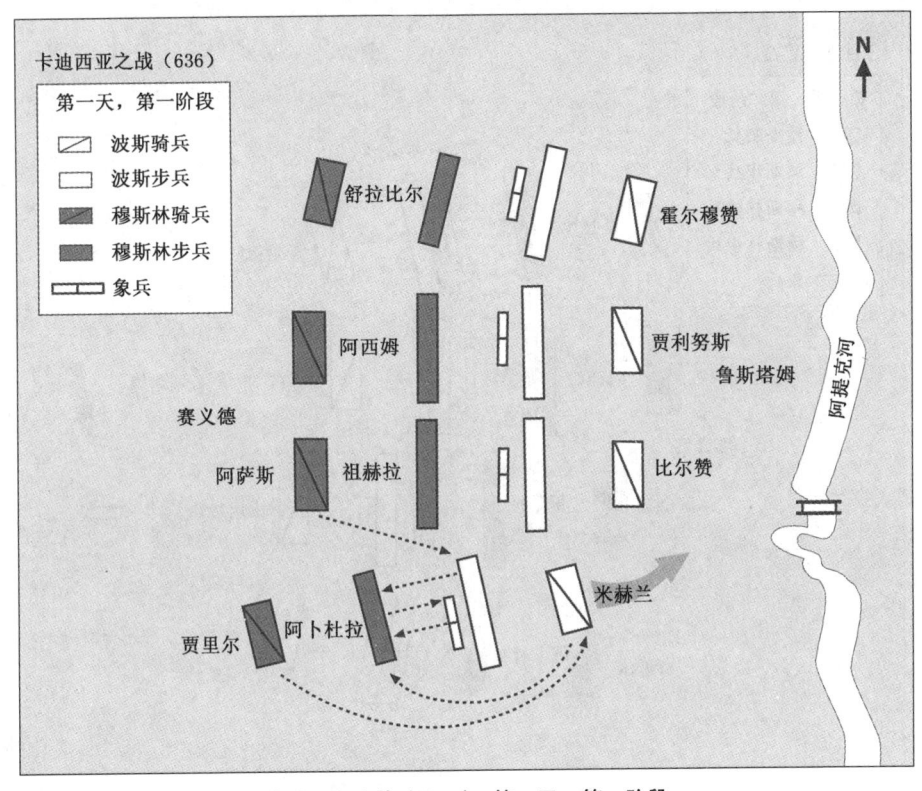

卡迪西亚之战（636）：第一天，第一阶段

锋，麾下轻骑兵与弓箭手令象兵大乱，贾利努斯只得将大象撤出战斗。阿西姆乘胜倾右中之力，发起反攻，迫使贾利努斯所部退回起点。受此鼓舞，舒拉比尔的左翼也成功实施反击，先灭战象，再退霍尔穆赞。萨珊军队有四分之三出现败撤。赛义德欲利用战机，下令全线总攻。有记载称，因暮色渐沉，且鲁斯塔姆亲自参战，重振军心，穆斯林的攻势方止。是日结束，双方互有伤亡，赛义德或处攻势，但总体而言，战斗未分胜负。

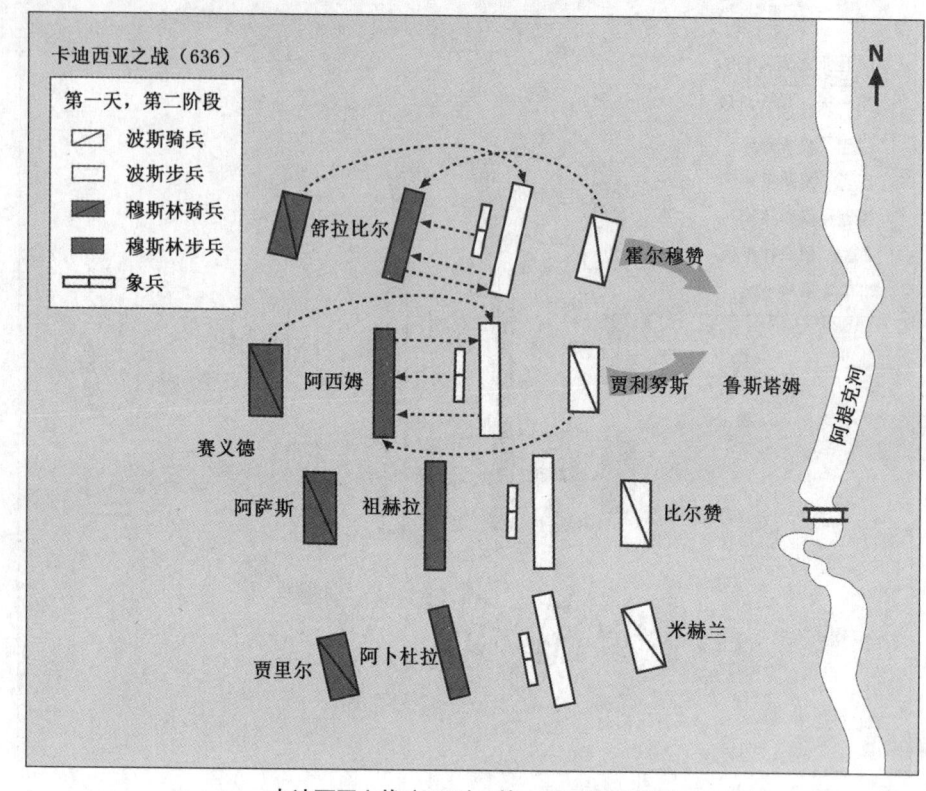

卡迪西亚之战（636）：第一天，第二阶段

636年11月17日，第二天

次日开战类乎前一天，赛义德派穆巴里津挑战波斯武士。有鉴于首日后期反攻得力，此番决斗看似是赛义德在错失良机。不过，他亦有可能是要进一步打击波斯人的士气；此外，他或许知道，叙利亚援兵将至。决斗进行中援兵开始抵达。为让萨珊人以为敌军正源源而来，哈希姆·本·乌特巴所率援兵分作数队。穆巴里津再度取胜，哈希姆已到，赛义德决定仿照昨天，发起全线总攻。然而，

鲁斯塔姆或再次舍命参战，萨珊防线整日皆岿然不动。至暮，两军各自回营。

有一人随首批穆斯林援兵自叙利亚抵达，在卡迪西亚会战后期以及未来多年穆斯林的进兵中，将成就赫赫威名。此人是哈希姆的先锋官卡卡·本·阿姆鲁。早在到达战场前，他将前锋分作多股，以造成大军来袭的假象，至少此计应部分归功于他，卡卡因而获誉。甫到卡迪西亚，卡卡即上阵决斗，力斩波斯左中统帅比尔赞以及曾夺得河桥大捷的巴赫曼。史载，在随后由赛义德发起的总攻中，卡卡施计扮驼为妖，令危险的萨珊骑兵乱作一团。另据记载，他曾率一队穆巴里津突破波斯防线，欲斩杀鲁斯塔姆，未果。他多谋善断，似获赛义德赏识。据说，在战役后期，卡卡被擢升为战场指挥。不过，卡卡的许多故事似不足为信，大概是后世穆斯林史籍与传说的杜撰。如此廓清对其才智也并无太多贬抑。

636年11月18日，第三天

穆斯林军队再得增援，鲁斯塔姆感到威胁，在第三天的战斗中，他力求取得关键突破，遂下令全力总攻。攻势猛烈，战象尤为凶狂，穆斯林军队被逼退，且被撕开多条巨大缺口。鲁斯塔姆借机派骑兵突入其中。据信，有一支萨珊骑兵直杀到赛义德居住的卡迪西亚旧宫。

军队遇险，赛义德只得速作反应。当下目标是，阻止战象继续给穆斯林步兵造成伤亡。为此，他下令散兵、射手和长矛手齐攻巨兽。时至中午，穆斯林已成功将其赶回萨珊军中。趁象兵回退致敌大乱之际，赛义德令部队发起全面反攻。但是，尽管战象回逃造成大乱，且卡卡重施旧计，扮驼为妖，萨珊军队却再次稳住阵地。战斗转为消耗战。双方皆重创对手，夜幕降临仍未分胜负。

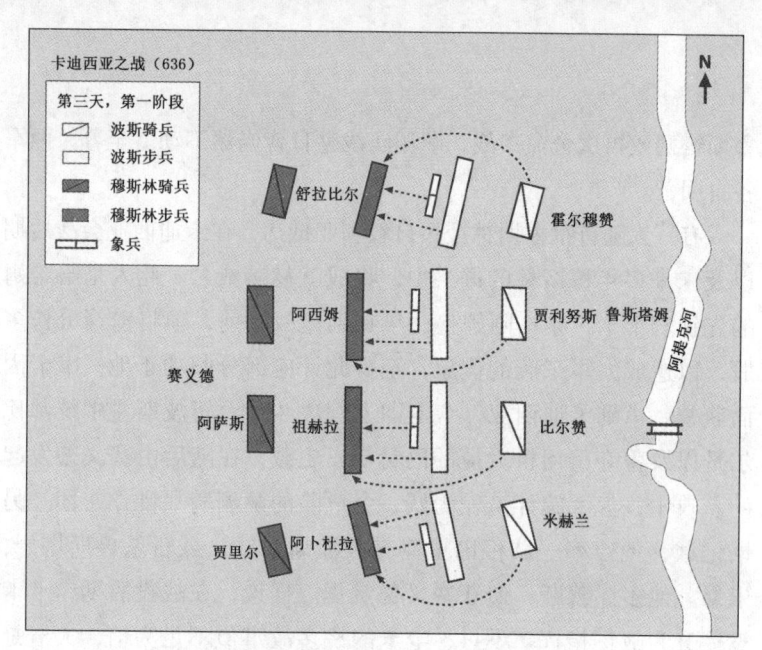

卡迪西亚之战（636）：第三天，第一阶段

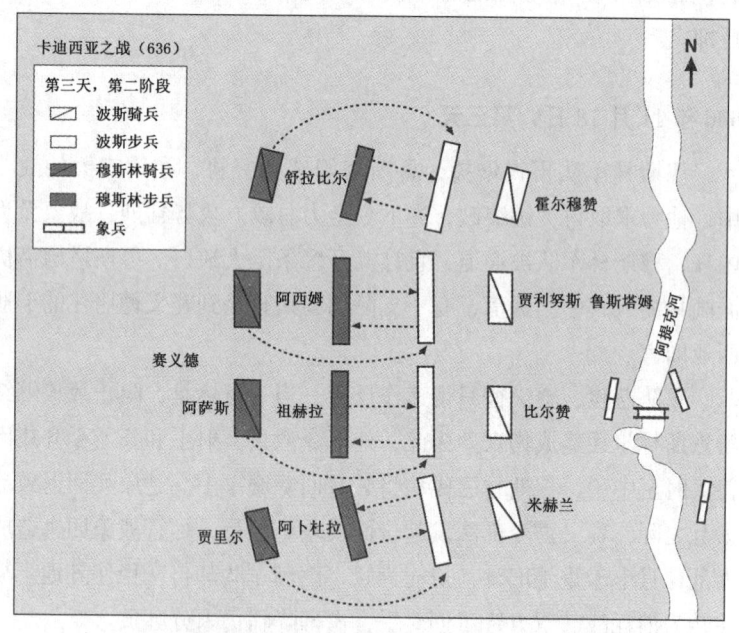

卡迪西亚之战（636）：第三天，第二阶段

636年11月19日，第四天

第三天的战斗持续到凌晨，天色破晓乃止。按理说，第四天将无战事。似乎鲁斯塔姆及军队自然持此想法。而赛义德与声望日显的战场指挥卡卡却将之视为破敌良机。卡卡晓谕士卒，波斯人日夜作战，现已疲顿，若休战后掩其不备，穆斯林必胜。于是，阿西姆的左中战队攻袭贾利努斯的右中战队，随后穆斯林余部全线发起总攻。萨珊军队被打得措手不及。在穆斯林骑兵的侧翼攻击下，贾利努斯与霍尔穆赞所部不久即被阿西姆和舒拉比尔所部杀得节节败退。霍尔穆赞稳住波斯右翼。由于祖赫拉与阿卜杜拉跟不上阿西姆的进兵速度，霍尔穆赞反击成功，阿西姆两翼失去保护，所部被迫后退。

而正当此时，波斯士兵开始听到消息：已发生一件成败攸关的大事。卡卡趁先前阿西姆战胜贾利努斯之机，引一队穆巴里津，突破波斯右中战队，将鲁斯塔姆斩杀。[23] 主帅的死讯在波斯军队中传开。再者，波斯人已苦战三日，昨夜几乎目不交睫，此刻神疲力倦，军心遂开始浮动。鲁斯塔姆既亡，彼军士气低落，赛义德命疲敝之师发起最后的总攻，以趁机破敌。在穆斯林新一轮的猛攻之下，波斯防线终被击垮，继而溃散。

鲁斯塔姆死后，波斯军队由贾利努斯指挥。他虽无力挽回败局，似乎却让余部溃而不散，有序横渡阿提克河及幼发拉底河，回撤泰西封。然而，一如耶尔穆克之战后的穆斯林，赛义德对败敌穷追猛打。贾利努斯在阿提克河及幼发拉底河建起桥头防守阵地，使大批残兵安全通过，但波斯军队甫一暴露于美索不达米亚的冲积平原，即遭赛义德骑兵残忍追杀。与瓦汉所部的命运极其相似，鲁斯塔姆带出泰西封的人马尽皆覆没。

据称，希拉克略与伊嗣俟三世拟于635年协同作战，甚至或曾

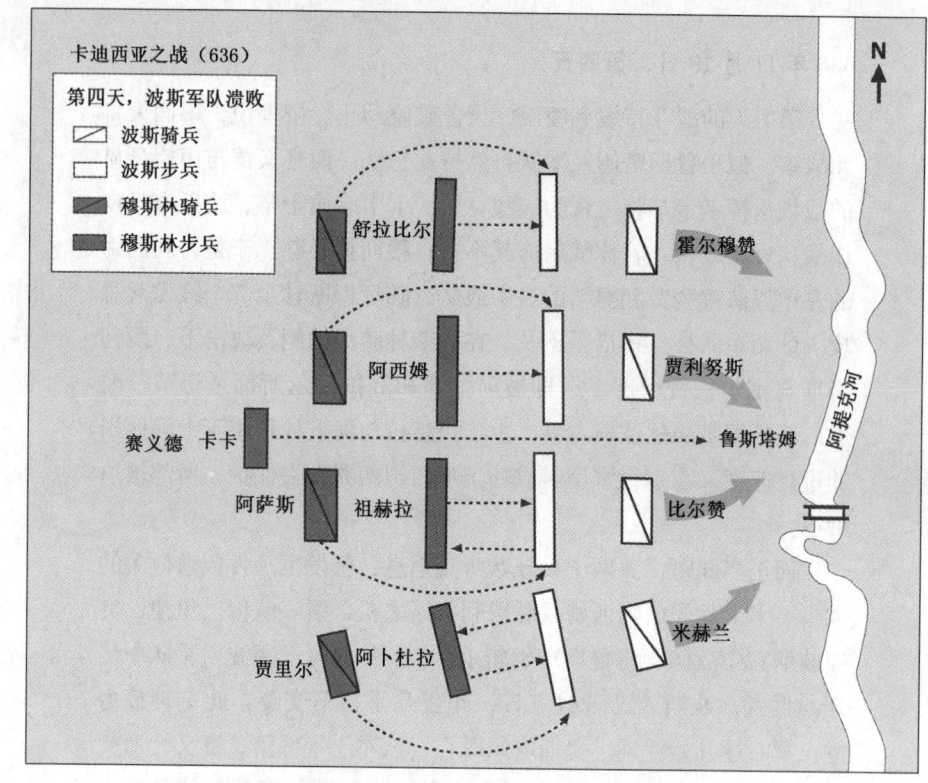

卡迪西亚之战（636）：第四天，波斯军队溃败

联姻以巩固协定。不过，即使确曾联姻或有此打算，希拉克略许配伊嗣俟三世的女子姓甚名谁，她与罗马皇帝有何瓜葛，皆无从确知。再者，除试图各自取胜外，罗马皇帝与波斯王希望如何联手亦难确知。罗马属叙利亚和波斯属美索不达米亚这两处战场彼此完全独立，只是罗马军队或曾参加菲拉兹之战，还有634年岁初哈立德进兵大马士革时以及哈希姆增援卡迪西亚时曾跨越两个战场。罗马与波斯若曾联合，必有同时行动和重大胜利，实则两者俱无。罗马与波斯的各自反攻相隔数月，瓦汉和鲁斯塔姆均未能击败穆斯林

对手。

当然，有关联手之说，最重要的一点在于，瓦汉和鲁斯塔姆非但未尝决胜，反遭惨败，叙利亚和美索不达米亚的防线因之尽毁。至次年底，罗马人被迫退回托罗斯山以北，欲建立能保全安纳托利亚诸行省的防线，而波斯军队在卡迪西亚会战后，又屡尝败绩，一再退却，不单美索不达米亚沦丧敌手，且在随后二十年，萨珊帝国几近覆亡。

第 8 章　告别叙利亚和美索不达米亚

"别了，永别了，叙利亚。"

希拉克略

（叙利亚的米海尔《编年史》，第 2 卷，第 424 页）

时隔二十三载——耶路撒冷再度被围，罗马属巴勒斯坦失陷

穆斯林挟耶尔穆克胜利余威，继续进兵，但时序模糊，时而不同战役似有重叠，使得哈立德与阿布·乌拜达等人看似同时在攻取叙利亚北部城市和围困巴勒斯坦各城邑。然而，由于阿布·乌拜达与哈立德似乎皆参加过初期战斗，好像早在耶尔穆克的得胜之师兵分两路前，巴勒斯坦的征服战便已开始。[1] 穆斯林诸将因耶尔穆克大捷而有众多选择，难以商定下一步计划。在阿布·乌拜达召集的军务会议上，众将决定合攻巴勒斯坦，后分兵而进，各取目标。巴勒斯坦主要有两座重镇尚待攻克，即凯撒里亚和耶路撒冷。

耶路撒冷是宗教圣地，克城将重挫罗马士气。不过，亦须有战略和现实考量。二城防守坚固，凯撒里亚又地处海岸，另具优势。穆斯林无海军，封锁再严，罗马人也可向凯撒里亚守军源源不断提供补给。耶路撒冷则不同，可因受困而被逼降。凯撒里亚若在敌手，将成罗马人收复约旦周边土地的桥头堡。穆斯林若夺该城，则征服包括耶路撒冷在内的巴勒斯坦几无悬念。两城之间先攻哪座，将军们难下抉择，遂遣信使，请欧麦尔定夺。哈里发下令先取耶路撒冷。

受命后，穆斯林军队途经佩拉，往攻耶路撒冷，于636年11月初兵临城下。自634年秋穆斯林攻克佩拉城后，圣城似被部分封锁。而今，哈立德、阿布·乌拜达、耶齐德、阿姆鲁、舒拉比尔等来自耶尔穆克的五将把城市团团包围，封锁住所有进出道路。此前，以牧首索夫罗尼厄斯为核心的耶路撒冷领导层仅有约六周时间备战。他们已被希拉克略弃之不顾，各地余下守军则忙于组织自我防御。因此，他们只能对工事稍作修缮，筹措补给，将真十字架等圣物偷运至海岸，送往君士坦丁堡。

随后四个月的围城记载寥寥，但多数时间似无战事，穆斯林几无进攻，守军鲜有出战。据信，索夫罗尼厄斯认识到再作抵抗徒劳无益，遂于637年3月向穆斯林将领暗示，他愿意献城，并纳人丁税，而条件是，哈里发要亲临耶路撒冷受降。舒拉比尔不愿应许，或不想等欧麦尔到来，遂向诸将献计：让哈立德假扮哈里发。二人是表亲，容貌相似，皆身材魁梧，此计被认为可行。不料，哈立德名声大，似乎让耶路撒冷的一些守军认出，计策未成。另有可能是，因在前伊斯兰时代，欧麦尔行商曾途经巴勒斯坦和叙利亚，城中有人亲眼见过他，抑或去阿拉伯半岛时遇到过欧麦尔或哈立德。

阿布·乌拜达知道，若无长期准备和重大伤亡，万难破城，遂致信欧麦尔，请他亲来耶路撒冷与索夫罗尼厄斯交涉。哈里发于637年岁中到达巴勒斯坦，对外称处理征战所致的管理事务——分赏战利品，分配征服之地，建立军事防线，确立继承权，发饷犒军，筹措军粮。阿姆鲁和舒拉比尔留下继续围城，阿布·乌拜达、哈立德、耶齐德往谒哈里发，商讨耶路撒冷的战局。欧麦尔向来讲求实际，同意立即与索夫罗尼厄斯会晤。据说，牧首陪同哈里发去城中各处圣地，后者对圣殿山等处的破败和恶浊景况感到愕然。

637年4月底，索夫罗尼厄斯将耶路撒冷交给穆斯林。一代以内，基督教圣城再入异教侵略者之手。当初希拉克略仅仅等待十五年便将其从琐罗亚斯德教徒手中收回，而索夫罗尼厄斯降敌后，则要再过四百六十二年该城始从穆斯林手中夺回，且要历经首次十字军东征的血雨腥风①。对犹太教徒与基督徒来说，耶路撒冷降敌意味着失去圣城；不惟如此，于基督教与伊斯兰教的未来关系而言，此事也意义重大。

牧首与欧麦尔所签投降协议后称《欧麦尔契约》。该契约承认，只要缴纳人丁税，基督徒即受到保护，有信奉自己宗教的自由。数十年后，该协议才被认为是由欧麦尔拟定，并见载史籍，而其重要性至今不衰。

成功纳降耶路撒冷后，也许在此之前，穆斯林兵分两路。阿姆鲁和舒拉比尔利用是年余时，巩固穆斯林对巴勒斯坦的控制，包括纳降加沙；阿布·乌拜达、哈立德与耶齐德北上大马士革。在彼，阿布·乌拜达与哈立德继续北进，耶齐德则率己部，往攻尚未屈服于伊斯兰的海岸诸城。翌年，他诱降贝鲁特、西顿和提尔，后从北部进袭巴勒斯坦凯撒里亚。²

阿吉纳丹取胜后，穆斯林曾围困凯撒里亚达一个月，但久攻不下。为集中兵力应对636年罗马人的反攻，穆斯林撤走。其间战局或有丕变，而凯撒里亚的城墙屹立如前，罗马海军仍占优势。穆斯林欲完全控制巴勒斯坦，非征服凯撒里亚不可。耶齐德着手围城。不意未及进攻，军中暴发瘟疫，耶齐德病亡，凯撒里亚之围遂解。人们将看到，穆斯林的征战因638或639年的疫情而延缓。

640年，瘟疫消退，凯撒里亚重被穆斯林围困。此围由耶齐德之弟、时任叙利亚总督的穆阿威叶指挥。双方有过数次小战，而该城凭恃海援，仍令穆斯林计无所出。但穆阿威叶利用了城内宗教矛盾。凯撒里亚是早期一处基督教中心，亦有许多犹太教徒，两教常

---

① 1099年7月15日，穆斯林治下的耶路撒冷被十字军攻克，并遭屠城。

有冲突。因日益受到希拉克略政权的宗教迫害,而穆斯林则对其宽容以待,似乎犹太人决定投敌。有其名为优素福者往见穆阿威叶,称只要善待犹太人即可献城。穆阿威叶欣然应允。优素福遂引一队穆斯林士兵,钻阴沟潜入城内,杀至主门处,将之砸开。穆斯林全军如潮水般涌入,守军投降,答应按常规缴纳人丁税。凯撒里亚失守,巴勒斯坦悉陷穆斯林。未来近四百五十年,穆斯林在此处的统治地位大体无可撼动。

穆斯林征服叙利亚北部

阿姆鲁、舒拉比尔和耶齐德在曾属罗马的巴勒斯坦清剿残敌,而哈立德与阿布·乌拜达则从大马士革北进。兵败耶尔穆克而全军覆没后,希拉克略似已明白,在叙利亚再作抵抗多属徒劳,遂撤回安纳托利亚。不过,罗马皇帝面对狂敌并未仓皇奔逃,而是有战略考虑,撤退得法。他取道埃德萨和萨莫萨塔,希望尽量保持交通和撤退路线畅通,以便巴勒斯坦、叙利亚和美索不达米亚的余部北遁,去往托罗斯山、亚美尼亚和美索不达米亚的山间堡垒。因实施该战略,耶尔穆克之役后,大马士革、巴勒贝克、埃梅萨等地未经大战即再度被穆斯林夺取。埃皮法尼亚(今叙利亚哈马省)和阿帕梅亚似乎也未作太多抵抗而陷落。

然而,虽大体为皇帝所弃,叙利亚北部的一些驻军仍决意抗击阿布·乌拜达与哈立德的进攻。637年6月,抵近罗马据点哈尔基斯(可能是今天的秦纳斯林)时,穆斯林北路军遭罗马将领梅纳斯截击。情况或是,梅纳斯背离罗马军队一贯的避战策略,因为他意识到,若被围,无法指望希拉克略发兵救援;若退却,将被疾驰而至的穆斯林骑兵赶上。

随后发生哈齐尔之战,史载兵力令人难以置信:据称,梅纳斯拥兵七万,穆斯林则有一万七千人。由于在希拉克略命令下,已从叙利亚大量撤军,即使梅纳斯有史载兵力的十分之一,也足以令人吃惊,而由于耶齐德、舒拉比尔和阿姆鲁已分兵而去,阿布·乌拜达与哈立德的兵力也不太可能如记载之多。

哈立德的机动骑兵在侦察哈尔基斯和周边防御时,梅纳斯发起突袭,欲趁阿布·乌拜达调来余部前,击溃这支先头纵队。但梅纳斯低估了哈立德的能力以及穆斯林士兵的决心。罗马人不敌这支先锋部队。战斗之初梅纳斯殒命,罗马人的计划被打乱。为复仇,罗马人或投入过多兵力。阿布·乌拜达到战场后,哈立德令骑兵发起侧翼攻击,将罗马人击垮。据称,哈齐尔之战中,罗马全军被戮,未剩一卒。几可肯定,此说言过其实。但是,因遭哈立德骑兵攻击,战后可能又被追袭,梅纳斯所部或被打散。随后,阿布·乌拜达与哈立德进袭相距不远的哈尔基斯。637年6月底前,该城不战而降。穆斯林进兵叙利亚北部遂去一重要障碍。此战也使欧麦尔承认,他对哈立德评判失当,不应褫革其最高兵权。[3]

哈尔基斯失守,叙利亚北部暴露于穆斯林兵锋之下。哈立德与阿布·乌拜达挥师东北,进击贝罗埃亚(今阿勒颇)。守城者是一支罗马劲旅,兵力约四千,由约阿希姆统领。此间城峻墙高,近城处有一座周以壕堑的堡垒。或许约阿希姆与梅纳斯想法相似,因孤立无援,遂决定迎击穆斯林寇敌。不料,虽军力较强,约阿希姆却很快发现,自己并非对手,误中敌计,被迫退入城中。初战失利未顿挫守军士气,此后三月,他们多番出击,试图打破穆斯林封锁,而日益明显的是,继续抵抗徒劳无功。637年10月,贝罗埃亚城接受投降要求。据信,约阿希姆本人改信伊斯兰,且四千部卒也随他皈依,这使得此说有些令人生疑。阿布·乌拜达派马利克·本·阿什塔尔率分遣队进军西北,往攻阿扎兹。似乎该城仅稍作反抗即降敌。这看似只是又下一城,实则此举有战略目的:穆斯林将兵锋西指,攻取罗马东都安条克,而阿扎兹对穆斯林右翼构成

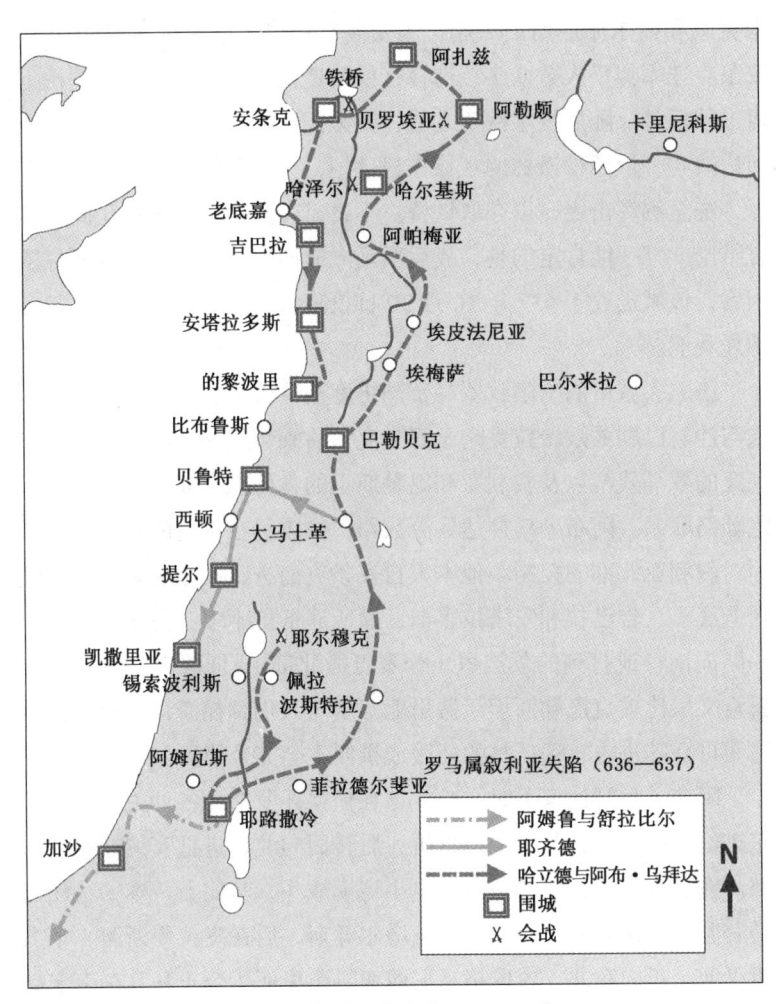

罗马属叙利亚失陷（636—637）

保护。

穆斯林军队自贝罗埃亚开拔，抵达奥龙特斯河岸边。该河与阿米克湖和锡尔派厄斯山一起，为安条克提供了强大的天然防线。[4] 安条克守军似乎人数众多，选择在横跨奥龙特斯河的一座大铁桥上阻击穆斯林。随后发生铁桥之战，憾无记载。一如许多其他河上或河边战斗，依照穆斯林的主导作战计划，大概要将罗马人自河畔引开，绕至侧翼击之，以夺取铁桥。不过，因史籍只字未提，此战难有结论。唯一能肯定的是，战后罗马人撤回安条克，而被穆斯林围困后，该城迅速于637年10月30日投降，守军余部获准，北归安纳托利亚。

第三大城市的沦陷致罗马帝国再度被一分为二。一如613年沙欣与沙赫巴勒兹败希拉克略于安条克，后乘势进兵，而今，安纳托利亚的罗马残卒以及叙利亚和巴勒斯坦的各处孤军彼此间被完全断绝陆路联系。阿布·乌拜达兵分数路，往攻仍在顽抗的守军，以巩固对叙利亚北部的控制。他本人自安条克南进，连夺海岸数城，包括老底嘉、吉巴拉和安塔拉多斯，而所遇抵抗不多。阿布·乌拜达一路向南，或打到的黎波里（今黎巴嫩北部）。征服这些港城的重要意义堪比攻克巴勒斯坦凯撒里亚。罗马人仍掌控海洋，只要罗马海军可登陆进击，穆斯林的征服成果便不会完全稳固。

阿布·乌拜达南下时，哈立德在侦察托罗斯山各处关隘。后者东进幼发拉底河，几乎未遭抵抗，后转而向北，进抵安纳托利亚东部。在名为布格拉斯的地方发生小规模战斗，哈比卜·本·马什拉马获胜。与此同时，哈立德兵发塔尔苏斯，后在皮拉穆斯河（今杰伊汉河）折向东北，攻取格马尼西亚凯撒里亚（今土耳其东南卡赫拉曼马拉什）。经短暂僵持，居民同意停战离城。尔后，哈立德的进兵似多无波澜。他先是迂回抵达凯撒里亚市郊，再去往塞巴斯蒂亚南部，后途经梅利泰内返回叙利亚北部。有关其进兵，因几无记载，以上所讲未必可靠。不过，哈立德未受阻击、一路披靡，或说明希拉克略已在叙利亚北部和安纳托利亚平原之间成功制造出无人地带。

穆斯林进伐，一个时代落幕

希拉克略回撤军队，在安纳托利亚尽量集结兵力，同时弃叙利亚南部和巴勒斯坦于不顾，似乎还曾短期内将亚美尼亚和美索不达米亚作为防御重心。这不足为奇，因为亚美尼亚乃重要兵源地，抑或是帝乡，而经由美索不达米亚，希拉克略可保持同波斯和阿拉伯盟友余下的陆路联系，且该地有罗马守军（萨珊内战时派驻于此，如今日益重要）。此外，从战略角度看，在美索不达米亚继续驻军可将穆斯林的注意力从安纳托利亚转移开，为希拉克略赢得时间以实施焦土政策：撤走驻军、农民和工匠，摧毁庄稼和防御工事，随时准备击退任何敌寇。

因此，希拉克略命美索不达米亚的将领尽可能久守阵地。不过，若诚如后世所载，他下令"不可再与（阿拉伯人）交锋，而是能守则守"，那么美索不达米亚奥斯若恩行省总督约翰·卡提亚斯的行为竟然令皇帝怫然不悦，似乎就有些匪夷所思了。[5] 穆斯林北进时，卡提亚斯离开行省首府埃德萨，往见穆斯林将领伊亚德，与之达成《哈尔基斯和约》，同意只要穆斯林不渡幼发拉底河，则每年向哈里发纳贡一千四百磅黄金。该和约似如希拉克略所愿，使罗马属美索不达米亚乃至亚美尼亚不再受阿拉伯入侵。然而，皇帝得悉此事后，却将卡提亚斯褫职流放。我们当然可以说，希拉克略虽欲保护美索不达米亚和亚美尼亚，却不愿在整个美索不达米亚前线息兵，否则安纳托利亚将遭更猛烈攻击。从较为个人的角度看，希拉克略或许觉得，卡提亚斯签订和约是总督的越权行为。

且不论希拉克略有何理由，总之罗马拒纳年贡。伊亚德速作反

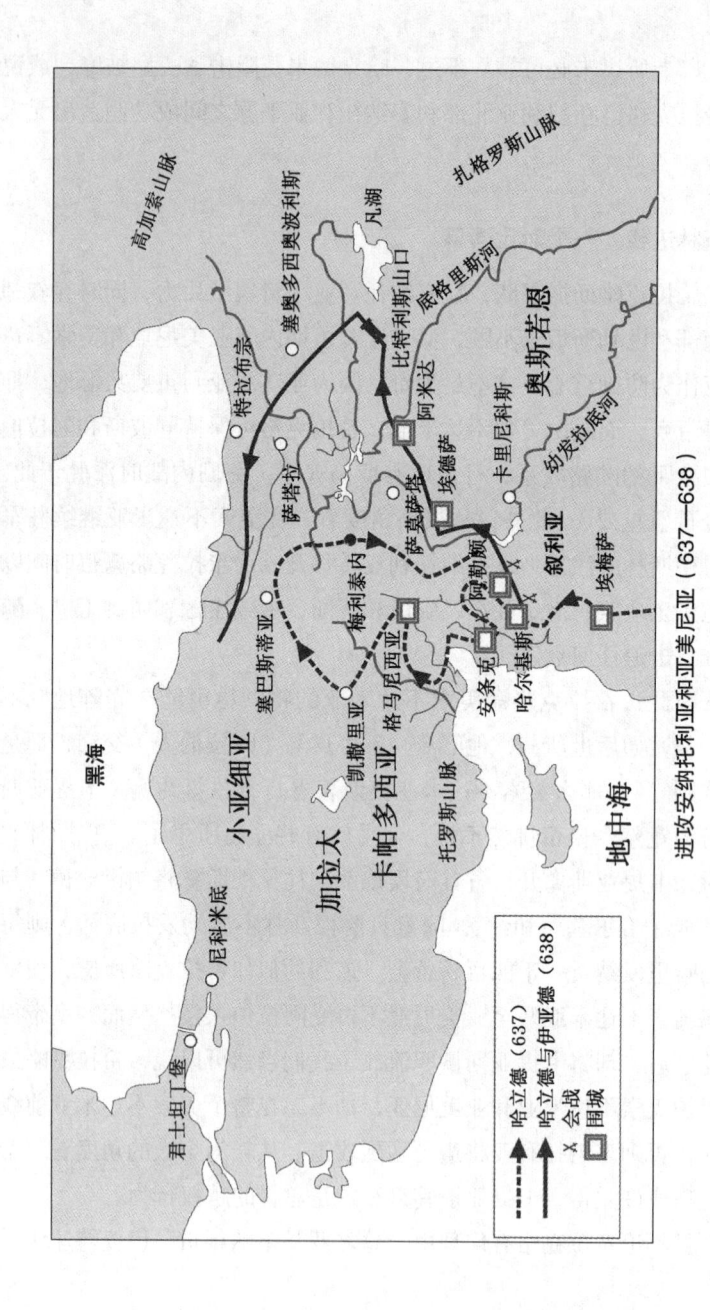

进攻安纳托利亚和亚美尼亚（637—638）

应,横渡幼发拉底河,轻取卡里尼科斯与埃德萨。希拉克略如此看重美索不达米亚的守御,却未奋力拒敌以保该地,这确乎有些反常。该地迅速沦陷,可见罗马军队在美索不达米亚寡不敌众,孤立无援。接替卡提亚斯的将领托勒迈奥斯或不愿部卒徒然抵抗而枉送性命。

尽管罗马军队在上美索不达米亚①惨败,希拉克略仍瞩望尽一切可能,减缓穆斯林进兵。彼军主力一路向北,沿黎凡特海岸进击,故此敌方有几座重镇守备不足。在叙利亚沙漠和美索不达米亚,尚有阿拉伯基督徒未被伊斯兰征服,仍与罗马帝国保持联盟关系。希拉克略趁此时机,令其攻打穆斯林阵线的这一软肋,特别是敌方位于埃梅萨的大本营。不料,阿布·乌拜达似在最初即听闻偷袭之事,遂集结起一支强大守军,足以抵挡阿拉伯基督徒的进攻。战斗似发生于638年3月。阿布·乌拜达向欧麦尔请援。后者从希拉附近的新建军事基地库费调集人马,并在麦地那以及从城市民兵中组建新军。同时,欧麦尔传令给伊拉克的穆斯林队伍,命其攻打来敌位于上美索不达米亚的家园,断其从埃梅萨的退路。阿拉伯基督徒无法战胜埃梅萨守军,不久又获悉家园被毁,军心大乱,队伍旋即瓦解。阿布·乌拜达的守军一直静待时机,见此情景,猛冲上前,将围城余敌击溃。

战败阿拉伯基督徒之后,穆斯林继续征服罗马属美索不达米亚,继续这场始于637年的战争,而后进军亚美尼亚和安纳托利亚。⁶缘何穆斯林未先剑指希拉克略和安纳托利亚,对此史籍言之不详,不过有几种可能的原因。前文已讲,亚美尼亚是罗马军队的重要兵源地,断敌兵源即可削弱其抵抗。再者,当初希拉克略入侵

---

① 上美索不达米亚,指底格里斯河与幼发拉底河的上游地区,包括今伊拉克西北部、叙利亚东北部、土耳其东南部。

波斯帝国时已表明，经亚美尼亚各行省，君士坦丁堡可与伊比利亚、拉兹和突厥盟友保持联系。最后，从进攻角度看，先前哈立德袭击卡帕多西亚和安纳托利亚边缘地区或已表明，安纳托利亚与亚美尼亚的边界群峦绵亘，山谷纵横，穆斯林可借此地势，从东北进兵安纳托利亚平原，攻打罗马军队侧翼或后部，从而绕过希拉克略的防线。

《哈尔基斯和约》被毁，伊亚德的快速突击部队大逞淫威，后在埃德萨与哈立德的机动骑卫队会师。两位穆斯林将领率急行军剑指东北，挺进阿米达。[7]以往数百年，该城已见证罗马与波斯之间太多的刀光剑影，而在638年的这次进袭中是否失陷并不确定，但及至640年，似已落入穆斯林之手。哈立德与伊亚德继续东进，可能经比特利斯山口到达凡湖，后北折，往攻塞奥多西奥波利斯。该城是在此时抑或年前被攻克，同样不得而知。他们继而麾军西向，过萨塔拉和塞巴斯蒂亚，后渡哈里斯河（今土耳其齐兹立马克河），进抵安纳托利亚北部。

然而，这些攻袭哈立德纵然亲历，也是其最后的征伐。在归信伊斯兰后的十年间，他已履行完先知所赐"安拉之剑"称号的使命，其战功超乎所有人预料。他在幼发拉底河流域和叙利亚全境高奏凯歌，不仅将大片土地并入伊斯兰帝国，且声名大振，一时无两。尽管从无迹象表明哈立德凭个人名望忤逆篡权，欧麦尔却认为，在伊斯兰帝国出现如此英雄崇拜，哈里发乃至穆罕默德的尊崇地位受到威胁。故此，两人虽有亲缘关系，且欧麦尔后悔曾在耶尔穆克会战前质疑哈立德的将才，但他仍要想方设法，不动声色地罢免哈立德，以彰显穆斯林之胜源自神的意志，而非少数精英的作为。

这并不是说，为达目的，欧麦尔将破坏法治或歪曲事实。哈立德以酒沐浴一事曾引其关注。不过，穆斯林所禁者是饮酒，哈立德认为自己可将酒用作他途；他是勇士和决斗战士，或有伤口须护理,而用酒消毒已行之有年。听完辩解,欧麦尔判定此举并未触犯伊斯兰法律。⁸ 然而,欧麦尔最终在 637 年岁末或 638 年岁初寻到时机。攻克格马尼西亚凯撒里亚之后,一名诗人因作诗歌颂哈立德本人及其功勋,曾受其重赏。因为此事,有人仅仅是暗示他或曾动用国帑,便一举断送了其军旅生涯。纵使挪用国帑的指控为谬(实情也确乎如此),慨赠诗人以重金,亦有靡财之过。哈立德到麦地那向欧麦尔当面申诉,声言自己虽有此咎,亦不至被革除军职,但他终遭罢免。

其戎马生涯虽就此中断,已足以令多数人钦羡。哈立德身经大小数十战,或未尝一败。他利用地形和敌方部署,使穆斯林军队转败为胜,其战略战术才能一再得到彰显。⁹ 他首创穆斯林军队的大量组织方式及战术战法,该功绩的重要作用不亚于其麾下具有强大机动性和打击能力的骑兵。他综合运用打完即撤、集中攻敌侧翼的战术,罗马和波斯骑兵虽身贯更为精良的重甲,亦无力抵抗。见敌众我寡(情况往往如此),哈立德能在开战前确保己方占尽优势。为此,他虽悍勇好斗,却每每在出击前侦察战场以巧用地形。他被认为是训练穆巴里津的主要倡导者之一,遣其阵斩敌将,以挫敌士气,削弱彼军指挥。

瓦拉贾之战凸显出他的战术技能;在穆扎耶、萨尼和祖迈尔三战三捷,则体现出他的卓越指挥才干:出其不意、进兵迅速、果决赴敌;在耶尔穆克之战中,哈立德的能力大放异彩。他不仅让士气已堕的兵卒群情振奋,向罗马军队的豁口出击,数次力挽危局,且充分利用耶尔穆克平原及周边沟壑的地形。此役也反映出,哈立德在战斗中甘冒一切风险,一有战机便紧抓不放。会战第四天,他派阿布·乌拜达和耶齐德所部进攻瓦汉右翼,以冲乱敌阵。此举可跻身于晚古时期最重大的战场运筹之列。哈立德留给穆斯林军队的最大遗产或在于,这些骁勇顽强的战斗特质与战术技能,将对叙利亚、巴勒斯坦、美索不达米亚、伊朗、北非以及其他战场的穆斯林将领产生深远影响。

军旅生涯虽意外止步，哈立德似已接受欧麦尔的说辞，即祸由名招。双方关系似未因之恶化。凭其声望，哈立德本可在政治乃至军事上给欧麦尔制造巨大事端，但他未向哈里发寻仇。在埃梅萨默默退隐仅四年后，哈立德于642年抱憾而终，在病榻上平静离世，将财产遗赠欧麦尔。几无疑问，穆斯林大业乃至可能整个世界从此失去一位顶级骑兵统帅。[10]

战争，饥荒，疫病，死亡——"灰烬之年"与阿姆瓦斯瘟疫

638年，欧麦尔的意外决策不止罢免哈立德一事。虽可进兵安纳托利亚，此时欧麦尔却决定着力于巩固战果，而不再继续征服。西向，未果断出兵去击破希拉克略在安纳托利亚的防线；东向，未越过今伊朗与伊拉克边界。欧麦尔曾力主伊斯兰扩张，无论何时何地，凡有所需必招募、遣派援兵，而在638年岁中，最大胜利已指日可待，他却下令停战，可谓择时不当。此举有何缘由，令人困惑。

投入大量时间和精力确立起行政基础之后，欧麦尔或感到，须暂止刀兵，以巩固穆斯林在叙利亚、巴勒斯坦和美索不达米亚的统治。该动机可以理解，因为当初在620年代后期，因罗马反击，波斯的征服之地被夺走，欧麦尔由此获得前车之鉴。在征服之地稳固基础结构与行政管理，增强了诸地抵抗罗马或波斯反攻的能力。就战略而言，哈里发或许也有所顾虑，恐兵力相对匮乏，疆域又如此之广，部署将过于薄弱。在阿拉伯基督徒攻打埃梅萨时，问题已凸显。此外，历经十余载几乎没有停歇的征战之后，欧麦尔可能也希望让军队有所喘息。

但此举的真正主因或是阿拉伯史籍所称的"灰烬之年"，即中东地区长达九个月的亢旱。虽然旱虐或影响到灾区征兵和作战，却无法解释叙利亚、美索不达米亚和伊朗的息兵。639年岁初，疫病在巴勒斯坦暴发，令旱灾后果愈加严重，也许旱灾是暴发疫病的部分原因。据信，阿姆瓦斯瘟疫（亦称以马忤斯瘟疫）致成千上万人死亡，包括众多阿拉伯高级将领，如阿布·乌拜达、耶齐德、舒拉比尔。[11]哈立德遭解职的同时，诸将纷纷病殁，难免致穆斯林将领匮乏，军卒士气受挫。

阿姆瓦斯瘟疫来路不明。最普遍的观点认为是腺鼠疫，即始于540年代的查士丁尼瘟疫卷土重来。大体言之，阿拉伯人未受以往瘟疫的波及，对瘟疫无免疫力和抵抗力，此次暴发若对接触疫病的阿拉伯人冲击巨大几乎不足为奇。但无论病理如何，此疫不像百年前初起的查士丁尼瘟疫或七百年后的黑死病，未席卷欧亚非。免疫力较弱的穆斯林所受影响似乎没有改变大局。一年之内，在埃及、伊朗和安纳托利亚等至少三处战场，伊斯兰军队再次开始行动。

旱灾与瘟疫拖住穆斯林军队，却定然成全了希拉克略。他力图在安纳托利亚建立牢固的防御阵地。耶尔穆克之败发生于遥远的南部，穆斯林仍须对付叙利亚、巴勒斯坦和美索不达米亚的驻军。希拉克略抛弃哈尔基斯、贝罗埃亚、安条克，乃至阿达纳和凯撒里亚等安纳托利亚城市可谓反应过度。不过，罗马皇帝似乎意识到，穆斯林骑兵进军神速，将致更大祸患。倘若命罗马军队进抵叙利亚北部，则后果或是，不仅军队再次败北，且正如哈立德与伊亚德的进攻所示，一次机动灵活的攻袭即可阻断托罗斯山的退路，将山南罗马余部多困于绝境。

因此，尽管希拉克略令守军各离家园、在安纳托利亚集结军力的尝试或许不太成功，捐弃叙利亚、巴勒斯坦和美索不达米亚的做法似乎过激，但以上举措也不乏益处。这些驻军抵住穆斯林兵锋，为希拉克略赢得时间，得以建起缓冲地带，对"成功守御后来的帝国安纳托利亚腹地"至关重要。[12] 不过,尽管希拉克略和继任者们将成功守住安纳托利亚,这对叙利亚的未来却几无影响。穆斯林虽在叙利亚列城遇到抵抗,而一旦看出罗马军队不会驰援,他们在黎凡特即横行无忌,其进兵态势不啻大范围"扫荡"。[13] 罗马人也许曾想在经受穆斯林风暴的首度袭击后收复黎凡特各行省。然而,"叙利亚已归伊斯兰治下",该状况延续至今,其间少有改易。[14]

泰西封失守与杰卢拉之战

穆斯林不仅仅在叙利亚、巴勒斯坦以及罗马属美索不达米亚击垮日渐薄弱的防线。一如耶尔穆克大捷,他们在卡迪西亚获胜,赛义德对贾利努斯穷追不舍,波斯属美索不达米亚完全暴露于穆斯林的兵锋之下,去往泰西封的道路已打通。泰西封仍在波斯手中,或将成为发动反攻的中心和跳板。故此,欧麦尔和赛义德速将摧毁或攻占萨珊首都定为下一目标。卡迪西亚获胜不到两周,赛义德所部即五路出击,分由祖赫拉、阿卜杜拉、舒拉比尔、哈希姆、哈立德·本·阿尔法塔率领,穿越美索不达米亚冲积平原,径取泰西封。赛义德似乎意识到沿途有守军,便派祖赫拉引一支骁骑开路。所下命令是,如有可能则征服守军;若遇波斯大军,则等待缓进的主力。

穆斯林先锋欣然领命,同时未敢大意,不过只遇有限抵抗。祖赫拉兵不血刃即占领纳杰夫。布尔斯守军虽有抵抗,但祖赫拉在单挑中力克敌帅布斯布赫拉,守军很快被征服。据载,636 年 12 月,穆斯林与波斯大军对垒于巴比伦古代遗址附近,波斯将领是霍尔穆赞、米赫兰、纳克希尔赞和比尔赞。由此可见,这是贾利努斯从卡迪西亚带出的溃兵。据传,比尔赞已在卡迪西亚遭卡卡斩杀,而此战又有其记载;对于在巴比伦发生的任何战事,均缺乏清晰史料,仅知波斯军中意见不合,霍尔穆赞撤回故里胡齐斯坦。由此看来,以关键性大战的标准衡量，整场交兵的重要性不应被高估。

祖赫拉继续追袭在集结的波斯军队。据信，他在苏拉击败一支萨珊军队，后又在代尔卡卜追上纳克希尔赞所部。在决斗中，祖赫拉的手下将纳克希尔赞斩杀，但波斯军队似乎仍顽强抵抗。贾里尔成功绕过敌军侧翼，夺下波斯防线后方一座桥梁，最终似乎逼退波斯军队。¹⁵637年1月初，在距首都仅十英里的库萨，波斯人最后一搏，试图遏阻穆斯林抵达泰西封城下。然而，只因在决斗中波斯统帅沙赫里亚尔败于一名穆巴里津，波斯军队被迫撤走。

库萨既夺，赛义德所部与波斯都城之间再无障碍。不过，祖赫拉进兵虽速，但泰西封防守严密，无法轻取，甚至难以包围。泰西封并非孤城，而是都市区，包括底格里斯河岸边的几座城邑：泰西封之外，还有塞琉西亚、维赫-阿尔达希尔、沃洛加索塞塔等。实际上，在阿拉伯语中，泰西封从古至今始终被称作"阿尔-马达因"，义为"诸城"。穆斯林自底格里斯河西岸而来，将首先兵抵沃洛加索塞塔、塞琉西亚和维赫-阿尔达希尔三座子城。三城之中，维赫-阿尔达希尔距泰西封最近，伊嗣俟三世及部将似乎视其为防御重点，命人挖掘沟堑，布置投石机和弩炮。这些武器令穆斯林无法靠近城墙，但他们雇佣波斯人为其制造攻城装备，很快即补足差距。

637年3月，围城近两月后，波斯守军铤而走险，出城延敌，欲打破围困。据称，在随后交兵中，祖赫拉力斩波斯统帅，后被箭矢射杀。在维赫-阿尔达希尔围城战中，有一则故事最不同寻常：波斯人利用一头经专训的雄狮，以惊扰穆斯林步骑。最后，哈希姆拦住横冲直撞的猛兽，一剑斩之。人们不禁会说，此为典型讹传。要么是有一名波斯将领名唤"雄狮"（如希腊人名"利奥①"），要

---

① 利奥，原词为 Leo，源自拉丁语，意即"雄狮"。

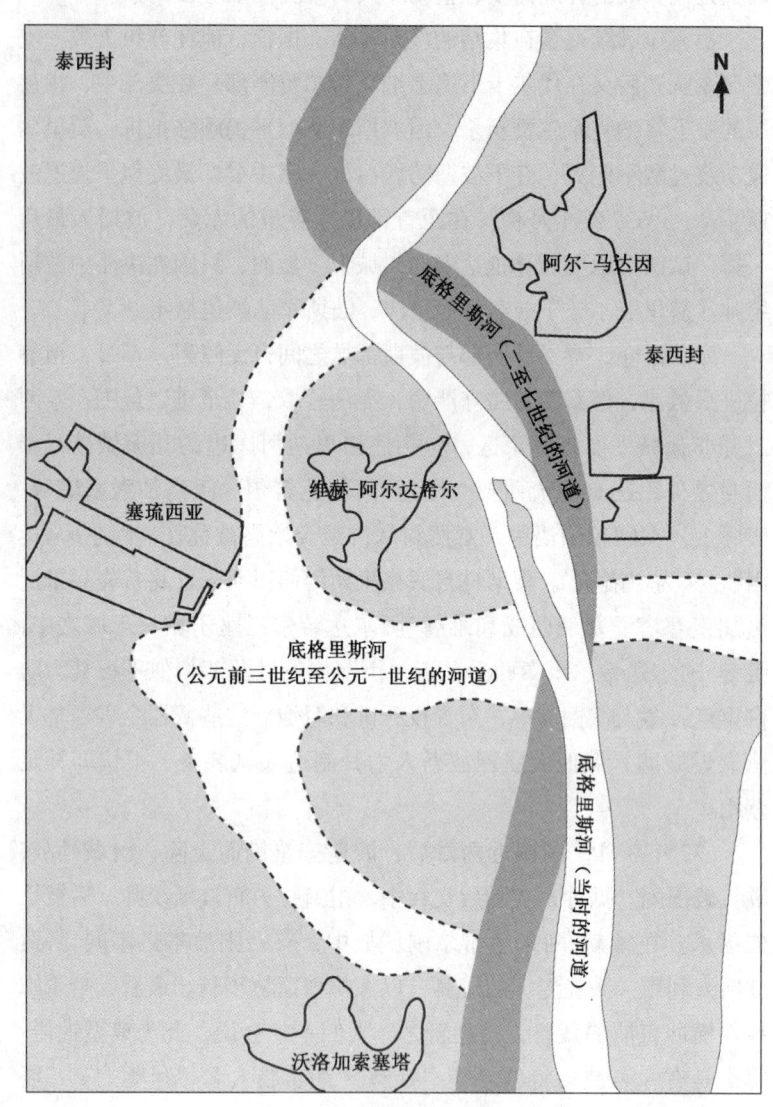

泰西封平面图

么就是该将素有作战勇猛如狮之名。

波斯军队出师不利，遂请求停战，承认至底格里斯河河畔的征服之地尽归穆斯林。赛义德回复称，只有伊嗣俟三世接受伊斯兰教并纳人丁税，方有和平可言。翌日晨，穆斯林发现，维赫-阿尔达希尔被弃，守军已悄渡底格里斯河，撤往泰西封，并摧毁众多桥梁，带走所有船只。

波斯军队虽采取这些措施，且河水似已泛涨，仍无法阻止穆斯林渡河的脚步。赛义德向当地人探询，找到涉渡点。约六百士卒自告奋勇，组成分遣队，由阿西姆率领，强渡过河。队伍遭波斯骑兵阻击，将其打退，在东岸立足，坚持战斗到赛义德派来援兵。见穆斯林军队已安渡底格里斯河，由米赫兰和鲁斯塔姆胞弟胡拉扎德统领的泰西封萨珊部队认定，任何守城努力均属徒劳，遂鼓动伊嗣俟三世携军队和金银委城而走。于是，赛义德及阿拉伯穆斯林军队未经大战，仅遇小股抵抗，便夺下古代世界一座最大城池，并获得城中大量战利品。

波斯首都缺乏有组织防御。由此可见，曾败于罗马与突厥，后历经内战，即今又为阿拉伯穆斯林击溃，波斯军队已何其不堪，且泰西封守军对南来进攻的防备何其懈弛。波斯与罗马、欧亚草原的游牧部落已交兵数百年，防御努力一直集中于泰西封以北。627年，波斯人为阻挡希拉克略的兵锋，曾摧毁奈赫赖万运河桥梁，而637年，赛义德顺利兵临维赫-阿尔达希尔，后轻取泰西封。比较之下，可见波斯防御的方向。可以认为，伊嗣俟三世将部队驻留美索不达米亚，以减缓穆斯林对泰西封的进袭，而都城防御却因之丧失急需的兵力，城破无以避免。不过，若无布尔斯、巴比伦、库萨等地驻军，祖赫拉的先遣部队将在泰西封全无防御之时兵临城下。因此，兵败卡迪西亚后，萨珊王及部将守御泰西封已必败无疑。

不过，波斯军队未经一战而撤离都城，这意味着穆斯林仍有萨珊大军须征服，方可巩固对美索不达米亚的控御。波斯主力由米赫兰与胡拉扎德率领，北撤杰卢拉。该城位于今巴格达附近，地处美索不达米亚、呼罗珊、阿特罗帕特尼等波斯行省之间，战略位置显要。比尔塔（通常被认为是今天的提克里特）以北也在屯聚兵力。此外，在底格里斯河上游被认为是今天摩苏尔的要塞驻有重兵。其长官因塔克似已南撤比尔塔，将麾下驻军、泰西封部分败卒，连同募自当地阿拉伯部落的新兵组建成一支大军。

比尔塔距杰卢拉萨珊主力较近，因塔克可同米赫兰与胡拉扎德会师，而一旦杰卢拉陷落，波斯守军亦可撤逃。故此，4月赛义德派哈希姆率主力攻取杰卢拉，同时遣阿卜杜拉引兵约五千去战因塔克，即使不能败之，也要将其拖住。阿卜杜拉一到，即试图发动闪电攻势以破城。不料，因塔克的士卒固守不退，阿卜杜拉似乎对守军兵力心有忌惮。为消解敌势，阿卜杜拉试图离间因塔克所部。穆斯林细作暗通阿拉伯基督徒，说服其背叛因塔克，转投阿卜杜拉。波斯人似听闻风声，或至少有所怀疑，企图捐城，沿河而遁。孰料，他们已遭穆斯林和昔日阿拉伯盟友的前后夹攻。波斯守军速被击垮。数天后，未经大战，一小股穆斯林军队即纳降摩苏尔。

就在阿卜杜拉切断萨珊军队败逃与增援的可能路线之时，哈希姆已列阵，将对战杰卢拉的波斯守军。论战略地位，此处是萨珊帝国的十字路口，米赫兰与胡拉扎德不可不守。此外，该城西近迪亚拉河，东临扎格罗斯山麓丘陵，防守位置有利。米赫兰知道，杰卢拉城前平原地形狭仄，穆斯林军队逼近时侧翼将受保护，于是对情知将至的穆斯林进攻积极备战。杰卢拉已变堡垒，城前壕沟从扎格罗斯山麓丘陵的崎岖地带一直延伸到迪亚拉河河畔，另布设铁蒺藜，以进一步阻挡穆斯林步骑。同时，弓手与投石机已在防御工事上就位，只要穆斯林接近城墙，即致敌死伤。只有重创穆斯林军队后，米赫兰才会从防御阵地出击，以夺取决胜。

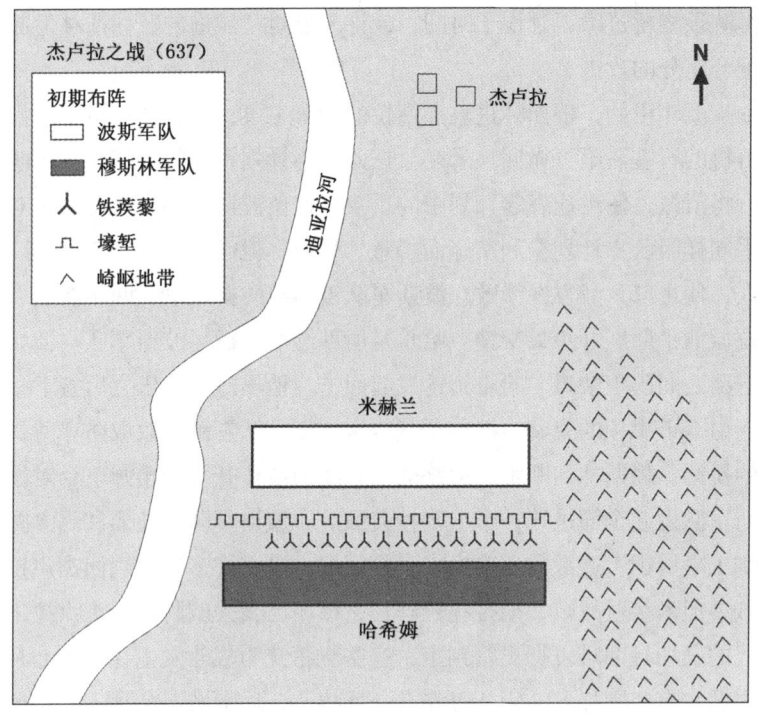

杰卢拉之战（637）：布阵

哈希姆察看波斯军队的部署和防务后，识破米赫兰之计：只留给穆斯林代价高昂的正面进攻这一项选择。鉴于两军部署在杰卢拉的兵力可能旗鼓相当，各约一万两千人，哈希姆难以承受正面进攻。因此，他决定采取佯撤这种风险极大的战术，将波斯军队诱出阵地。该战术的风险在于，若佯撤之兵士气不够高，军纪不够强，兼之敌军反攻坚决，配合密切，以至无法抵挡，则伪遁或瞬成真逃。穆斯林已获胜无数，一路杀到杰卢拉战场，显然，哈希姆完全有理由信赖士卒的军纪和英勇，大可用此战术。没有证据表明，米赫兰的反攻不够坚决，但可以认为，因有壕堑和铁蒺藜阻挡，波斯军队须搭桥过障,延误了时间,或许未能对"撤逃的"穆斯林发起配合充分的攻击。

战斗伊始,穆斯林进攻杰卢拉的防御工事,却在波斯弓手和投石机的石雹箭雨下撤回。米赫兰据此认为计划在起效,穆斯林军队行将溃散,便迅速发起计划中的反攻。这位波斯统帅有所不知,对手同样因己方计划顺利实施而得意。穆斯林退而不乱,却瞒过波斯人,使之以为敌方在溃败。波斯军队被引出防御工事,两军在杰卢拉城前平原展开步兵交锋。哈希姆所部继续后撤,波斯军队与回城退路之间出现缺口。哈希姆遂发起回击。他早已在队伍之后备下一支由卡卡率领的骁骑,此刻派其绕过波斯军队右侧,攻取防守薄弱的桥梁。穆斯林切断唯一后路的消息在前线传开。哈希姆下令对波斯军队发起全面进攻,卡卡则抄袭敌后。波斯军队为地形和己方防御工事所困,遭敌前后夹击,于是瓦解。虽有许多士兵逃回杰卢拉城,但米赫兰战败,胡拉扎德阵亡,该城已丧失威胁力。杰卢拉之战的确切日期难以据史籍判定,有些史籍认为战斗发生在围城七月之后,有些则称637年4月先有一场战斗,后围城七个月。

且不论事件孰先孰后,及至637年岁杪,杰卢拉已落入哈希姆之手。他派卡卡踵袭米赫兰溃兵。在东面约十五英里处的哈奈根城,卡卡追上败敌。派自胡勒万的援军或许同米赫兰会合,但他们仍兵力不敷,难免再次落败,哈奈根失守。据载,卡卡力斩米赫兰。这名较有才能的波斯将领既除,自是战场少去一重阻碍。此时,卡卡离伊嗣俟三世位于胡勒万的大本营已不足一百英里,在638年1月底前将兵临城下。不料,伊嗣俟三世获悉米赫兰兵败哈奈根后,继续东撤,进入帝国的伊朗高原腹地,到达今德黑兰以南约一百英里处的库姆。他试图逃脱穆斯林的追击,同时召集足够兵力,以收复失地,遂从泰西封败走胡勒万,后又遁至库姆,余生将在如此东躲西逃中度过。

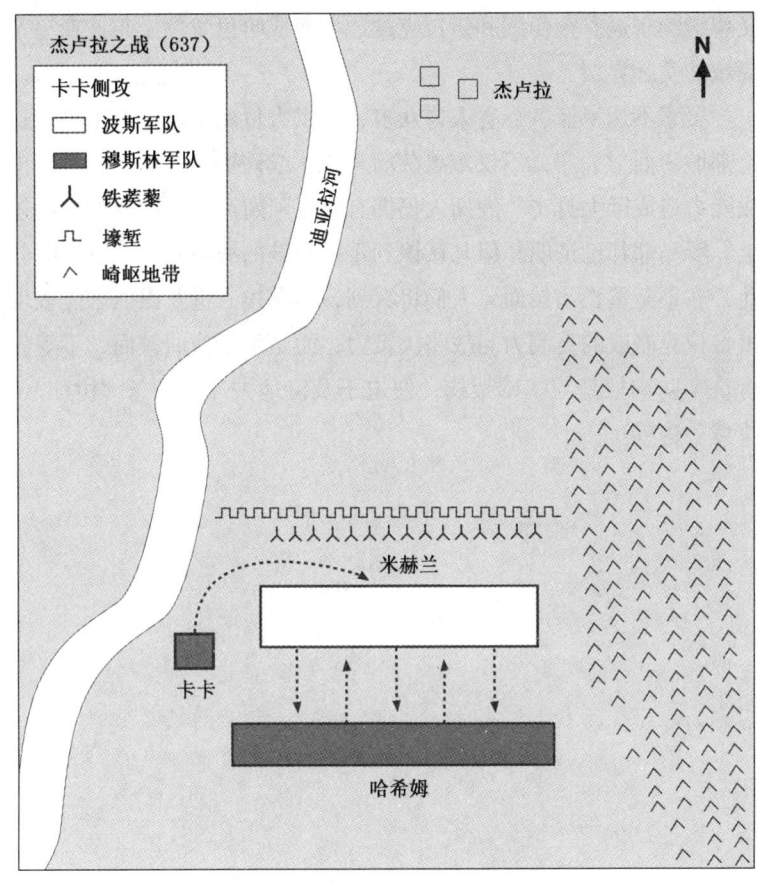

```
杰卢拉之战(637)
卡卡侧攻
□ 波斯军队
■ 穆斯林军队
人 铁蒺藜
几 壕堑
∧ 崎岖地带
```

杰卢拉

迪亚拉河

米赫兰

卡卡

哈希姆

杰卢拉之战(637):卡卡侧攻

皇帝已走,仅留少量守军,胡勒万亦很快陷落。安顿好居民后,一向雄心勃勃的卡卡向统帅赛义德请示,可否挥师伊朗高原,追袭亡命中的伊嗣俟三世。赛义德似乎赞同进兵。他或许认为,波斯人重整旗鼓后定会卷土重来。然而,鉴于638至639年的"灰烬之年"旱灾和阿姆瓦斯瘟疫所致危害,欧麦尔不愿再劳师远征。一如先前命军队避免在罗马属安纳托利亚与敌决战,他不准卡卡和赛义德继续东进。今伊朗和伊拉克的边境暂成哈里发领土与波斯皇帝疆域的实际界线。

美索不达米亚各行省人口众多,提供大量赋税。该地沦陷,遑论都城泰西封失守,不仅重挫萨珊声望,或许更重要的是,对其再战能力造成巨大打击。波斯人仍拥有东至阿姆河及印度河的广阔领土。罗马邻邦已证明,但凡认识到重整旗鼓的战略必要,虽惨败若此,亦不至覆亡。然而,人们将看到,伊嗣俟三世及谋臣未能表现出希拉克略般的克制力与战略决策力,而是急于挽回颜面,不等先行筑牢防御根基与基础架构,便迫不及待地去冲击这条"伊朗-伊拉克"边界。

第9章　夺罗马粮仓，断波斯国祚

> 史上大事，论记载之含混、表述之抵牾，几无哪件可比拟亚历山大的陷落。萨拉森人①入寇（罗马）帝国的整部历史委实模糊不清，而在此晦暗时期的全部事件中，征服埃及最鲜为人知。
>
> 布鲁克斯（1895），第 435 页

阿姆鲁驰骋埃及 [1]

当哈立德、阿布·乌拜达、伊亚德、赛义德、卡卡诸将在叙利亚、美索不达米亚等战场建功扬名时，另一位穆斯林将领却因缺少战绩与荣耀而在焦虑。阿姆鲁·本·阿斯曾勒兵先入罗马领土，达钦之役赢得首战，在耶尔穆克率穆斯林右翼立下大功，光芒却多被同僚所掩。但是，在纳降耶路撒冷，又迫降加沙与巴勒斯坦各地其他坚持抵抗的多支孤军之后，作为一名兼具雄心与能力的将领，阿姆鲁决意寻求险机，以弥补差距。

他将目光投向另一大陆，找到目标。据信，639 年秋，阿姆鲁去往巴勒斯坦凯撒里亚助战时，曾谒见哈里发，提出大胆的计划，即攻取罗马帝国的粮仓埃及。阿姆鲁或早有此念，见哈里发的时间也许更早，而唯有今时，巴勒斯坦大部已被征服，哈里发才愿意更多考虑继续用兵。耶路撒冷前总督阿雷蒂翁在圣城降敌前逃离，今正在埃及召集罗马和当地军队。阿姆鲁催促欧麦尔，趁埃及大片土地尚无防守，从速行动，但欧麦尔闪烁其词。后者有理由认为，阿

姆鲁低估了远征之难。尤其此时，叙利亚、美索不达米亚和胡齐斯坦战事未息，旱灾与瘟疫影响持久，阿姆鲁或仅有三千五百至四千兵力，而他却认为这些兵力足以发起首轮突袭。不过，虽看似请求被拒，前赴凯撒里亚途中，阿姆鲁收到欧麦尔来书。作为世界上一处最古老、最丰饶之地，埃及对哈里发极具诱惑力。如今他对阿姆鲁的计划予以首肯。

为尽量隐藏行踪，阿姆鲁率小队人马贪夜离开凯撒里亚，直奔埃及边境。不料，甫一抵达边境附近的拉菲亚，哈里发信使即赶到阿姆鲁军营。在奥斯曼（未来的哈里发）建言之后，欧麦尔先前的疑虑似乎加重。信使传令，不许阿姆鲁进入埃及。看来远征计划将胎死腹中。不过，欧麦尔对荣誉的看重给阿姆鲁留下机会。欧麦尔不愿让穆斯林军队未经一战即撤出敌境，遂补充说，若信使到时阿姆鲁已入埃及，则可继续实施入侵计划。

阿姆鲁预感哈里发来书对其出征不利，进埃及前便未览信。抵阿里什河谷后，他才展信阅读，随后问询身边诸将："此地在叙利亚还是埃及？"当听到"已到埃及"的回答后，阿姆鲁当众朗读欧麦尔手谕，并宣布奉命进兵。有些学者认为，古代埃及的边界不在阿里什河谷，而在河谷以西，故此这支穆斯林队伍是否已到埃及有待商榷。阿姆鲁兵抵埃及后，曾庆祝宰牲节，时间为伊斯兰历12月10日至12日，相当于公元639年12月12日至14日。此事为他们的早期行动提供了某种时间定位。

穆斯林史籍对阿姆鲁入侵埃及的记载一如对待其他征战：事序错乱，时或龃龉。而罗马与希腊史料更是糟糕。尼基奥的约翰亲历

---

① 萨拉森人，在公元一至三世纪，专指生活于西奈半岛的一个阿拉伯部落；后词义拓展，指代所有阿拉伯部落；哈里发政权建立后，泛指哈里发治下的所有穆斯林。

此次征伐，本可提供最可靠的历史，却未详述入侵始末，而他人"既不探究亦不了解自己所记文字，时间混乱，事实颠倒，只能误导读者，现代作家若参考其所写，殆皆被引入泥潭"。[2]

狄奥法内斯称，罗马人向穆斯林缴纳年贡，将阿姆鲁的进攻延迟三年。尼基弗鲁斯则认为，入侵埃及早于希拉克略撤出叙利亚，甚至先于耶尔穆克之战。他还记载道，阿姆鲁曾与巴尔西纳公爵约翰交锋，后议定和约，阿姆鲁改信基督，迎娶罗马皇帝之女。而据《东方编年史》①的作者所说，希拉克略将埃及驻军悉数撤至赛伊尼（今埃及南部阿斯旺），向穆斯林纳贡十年。在征伐初期，穆斯林史书只讲到一些城镇的投降，并无和谈记载。

阿姆鲁自阿里什启程，沿埃及大道进军。亚伯拉罕②、雅各③、约瑟④等《圣经》人物，以及冈比西斯二世⑤、亚历山大大帝、克莉奥佩特拉⑥等君主皆行经此路。这是商贸、朝圣、通讯和行军要

---

① 《东方编年史》，阿拉伯语史籍，成书于1257至1260年，作者是埃及基督徒，姓名不详。
② 亚伯拉罕，犹太人和阿拉伯人共同的始祖。据《圣经》记载，八十五岁时他与妾夏甲生子以实玛利（阿拉伯人的祖先），百岁时与妻撒拉生子以撒（以色列人的祖先）。他曾因荒馑避难埃及。
③ 雅各，亚伯拉罕之孙，传说曾与天使摔跤而致跛，被神赐名以色列（意即"与神角力者"）。所育十二子成为以色列十二支派的始祖。晚年移居埃及，与失散多年的儿子约瑟重聚。
④ 约瑟，雅各第十一子，因受父宠而遭众兄嫉恨，十七岁时被他们卖为奴隶，后任相埃及。
⑤ 冈比西斯二世，波斯帝国阿契美尼德王朝第二任君主，公元前529年至公元前522年在位。其父是该王朝缔造者居鲁士大帝。公元前525年冈比西斯二世率军征服埃及，将波斯帝国的版图扩至北非。公元前522年波斯本土发生叛乱，他挥师归国，途中神秘死去。
⑥ 克莉奥佩特拉（前70/69—前30），古埃及托勒密王朝女王，也是最后一位法老，史称"埃及艳后"。为使国家免遭罗马帝国吞并，她以美貌先后征服恺撒和安东尼。公元前30年，屋大维进攻埃及，她以毒蛇咬胸的方式自尽。从此，埃及并入罗马，直至七世纪。

道，途中阿姆鲁却未遇罗马一兵一卒，后抵达贝鲁西亚。该城扼守去尼罗河三角洲的东端道路，曾见证埃及史上诸多大事：拜伦勋爵1813年所著诗篇《辛那赫瑞布军队之毁》中的主人公、公元前705年至公元前681年在位的亚述①王辛那赫瑞布从城外撤军；公元前525年发生贝鲁西亚战役，致埃及全境尽归波斯帝国阿契美尼德王朝治下；在较晚近的公元541年，首次记载的查士丁尼瘟疫暴发于贝鲁西亚。³

阿姆鲁畅行无阻，兵抵城下，将这座重镇封锁——如今围城已是穆斯林惯用战术。阿姆鲁兵力不足，令对手看到可乘之机。贝鲁西亚守军勇于出击，无数次向围城之敌发起攻势。穆斯林军队则给对手造成伤亡，若非守军出战，这原本做不到。为让作战部队进出，城门不断开启，阿姆鲁遂得破城之机。如是交兵至少逾月，穆斯林猛烈打退一次出击，有支部队追至城墙下，夺过一处打开的城门。阿姆鲁见此突破，便下令总攻，粉碎了罗马人的抵抗，于640年2月底克城。有罗马史籍称，埃及科普特人②协助阿姆鲁攻下贝鲁西亚，而这或许是在为罗马军队的庸弱无能寻找遁词。尼基奥的约翰对本次征伐多有亲历，称此言不实，科普特人并未投敌。

通讯、增援和撤退路线已控制在手，攻拔贝鲁西亚对阿姆鲁的未来征战至关重要。不过，攻城所遇困难、所耗时间令阿姆鲁深感亟需欧麦尔曾许诺的援兵。若说克取贝鲁西亚这般防守不足的城市属幸遇好运，尼罗河三角洲兵力更强的罗马守军又将如何抗衡？罗马在埃及的驻军规模难以确定，自四世纪末或五世纪初的《百官志》问世后，史料对此记载不详。该书称，在五世纪初叶，埃及各

---

① 亚述帝国（前935—前612），曾是古代西亚军事强国，建都尼尼微（在今伊拉克北部），公元前八世纪中叶以后进入全盛期，公元前612年被新巴比伦和米底联军所灭。
② 科普特人，埃及主要民族。科普特是阿拉伯人对埃及的称呼。

行省以及利比亚或有正规军、半职业士卒和民兵六万多。[4] 再者，因之后两百年埃及多无战事，守军兵力已锐减。及至查士丁尼时期，即使不是在此之前，埃及守御仅靠当地募集的边防军，而非驻扎于叙利亚、亚美尼亚、君士坦丁堡或巴尔干地区的正规野战军。610至619年，由于尼切塔斯的用兵及后来波斯的征服，埃及本已薄弱的军事基础或再受损。627年希拉克略战胜波斯后，似乎并未督促开展军事重建，派驻此地的官员迫害异端、统一信仰有余，而整修工事、补充兵员不力。

对阿拉伯入侵的可能无所反应，足见军事基础受损之严重。穆斯林在叙利亚和巴勒斯坦的胜利本应给埃及当局以充分警示：他们将成下一目标。事实上，阿姆鲁率穆斯林军队首开战衅，进袭加沙，634年2月爆发达钦之战，战场距阿里什不足五十英里。罗马治下的埃及政府定然日益看到叙利亚败局，却未引以为鉴，似乎毫无战备。从加沙到尼罗河三角洲，沿途不设观察哨，故未派援兵协防贝鲁西亚。此前三十年，埃及驻军也许处境艰难，但只要有一支与阿姆鲁兵力相当的军队，加之贝鲁西亚的防御工事，击退穆斯林的初次进袭或绰有余裕。面对阿姆鲁来犯，罗马军队无所作为、组织不力，看似造成了另一后果：当地贝都因人加入穆斯林军队。贝鲁西亚失陷后，贝都因人似乎将入侵尼罗河三角洲视作大肆劫掠的良机。

阿姆鲁自然因胜利而受鼓舞，今又得增援，遂穿越沙漠，进逼尼罗河三角洲东缘比勒拜斯城。由于耶路撒冷前总督阿雷蒂翁镇守该处，罗马有准备抵抗的真正迹象初现于此。阿雷蒂翁拒降，不纳人丁税，而是出其不意，夜袭穆斯林军营。当阿雷蒂翁在战斗之初殒命的消息传开后，罗马军队似乎溃散，夜袭失败。不过，守军撤回城内后，拒绝了阿姆鲁的投降提议，在640年3月坚持抵抗，打退敌军多番进攻。但战斗经月，比勒拜斯守军认识到，没有理由相信罗马来援，最终降敌。罗马人失却一座重要堡垒以及约四千兵士——阵亡一千，被俘三千。阿姆鲁克城后，距尼罗河三角洲的路程已不足一日。他似乎几无耽搁，便再踏征途，绕过赫利奥波利斯城及屯守于此的重兵，抵达巴比伦堡以北尼罗河河畔的设防堡垒。据阿拉伯人所载，该堡为乌姆杜纳因。而据尼基奥的约翰记载，此地为坦杜尼亚斯堡，同时也是大城勿斯里（位于今开罗中心）的港口和码头所在地。

敌人立足既稳，罗马守军终于筑起了更强大的防线。亚历山大城自波斯人手中收复后，牧首赛勒斯已牢牢掌控埃及。屯驻埃及的罗马军队总指挥狄奥多尔召集起一支可抗衡穆斯林的部队，率军向阿姆鲁在该地区的主要目标巴比伦堡进发。因罗马大军到来，坦杜尼亚斯严阵以待，另有尼罗河拦路，阿姆鲁很快发现，自己处境凶险，已遭坦杜尼亚斯、巴比伦堡、勿斯里、赫利奥波利斯四城的罗马驻军包围。

阿姆鲁已向欧麦尔急书请援，却也意识到，不可冒险静待援兵，否则罗马军队将对己方孤军构成合围。他认为，部队要靠取胜方可脱险。鉴于兵力窘迫，不足以围困勿斯里、赫利奥波利斯或巴比伦堡，阿姆鲁命兵力有限的部队全力攻打坦杜尼亚斯。遗憾的是，穆斯林何以进攻和破城，罗马和阿拉伯史籍均无载。无论如何，攻城得手。经此胜利，阿姆鲁及所部已占据一处易守难攻、战略位置重要的堡垒。赛勒斯和狄奥多尔本欲到巴比伦堡后取得压倒性胜利，该可能今已大大降低。

然而，虽有此胜，阿姆鲁仍面临赫利奥波利斯和勿斯里守军，尤其是巴比伦堡根基牢固的罗马部队。因不想坐等敌军对己方阵地构成合围，640年5月，阿姆鲁利用在坦杜尼亚斯缴获的船只，渡过尼罗河，再次表现出其他穆斯林名将所有的胆气。通过威胁埃及最富庶之地，他希望诱守军出战，以寻求更好的破敌机会。阿姆鲁所部途经法老古都孟菲斯①,隔河察看勿斯里和巴比伦堡的城防,此时出现一支罗马骑射部队。因有这支机动纵队的骚扰,以及由法尤姆总督多门蒂亚努斯、行省长官狄奥多西、亚历山大长官阿纳斯塔修斯、由希拉克略派来统领埃及军务的约翰等人加强了罗马部队的组织,阿姆鲁被迫离河而去。夺取沙漠丘陵间名为拜赫奈萨的小城时,穆斯林发觉,有一小股罗马军队尾随其后,在收集进兵情报。阿姆鲁清楚,在这般凶险之地,最佳策略便是出其不意、隐匿行踪,遂迅速行动,要斩掉讨厌的尾巴。阿姆鲁趁夜色进军,利用当地贝都因人所给情报,扑向这支孤立无援的侦察部队,将其全歼。阿姆鲁发现,希拉克略钦选的将领约翰及其裨将也在阵殁者之列。除掉敌方一员良将,反击成果因而更为丰硕。

约翰阵亡似乎令罗马余将惶遽不已。狄奥多尔命军队集结于巴比伦堡,或许并未试图围困阿姆鲁于拜赫奈萨,也未阻其重渡尼罗河,而法尤姆守军有抗敌之力。

穆斯林从法尤姆撤走,狄奥多尔或许自以为对战局的预判准确无误,但阿姆鲁撤退并非仅仅因为守军兵力强。其主因是,在坦杜尼亚斯城外让军队脱困,又渡尼罗河而赢得更多时间之后,阿姆鲁获悉,麦地那援兵终于正在赶来,他须回返坦杜尼亚斯堡,同援兵会师。

赫利奥波利斯会战与巴比伦堡之围

在640年6月首周,一支约四千人的队伍由祖拜尔·本·阿瓦姆率领,从麦地那开拔,途经塔布克、亚喀巴和苏伊士,抵近赫利奥波利斯。似另有一支规模相当的军队与祖拜尔同时前来或随后而

---

① 孟菲斯,位于今开罗南,曾是古埃及首都,据称由国王美尼斯于公元前3100年左右兴建。

入侵埃及（639—642）

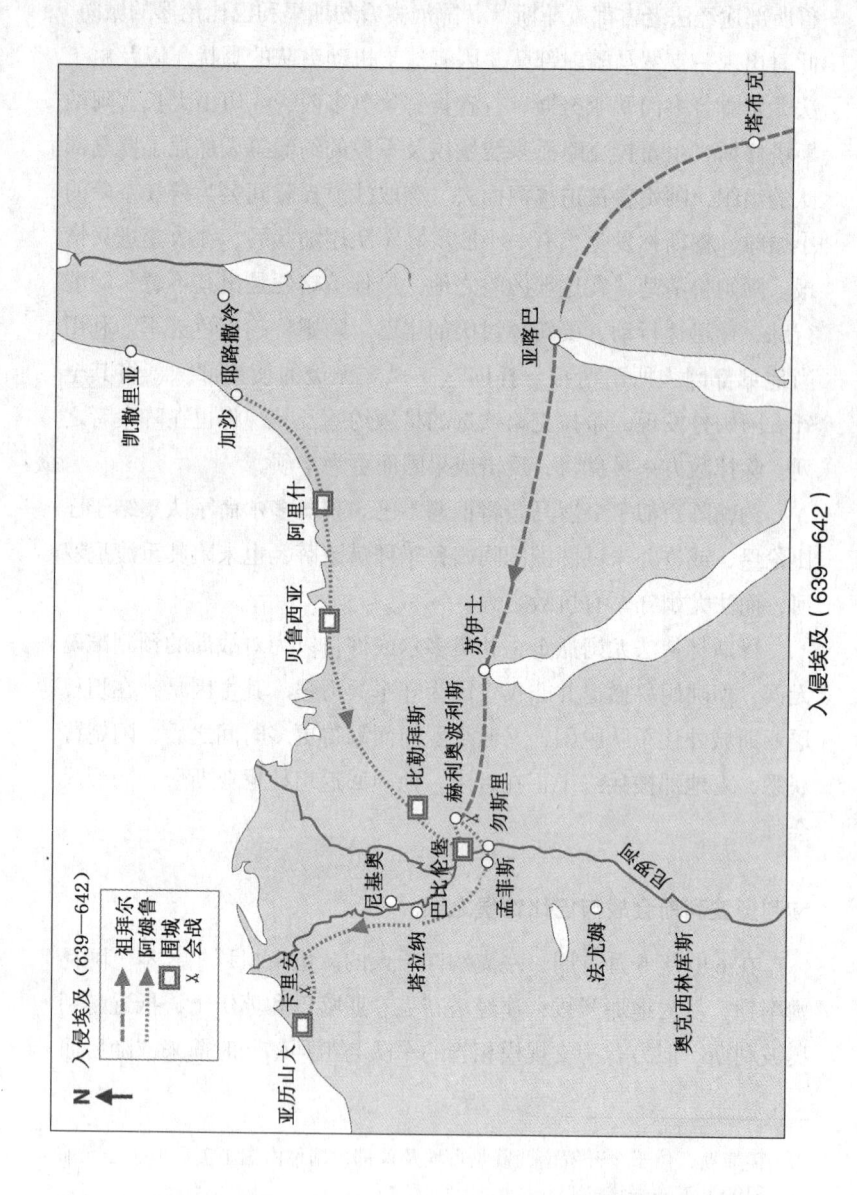

至。穆斯林在埃及的兵力或达一万两千人,严重威胁到巴比伦堡和赫利奥波利斯的罗马守军。[5]不过,阿姆鲁和祖拜尔所部尚分处尼罗河两侧,罗马人仍具战略优势。他们似在利用该优势,狄奥多尔不仅重夺坦杜尼亚斯堡,而且将部队投至巴比伦堡附近的战场,似已阻断两支穆斯林军队会合的直接道路。然而,不可思议的是,在坦杜尼亚斯以北连通尼罗河与红海的图拉真运河附近,罗马人未能阻止阿姆鲁重渡尼罗河。更有甚者,当阿姆鲁去往赫利奥波利斯附近的祖拜尔营盘会师时,罗马人似无动于衷。

罗马人集结到的兵力究竟几何,史传无载,虽有说法称,狄奥多西与阿纳斯塔修斯统率罗马骑兵,而主力则由长矛手和弓步兵组成。不过,狄奥多尔及部将似乎想诱使穆斯林进行阵地决战,并认为阿姆鲁和祖拜尔倘若不能合兵,便不会如愿出战。由此判断,罗马人对一万两千名穆斯林定有兵力优势。但这仅为揣想,依据主要是,若力量不占优,罗马人不会愚蠢到听任阿姆鲁和祖拜尔会师,虽说在试图守御埃及的过程中,罗马人更多表现出愚蠢无能,而非精心谋战与后勤组织。

相较之下,兵力虽明显不足,阿姆鲁和祖拜尔却极想接战,欲对阵狄奥多尔所部。不过,穆斯林积极应战并非傲慢轻敌。他们派出哨探,十分清楚狄奥多尔在逼近己方营盘。穆斯林将领把原本不及对手的兵力又分作三路,再次彰显出自信和必胜决心。阿姆鲁带主力去正面迎战罗马军队,另一路则在夜幕掩护下西去坦杜尼亚斯,哈里耶率骑约五百东伏山中。后两路受命:罗马军队经往赫利奥波利斯时,潜匿不出,待开战攻敌两翼及后部。

或因未派己方哨探,狄奥多尔引军贸然迎击阿姆鲁,却对敌方部署浑然不知。640年7月中旬,在赫利奥波利斯与巴比伦堡之间,双方步兵发生激战,互不相让。岂料,正当酣斗时,哈里耶兵出东山,攻袭罗马右翼及后部,虽不足以击垮敌军,却致其大乱,罗马人开始退往坦杜尼亚斯,径入另一穆斯林侧翼攻击部队的虎口。"此刻,混乱升级为灾难",罗马军队崩溃。⁶ 伤亡数量不详,包括狄奥多尔、狄奥多西和阿纳斯塔修斯在内的幸存者逃往巴比伦堡。该城守军具备战力,而坦杜尼亚斯和勿斯里却未经一战,相继落入阿拉伯人之手。阿姆鲁已控制尼罗河在巴比伦堡的上下游,为包围该城,又将营寨从赫利奥波利斯移至巴比伦堡东北。该地后称福斯塔特,为开罗前身。

巴比伦堡业已封锁,穆斯林军队威名远扬,令人胆寒,阿姆鲁拟乘此威势,遂于 640 年 7 月中下旬派出纵队,去征服勿斯里和法尤姆这两座已克城邑的周边。阿姆鲁谨慎用兵,避免力量消耗过大,因为尼基奥等城市依然兵多城坚,阿姆鲁所部要破城,纵使可能,亦有相当难度。然而,当罗马兵败赫利奥波利斯的消息传开后,许多在战斗的罗马军队,最重要的是尼基奥守军,纷纷弃却阵地,撤回自以为安全的亚历山大城。

阿姆鲁边巩固战果,边回撤兵力,得以专攻巴比伦堡。乍看之下,该地城防坚固,位置有利,似乎穆斯林只能望城兴叹。城墙厚达八英尺,多处高六十英尺,周围筑有众多棱堡。七世纪的尼罗河河道流经西北城墙边。穆斯林虽已在北面匆匆控制河流,仍有一座码头可通附近设防的劳达赫岛,由彼北达亚历山大城。阿姆鲁面临的另一障碍是尼罗河速涨的洪水,水已漫过环城壕沟。城壕当前,更兼罗马人在城头布有石弩,穆斯林顺利靠近几无可能。大批兵将与居民已沿河逃往亚历山大,而牧首赛勒斯仍与将领阿拉吉共同坚守。阿拉伯史籍所称的"阿拉吉"或是"乔治"的译名。他也许募得六千兵力,并备下大量食物和水。

可能直到 640 年 9 月围城战才真正打响。及至岁末,罗马人似能较轻松击退穆斯林进攻。然而,赛勒斯似已对守军持续抵抗的能力失去信心,执意认为上帝已将埃及让与阿拉伯人。故此,他召集军务会议，主张向穆斯林纳贡。乔治不赞同投降，似乎却未阻止赛勒斯实施其计划。牧首在码头附近通过浮桥，将其拆毁，以防守军逃离。他潜出城池，去往劳达赫，在岛上派巴比伦堡主教率使团前往阿姆鲁军营。阿姆鲁所作回复现已有定论：要求接受伊斯兰教，投降，缴纳人丁税，否则唯有死路一条。赛勒斯无讨价还价的余地，但对所提条件未置可否，而是请求阿姆鲁遣使劳达赫。使团团长奥贝达·本·沙姆特皮肤黝黑，却娴于辞令，信仰笃诚，将对方固有的种族偏见压服，令赛勒斯心生敬佩，促使牧首力主接受纳人丁税的条件。

乔治及驻军却拒绝不战而降。期限已至，他们对穆斯林围城部队发动突袭。初时，罗马人对穆斯林阵地有所攻占，却因兵力匮乏，颓势渐显，先是停顿不前，后被迫再退城内。此战失利让赛勒斯底气更足。他说服士气低落的守军，体面归降是唯一选择。不过，赛勒斯虽告知阿姆鲁守军愿降，却也向其表明，只有罗马皇帝可批准协议。

阿姆鲁似愿意继续围城，与此同时，赛勒斯赴亚历山大，派人向君士坦丁堡的希拉克略转达情况。牧首究竟希望该协议取得什么结果——只是让巴比伦堡投降，抑或将埃及全境让与阿姆鲁，以确保埃及和平——其目的不明。希拉克略不知赛勒斯意欲何为，加之十年来赛勒斯对埃及经略不善，令希拉克略对事态的发展嗤之以鼻。11月中旬，他召牧首来君士坦丁堡，令其解释所作所为。赛勒斯极力自我辩护，并详说阿拉伯军队及战力——皇帝曾亲睹叙利亚与巴勒斯坦的战况，这番话定然戳中其痛处。尽管如此，赛勒斯仍受到皇帝的冷嘲热讽和叛国指责，被革职，受到羞辱，后遭放逐，与阿姆鲁的协议作废。

不准投降的消息或在640年岁终前传至巴比伦堡。对守军而言，消息来得最是不合时宜，因为此时尼罗河洪水在退，城壕已枯。罗马人在壕内填满铁蒺藜，穆斯林攻城乏术，进展迟缓。据载，整个冬季，双方互射箭矢，穆斯林动用攻城槌，罗马人的出战屡被打回，穆斯林的进攻亦被击退。至641年春，守军士气开始动摇。罗马人疲惫不堪、战事失利，或许还受到疾病侵袭。对穆斯林而言，攻城进展依旧迟缓，压力却日渐减轻。

春天冉冉而逝，尼罗河洪水不断消退，罗马来援的希望在增加。狄奥多尔定已逃离巴比伦堡，但确曾派大军出战。阿姆鲁不愿腹背受敌，希望再予被围的罗马军队以重击，遂又将部队一分为二，留下足够人马继续围城，派另一支军队北进尼罗河三角洲，去阻止狄奥多尔的兵力集结。在尼罗河以东达米埃塔支流岸边的沙曼诺附近，阿姆鲁的分遣队追上一路罗马军队，遭到穆斯林兵马罕遇的一次失利。然而，狄奥多尔迟疑不决，战果旋即被虚掷。他并未尽力去解巴比伦堡之围，也未乘胜追击阿姆鲁残部。贻误战机被再次归咎于科普特人的叛离。

狄奥多尔甚至未能接近巴比伦堡，受困守军已注定失败。641年2月和3月，罗马人坚持抵抗。2月初希拉克略的哀讯传来，抵抗仍在持续，而穆斯林的缓慢推进终于奏效。4月初——有史书记载为4月6日，当天适逢受难节①，在夜幕掩护下，祖拜尔命人将一段城壕填平，又神鬼不知地将云梯架上城墙。守军发觉时，祖拜尔已登城，策应弓手攒射箭矢，以阻止守军赶他下城。不意间，祖拜尔及士卒攻打的是一段孤墙，战斗并未结束，但这一小股穆斯林入城部队却足以摧垮守军业已削弱的斗志。破晓时分，乔治请求与阿姆鲁谈判，提出有条件献出巴比伦堡。祖拜尔即将克城，不愿纳降，而阿姆鲁于641年4月9日应允了投降条件。

巴比伦堡和孟菲斯的重要地位虽早已被埃及都城亚历山大超

---

① 受难节，基督教纪念耶稣受难的节日，在复活节前的星期五。

越,但巴比伦堡位置有利、城防坚固,阿拉伯人在尼罗河河畔的立足点几乎不可撼动,由此轻易可达上游和三角洲。阿拉伯人重建舟桥,连通巴比伦堡的码头与被弃的劳达赫岛,又同西岸的吉宰相接,得以控制沿尼罗河北去的所有交通。罗马人从未尝试解救巴比伦堡,使治下埃及的沦陷更近了一日。

亚历山大"被围",罗马属埃及沦陷

从这处牢固的阵地出发,阿姆鲁往攻三角洲地区一座大城尼基奥。罗马军队预料到,阿拉伯人将沿尼罗河西岸去往尼基奥,以利用撒哈拉沙漠边缘的较开阔空间;而罗马军队也知道,敌人要到达东岸的尼基奥须再次渡河。故此,有一支罗马骑兵守卫于阿姆鲁在塔拉奈赫选定的涉渡点。这股军队不难击破,但尼基奥守军实力强,如此一再渡河将阿姆鲁置于险境。若人多势众的守军趁敌半渡凶猛出击,对穆斯林而言,后果将不堪设想。

然而,罗马将领再次不愿对阵寇敌。阿姆鲁尚未到来,狄奥多尔早已撤离尼基奥,带走守军主力。阿拉伯人临城,多门蒂亚努斯携余众逃往亚历山大,结果反被阿姆鲁的骑兵打得七零八落。如此惨败之下,5月13日,又一座罗马治下的埃及重镇尼基奥被穆斯林寇敌攻陷。夏里克率阿拉伯骑兵去追击狄奥多尔所部,在塔拉奈赫以北约十六英里处赶上彼军。单论兵力,罗马人足可让夏里克只余招架之功,但狄奥多尔听闻阿姆鲁主力在逼近,便魂飞胆丧。他临阵撤兵,再失击溃阿姆鲁精骑大部的良机。

在一处名为森泰斯的所在,穆斯林又击溃一小股罗马驻军,此时亚历山大已处于攻击距离内。挡于眼前者只有卡里安要塞。狄奥多尔决定在此拒敌。不出所料,阿姆鲁接受挑战。两军部署在卡里安的兵力不得而知。狄奥多尔似乎手握亚历山大守军、撤至行省首府的其他队伍,以及君士坦丁堡援兵,具体兵力不详。阿姆鲁抵达卡里安时，可能也得到麦地那或当地贝都因人增援。他与祖拜尔在赫利奥波利斯会师的一万两千人马已分出兵力，屯守贝鲁西亚、比勒拜斯、赫利奥波利斯、巴比伦堡、勿斯里、法尤姆和尼基奥。若只率余部进袭亚历山大，即使可能，亦非明智。

卡里安之战似乎包括几场重要的局部战斗，持续长达十天，双方未决出胜负。不过，只要打得罗马军队一蹶不振，对阿姆鲁而言即为战略胜利，自入埃及以来，这似乎已成常事。罗马将领斗志低迷，在卡里安也不例外。罗马人不败而退，阿姆鲁得以控制战场和又一要塞。

阿拉伯人虽在美索不达米亚、巴勒斯坦和叙利亚连战连捷，却将面临一项难度空前的挑战——克取一座真正的海滨重镇。该城布设重防，把守森严，有运河与马留提斯湖环绕。穆斯林很快便见识到攻城之难：靠近城墙时，箭雨劈头而下。补给轻易便从海上，很可能也经陆路送达守军手中，而阿姆鲁攻城乏术，又无海援，此次围城最是吃力。或意在诱彼率尔出战，641年6月末，阿姆鲁引小队人马东去，往攻尼罗河三角洲，但是除烧毁一些庄稼外，似少有战绩。

此时，亚历山大"围城战"进入颇为奇特的阶段：穆斯林无法进攻，罗马人似不愿出战，尽管亚历山大守军据称兵力强大，海上补给线也从未中断。然而，将决定亚历山大命运的并不在城外，而在北去一千公里外的君士坦丁堡。彼处，又一场皇室权斗即将爆发。

人们将看到，641年2月11日希拉克略驾崩后，按其遗命，与欧多西娅所生的长子希拉克略·君士坦丁、与玛蒂娜所生的长子赫拉克洛纳斯同做共治皇帝，并赦回流人。正帝君士坦丁三世试图挽回埃及日益严重的危局，派人延请流放中的赛勒斯以及亚历山大的狄奥多尔。君士坦丁三世似乎答允在641年夏向埃及派遣大军，不料却于 5 月 25 日短命而终。为支持君士坦斯二世①，反对玛蒂娜和赫拉克洛纳斯母子的阴谋，瓦伦蒂努斯发动叛乱。最终，埃及未见来援，至少未出现成规模的援兵。

有关埃及未来的谈判本在计划之中，因皇室内斗而大受影响。赛勒斯历经放逐，初衷不改，似依然认为阿拉伯人夺取埃及是天命所归，并获玛蒂娜与赫拉克洛纳斯母子支持。然而，瓦伦蒂努斯与狄奥多尔拒绝不经一战即拱让埃及。是战是降，埃及民众亦分两派。赛勒斯与狄奥多尔返回亚历山大，见市民乃至军队正陷于内讧，而对眼前的敌军却少有关注。实际上，在亚历山大城内，经由蓝绿两党之争，多门蒂亚努斯和其名为梅纳斯者在争夺罗马军队的最高指挥权。狄奥多尔返城，争斗乃止，其做法或许是支持梅纳斯，正式罢免多门蒂亚努斯，甚至在亚历山大街头直接动用兵力。

罗马人自毁长城时，穆斯林并未无所作为。攻略亚历山大和征服三角洲其他地区虽少有进展，但阿姆鲁迅速利用罗马人的社会、政治与宗教裂痕，削弱其在埃及的余下防御。一小股穆斯林部队沿尼罗河向底比德行省进军，抵达首府安蒂诺波利斯时，守军似决意奋战。类乎以往在三角洲所遇状况，穆斯林部队似将面临难题。不料，一如另几位罗马行省总督和驻军将领，本地长官拒绝出战，而是经沙漠北撤亚历山大，致底比德无人防守。有人称，穆斯林对宗教宽容以待，法尤姆已很快适应其附属行省的地位。先例既开，埃及其他地区或许认为，向阿拉伯称臣纳贡，终归强似受罗马人迫害与被课重税。

641 年秋，正当底比德被成功征服时，阿姆鲁在巴比伦堡迎来

---

① 君士坦斯二世（630—668），希拉克略之孙，君士坦丁三世之子，641 至 668 年在位。

一位不速之客，而来者的使命更是出人意料。曾经的牧首赛勒斯已说服玛蒂娜接受其"不惜代价以求和平"的做法，此行专为收买阿姆鲁而来，甚至不惜献出亚历山大以及承认穆斯林对埃及全境的征服。这几乎等同于无条件投降，定然令阿姆鲁颇感意外。虽则罗马将领守卫埃及各地时有惨败，但赫利奥波利斯之役后，罗马人的战心和抵抗皆已坚决许多。特别是攻取亚历山大城，穆斯林之力远不能逮，此地又可作罗马人反击的跳板。因此，阿姆鲁当即接受所提条件，其中包括缴纳大笔贡金——健壮的埃及成年民众每人两第纳尔①，且在未来十二个月内，罗马军队从包括亚历山大城在内的埃及悉数撤离。

这份屈辱的和约签订于641年11月8日。亚历山大民众初有怨愤，后来却似乎接受了赛勒斯近乎末世论的观点，即认为上帝已将埃及赐予伊斯兰，继续对抗只能带来灾祸。埃及仍有大片土地未入穆斯林之手，但罗马余下驻军几无有组织的抵抗。穆斯林兵临城下，尼罗河三角洲一些城镇和要塞以及达米埃塔等沿海地区正式投降，有些或曾试图反抗。然而，扫清残敌或耗时近一年，罗马在埃及的统治最终落幕。

埃及民众虽有充足理由不再御敌——内战与波斯征服的余殃尚存，罗马人经略无方，赛勒斯施行迫害，穆斯林拥有不可战胜的威名，希拉克略晏驾致民心不振，但仍难解释罗马人何以未经决战，即甘心拱让最富庶的行省。六百余年来，埃及一直是罗马帝国粮仓，其众多人口则是巨额税收的长期来源。厌战情绪或起到作用，而原因更有可能是，安纳托利亚地近首都，其防御先于埃及。希拉克略和君士坦丁三世死不得时，瓦伦蒂努斯悖时叛乱——京畿诸事或推波助澜。

---

① 第纳尔，古代阿拉伯国家所用金币，每枚重四克多。

不过须特别指出，罗马在该地的统治虽已黯然退场，但罗马军队曾苦战阿拉伯寇敌，对此连穆斯林史籍亦有评论。罗马人也未彻底捐弃埃及，君士坦斯二世数次力图收复该地。645年，罗马军队甚至曾夺回亚历山大，次年又被赶走。然而，654年一支大型舰队在埃及海岸附近遇败后，罗马人最终被迫放弃光复埃及行省的努力。

征服南美索不达米亚与胡齐斯坦

尽管干旱、饥荒与瘟疫肆虐，且欧麦尔实行巩固战果的政策，战火却仍在延烧，埃及并非唯一战场。638至639年，在美索不达米亚，对穆斯林的征服仍有小股抵抗。而最激烈的战斗发生在迄今不太出名的一处战场——底格里斯河、幼发拉底河的两河三角洲与胡齐斯坦。哈立德自乌布拉北征，于633年4月赢得河流之战，此后穆斯林在美索不达米亚南部重又打起哈立德到来前的突袭。不过，欧麦尔于634年8月甫一登位，便派兵支援当地的穆斯林将领苏韦德·本·库特巴，如此或有战略意图，即另辟战线，借以将波斯人的注意力和兵力从幼发拉底河中游及穆萨纳、贾里尔和赛义德处引开。

出乎意料的是，这支由舒赖赫·本·阿米尔率领的先遣部队于奥尔玛兹德-阿尔达希尔（今伊朗胡齐斯坦省阿瓦兹）附近为萨珊驻军所歼。第二支援军的统帅乌特巴·本·加兹万是参加过拜德尔、乌胡德、壕堑、耶马迈等战役的宿将。队伍主要由塞基夫部落兵构成，似乎规模不大，史籍称多则两千人，少则仅四十人。然而635年夏，乌特巴前往攻驻有约五百骑兵的乌布拉。他临城安营，诱使波斯人出战，最终破敌克城。635年后期到636年岁初，几支穆斯林队伍以乌布拉为大本营，趁波斯在此间的统治完全瓦解之机，征服该地而未遇真正抵抗。636年，正是在这片征服之地,乌特巴建起一处更靠近前沿的基地。基地位于底格里斯河与幼发拉底河汇流处,即阿拉伯河河畔,此间后称巴士拉。[7]

设立巴士拉基地后的时间线难以确定,而新建营垒似乎迅速换将。赴麦加朝圣回返巴士拉途中,乌特巴坠驼身亡。他派往卡迪西亚助战赛义德的将领穆吉拉·本·舒巴继任司令官。此事可能发生在636年岁末或637年岁初,抑或639年。且不论何时上任,穆吉拉的新职任期并不长。他被控通奸而遭解职,虽被判无罪,却未官复原职,不过后来就任库费司令官。在巴士拉取代他的是阿布·穆萨,后者指挥了穆斯林在胡齐斯坦的大部分战役。

伊拉克南部的穆斯林军队攻克乌布拉并在巴士拉建立基地后,下一目标是位于巴士拉东北卡伦河东岸的驻防城市奥尔玛兹德-阿尔达希尔。该城守军现由霍尔穆赞统领。他是参加过卡迪西亚会战的波斯将领,东返胡齐斯坦意在保卫其私人庄园。有久经沙场的将领指挥,波斯军队的抵抗似有所加强,本地的反击或将穆斯林从奥尔玛兹德-阿尔达希尔暂时击退,甚至将其赶回巴士拉。不过,穆斯林统帅从泰西封赛义德处获援,并从当地阿拉伯人之中募得更多兵力,霍尔穆赞终于招架不住。穆斯林对该城采取钳形攻势,迫使霍尔穆赞撤渡卡伦河。穆斯林军队绝其去路。为求停战,他同意缴纳人丁税,承认穆斯林对阿拉伯河与卡伦河流域的控制。波斯人与波斯湾北段的联系被基本切断。

然而,停战并非意在长久,至少不是霍尔穆赞的初衷。几乎才使军队脱离卡伦河河畔的险境,他便从波斯人和库尔德人之中招兵,以挑战穆斯林对阿拉伯河的控制。备战行动并非未被察觉。在与欧麦尔计议后,阿布·穆萨回师奥尔玛兹德-阿尔达希尔。面对霍尔穆赞的新募军队,穆斯林强渡卡伦河,经激战,将波斯人马赶回拉姆霍尔木兹,未遇抵抗即夺占奥尔玛兹德-阿尔达希尔。阿布·穆萨的骑兵穷追猛打，逼迫萨珊军队继续东撤，也促使霍尔穆赞重又求和，承认穆斯林对奥尔玛兹德-阿尔达希尔的占领。阿布·穆萨再次接受其条件。

霍尔穆赞又趁休战之机重整旗鼓，以图反攻。此次他似乎直接得到伊嗣俟三世的安抚和增援。不料，穆斯林哨探又将霍尔穆赞欲毁约的消息报与阿布·穆萨。一支穆斯林纵队便从奥尔玛兹德-阿尔达希尔启程，奔赴拉姆霍尔木兹。渡阿尔布克河时，纵队遭遇一支派来拦截的波斯人马，遂猛烈还击。霍尔穆赞被迫再撤，在北部图斯塔尔要塞重整队伍。阿布·穆萨得以占领拉姆霍尔木兹以及胡齐斯坦东端一处城邑伊泽赫。

但图斯塔尔城防坚固，阿布·穆萨感到担忧。他向哈里发提出，另需增援方能克城。库费司令官阿马尔·本·亚希尔应其所请，先派出由贾里尔统率的一千兵力，后亲领半数人马前往奥尔玛兹德-阿尔达希尔。非但如此，阿布·穆萨还获得了另一支意想不到的援军。伊嗣俟三世信守承诺，向霍尔穆赞派援，岂料其中一路大军竟自投敌。阿布·穆萨与阿马尔军力大增，自奥尔玛兹德-阿尔达希尔兵发图斯塔尔，途中从拉姆霍尔木兹与伊泽赫已建起的驻军中再获增援。

除城防坚固外，霍尔穆赞对集结于图斯塔尔的兵力亦有充足信心，认为可击溃阿布·穆萨所部。因此，穆斯林一到城下，他即刻正面迎敌，却再吃败仗，被迫退入城中。阿布·穆萨将城包围，封锁住进出图斯塔尔的所有路径。据称，此次围城延宕数月之久，但该说无法考证。最终，因补给将绝，霍尔穆赞铤而走险，勒兵出击，企图突围，却被击退，波斯军队失却外围城防，士气愈加消沉，军中出现叛徒，其名不详。他带领小股穆斯林钻过阴沟，打开主门。穆斯林涌入城内，萨珊人奋勇抗敌，得以将城堡控制在手。但霍尔穆赞自知大势已去，次日即献城投降。[8]

穆斯林自图斯塔尔开拔,往攻古城苏萨,不久将其围困。双方之间有过数次出战和攻城。穆斯林巧施计策,借助另一投诚者和一份宗教预言,攻下苏萨。城内有一名波斯祭司,在城头向攻守双方宣布,命定夺苏萨者唯达加尔。该词属伊斯兰教末世论字眼,与审判日相关,义为"伪弥赛亚",类似于基督教中的"敌基督①"。不过,广义而言,达加尔指"欺诈者"或"假冒者"。波斯将军西亚赫早在图斯塔尔被围前业已投敌,今在苏萨,自称因弃信琐罗亚斯德教、改信伊斯兰而成为达加尔。

阿布·穆萨同意西亚赫依计而行。不久后的一天清晨,苏萨城萨珊哨兵发现,一人俯卧于主门前,遍体染血,身着波斯将官制服。因昨日曾有交兵,他们以为此人已被关城外一夜,速去营救。岂料当城门打开,哨兵走近卧地军官时,后者竟一跃而起,原来是西亚赫。波斯叛将斩杀了打算救他的士兵,宣告达加尔前来攻城,引一队穆斯林伏兵,驰入打开的城门。波斯守军企图将其赶出,但穆斯林主力急来支援,很快便攻下古城而未遇太多抵抗。

苏萨沦陷后,詹德萨布尔成为胡齐斯坦唯一未克的重要堡垒。阿斯瓦德·本·拉比耶率穆斯林军队攻城,其过程一如以往诸多围城战,即封锁进出道路,攻守双方胜负难分,最终守军几乎和平归降。关于围城战的终局,曾发生一桩奇事。一天,围城仍在继续,城门却纷纷打开,出城者并非守军,而是去忙日常的居民。穆斯林军队困惑不解,询问其缘何认为战事已歇。波斯居民答道,他们已接受和平投降的要求,愿纳人丁税。阿斯瓦德与波斯统帅取得联络,告知对方自己从未提出过如此条件。然而,波斯人拿出一支

---

① 敌基督,基督的大敌。按基督教预言,敌基督将在末世降临,冒充弥赛亚(救世主)。

箭，上有要求和平投降的短笺。经速查得知，此举是穆斯林军队中一奴隶所为。

波斯人接受的投降条件不具效力，双方无所适从，只得尴尬休战。阿斯瓦德向哈里发请示。对方渴求和平若此，竟应允奴隶的要求，欧麦尔自然愿意成全。图斯塔尔、苏萨和詹德萨布尔被成功夺占，从波斯湾到美索不达米亚中部的整片地区以及伊朗行省胡齐斯坦已稳控于穆斯林之手。

据称，大约当此时期，巴林总督乌拉·本·哈德拉米无视欧麦尔不准出兵伊朗高原之令，企图征服法尔斯大片地区，却终告失败。或许乌拉过度自信、急于求名，虽初有战果，却很快发现，若无援兵，所部无力按计划袭夺波斯波利斯。乌拉欲勒兵回撤巴林，但波斯人抢先一步，焚毁敌方来时横渡波斯湾的船只，乌拉所部被困法尔斯。巴林军队遭优势兵力包围，所幸巴士拉援军及时赶到，方得解脱，自法尔斯仓皇撤走。

胡齐斯坦诸战孰先孰后，该战场受"灰烬之年"与阿姆瓦斯瘟疫的影响究竟几何，两问题并不完全清楚。不过，图斯塔尔、拉姆霍尔木兹以及苏萨的陷落似发生于卡迪西亚和杰卢拉会战之后，却一定在642年纳哈万德终极决战之前。若试图对时序作出更全面表述，"所需史料恐有不足"。[9] 尽管乌拉出师不利，但恰当地讲，及至641年岁终，穆斯林不仅已将叙利亚和美索不达米亚稳控于手，并在埃及牢固立足，且获得攻取伊朗高原随时可用的跳板。

"万胜之胜①"——纳哈万德战役（641或642）

包括欧麦尔在内的许多穆斯林认为，攻占古城苏萨，夺得大量

---

① 穆斯林以此奚落有"万王之王"称号的波斯君主。

战利品和手工艺品,如但以理①(被穆斯林视为先知)之棺,似乎是同波斯人交锋的终极战果。然而,对继续作战的问题,欧麦尔有所保留,伊嗣俟三世却不然。美索不达米亚与胡齐斯坦落入敌手,帝国颜面扫地,实力大损。伊嗣俟三世无法容忍息兵,不接受欧麦尔提出的止戈提议,也未像希拉克略在安纳托利亚那般,投入时间稳固在伊朗高原的势力。

伊嗣俟三世所以要继续战争,最显著的原因在于,美索不达米亚与胡齐斯坦失陷令萨珊帝国的声望和财富损失巨大,而最直接的原因或是,伊嗣俟三世的个人地位被削弱。他初登萨珊王座适逢内战正酣,波斯唯一统治者之位虽终获承认,但不同于众先王,他未能独揽大权。故此,迫于波斯将军、总督与军阀的权势,伊嗣俟三世只得尽速去对抗穆斯林的征服,以免自身统治权在内部受到挑战。简言之,伊嗣俟三世须冒自蹈死地之险坚持同穆斯林交锋,以防波斯帝国如库思老二世死后那般,再陷无政府乱局。

伊嗣俟三世撤至库姆,号召所有余部齐聚埃克巴坦那(今伊朗城市哈马丹)以南约五十英里处的纳哈万德。屯聚于此的兵力记载从五万到十万不等。这样庞大的数字通常会令人生疑,而波斯人可用之兵因七世纪的战争已锐减。但伊嗣俟三世称,即将到来的战争关乎萨珊帝国与琐罗亚斯德教信仰的未来。由此可见,他完全有可能从整个波斯社会(士兵、神职人员、农场主、工匠和农民)集结起一支大军。[10] 故此,投入纳哈万德会战的波斯兵力或达数万。

但如此规模的兵力集结逃不过边境穆斯林哨探的眼睛。波斯人准备大反攻的消息迅速传入库费的阿马尔耳中,后又传至欧麦尔处。阿马尔怀疑波斯人拟进攻巴士拉和库费,遂向哈里发建议调集

---

① 但以理,《圣经·旧约》中的希伯来先知,因笃信上帝,被波斯王抛入狮坑而无恙。

纳哈万德战役（642）
初期布阵
　　□　波斯军队
　　■　穆斯林军队
　　人　铁蒺藜

N

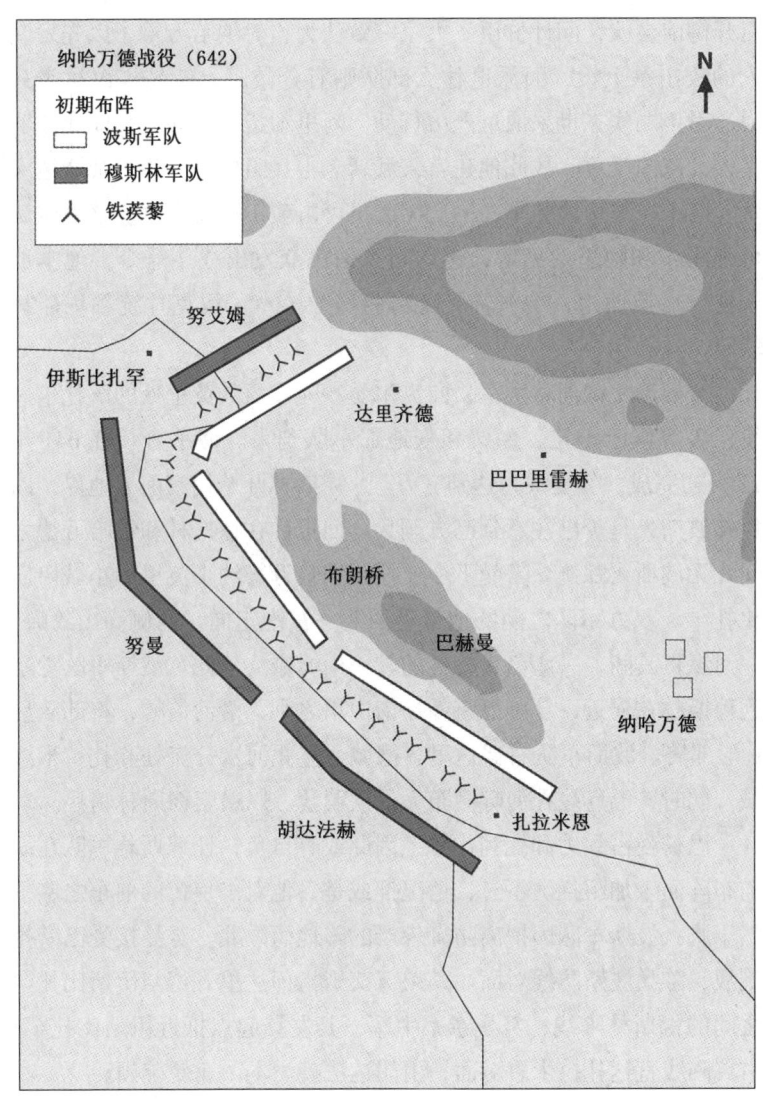

努艾姆
伊斯比扎罕
达里齐德
巴巴里雷赫
布朗桥
巴赫曼
努曼
纳哈万德
胡达法赫
扎拉米恩

纳哈万德之战（642）：布阵

主力,趁波斯军队在纳哈万德集结未毕发起进攻。欧麦尔在麦地那召开御前会议,问计群臣。大家一致认为,对纳哈万德予以先发制人的攻击是上策,而派遣什么部队则有分歧。奥斯曼提议尽举兵力,对伊嗣俟三世采取最严厉行动。阿里却指出,如此只能促使罗马人大范围反攻。故此他建言,派新老士兵组成的一旅之师增援库费、巴士拉与边境驻军,一次突袭足可击溃伊嗣俟三世。欧麦尔认可阿马尔和阿里的见解,遂向阿拉伯民众发出战斗号令。他本欲亲征,后被谏阻,委派赛义德部将努曼·本·穆克林统领穆斯林联军。

努曼调集穆斯林边军,向克尔曼沙阿以西数英里处的塔扎尔进发,去等候巴士拉、库费和麦地那军队到来。似乎合兵在641年12月初完成,努曼兵力达到三万。[11] 穆斯林开始侦察前方地界,以探知波斯人是否已注意到己方调兵。回报称在穆斯林和纳哈万德之间几无波斯人踪迹。努曼下令速往距纳哈万德约十英里的小城伊斯比扎罕。双方军队之间的地带呈西北—东南走向,两侧高山耸峙,一河纵贯其间,一座名为棕岭的较小山岭矗立于此。波斯军队觉察到穆斯林在逼近,统帅巴赫曼速借山川之利,沿河倚岭,将部队呈L形部署。波斯军队右据达里齐德城,左凭河水分流处和扎拉米恩城。同时,巴赫曼在河畔撒布大量铁蒺藜,以遏阻穆斯林骑兵。

巴赫曼占兵力和地利优势,因此或有自负,任穆斯林军队在面前布阵而未加阻拦。不过,情况抑或是,他对杰卢拉的前车之鉴了然于胸:波斯军队因擅离防御森严的阵地而败北。努曼接受巴赫曼挑战,陈兵波斯防线对面。其弟努艾姆指挥达里齐德与伊斯比扎罕之间的穆斯林阵线;努曼亲率中军,其左翼起点抵近伊斯比扎罕;右翼阵线直达扎拉米恩对面,由胡达法赫·本·亚曼统领。

努曼利用穆斯林的昂扬斗志及连战连捷的余威,渡河发起全线总攻。不料,因山川阻挡,更兼铁蒺藜拦路,攻势大受影响,首日波斯战线始终岿然不动。次日战局相仿，双方均无突破，互有伤亡是唯一的实际结果。在开战之初的四十八小时，努曼进攻刻板，常受后世指摘。这却也证明，尽管穆斯林骤然发兵纳哈万德让巴赫曼准备不足，但后者防守严密。

努曼意识到波斯军队的防御力量，转而采取更被动的策略，激对手离开安全的防御工事发动进攻。巴赫曼并未中计，没有贸然出战，而是决意趁天气渐冷，更多消耗穆斯林的力量。随后两天，除波斯小规模突袭外，几无战事。波斯军队临近哈马丹，获增援和补给。穆斯林将领情知拖延于己不利，决定佯撤。计策虽险，却曾在杰卢拉大获成功。也许唯恐巴赫曼不上钩，用计前，穆斯林另施一策：散布欧麦尔已归真的谣言，等待约一周让谣言传入波斯营寨。一周后，努曼和胡达法赫所部撤向西北，前往伊斯比扎罕同努艾姆会师。

巴赫曼风闻欧麦尔已亡，见穆斯林一周全无动静，今又见其撤走，遂受迷惑，误以为反攻决战之机到来。他离开安全的防御工事，在伊斯比扎罕对面集结人马，传令追袭穆斯林退兵。孰料，待波斯士卒一踏上河中障碍与自设的铁蒺藜，努曼即下令回击。一如交兵最初两日，这是一场残酷血战，努曼阵亡。胡达法赫速接指挥，可见主帅之死对穆斯林军队影响甚微。穆斯林似将波斯人马稍有逼退，是日绝大部分时间却未有决定性突破。

不过，在战死前，努曼已为穆斯林之胜埋下伏笔。他知道，波斯军队兵发伊斯比扎罕时，不仅将离开棕岭周围的防御工事，右翼也将离开安全的达里齐德及四周山地，暴露于东北方向的袭击之下。为攻敌破绽，努曼调集骑兵，派卡卡率领，趁巴赫曼不觉，伏于伊斯比扎罕东北方的山麓丘陵中。此刻，已鏖战一天，夕阳西坠，卡卡对波斯右翼发起猛攻，而胡达法赫与努艾姆下令再度全线进击。正面和侧翼遭袭，又为河水与铁蒺藜所阻，波斯军队开始后

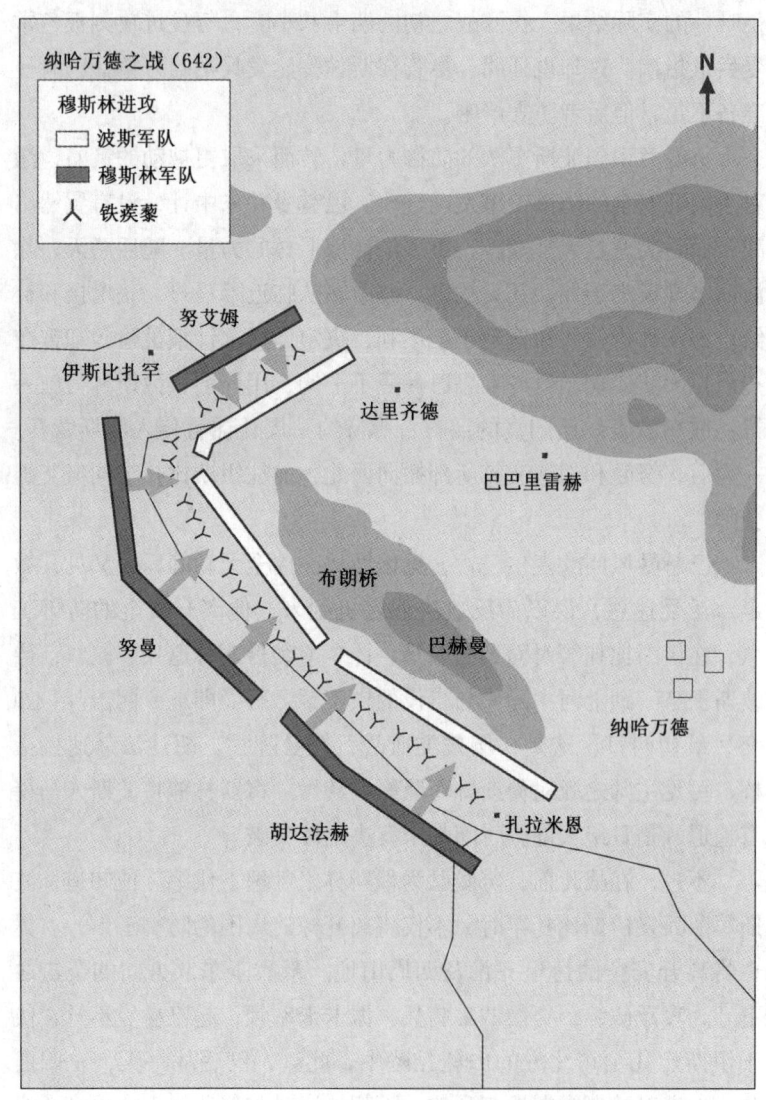

纳哈万德之战（642）：穆斯林进攻

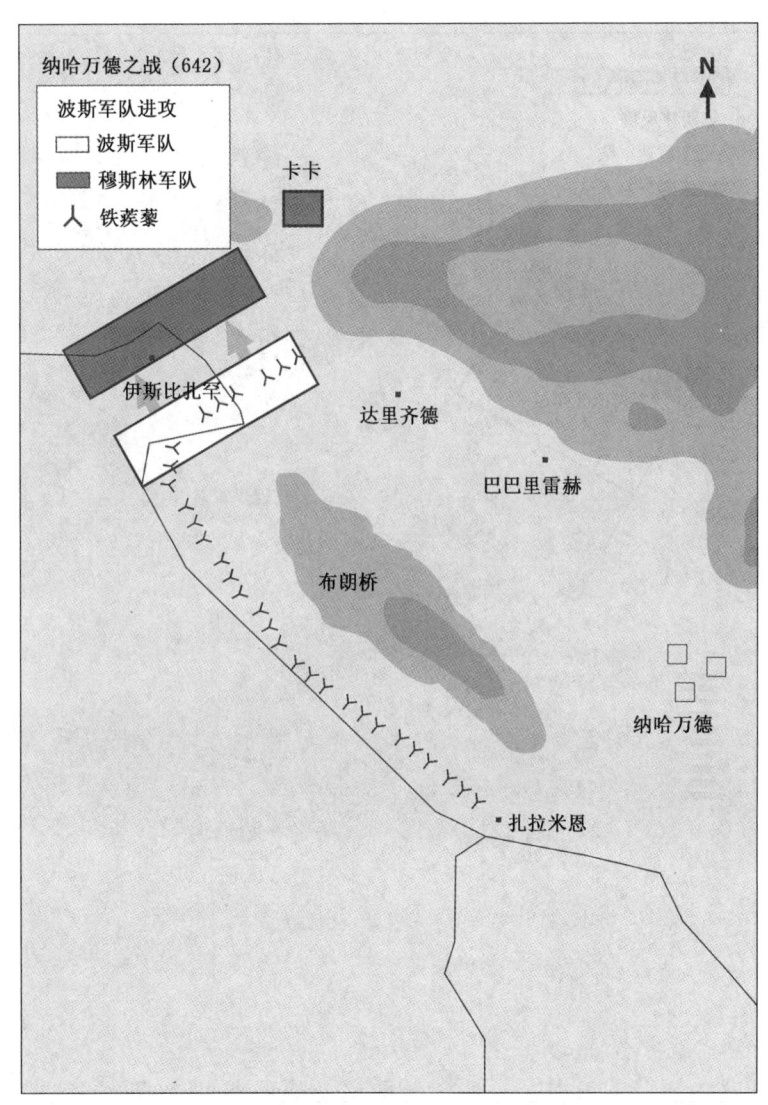

纳哈万德之战（642）：波斯军队进攻

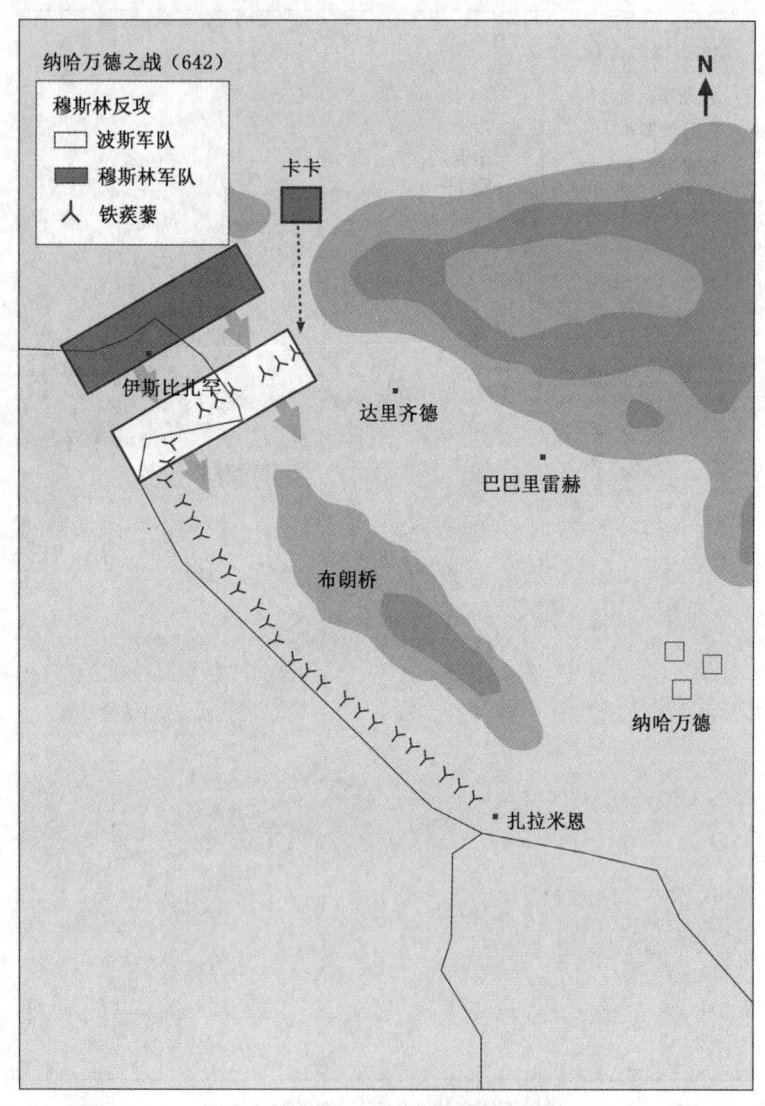

纳哈万德之战（642）：穆斯林反攻

撤。退兵之初巴赫曼殒命,给部队造成致命打击。军中新兵众多,在穆斯林协力进攻下乱作一团。一如既往,穆斯林将己方优势发挥到极致。翌日,胡达法赫引大部进攻达里齐德和纳哈万德已孤立的守军。努艾姆和卡卡带一支分遣队,追袭撤往哈马丹的败敌。不久,该城有条件投降。

波斯帝国覆亡

正如耶尔穆克与卡迪西亚大捷为征服叙利亚和美索不达米亚开辟出道路,纳哈万德之胜与巴赫曼所部被歼,致伊朗高原完全暴露于穆斯林的兵锋之下。虽仍有大量守军未被击溃,但一如叙利亚和巴勒斯坦,无萨珊野战军凝聚其力量,他们各自为战,不能对敌构成重大威胁。欧麦尔抓住时机,或采纳霍尔穆赞的建言,遣数路人马,多向进兵,加速征服萨珊领土。阿卜杜拉·本·阿卜杜拉直取伊朗腹地,经一周围困,借助叛军克下拉伊城,后兵发波斯另一古都伊斯法罕。巴士拉与库费派兵来援,阿卜杜拉将这座大邑封锁数月,最终该城有条件投降。有记载称,阿卜杜拉单挑波斯守将法祖斯番,就此决定了伊斯法罕城的命运。

阿卜杜拉进兵伊朗中部时,另一支队伍在马亚·本·马苏德带领下,从巴士拉东进,沿波斯湾北岸去往比沙普尔城(今卡泽伦附近),将这座设防城镇包围数周,后纳降。乌斯曼·本·阿比·阿斯率援兵赶到,大军齐攻波斯波利斯。被困几周后,该城亦降。其他援军陆续前来,先是萨里耶·本·祖尼艾姆与苏海勒·本·阿迪,后是阿西姆·本·阿姆鲁。比及643年岁杪,法尔斯、克尔曼与锡斯坦三行省俱归穆斯林治下。

穆斯林军队在阿拉伯海沿岸一路征伐,闯入莫克兰辖境。数百年间,此地曾是萨珊行省或属地,但卡迪西亚之战后,该地被信德的拉伊王国吞并。国王拉贾·拉西尔派一支大军迎战苏海勒与乌斯曼所部。644年岁初发生拉锡尔之战，地点可能在今巴基斯坦卡拉奇附近。阿拉伯人再次取胜，一直攻到印度河边。据称，苏海勒曾向欧麦尔请旨，欲引兵渡河，攻略信德及更远的印度次大陆，而哈里发再次担心军队不堪重负，未允其请，而是以巩固伊朗的征服之地为先，暂未将目光投向更远的战场。

644年更早时，阿纳夫·本·卡伊斯曾请渡阿姆河，欧麦尔已作类似回应。此前阿纳夫受命，往攻呼罗珊。此地是波斯一大行省，包括今伊朗、阿富汗、土库曼斯坦、乌兹别克斯坦和塔吉克斯坦五国部分地区。阿纳夫未绕走里海南岸，而是从伊斯法罕出发，径穿卡维尔盐漠①与卢特荒漠②。军队远途奔袭，于643年岁尾抵达赫拉特（今阿富汗境内）城外。阿纳夫后又挺进西北，未经大战即诱降尼沙普尔和马什哈德。

此时阿纳夫得报称，最大战果或已在望。纳哈万德之败后，伊嗣俟三世逃离库姆，躲至梅尔夫（今土库曼斯坦境内）。阿纳夫嗅到擒王良机。不料，穆斯林稍有风吹草动，伊嗣俟三世即慌渡阿姆河。阿纳夫兵不血刃取下梅尔夫，却未能捕获猎物。

虽奔逃于各城邑之间，萨珊王也在力图集结军队，以阻击穆斯林追兵。敌人进伐伊斯法罕、法尔斯、锡斯坦，切断伊嗣俟三世与大批波斯余部的联络，但他犹能召集末路帝国的一些边军，并取得附近嚈哒和突厥部落的增援。[12]伊嗣俟三世最重要的盟友是拔汗那突厥可汗。后者或已明见，若助波斯王复国，可大获其益。

然而，可汗虽引大军渡过阿姆河，欲同伊嗣俟三世会师于阿富汗北部，但似乎听闻阿拉伯军队已征服四方，恐触怒伊斯兰，旋即改意。因此，644年岁中阿纳夫率部对阵最后一支波斯人马时，于

---

① 卡维尔盐漠，在伊朗北部，为世界最大盐漠，面积达七万多平方公里。
② 卢特荒漠，在伊朗东南部，是全球最热之地，最高温达七十摄氏度。

穆斯林征服波斯

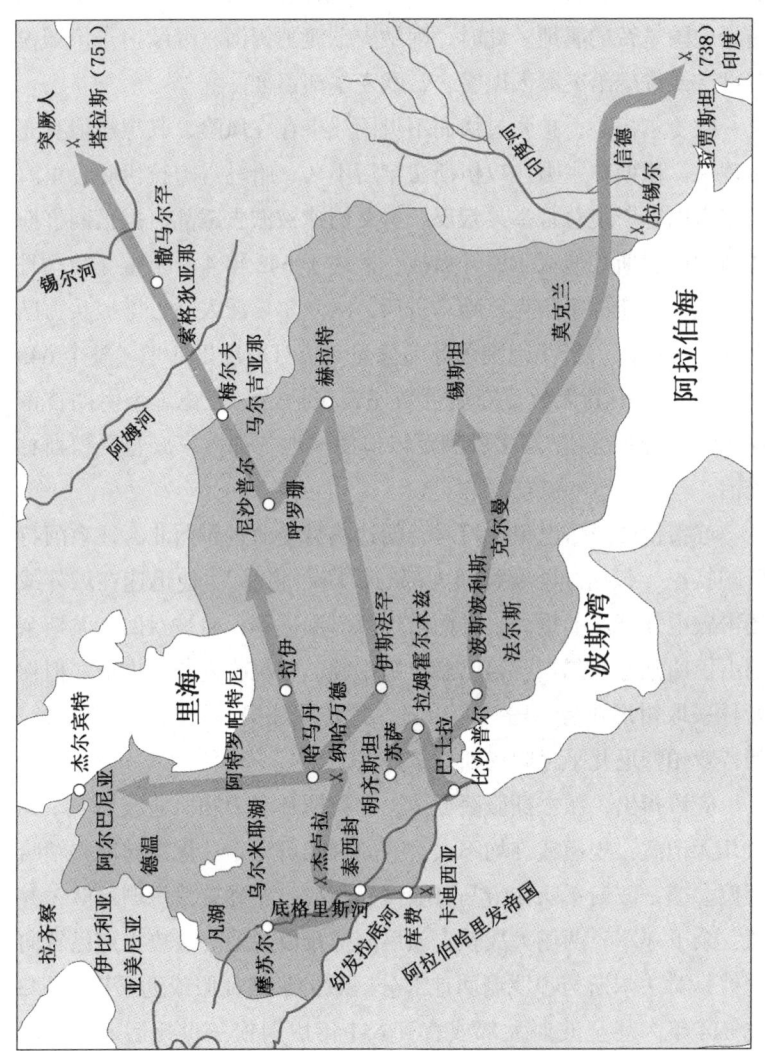

穆斯林而言，目下任务已大为减轻。然而，阿纳夫虽赢得阿姆河之战，却仍未擒获或斩杀伊嗣俟三世。后者逃至突厥地界，甚至可能遁入中国皇帝的属地。此时，阿纳夫欲渡阿姆河，继续追击伊嗣俟三世，或许想给突厥人以警告，欧麦尔却不准。

欧麦尔担心，扩张过快而不巩固战果存在风险，其想法似有充分理由。穆斯林主力往攻伊斯法罕后不久，哈马丹与拉伊联合里海南岸塔巴里斯坦总督举兵叛反。努艾姆速被派去戡乱，据信同鲁斯塔姆胞弟伊斯凡迪亚尔展开血战，最终于642年4月末重夺哈马丹与拉伊。穆斯林军队克复哈马丹后，欧麦尔再派人马，增援兵力已众的征战部队。努艾姆胞弟苏韦德受命攻打塔巴里斯坦。整个643年，在彼获小胜无数，夺城邑数座，包括达马万德（今伊朗首都德黑兰部分地区）。诸多胜利足以迫使该地各部落家族暂受穆斯林统治。

苏韦德征战塔巴里斯坦时，胡达法赫受命进军西北，往攻阿特罗帕特尼（包括今阿塞拜疆大部与伊朗西北部）。他迅速在城外战场击破屯守赞詹的重兵，继而沿里海海岸进军，后被召回。波斯余部由伊斯凡迪亚尔与胞弟巴赫拉姆率领，趁机收复若干失地。但穆斯林采取钳形攻势，击败两弟兄，扭转了战局。及至643年岁杪，阿特罗帕特尼几乎尽归穆斯林掌控。

应该指出，派去征服萨珊国土的穆斯林兵力和所遇波斯守军人数几无记载，规模或许均不大。其原因几可肯定：穆斯林取得纳哈万德大捷，波斯军队在哈马丹输诚，两战已实际摧毁萨珊部队，并孤立余下守军。两场大战孰先孰后同样难以说清。进攻重点已转向他处，对法尔斯与呼罗珊两地部分区域的最终征服或远远迟于643或644年。甚至波斯大部或直到651年伊嗣俟三世死后才被"征服"，但644年欧麦尔遇刺，波斯故地接连爆发起义，诸地可能得而复失、失而复夺。

不过，无论兵力多寡、时序先后，欧麦尔麾下诸将斗志勃勃、战功赫赫却是不争之实。虽则阿纳夫未能擒获伊嗣俟三世，但到644年岁暮，这位萨珊第二十九任国君显然已成亡国之君。较之罗马军团数百年的东扩，在纳哈万德大捷后的十八个月中，伊斯兰军队的征伐之路已超前者两千余英里，更兼征服叙利亚、美索不达米亚、巴勒斯坦和埃及。穆斯林可引以为傲的是，他们几乎已走完亚历山大大帝的所有征途。

第10章　国主俱亡，三神存二，一雄胜出

在漫长执政的初年与末期，皇帝似懒散怠惰，醉心享乐，或耽于迷信，对民众疾苦冷眼旁观，无力拯恤。然晨昏虽倦雾弥漫，午间却日耀中天；深居皇宫的阿卡狄乌斯①一跃而成戎马倥偬的恺撒②；六次涉险征伐的壮举及所获战利辉煌再现罗马帝国与希拉克略的荣光……

吉本（1788），第46章，关于希拉克略

在他及前任治下，东方征服者是真主和民众的忠仆；巨额公共资财用于和战支出；公正与慷慨的审慎结合使萨拉森人遵风守纪，后又将专制统治的杀伐决断与共和政府的平等、勤俭准则完美统一，实属难得。

吉本（1788），第51章，关于欧麦尔

（库思老）之孙被奴仆出卖，受（梅尔夫）叛民羞辱，遭欺凌、兵败、追击。

吉本（1788），第51章，关于伊嗣俟三世

希拉克略晏驾与继统乱局

641年岁初，希拉克略或自知时日无多。他早已年逾六秩，曾面临个人与帝国无数难题，成年后多罹疾患。确切痼恙不详，最有可能是水肿，亦有记载称是前列腺病症，甚至是尿道上裂。[1]而近

来有人提出,暮年希拉克略的行为稍显古怪,多是创伤后应激障碍所致。无疑,他长年戎马,屡历险境,一生痛失众亲,因阿撒拉里科斯谋反致疑心过重,确有可能患上创伤后应激障碍。² 也许对他而言,最沮丧之事莫过于,穆斯林攻城略地,正在毁掉其重建罗马帝国的心血,而他年老体衰,已无力抗敌。

希拉克略沮丧的另一缘由或是宗教举措所致后果。他将宗教典仪与信仰纳入皇家政权与整个帝国的道德架构,可谓大获成功,并且让信仰异教的克罗地亚人与塞尔维亚人改信基督,但他对待现有基督徒却远远不够成功。正值帝国须勠力同心,共御穆斯林入寇之际,为实现宗教团结,他力图传布基督一志论,却在全国引发民众与宗教争斗。他遣人推动或强促宗教团结,但可以说,包括赛勒斯在内的一些人僭越职权,热情过度,丧失亚美尼亚和埃及大批民众的支持。他对这些人的部分做法似表现出震惊,而作为任用者的皇帝,希拉克略为失败负有最终责任。讽刺的是,穆斯林征服使帝国失去信奉基督一性论的民众,让基督一志论的理由更为充分,从而在罗马剩余国土实现了宗教团结。

赛勒斯和保罗等宗教人士被授以军政要职,由此亦可见希拉克略为激励民心,推广宗教力度之大,以及军中将领匮乏之甚。他任人唯亲,居其位者或不称其职,可见他对身负将才的外臣缺乏信赖。在阿拉伯战争期间,有事例表明,因不信外臣,致军中职权不明,高级将领的地位被削弱。最典型事例当属耶尔穆克之战。瓦汉、狄奥多尔·特里图里奥斯、布奇纳特、乔治、尼基塔斯彼此失和,破坏了罗马的战略计划,也削弱了罗马军队抗击哈立德的

---

① 阿卡狄乌斯(377/378—408),东罗马帝国皇帝,395 至 408 年在位,虔信基督教,不理朝政,任臣属乱权。此处以阿卡狄乌斯比拟最初怠政的希拉克略。
② 此处以恺撒比拟后来战功卓著的希拉克略。

战力。

被废的福卡斯在行将就戮之际，曾质问希拉克略能否胜己一筹。虽曾战败波斯，但显而易见，单就疆域而论，希拉克略最终应被视作失败者。及至641年，帝国已让阿拉伯人夺去亚洲各行省，巴尔干的统治遭阿瓦尔人与斯拉夫人摧毁，意大利土地被伦巴第首领分去许多，西班牙为西哥特人占领，亚美尼亚、埃及，乃至整个阿非利加不久亦将沦陷。当政后期的形势或急转直下，然而这无损于希拉克略的功勋。

希拉克略死前时期最是危殆，即将撼动罗马帝国根基，而他仍掌控疆域从直布罗陀到高加索的帝国。战线虽后撤，军队仍在埃及、叙利亚、亚美尼亚和安纳托利亚御敌。抗击大抵希望微茫，但仍然可以说，帝国处境亦强于610年希拉克略登基时，或620年波斯取得大捷时。这一切皆与希拉克略本人所表现出的蓬勃活力与组织才能有关。[3]

如今，人们将军区（行政和军事区域）制① 的首创之功不再归于希拉克略，而是归于660年代的希拉克略之孙君士坦斯二世。尽管如此，希拉克略的短期改革仍使帝国得以生存，并总体解决了福卡斯当政时曾困扰帝国的财政危机和腐败问题。[4] 他成功将基督教融入帝国架构，同时整编部伍，使其遭遇兵败时更为坚韧，不仅收复曾落入波斯人之手的行省，且最终抵住穆斯林在安纳托利亚的兵锋。若非其个性与组织才能振奋军心，若非他逆势而为，罗马帝国或已在620年代被波斯的如潮大军所冲垮，几乎定会在630年代被穆斯林的洪流铁骑所摧毁。

而希拉克略最引人瞩目的个人功绩或许是统率重整旗鼓后的军

---

① 军区制，以军区代行省，特点是军政一体、寓兵于农，军区将军拥有军区最高管理权。

队。他成为二百多年来首位亲领罗马东境部队的皇帝。在620年代他斗志昂扬,御驾亲征,战败库思老二世,其作为在古代世界罕有其匹。吉本赞叹道:"希拉克略救帝国于倾颓,自西庇阿①与汉尼拔以降,其雄图壮举无可比拟。"⁵ 他解决了科门蒂奥鲁斯和普里斯库斯;为重振罗马士气、锤炼再建之军,累次进袭波斯领土,但适可而止;巧妙利用波斯将领与突厥可汗的野心与猜忌。通过以上举措,他连番给予波斯王愈来愈沉重的打击。由此可见,虽则610年登位时,希拉克略或几无军政经验,但他敏而好学,终于精熟军政谋略。

单凭击败库思老二世的战绩,希拉克略足可跻身最伟大的罗马帝王之列。因此也总是有人发问:若圣躬无恙,希拉克略面对穆斯林入侵,能否更好地保卫帝国?他也许会给军队指挥带来些亟需的稳定因素,而不必像瓦汉那般为彰显权威,在耶尔穆克平原应战后,采取坚决却招致毁灭的行动,但这种"违背事实的揆度有害无益"。⁶ 穆斯林与波斯人虽同是罗马对手,却判然有别。故此,在630年代中期,希拉克略若可亲赴战场,或者更直接参与战事,很难说较之部将,他能更有效抵挡穆斯林在叙利亚和埃及的兵锋。

最终,人们很难不对希拉克略心生同情。除他以外,几乎无人能经受住波斯的最初考验,遑论抵挡随后穆斯林的凶猛进攻。而这位雄主心力交瘁,于641年2月11日晏驾时,定然深感忧戚。他只能置身局外,眼见"毕生心血在面前化为泡影。与波斯的英勇交锋似已成空,诸多胜利只是为阿拉伯征服铺路而已"⁷。

虽受尊崇,但在立嗣问题上,希拉克略为帝国政治核心所做的

---

① 西庇阿(前235—前183),古罗马统帅,曾战败迦太基统帅汉尼拔,因而有"阿非利加征服者"之称。

大量稳局工作几乎毁于己手。他年老久病，辞世在意料之中，来得及预作安排，衰年却日益受制于玛蒂娜。后者决计让亲生子嗣同前任皇后欧多西娅之子平起平坐，甚至高出一等。希拉克略长子希拉克略·君士坦丁早在613年1月22日已成共治皇帝，按常规，他将承继大统。不料，638年7月4日，玛蒂娜说服希拉克略，让她的长子赫拉克洛纳斯与希拉克略和君士坦丁同做共治皇帝。君士坦丁与继母之间遂生仇隙，更有可能是旧恨加新仇。二人恩怨已显而易见，希拉克略只得拨出钱款，由君士坦丁堡牧首（塞尔吉乌斯或皮洛士）代管，"留给皇后玛蒂娜，一旦被继子逐出宫廷，不致财用支绌。"[8]

然而，希拉克略虽对宫廷恩怨似有觉察，却无所作为。在641年临终之际，他将权力同时传给君士坦丁三世与赫拉克洛纳斯，封玛蒂娜为奥古斯塔，给帝国留下政治危局。君士坦丁对阴鸷的继母保持警惕，同时想必因疾患在身而担心命不长久，遂抢先行动，以赢得军方支持。他寓书军队将领，利用其对玛蒂娜的普遍嫌恶，表达对自身安危的担忧，并恳求他们，若自己遭遇不测，拥护其子嗣继位。是否君士坦丁确乎认为玛蒂娜欲加害自己不得而知，但可以说，他在利用自身病情，暗示受人憎恶的奥古斯塔对他即将到来的死亡负责，同时在力求保护子女。无论君士坦丁作何筹划，不久都将受到考验。641年5月末，当政仅四个月，他死于结核病。

因此，赫拉克洛纳斯和玛蒂娜似成残破帝国的主宰。不过，由于君士坦丁事先吁请，玛蒂娜依然不得人心，以及风传她毒杀继子，故此军队拥护君士坦丁幼子君士坦斯。同时值得一提的是，君士坦丁与其策士菲拉格里乌斯已挪用希拉克略为玛蒂娜预留在牧首处的钱款，用以争取大多数军队将领的支持。玛蒂娜将菲拉格里乌斯放逐到罗马帝国最远之地休达城，原因或是，他曾参与动用先皇丈夫留给自己的储备金。于是，对奥古斯塔的反对迅速激化为公开叛乱。安纳托利亚军队由瓦伦蒂努斯率领,进逼君士坦丁堡对面的迦克敦,要求让君士坦斯继承父位。面对兵变,以及元老院和君士坦丁堡民众对君士坦斯的普遍支持,抑或是对玛蒂娜的厌憎,赫拉克洛纳斯几无选择,只得在641年9月末同意让侄子做共治皇帝。

玛蒂娜并未因挫败而罢休,而无论她意识到与否,权力的天平已经以压倒之势向君士坦斯的拥护者倾斜。玛蒂娜让另一亲生子、受封恺撒①的大卫·提比略做共治皇帝,企图弥补因君士坦斯擢升而对她和赫拉克洛纳斯地位的削弱。岂料元老院、民众、罗马军队三方联合,以不可抵挡之势,将玛蒂娜及两子废黜。母子三人受到肉刑。颇具象征意味的是,玛蒂娜遭割舌,见徙罗得岛。至此,希拉克略王朝的这一分支落得可耻下场。

君士坦斯二世既被拥立为唯一君主,帝国或许应着力收复失地。然而,君士坦丁三世已亡,赫拉克洛纳斯被废,登上皇位者是易受摆布的十一岁男孩。几乎不可避免的挑战来自瓦伦蒂努斯。得益于同元老院的短暂结盟,瓦伦蒂努斯官授禁军统帅兼罗马军队最高统领,并将女儿福斯塔嫁与君士坦斯。然而,他在叙利亚北部败于穆阿威叶,随即失势,其速堪比当初得势。他孤注一掷,率一队人马,闯入君士坦丁堡,要求君士坦斯加冕自己做共治皇帝。

但瓦伦蒂努斯已丧失反对玛蒂娜时军民的强大支持,其篡位图谋几乎尚未开始即注定失败。644年,元老院和君士坦丁堡的民众坚定拥护年仅十三岁的皇帝,瓦伦蒂努斯被当街处以私刑。一群元老院要员在牧首保罗二世带领下,决定以君士坦斯之名重建牢固统治,直到皇帝成年。至此,希拉克略的继统安排彻底告败。瓦伦蒂努斯的政变未能得逞,君士坦斯二世政权既得元老院扶助,因军方拥护而建立,又将在军队支持下力图收复前十年丧于敌手的土地,

---

① 恺撒,在东罗马帝国,可作亲王、摄政王或储君称号。

其进取精神将远超前代，且如上文所提，他还将通过军区制，在希拉克略奠定的行政基础上，重塑罗马帝国。[9]

皇位从创建者传至第二、三代时虽历风波，希拉克略王朝却将延续整个七世纪，领导罗马帝国完成向中世纪拜占庭帝国（如今所称）的过渡。[10]而此过程绝非一帆风顺。君士坦斯二世及其子君士坦丁四世面临种种危局：穆斯林继续入侵；继阿瓦尔人之后，保加尔人崛起；曾困扰希拉克略的宗教争端依旧存在。最终，内忧外患之下，君士坦丁四世之子查士丁尼二世于695年遭废黜、流徙。两名军事将领相继篡位，先是莱昂蒂乌斯，后是提比略三世，希拉克略王朝中断十年。查士丁尼二世与可萨人、保加尔人以及斯拉夫人缔盟，虽受劓刑，仍于705年复辟。但他似未记取被废的前车之鉴。711年，日益暴虐的统治再度激起叛乱。此次他未遭放逐。711年岁终，查士丁尼二世与子提比略受戮于君士坦丁堡城外。在希拉克略与其父为拯救帝国而反叛福卡斯一个世纪之后，希拉克略王朝至此终结。

欧麦尔遇刺，奥斯曼登基，伍麦叶王朝建立 [11]

穆斯林陷内政乱局，精力被分散，未对安纳托利亚边境造成致命打击。恰逢此时，罗马帝国上演皇室争权闹剧，实乃幸运。穆斯林内乱似初起于将战俘和奴隶带入阿拉伯半岛。外来者中，一个刺杀欧麦尔的密谋正在酝酿。据传，首领是642年在图斯塔尔输诚的波斯将领霍尔穆赞；作为商定的一项投降条件，他曾在麦地那晋谒欧麦尔，改信伊斯兰，说服对方饶己一命、赐予致仕金。

霍尔穆赞虽曾在财政、政治，乃至军事上替欧麦尔出谋划策，却似乎从未忘记自己实为亡国奴。被怀疑参与密谋者还有别人，而最重要成员是被选中的刺客。他也曾是波斯士兵，今已为奴，名菲鲁兹，亦称阿布·鲁鲁阿。他所以被带到麦地那，似因主人巴士拉总督赏识其木工、铁工与绘画方面的出众技艺。[12] 据称，欧麦尔维持奴隶须向主人纳税的政策，菲鲁兹为此懊恼。但无论起因如何，记载称，644 年 11 月 3 日，欧麦尔在麦地那圣寺主持晨祷时，菲鲁兹对他发起袭击。据说哈里发身被六刃。菲鲁兹试图脱逃，致数人死伤，在清真寺外走投无路后自尽。欧麦尔当场未亡，最终于 644 年 11 月 7 日伤重不治。[13]

欧麦尔当政对伊斯兰历史的重要作用不可低估。穆罕默德与阿布·伯克尔将伊斯兰教义传遍阿拉伯半岛，并初步向半岛以外传教，而在欧麦尔支持下，哈里发政权几乎已向四方拓展。同时因其强有力的行政组织，哈里发政权得以在新征服之地立稳脚跟，先成立相关部门，后开始编纂伊斯兰法律，以确保其施行。叙利亚、巴勒斯坦、美索不达米亚以及波斯的征服之地被划分为多个行省，行省各设机构，负责立法司法、维护安定、收缴税款，总督由欧麦尔择优任用。[14] 各行省再分为一百多个区域和城市单位，由总督负责执法。为杜绝官吏贪腐，欧麦尔既赐以厚禄，又赋予民众检举官吏行为的法律途径。639 年，他还规定，伊斯兰历法以圣迁，即穆罕默德从麦加迁往麦地那之日为开端。

不过，一如希拉克略，对哈里发之位由谁继承的问题，欧麦尔似左右为难。据说，他最初属意阿布·乌拜达，甚至哈立德，但二人皆先身故。此后，欧麦尔似乎未表示过会否像阿布·伯克尔那样（当初的任命曾被认为有争议）指定继承人。甚至在弥留之际，欧麦尔仍拒做决定。当有人建言任命欧麦尔之子时，他甚或曾斥责在场人员。最终，他选定六人组成委员会，包括奥斯曼、赛义德、阿里、阿卜杜勒-拉赫曼、祖拜尔·本·阿瓦姆、塔尔哈·本·乌拜杜拉，命六人在彼此中选出下任哈里发。据说，欧麦尔令其三日内达成共识。塔尔哈不在麦地那，因时限过短，无法参与商讨。余下五人，只有奥斯曼和阿里愿做哈里发。祖拜尔支持前者，而赛义德支持后者。委员会同意少数服从多数,阿卜杜勒-拉赫曼的意见将关乎结果。据载,拉赫曼决定支持奥斯曼,对荐辞已做精心准备,待到清真寺公众集会时才发表意见,令阿里别无选择,只能当即宣誓效忠奥斯曼。

在后来十二年的统治期间,奥斯曼借助欧麦尔奠定的牢固根基有所建树。他利用营商技能,解除管制,开辟商路,开凿运河,允许借贷和土地买卖,以此扩充农商基础架构,使哈里发治下民众,包括穆斯林与非穆斯林,皆受惠于普遍的经济繁荣。帝国上下因之大兴土木,建起数百座清真寺,整修天房和麦地那圣寺等现有清真寺,设立无数营垒与募兵和练兵场所,以安置不断扩充的军队。奥斯曼当政时,伊斯兰教的传播与阿拉伯的口头传统致《古兰经》文本失真。各类穆斯林群体开始蓬勃发展,当地方言及书写方式开始出现细微差别。为防止这些变体扎根而演变成有分裂宗教之嫌的语言,奥斯曼组建委员会,命其根据先知遗孀哈夫莎①手头的《古兰经》原稿,进行大量誊写。

然而,尽管在奥斯曼十二年的当政期,借由征服,伊斯兰帝国不断拓展,伊斯兰信仰继续传布,但其用人及由此引发的不满或许影响最大。奥斯曼亲命的多位总督似统治严苛,甚至暴虐。新哈里发让自己部族成员担任埃及、巴士拉、库费和叙利亚的四大总督,民怨因之更甚。在众人眼中,奥斯曼任人唯亲,不仅欲强化个人势力,而且要稳固其伍麦叶家族对哈里发政权的掌控。认为阿里有权做正统哈里发的民众以及被奥斯曼解除埃及总督之职的阿姆鲁等人对其窃国一说尤其紧抓不放。

调查发现,不满情绪多是反政府宣传,或规模相对较小。但及

---

① 穆罕默德先后共有十二名妻室,包括书中所提赫蒂彻、艾莎、哈夫莎。其中,艾莎出嫁时年仅九岁。除艾莎外,其余皆为孀妇。

至656年，该情绪已蔓延至全国，获得库费、巴士拉和埃及等行省的大力响应，不过总督除外。叛众得以趁隙向奥斯曼发难。麦地那多数民众听信反伍麦叶家族的宣传，未支持任何一方，而是袖手旁观，任奥斯曼府邸被围，且越围越紧。656年7月17日，经无数次战斗，有些反叛者最终潜入奥斯曼府邸，将其弑杀。[15] 人们就是否应将他妥善安葬产生分歧，最终的葬礼并不隆重。由此可见，656年岁中已实控麦地那者对奥斯曼何其反感。不过，奥斯曼虽落得可悲下场，因"纵容贪腐的族人"而招杀身之祸，最终败坏了哈里发政权选贤任能的风尚，但颇似欧麦尔，他以前任成就为基，大有作为。[16] 他施行改革，带来繁荣气象，使哈里发政权面对将至的内乱韧性更强。

奥斯曼被弑次日，在圣寺举行的会议上，阿里胜过祖拜尔和塔尔哈，被立为新哈里发。鉴于即位时的处境，阿里或应谨慎开局。然而，他自信身膺宗教使命，不愿妥协，拒听几名拥护者劝谏，迅速解除奥斯曼族人的总督要职。[17] 唯一人抗旨不遵，此人或许势力最强，即叙利亚总督穆阿威叶。因阿里未将弑杀奥斯曼的凶手绳之以法，穆阿威叶拒认阿里的地位。阿里未惩治凶手，并决定讨伐穆阿威叶，两件事遭到几名穆斯林权贵的反对，尤其是祖拜尔、塔尔哈，以及阿布·伯克尔之女艾莎。三人逃往巴士拉，召集军队，欲推翻阿里统治。稍晚，阿里获库费守军支持，从麦地那启程，往攻巴士拉，大破叛军。此役称巴士拉之战，亦名骆驼之战①。

此战是穆斯林首度同室操戈，也是伊斯兰内战之始，称第一次菲特纳②，将持续阿里当政始终。祖拜尔和塔尔哈虽遭惨败，穆阿

---

① 骆驼之战，发生于656年12月，因穆罕默德遗孀艾莎乘驼轿指挥而得名。最终，塔尔哈战死，祖拜尔在败撤途中被杀，艾莎被送回麦地那，受到善待。
② 菲特纳，源自阿拉伯语，义为"动乱"。

威叶仍未屈服。阿里试图以外交手段解决争端，但穆阿威叶曾因战胜罗马人而在治下行省培植起众多忠诚追随者，决计一战。在美索不达米亚和叙利亚经无数小规模交锋之后，657年7月26至28日，两军相会于阿勒颇与幼发拉底河之间的平原，锡芬之战爆发。据载，阿里兵力九万，穆阿威叶十二万，双方人数之多令人生疑。战事持续三天，双方展开血战，似互有胜负。最终，两首领同意由《古兰经》裁定谁做哈里发，以此止息争端。

战事停歇，穆阿威叶似已处劣势，阿里却决定认可仲裁，在己方阵营引发巨大分歧。穆阿威叶的代表阿姆鲁施计，胜过阿里的代表阿布·穆萨一筹①。此时分歧更大，并很快演变为暴力冲突。后来被称作哈瓦利吉派②（义为"出走者"）的群体宣称，锡芬之战的双方皆背离伊斯兰正途。阿里被迫取消入侵叙利亚的原定计划，在658年岁中打响奈赫赖万之战并获胜。然而，此捷仍未给阿里带来全面胜利。穆阿威叶趁哈里发无暇他顾之机，迅速夺下库费以西几乎所有伊斯兰领土。[18]征服行动将穆阿威叶塑造成黩武好战而非替族人复仇的形象，似乎让更多人倒向阿里一方。不过，拥护力量的增强尚未让阿里受益，661年1月26日，他便在库费遭一名哈瓦利吉派成员刺杀。

阿里之子哈桑被阿里余下的支持者拥立继位，但穆阿威叶兵力占优，哈桑取胜无望，不久后投降③。穆阿威叶得以借助因战场胜利而有的权力与忠心，充分利用奥斯曼奠定的根基。680年，他在

---

① 双方互派代表，各带四百名见证人。最终裁定，阿里和穆阿威叶均无资格做哈里发。仲裁结果对穆阿威叶有利，致教内矛盾愈加激化。
② 哈瓦利吉派，伊斯兰教早期派别。其时阿里阵营的主战派约一万两千人愤而出走，宣布不承认阿里和穆阿威叶的领导地位，主张哈里发由选举产生，凡穆斯林皆有资格出任哈里发。
③ 穆阿威叶曾与哈桑约定：自己死后由哈桑继任哈里发。669年哈桑身故，据传遭穆阿威叶毒杀。

临终时指定其子耶齐德为继承人,以君主世袭制取代哈里发推举制。尽管君主世袭制能够且的确对忠悃与团结产生积极作用,但是强让素来实行神权统治和推举制的国家改行世袭专制却会造成危害。实际上,从奥斯曼逝后到九世纪初,共历四次伊斯兰内战。奥斯曼和穆阿威叶缔造的伍麦叶王朝①将统治伊斯兰世界近百年,750年1月25日在第三次内战期间败于扎卜河之役,后被推翻。[19]

萨珊王朝落幕,伊嗣俟三世身死,卑路斯二世流亡

罗马和穆斯林统治集团祸起萧墙之时,晚古时期第三位主要国主正面临迥然不同的厄境。帝国军队覆灭于纳哈万德之役,战后国土尽失。伊嗣俟三世兵败阿姆河河畔,644年岁暮已沦为亡国之君。他在630年代中期经艰苦卓绝的斗争,始成帝国唯一君主,而十年后的今天,他不愿未经一战而放弃。在未来七年,他不断巧避穆斯林军队的追捕。为集结一旅之师,以便从穆斯林手中夺回伊朗,他往返奔波于先前呼罗珊行省与附近突厥土地之间的边境,甚至渡过锡尔河②,进入中国唐朝的势力范围帕米尔高原和塔里木盆地。[20] 他甚而有可能与中国皇帝取得直接联系,或曾促使穆斯林统治者在650年前后遣使中国朝廷。[21] 通常认为,此时伊斯兰教传入中国,但认为使团首领是赛义德·本·阿比·瓦卡斯的传统观点则已受质疑。[22]

为替伊嗣俟三世说话,有人提出,史载攻下波斯波利斯和梅尔夫等城市是在650年,而非644年。这意味着,穆斯林夺占的许多领土在欧麦尔死后曾发生反叛。据称,643年岁末之前,塔巴里斯

---

① 伍麦叶王朝(661—750),又译倭马亚王朝,因崇尚白色,中国史籍称其为"白衣大食"。
② 锡尔河,流经今乌兹别克斯坦、塔吉克斯坦、哈萨克斯坦三国,全长三千公里,为中亚最长河流,隋唐称药杀水。

坦已被苏韦德攻克；然而，效忠萨珊的势力却在此地的里海南岸苦苦支撑达百余年——这里未被伍麦叶王朝征服，最终在759至761年被阿拔斯王朝①占领。该事实为证明哈里发帝国内部曾发生大规模反叛提供了依据。伊嗣俟三世试图趁敌方内乱之机举事，并在突厥各部、中国人、自己麾下仍有的少量部队之间建立反穆斯林/支持萨珊联盟，努力却终成泡影，"（伊嗣俟三世的）结局悲惨，且鲜为人知。"[23] 对于波斯末代君主的终局，有几种不同说法。其中最流行的是，当地一磨工不识其人，谋财害命。也有人称，他在渡阿姆河时被穆斯林或突厥骑兵所杀，还有人深信梅尔夫总督马胡伊·苏里与追兵串通。

无论情由如何，至651年，伊嗣俟三世已殂，萨珊王朝正式覆灭。实则644年阿姆河之战后，即使不是更早，萨珊国祚已终，而其家史并未就此断绝。长子卑路斯承其王位，据信经帕米尔高原来到中国高宗帝廷。尽管赛义德所率使团先期到访，但中国人或许担心穆斯林迅速向伊朗高原以外大举征伐，似愿意襄助卑路斯再续其父国祚。在唐朝帮助下，658至663年，卑路斯建"流亡王国"于札兰杰（在今阿富汗，近伊朗边境，当时被认为属于锡斯坦行省）。然而，674或675年他重访唐都长安时，似已遭惨败。[24]

中国将军裴行俭②率军护送卑路斯重归碎叶城（今吉尔吉斯斯坦托克马克附近）。679年前后卑路斯去世，由此可知裴行俭返回中国之故。无论此行有何意图，似乎皆半途而废。卑路斯之子泥涅师③原在高宗朝为质，遂继位而成流亡波斯王，但未来三十年，他

---

① 阿拔斯王朝（750—1258），阿拉伯帝国第二个王朝，统治长达五世纪，被蒙古人所灭。因崇尚黑色，中国史籍称其为"黑衣大食"。
② 裴行俭（619—682），唐名将，曾任安西都护，威服西域，才兼文武，谋略超卓，擅诗文，工书法，被《旧唐书》誉为"儒将之雄"。
③ 泥涅师，被中宗李显授予左威卫将军，从三品，后客逝于唐。

避居碎叶，总体上似已势孤力穷，无以真正挑战穆斯林对波斯的统治。在中国人眼中，泥涅师或是安西都护府部分地区的属官，而非盟友。及至708年重返长安时，他迎娶了唐朝公主，似已放弃恢复祖父国祚的努力。在随后百年，其胤嗣不断融入中国统治阶层，获得无数军衔，并改姓李，即唐朝国姓。到九世纪时，萨珊余脉已成中国东南广州地区的军事将领。

在伊嗣俟三世的子孙中，力图复国者不惟卑路斯与泥涅师两人。据信，另一皇子阿罗憾亦曾在中亚部落招兵，攻袭穆斯林，均告失败。人们认为，阿罗憾卒于710年，其子俱罗承继遗志，引突厥大军攻入穆斯林治下波斯，再度铩羽。[25] 此番用兵被认为是萨珊王族力图复国的最后一搏。萨珊皇室其他成员的境遇要好很多。据载，伊嗣俟三世有两女嫁与显赫人物：沙赫尔巴努或成为哈里发阿里次子侯赛因的一名妻妾，伊兹敦达德嫁给穆斯林治下首位犹太散民首领布斯塔奈·本·哈尼奈。经由这些婚姻关系，十九世纪的巴哈伊教①领袖巴哈乌拉得以溯祖追源到伊嗣俟三世。[26] 而在三国争衡中，萨珊人已被远远超越。他们融入其他文化的同时，其琐罗亚斯德教渐趋式微。时至今日，该教仍存在于印度、伊朗、阿富汗，以及世界其他地区，但信徒仅以千计。

---

① 巴哈伊教，十九世纪中期由巴哈乌拉在伊朗创立，其最高宗旨是创建新的世界文明，实现人类大同，其核心教义包括"上帝唯一""宗教同源""人类一体"。

第11章 盛宴继续：从大西洋到印度洋

> 我誓与君士坦丁堡血战到底，直至破城；不然，阿拉伯领土将尽毁我手。
>
> 伍麦叶王朝哈里发苏莱曼（715—717）
>
> （《祖克宁编年史》）

征服北非与伊比利亚半岛

希拉克略、欧麦尔、伊嗣俟先后辞世，在各自阵营及王朝引发争位风波，而这绝不意味着偃武息兵。穆斯林已建帝国，可比肩公元二世纪鼎盛时的罗马。644年欧麦尔被刺后，其征服浪潮仍不减威势，于未来百年将继续向东西推进。最辉煌的战果来自西方。在欧麦尔遇害前，甚至承认穆斯林掌控埃及的和约或刚刚签订，墨迹未干，阿姆鲁已转移目光，要保护埃及的西部边境，举兵进攻罗马在北非昔兰尼加、的黎波里塔尼亚、阿非利加等行省的驻军。[1]

642年未终，阿姆鲁似已从亚历山大开拔，西进彭塔波利斯①五城地区。该地一座主要城市巴尔卡以及昔兰尼加与费赞两地大部似乎不战而降。攻打的黎波里时，阿姆鲁却遇较强抵抗。该城有罗马守军，又具通海之便。阿姆鲁无攻城器械，只得将城部分封锁。守军期待海上来援，不意等到的竟是毁灭。奋战经月，他们企盼的海援未至。穆斯林从港口杀入，攻陷的黎波里。阿姆鲁乘胜发起闪电攻势，未遇太多抵抗即夺下塞卜拉泰（今扎维耶附近）。他本欲进袭阿非利加总督区,但欧麦尔担心战线过长,要巩固对埃及的占领,似乎召回了这名雄心勃勃的将军。阿姆鲁遵旨而行,似乎在643年岁终前已返福斯塔特。

四载后的647年,穆斯林于北非再兴征伐,入侵计划之周详似远胜以往。埃及新任总督阿卜杜拉·本·萨阿德率大约两万至四万兵力,横扫昔兰尼加与的黎波里塔尼亚,巩固或重建了阿姆鲁曾经的征服之地,而后进入阿非利加总督区。在迦太基西南约两百五十公里(一百五十英里)的苏菲图拉(今斯贝特拉附近),阿卜杜拉迫使阿非利加总督高贵者格列高利②交战。一年前的646年,面对穆斯林进攻,希拉克略王朝的中央政权未提供充足防御,却依旧推行基督一志论,并课以重税。这些政策不得人心,格列高利遂起兵反叛君士坦斯二世。[2] 叛乱虽得到阿非利加乃至意大利的支持,对局势走向却几无影响。举事未果,主将先亡——经苏菲图拉一战,格列高利殒命,所部被歼。有人提出,此败标志着罗马对阿非利加统治的谢幕。[3] 但该说掩盖了一个事实:未来四十年,阿非利加总督区及盟友抵挡住了穆斯林的征服大军。苏菲图拉获胜后,穆斯林对阿非利加大部展开劫掠,却发现面对迦太基等地的坚固城防寸步难行。战事陷入僵局,罗马人以巨额贡金买通阿拉伯军队,阿卜杜拉于648年岁终撤回埃及。[4]

因穆斯林爆发首次内战,罗马属阿非利加得以休兵十七载。665年,穆斯林再攻迦太基。此次出兵或受到根纳迪乌斯的鼓动。他继任格列高利的总督之职,因军民叛乱而遭驱逐,来到大马士革,向穆阿威叶请援,欲夺回职位。穆斯林在迦太基附近再获胜

---

① 彭塔波利斯,意即"五城",该地有五座城市,在今利比亚东北部,公元前七世纪由希腊人建立。
② 格列高利,出身皇族,可能是希拉克略从弟尼切塔斯之子。646年,他宣布阿非利加独立,并称帝。翌年,在抵御穆斯林入侵时兵败被杀。

捷，却无法逾越该城的防御工事，也无法诱城投降。然而，此番穆斯林却不能被收买。奥卡巴·本·纳菲勒兵自大马士革来援，在突尼斯以南约一百三十公里（八十英里）处的凯鲁万建起前沿基地。在未来十年或更长时间里，奥卡巴自该地出发，横扫今阿尔及利亚和摩洛哥，最终抵达大西洋海岸。而另一方面，奥卡巴低估了罗马人的抵抗。682 或 683 年，阿非利加总督区军队及其柏柏尔同盟军余部在韦斯卡拉（今阿尔及利亚东北比斯克拉）出其不意，突袭奥卡巴所部。奥卡巴阵亡，穆斯林被迫撤出他征伐过的大部分土地。祖海尔·本·卡伊斯继任凯鲁万总督，与柏柏尔人交兵虽有战果，却在君士坦丁堡援军的协攻下被击溃。

然而，虽先后击败奥卡巴和祖海尔，而且 680 至 692 年穆斯林因第二次内战①而无计抽身，阿非利加总督区却未趁此喘息之机有所作为。因遭穆斯林攻袭，缴纳巨额贡金，以及部落同盟的背叛与擅离日益严重，已消耗阿非利加总督区太多资源。最终，祖海尔得以重整旗鼓，于 680 年代结束前在凯鲁万附近战胜罗马—柏柏尔联军。695 至 697 年，祖海尔的继任者哈桑·本·努曼终克迦太基。697 年，由皇帝莱昂蒂乌斯派出的一支远征海军发动突袭，成功收复迦太基，罗马人暂时重振雄风。然而翌年春，哈桑在迦太基城外集中优势兵力，击溃罗马守军。随后，穆斯林洗劫城池，迦太基再度也是彻底被毁。[5]

但此胜并不表明北非已被完全征服。穆斯林仍须应对其他罗马守军以及柏柏尔部落捉摸不定的队伍。实际上，据说攻陷迦太基后不久，在泰贝萨附近，哈桑辱败于柏柏尔女王兼先知迪希雅（亦名卡希娜）。据称，由于此败，穆斯林被迫从阿非利加总督区大部撤

---

① 680 年，穆阿威叶离世，传位于子耶齐德，开启世袭制，由此点燃持续的哈里发之位争夺战（680—692）。

可萨人

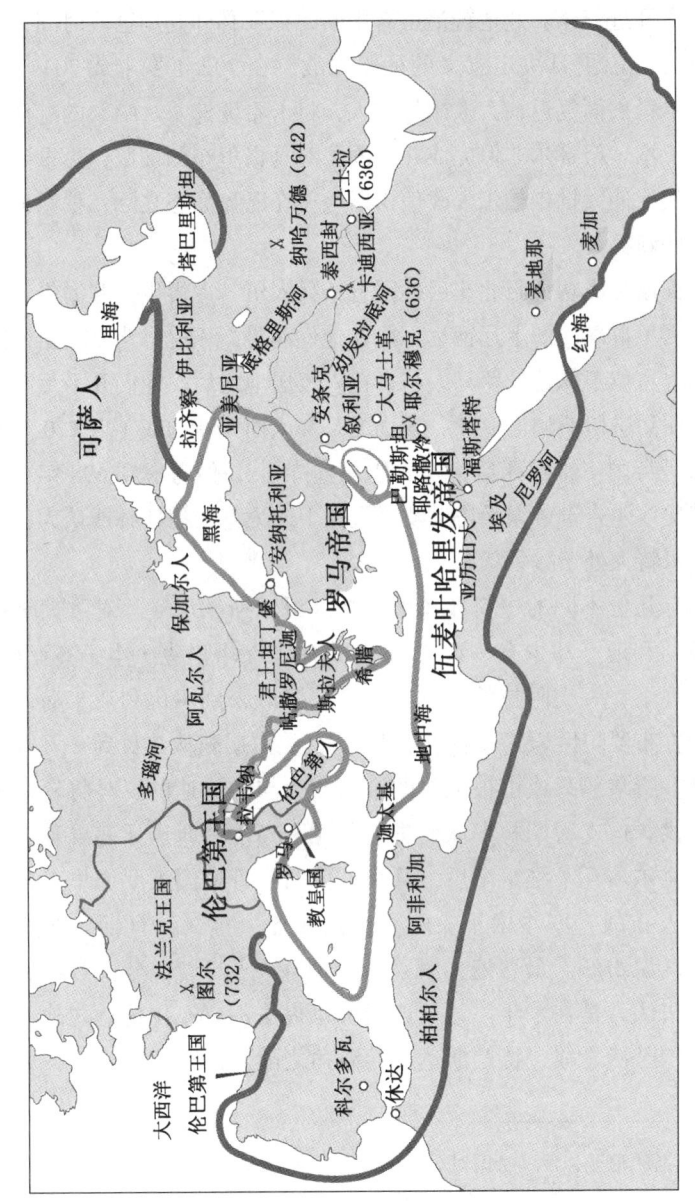

里海

法兰克王国
伦巴第王国
大西洋
伦巴第王国
图尔（732）
科尔多瓦
休达
柏柏尔人
阿非利加
教皇国
罗马
拉韦纳
色韦纳
萨丁
西西里
迦太基
地中海
君士坦丁堡
帖撒罗尼迦
斯拉夫人
希腊
雅典
多瑙河
阿瓦尔人
保加尔人
黑海
安纳托利亚
罗马帝国
拉齐紫
伊比利亚
塔巴里斯坦
亚美尼亚
幼发里斯河
纳哈万德（642）
泰西封
卡迪西亚（636）
巴士拉
安条克
叙利亚
大马士革
底格里斯河
耶路撒冷
巴勒斯坦
亚历山大
福斯塔特
埃及
尼罗河
伍麦叶哈里发帝国
麦地那
麦加
红海

伍麦叶哈里发帝国与罗马帝国（750）

兵，离开近五年。此地统治虽有中断，穆斯林却利用这段时间，筹划远比先前更具决定意义的征服之战。在702年岁末或703年岁初，哈桑去而复返，大败柏柏尔人，将卡希娜诛杀。哈桑的继任者穆萨·本·努赛尔非但完成并巩固了对马格里布的征服，更重要的是，他促使大批柏柏尔人改信伊斯兰。在已显疲态之际，穆斯林军队又获新兵。

穆斯林成功征服北非后，因有新兵入伍，遂再生征服渴望，对巴利阿里群岛的海上远征远不能让他们满足。于是，当711年穆萨大军攻占位于休达的罗马人与哥特人聚居地之后，他们几乎无需建言，便兵进伊斯帕尼亚①，表面上是介入西哥特内战（自710年左右西哥特国王维察死后，内战似一直持续），但考虑到698年维察与其父埃尔吉卡曾派兵协助罗马人保卫迦太基，穆斯林或认为，已同西哥特人处于战争状态。

有几份不同的史料涉及穆斯林入侵伊斯帕尼亚，对重大事件的日期和地点却少有一致。711年岁中，在塔里克·本·齐亚德[6]的指挥下，一支阿拉伯—柏柏尔联军渡海来到伊比利亚半岛，登陆今直布罗陀巨岩（又名塔里克山），兵力据载从数百到一万五千不等，所乘船只或由被流放的维察家族与驻休达的罗马将领尤里安提供。这支穆斯林军队北进希斯帕利斯（今西班牙塞维利亚），或抵科尔多瓦。维察卒后，篡夺王位的西哥特国王罗德里克与巴斯克人止战，率军南下。两军狭路相逢，对交兵日期、地点和过程众说纷纭。最普遍的观点认为战斗发生于711年7月，也常有看法认为是在来年。甚至连名称也提法不一：拉扬达之战、里奥巴尔巴特之战、特兰斯达克廷海角之战、瓜达莱特之战，可见

---

① 伊斯帕尼亚，罗马帝国对今伊比利亚半岛的称呼。本书中，"伊比利亚半岛"与"伊斯帕尼亚"交替使用。

确定战场之难。对双方参战兵力莫衷一是，因此也难以讲清战争过程。

不过，结局却毫无争议。史籍表明，罗德里克的部队发生分裂，塔里克的骑兵与彼军展开血战，最终穆斯林取得决胜。西哥特军队被打得落花流水，罗德里克殒命沙场。穆萨引兵来援，伊斯兰军队势如破竹，在未来三年几乎征服了伊比利亚全境。人们通常认为，抵抗迅速瓦解的一个主因是，西哥特统治者不得人心，确切言之是罗德里克众叛亲离。而穆斯林的谈判意愿以及总体来说对其他文化的包容态度定然也起到作用。有几名西哥特贵族不战而降，被允许保留半独立地位，只是将宗主国君主由西哥特国王更换为伍麦叶哈里发。

伊斯帕尼亚唯一未受穆斯林直接统治之处是北部海岸一块狭长地带。在此，势必独立的巴斯克人继续同兴起的阿斯图里亚斯王国并肩作战。718 或 722 年，后者在科瓦东加战胜穆斯林军队，从而立稳脚跟。此捷被视为持续近八百年收复失地运动（为基督教夺回伊比利亚半岛）的开端。

图尔之战与欧洲获救

西哥特王国的疆土多被穆斯林占领，其中有地处比利牛斯山脉北侧的塞普提马尼亚，该地包括今佩皮尼昂、纳博讷、蒙彼利埃等城市。及至 719 年，安达卢斯（穆斯林对伊比利亚半岛的称呼）总督萨姆赫·本·马利克攻下纳博讷，从而占领全部塞普提马尼亚。由此，穆斯林遇见另一西欧国家法兰克王国，并与之爆发冲突。该国表面上只分成奥斯特拉西亚和纽斯特里亚两个邦国，实则诸侯割据，包括众多公爵与男爵领地。然而，法兰克人对穆斯林构成的军事挑战远超西哥特人。这些公爵与男爵惯于彼此攻伐，争夺墨洛温王朝①余下势力的掌控权，其领土高度军事化，阵地设防严密，驻有重兵。719年，奥斯特拉西亚王位背后的实际掌权者宫相查理②也控制了纽斯特里亚，法兰克人的抵抗力量因之再增。

721年，萨姆赫攻打阿基坦③都城图卢兹，公爵奥多成为首个迎战伊斯兰部队的法兰克军阀。围城约三个月后，萨姆赫即将破城，这时奥多回援，大挫穆斯林军队。因有此败，在穆斯林军内，阿拉伯人、叙利亚人和柏柏尔人之间似起争执，但在720年代，他们依然深入法兰克境内，725年攻至东北部的欧坦。在加泰罗尼亚，柏柏尔人反叛安达卢斯新任总督阿卜杜勒·拉赫曼，奥多曾试图协助前者，因此732年其领土再成入侵目标。然而，此番奥多却未能奇袭敌军，而是惨败于加龙河河畔，眼睁睁看着波尔多被无情洗劫却徒呼奈何。

穆斯林纵队继续北进卢瓦河，对法兰克的战力似不屑一顾。他们将很快认识到，在法兰克公爵中，奥多虽有实力，却并非最为强大。实力最雄厚者当属查理。尽管在图卢兹和波尔多这两次战役前他拒援阿基坦人，但面对翻越比利牛斯山的新来威胁，他并未无所作为。查理集结起一支步兵劲旅，准确推测出阿卜杜勒·拉赫曼将去往图尔圣马丁修道院，732年10月，在穆斯林军队毫无察觉之下，截敌于中途。全然出乎安达卢斯总督意想的是，他发现，一支法兰克大军拦住去路，不仅居高临下，且以树木和崎岖地势作掩护，穆斯林骑兵虽凶悍，却难以施威。

---

① 墨洛温王朝（481—751），法兰克王国的首个王朝，其疆域在今法国大部与德国西部。
② 查理（688—741），法兰克王国宫相。在国内实行采邑制改革，对外经战争扩充法兰克王国版图。732年在图尔战役中率军击溃阿拉伯入侵者，故有"铁锤"查理之称。
③ 阿基坦，法兰克王国的一个公国，在今法国西南部。

阿卜杜勒·拉赫曼意识到对手得地势之利,遂调集在法兰克王国的余部——战胜奥多后他们多已分兵进击。查理决定打保卫战,欲将穆斯林诱入自己强大的守御方阵,因而两军初次交锋后有一周,他保持守势,任穆斯林军队会师。延宕也让阿卜杜勒·拉赫曼更加急于求战,尽管军队将面临真正艰难的战斗。他已北进如此之远,面对拦路军队,不可不战而南归,故某种程度而言,在图尔,数十载胜利反成穆斯林的负累。

第七日,阿卜杜勒·拉赫曼引骑兵进攻法兰克人阵地。穆斯林虽有突破,却一再被训练有素的法兰克步兵击退。穆斯林军队全面部署后,查理似乎派出为数不多的探骑,去威胁穆斯林营盘。营中有大量掠自波尔多的财物。因担心丢失得之不易的战利品,部分穆斯林骑兵回防军营。穆斯林主力以为是策应的骑兵在撤退,便也开始退走。法兰克人迅速反击,阿卜杜勒·拉赫曼阵亡,穆斯林军队被迫退回比利牛斯山彼侧。

查理因732年的图尔大捷而得绰号"马特"(意即"铁锤")。长久以来,此捷被视作史上最重大的胜利之一,近年来其重要性却被淡化,理由在于,此战不过从属于一系列更大的战役,而后者应受真正重视。[8] 鉴于阿卜杜勒·拉赫曼之子优素福曾于736年大举再犯法兰克,上述观点不难理解。面对此番海路入侵,查理于736和737两年先后在阿维尼翁、尼姆、贝尔河又获胜利,他甚至不得不向伦巴第国王利乌特普兰德求援。[9] 至759年,查理之子丕平①攻克纳博讷,穆斯林最终被赶回比利牛斯山彼侧。[10] 但不容忽视的是,倘如耶尔穆克、卡迪西亚或纳哈万德的情形,穆斯林大破法兰

---

① 丕平(714—768),曾任法兰克王国宫相,后取代墨洛温王朝,开创加洛林王朝。为酬谢罗马教皇助己篡位,754和756年,两度出兵意大利,打败伦巴第人,将所夺土地赠予教皇,促成教皇国的建立,史称"丕平献土"。因身材短小,得绰号"矮子丕平"。

克主力于图尔,则不再有查理·马特、其子丕平、其孙查理大帝[①]（与之同名,更广为人知的称呼是查理曼）的战功,而法兰克及整个西欧的未来或因之迥异。

虽然穆斯林在八世纪中期已被逐出法兰克,世纪末之前法兰克人在加泰罗尼亚有所攻取,阿斯图里亚斯王国的力量得到加强,但在未来七百年,穆斯林仍以种种面目存在于伊比利亚半岛。直到十五世纪晚期卡斯提尔、阿拉贡两王国合并后,穆斯林在伊比利亚的最后一个王国格拉纳达埃米尔国始亡。

东方战线——中国,巴基斯坦,印度

阿拉伯帝国中心内战不断,在极西之地开疆拓土,伊朗各处叛乱频仍,穆斯林分身乏术,在东方的扩张某种程度似已渐停。不过,至七世纪末,哈里发阿布德·马利克及其最得力的将军兼能臣哈贾吉·本·优素福成功巩固伍麦叶政权以后,由阿布德·马利克之子瓦立德一世领导,再启征服战车。在哈贾吉（先后受任伊拉克和伊朗总督）支持下,一众良将被派去攻城略地,其中包括古太白·本·穆斯利姆、穆罕默德·本·卡西姆、穆萨·本·努赛尔（此人曾征服北非,并入侵伊斯帕尼亚）。

自 705 年始,古太白任呼罗珊总督。在之后十年,他征服了突厥和伊朗各部落（其中有许多听命于中国人）,扩展和巩固了穆斯林对中亚大部（今土库曼斯坦、阿富汗、乌兹别克斯坦、哈萨克斯坦和塔吉克斯坦五国部分领土）的统治。穆斯林军队快速逼近中国治下的安西都护府。715 年,古太白亡故[②],很快人们将会认清,其

[①] 查理大帝（742—814）,又称查理曼（在古法语中"曼"为"大帝"之义）。经连续征战,统一大半个欧洲,建立查理曼帝国,被誉为"欧洲之父"。

[②] 为部将所杀。

外交举措、军事手段及人格力量对经略这些征服之地何其重要。在随后二十年，反叛频发，突骑施①的崛起构成军事威胁，古太白在河中地区②的征服势力因之逐渐瓦解。724年，为重立军威，穆斯林部队远征费尔干纳，反被突骑施优势兵力包围，只得渡锡尔河回撤，此番溃退史称渴水日之战③。经此一败，中亚出现角色的严重易位，如今穆斯林已尽处劣势。731年，在胜负难分的隘路之战中，穆斯林伤亡甚巨。737年，伊朗爆发叛乱，在辎重之战中叙利亚援兵被击溃。至738年，穆斯林已被赶回阿姆河彼岸，呼罗珊正遭突厥纵队攻袭。

突骑施可汗已死，纳斯尔·本·赛亚尔受任呼罗珊总督，对阿姆河彼岸的突厥人与伊朗人施行更为包容的安抚政策。只有此时，穆斯林始得以恢复元气。国内对伍麦叶哈里发的反抗与日俱增，最终导致第三次内战（747—750）。因此，纳斯尔无法对阿姆河彼岸实施更直接掌控，只能采取联盟与藩属国政策。而在751年，河中各族对其安抚政策感念于心。是岁，穆斯林军队与中国人所率兵马发生怛罗斯之战④，近百年对峙终成对抗。

中国人对萨珊王朝的残余势力未施援手，亦未从西域撤军。他们对穆斯林、吐蕃人与回纥突厥人的联盟心存戒备，同时趁第三次阿拉伯内战之机，最终投入重兵参战。阿拉伯新朝肇造，为彰国威，首任阿拔斯哈里发阿布·阿拔斯·萨法赫渴望夺取大捷，遂于751年7月遣重兵至中国安西都护府边境。在怛罗斯河⑤畔，穆斯

---

① 突骑施，西突厥别部，哈萨克族史上首个汗国，当时受唐朝管辖。
② 河中地区，阿姆河与锡尔河流域，以及泽拉夫尚河流域，包括今乌兹别克斯坦全境与哈萨克斯坦西南部。
③ 此役中，突骑施军队由苏禄可汗（？—738）指挥。
④ 战场在今哈萨克斯坦南部塔拉斯市附近，唐军统帅是玄宗时名将高仙芝（？—756）。
⑤ 怛罗斯河，今塔拉斯河。

林部队联合吐蕃、回纥盟军,对中国—突厥联军发动袭击。战至酣处,纳斯尔培植的亲睦关系起到效果。中国阵营的突厥大军或叛或逃,穆斯林大胜。因此战铩羽,更兼 755 年安史之乱爆发,中国退出中亚。

古太白征服中亚时,哈贾吉军事三人组[①]另一成员穆罕默德正期待挟 644 年拉锡尔大捷余威,继续征进。欧麦尔认为,信德以远不足攻取,穆斯林在印度次大陆的军事行动遂不再为开疆拓土,而是转作对信德和旁遮普的掳掠。但是,由于次大陆北部各族协助萨珊人,并在穆斯林辖境累次抢劫,似乎到八世纪初,穆斯林对其发起讨伐。

穆罕默德自设拉子东进,巩固了穆斯林对莫克兰的控御,并召集盟友,准备侵袭。穆斯林军队渡过印度河,遭遇信德印度教首领拉贾·达希尔所部。712 年,穆斯林在阿罗城获胜,今巴基斯坦几乎尽归其手。然而,一如古太白命丧中亚后的情形,穆罕默德被召回库费,穆斯林的战果大多逐渐丧失。穆罕默德的继任者们面临反叛和攻袭无数。直到 738 年,在朱奈德·本·阿布德·拉赫曼率领下,穆斯林才得以重启攻势,杀入今印度拉贾斯坦和古吉拉特两邦。在被统称为拉贾斯坦之役的系列战斗中,数个印度王国组成的盟军击退朱奈德,迫其撤回信德。后来,穆斯林屡渡印度河,欲继续攻伐,均告失败。该河成为印度诸国与穆斯林历朝的边界,直到十一世纪初。

中部战线——亚美尼亚,可萨,君士坦丁堡

在东西两线,哈里发政权初时一路凯歌,战果辉煌,而在中部战线,战事进展则迟缓许多。尽管哈立德多有攻取,伊亚德占领数

---

① 哈贾吉军事三人组,指哈贾吉与其手下两员大将古太白和穆罕默德。

座城池，穆斯林纵队或远抵亚拉腊，甚至德温，但希拉克略驾崩后至少十载，亚美尼亚大部仍未臣服于穆斯林。该地可维持独立，君士坦斯二世的支援或起到作用，但似乎也决定了其命运。帝国的干涉以及基督一志论的推行令亚美尼亚民众心生怨愤，在与穆斯林邻邦的谈判中他们日益采取独立姿态。据信，653年，亚美尼亚首领狄奥多尔·雷什图尼曾发挥重要作用：联合穆斯林兵马，将罗马军队逐出德温。后来他与穆阿威叶订约，承认阿拉伯帝国为宗主国，获有限自治。

最终，亚美尼亚实质上多少回归到准独立地位。数百年来，罗马与波斯两帝国在军政上不断角力争雄，亚美尼亚地处二者之间，一直"享有"准独立地位。654年，罗马军队在德温附近被击溃。656年，穆斯林入侵，将雷什图尼赶下台，代之以哈马扎斯普·马米科尼扬，后者已被君士坦丁堡承认为亚美尼亚总督。穆斯林的行为令人匪夷所思，尤其因为哈马扎斯普表现得亲近罗马人。不过，661年哈马扎斯普之弟格里戈尔继任其职，亚美尼亚完全成为穆斯林附庸，罗马人彻底失去该地。亚美尼亚人并非高加索地区曾顽强抵抗穆斯林兵锋的唯一民族。与亚美尼亚人同时，伊比利亚人和拉兹人也接受了穆斯林的宗主地位，但在七世纪后半叶及八世纪屡屡反叛，凭恃高山险阻，维持有限自治。直到730年代一名穆斯林总督施以强硬手段并残酷镇压，伊比利亚与拉齐察大部才受到穆斯林更直接的控制。

对高加索人加强控驭的原因在于，俄罗斯草原可萨汗国崛起。突厥人入寇波斯，加速了库思老二世和沙赫巴勒兹的垮台。后在里海和黑海之间，可萨人似称雄于突厥各部。他们在高加索地区不断攻袭，与进击中的穆斯林发生对抗。可萨人同穆斯林的首战，即巴兰加尔之战，或发生于642年，可能是胡达法赫对阿特罗帕特尼攻袭行动的一部分，但此役更有可能发生于652年，可萨人获胜。[11]

这是可萨汗国与阿拉伯帝国百年交兵之始。战争中，双方互相发动惩罚和报复袭击，而非大动干戈，土地也未彻底易主。730 至 731 年，可萨人兵抵摩苏尔。737 年，穆斯林曾洗劫可萨国都阿的尔。

于罗马人而言，无论有意或走运，在整个 640 年代，希拉克略的安纳托利亚防线使小亚细亚得以保全，使罗马人获得重整旗鼓的喘息之机。然而，精力充沛的叙利亚总督、未来的哈里发穆阿威叶将证明，安纳托利亚防线有违罗马人所愿，并不坚固。瘟疫、干旱和饥荒的影响减弱后，穆阿威叶于叙利亚建起军力，不仅在 644 和 647 两年击退罗马人进攻，在 653 年战败亚美尼亚人，且在后半世纪深入安纳托利亚而似乎兵力无损。

令罗马人更忧心的是，穆阿威叶亦开始打造舰队，以挑战罗马人对海域的控制。新战线的开辟最早在 649 年得到回报。是岁，穆斯林军队袭击了塞浦路斯，后于 654 年短暂占领罗得岛。此战所以出名，是因为穆阿威叶将罗得岛太阳神巨像[①]（世界七大奇迹之一）残片售与埃德萨的一名犹太商人。君士坦斯二世意识到事态严重，便集结起一支庞大的罗马舰队，欲摧毁迅速发展中的阿拉伯海军。655 年，两支舰队在土耳其南部近海相遇，桅杆之战爆发。双方均伤亡甚重，但似乎罗马人先行撤离，皇帝险些丧命。罗马水师尚存，其称霸地中海的地位却已动摇。似乎奥斯曼命穆阿威叶海陆并进，准备对安纳托利亚，甚至君士坦丁堡施以决胜攻击。不过，令罗马人宽慰的是，叙利亚总督被拖入与阿里的内战。

趁穆斯林内战之机，君士坦斯二世重建军力。他击溃巴尔干半岛的斯拉夫人和阿瓦尔人，将部分败卒纳入麾下，并攻打伦巴第诸

---

① 罗得岛太阳神巨像，公元前 282 年建成于爱琴海东南部的罗得岛。像高逾三十米，以青铜铸造，用作灯塔，毁于公元前 226 年的地震。654 年，罗得岛遭穆斯林入侵，巨像残片被售运至叙利亚。

首领，欲恢复罗马人在意大利的势力，未获成功。然而，661年，穆阿威叶已坐稳哈里发之位，穆斯林重又大举进袭安纳托利亚。此时，君士坦斯二世正对巴尔干和意大利用兵，无暇他顾，处境岌岌可危。667年，亚美尼亚军区将军萨博里乌斯乘机反叛。后因其意外身亡，叛乱很快结束，而穆斯林由此看到，进攻罗马统治中心的时机已成熟，因之斗志更盛。不久，突袭队伍开始在罗马境内越冬，后一路进逼博斯普鲁斯海峡。因宗教和税收政策，君士坦斯二世已不得人心，又有流言称，为防穆斯林再犯，他拟迁都叙拉古。该流言致其毙命。668年9月15日，他在沐浴时遭暗杀[①]。其子君士坦丁四世继位。

新皇践统，却也无力阻遏穆斯林兵锋。669年初，一如当年的沙欣与沙赫巴勒兹，穆斯林军队在君士坦丁堡对面迦克敦城前扎营。671年，穆斯林海军攻占基齐库斯。显然，穆阿威叶在计划攻略罗马都城。穆斯林已作周密部署，并夺下包括士麦那和罗得岛在内的几处沿海基地，将之与基齐库斯一并用作补给点。674年4月，穆斯林军队在博斯普鲁斯海峡欧洲一侧登陆，进攻赫布多蒙，由此开启674至678年对君士坦丁堡长达四载的围困，实则更多是对该城陆墙的频频进攻。春季，阿拉伯军队自基齐库斯渡海，过冬时回渡马尔马拉海。[12] 由于斯拉夫人攻袭帖撒罗尼迦，伦巴第人进击意大利，罗马人受到牵制，只得再次寄望于狄奥多西墙[②]，以保全君士坦丁堡。狄奥多西墙终不负所望。677年岁末，君士坦丁四世发起反攻，其舰队以希腊火（大体相当于古代版的凝固汽油弹，发射装置类乎火焰喷射器）摧毁穆斯林水师。同时，罗马军队在潘菲利

---

① 一名仆从以水桶重击皇帝头部，致其昏迷、呛水而死。
② 狄奥多西墙，由狄奥多西二世敕建，完工于413年，以坚固著称，全长五公里半，有九十六座塔楼，分内墙（高十二米）和外墙（高八米），纵敌攻破外墙，内墙守军仍可据高阻击。

亚大破阿拉伯敌兵。

　　罗马成功御敌，此外，叙利亚发生宗教动乱，穆阿威叶卒后阿拉伯爆发第二次内战。因此，罗马—阿拉伯战争的第一阶段基本告终，双方订立和约。趁战事平靖和哈里发政权无暇旁顾，罗马人全力另收失地。680年代，亚美尼亚和伊比利亚两地大部再与罗马结盟，而君士坦丁四世与后来其子查士丁尼二世的军队在巴尔干四处征战，讨伐阿瓦尔人、斯拉夫人、新兴威胁保加尔人。680年，保加尔人在翁戈尔大败君士坦丁四世的军队，708年又在安奇阿卢斯重挫查士丁尼二世的兵马。罗马人的征伐虽非一路凯歌，却也稍振帝国声威，并恢复对巴尔干部分地区，最重要的是对君士坦丁堡和帖撒罗尼迦两城外围地区的掌控。

　　受胜利鼓舞，查士丁尼二世于692年撕毁同阿拉伯人的和约，进攻塞瓦斯托波利斯，不料征召的大批斯拉夫士兵临阵脱逃，致罗马军队惨败。穆斯林由是强化了对亚美尼亚和伊比利亚的控御，又因为查士丁尼二世在土地、税收与宗教上施行高压政策，兵败塞瓦斯托波利斯的将军莱昂蒂乌斯起而叛反，导致二十年的军政乱局。695至717年，曾有六人次第登基。罗马内讧时，伍麦叶王朝已历经第二次内战，其强大却更胜先前，遂以当初塞瓦斯托波利斯遭袭为由，再次深入安纳托利亚。八世纪初，罗马人在提亚纳附近取胜，抵挡住此战的主要兵锋。然而，提亚纳的罗马要塞随后被围九个月，大批罗马军队同穆斯林主力缠斗，却多属徒劳。709年，重登皇位的查士丁尼二世所派援军被击败，提亚纳失守。这是罗马人的军事灾难。从此，穆斯林在安纳托利亚肆意袭掠，简直如入无人之境。

　　提亚纳沦陷，罗马军队的抵抗日渐乏力，接连两任哈里发瓦立德与苏莱曼开始筹备和组织再取君士坦丁堡的行动。罗马人得探报称，穆斯林在屯聚海陆兵力，遂试图扰乱其战备。孰料此时军队却发生另一场派别内斗，将阿纳斯塔修斯二世废黜，拥立狄奥多西三世为帝，军事计划因之流产。

715年后期，阿拉伯人发动攻势。大军在安纳托利亚境内稳扎稳打，沿途占领包括阿克罗依农、萨迪斯和帕加马在内的众多城池和堡垒，确保了交通线畅通。其时，安纳托利亚军区将军伊苏里亚人利奥正在反叛狄奥多西三世，前者不久将加冕为利奥三世[①]。岂料他对阿拉伯人阳奉阴违，穆斯林兵锋受阻。因此，直到717年夏初，穆斯林主力才开始剑指君士坦丁堡。罗马人趁机加强战备，或许最重要的是，与保加尔可汗特威尔缔盟。

抵达君士坦丁堡对面后，穆斯林将军马斯拉马赫·本·阿布德·马利克渡海来到色雷斯，继而部署军力，封锁住通往君士坦丁堡的陆路，谋划之周详远超674至678年的围城。然而，面对罗马海军的希腊火，穆斯林舰队仍束手无策，任君士坦丁堡不断获得海上补给。阿拉伯部队虽携大量军需，717至718年的严冬却令物资消耗迅速。两支穆斯林后援舰队被罗马海军击破；穆斯林军队在尼古米底附近遇伏；保加尔大军及时赶到，对马斯拉马赫的运输线发动攻袭。狄奥多西墙最终抵御住攻城敌军。围城十三个月后，穆斯林于718年8月15日败撤。

阿拉伯人再围君士坦丁堡的失利，将对罗马人与穆斯林之间的交兵影响巨大。由于战损惨重，再者，西同柏柏尔人、西哥特人和法兰克人交锋，东与突厥人、中国人及印度人作战，北对可萨人用兵，战线过长，哈里发只得撤军，弃攻君士坦丁堡和安纳托利亚。因此，穆斯林虽几乎年年突袭，但随着八世纪缓步向前，其征服企

---

① 利奥三世（约685—741），717至741年在位，开创伊苏里亚王朝（717—802）。利奥在起兵推翻狄奥多西三世的过程中，曾与入侵的阿拉伯人暗通款曲，据说他答应登基后向阿拉伯帝国称臣并割让部分领土，但出尔反尔。

图显著减少。740年，罗马军队在阿克罗依农大获全胜，罗马与阿拉伯最终基本确立起沿托罗斯山脉的边界。尔后两百余年，边界将大体不变。直到969年尼基弗鲁斯二世·福卡斯①及其部将攻占安条克和阿勒颇，更确切地讲，直到1071年罗马军队惨败于曼齐刻尔特②，两国边界始现丕变。[13]

---

① 尼基弗鲁斯二世·福卡斯（912—969），东罗马帝国马其顿王朝第七位皇帝（963—969）。在对阿拉伯人的反攻中他屡败敌军，因之获称"萨拉森人的白色死神"。最终他被外甥谋害。
② 此役中，塞尔柱突厥人击溃由罗曼努斯四世所率部队。皇帝受伤被俘（后获释归国，却被新君刺目，遭流放而惨死），东罗马失去主要兵源地安纳托利亚，帝国丧钟由此敲响。

尾 声

> 奉真主之名，赞颂归于真主。世界为真主所有。承继世界者出自真主之仆。继承权属于敬畏真主者……动工吧，真主保佑你们！
>
> 阿拔斯王朝哈里发曼苏尔
（762 年 7 月 30 日，下令敕建巴格达）
（《塔巴里历史》，第 622 页）

三帝国——一败，一亡，一胜

公元 600 年，罗马帝国几乎统辖着整个地中海地区，后又重创波斯宿敌，成功守御君士坦丁堡，挫败穆斯林征服安纳托利亚的企图，而及至八世纪中叶，帝国却忧患缠身。穆斯林已夺占阿非利加、埃及、巴勒斯坦、叙利亚、亚美尼亚诸行省，并开始蚕食巴利阿里、撒丁、西西里、克里特等从未踏足过的岛屿。除君士坦丁堡、帖撒罗尼迦、雅典等主要城市外围，以及亚得里亚海沿岸几座堡垒以外，巴尔干和希腊半岛腹地几乎尽丧于汹涌而至的斯拉夫部落之手。更有甚者，正当罗马军队有所动向，开始对抗斯拉夫人时，保加尔人抵达多瑙河南岸，使得历任皇帝收复失地的行动严重受阻。

在意大利，情势略同。伦巴第人于 751 年夺占拉韦纳，逐渐侵蚀罗马领土，一直攻至那不勒斯和威尼斯两城外围，以及意大利半岛的"靴头"与"靴跟"①。教皇得以拥有更多世俗权力，掌控了罗马城和曾经的罗马行省（大致相当于罗马涅、马尔凯、翁布里亚等地区）。756 年，亏得法兰克人介入，新兴教皇国才免于落入伦巴第国王之手。因获政治独立，在宗教上，教皇也更多摆脱了君士坦丁堡皇帝的制约。教皇对宗教争端的反应前后判然即最佳证明。因马丁一世敢于谴责基督一志论，653 年，君士坦斯二世强行废黜其教皇职位；后为防止对宗教圣像的过度崇拜，利奥三世采取严厉措施，发起首次毁坏圣像运动②。教皇以牙还牙，将君士坦丁堡牧首和皇帝在内的"毁坏圣像者"尽皆革除教籍。利奥三世所能做者，只是将教皇的宗教辖区转划牧首。今昔对比，足见皇权衰落之甚。

罗马人虽外患深重，至少仍在战斗。波斯人在塔巴里斯坦略有抵抗，萨珊王族仰赖中国佑护依然延续，除此，在穆斯林大军如潮冲击之下，萨珊帝国已名存实亡。萨珊虽灭，波斯人却从未停止对政权的追求。有如昔时罗马异教贵族蜕变为早期天主教家族，波斯贵胄改信伊斯兰后不出数代，便跻身伍麦叶和阿拔斯王朝地方权贵。762 年，阿拔斯王朝首都巴格达开建。该城紧邻美索不达米亚和伊朗高原昔日波斯的权力中心，波斯贵胄因而进一步融入穆斯林政权，仕途顺遂。九世纪，曾有穆斯林史家写道："伍麦叶王朝是阿拉伯人之帝国；阿拔斯王朝却俨成波斯人之帝国。"[1] 萨曼、塔希尔、萨法尔等家族地位煊赫。他们不单参与治理哈里发帝国，而且在九世纪后半叶阿拔斯王朝的中央政权衰颓时，还曾接掌哈里发帝国大片疆域。尽管首批穆斯林波斯王朝国祚短促，但面对中亚草原突厥与蒙古入寇者长达数百年的统治，波斯文化却极具韧性，对伊

---

① 意大利版图形似皮靴，"靴头"指西南部卡拉布里亚区，"靴跟"指东南部普利亚区。
② 毁坏圣像运动（726—843），该运动禁止基督徒崇拜圣像，是皇权与教权斗争的结果。

斯兰文化的发展，以及对塞尔柱、帖木儿、奥斯曼等诸多非波斯王朝的语言和艺术特质均有巨大影响。

当然，因受益于先知穆罕默德见载《古兰经》的言行，[2]比至七世纪中叶，真正胜者是阿拉伯人。他们来自阿拉伯沙漠绿洲，起身微贱，大多卑处晚古世界的偏隅之地，而不出百年，即一跃成为古来最大的帝国，其地位直到十三世纪蒙古帝国建立始被取代。希拉克略和库思老大动干戈，致两败俱伤，罗马与波斯各自的内讧又造成自我消耗，阿拉伯的崛起当然得益于此。但是，若过多强调罗马与波斯终极一战的影响，则对阿拉伯有失公允。及至630年代初，罗马与波斯或未彻底恢复元气，却仍坐拥广袤疆域和丰富资源，完全有能力投入重兵抗击穆斯林军队。阿拉伯则有哈立德、阿姆鲁、伊亚德、赛义德等一众征伐良将，可谓幸运，而战争仅凭运气远远不够。阿拉伯骑兵高度机动，步兵（在征服之战中，其重要作用被严重低估）赖宗教凝聚军心，阿拉伯人将步骑巧妙结合，一再战胜罗马、波斯、柏柏尔、西哥特、法兰克、印度、突厥、中国等世界各地将领。

"军心士气和机动灵活或是穆斯林克敌制胜的主因"，而哈里发帝国实行少数派执政的能力即使并非更重要，至少也是同等重要的缘由。[3]欧麦尔和奥斯曼殂后虽有叛乱，但在各城市和地区依然任用非穆斯林总督，且不同于希拉克略和继任者们迫使民众接受基督一志论的做法，并未强统宗教信仰，此等举措成为以武立国的关键。早在初期穆罕默德即断定：其事业有赖于非穆斯林群体的支持，至少需要其保持中立；若强迫民众改变信仰，甚至引发宗教冲突，则大业难成。其哈里发继任者们意识到，须将宗教宽容政策推而广之，施行于被征服的基督教、犹太教、琐罗亚斯德教和其他异教民众。对征服之地宽容、公平以待，可使其他对手更愿臣服。征服后，哈里发帝国仍长期施行宽容政策，比如，"意大利朝圣者去耶路撒冷畅通无阻。"⁴ 欧麦尔和哈贾吉等执政者的才能亦不可小觑。欧麦尔和继任者们为哈里发帝国建起治理架构，不仅使帝国乘胜而为，扩大战果，继续朝几乎各个方向拓展疆域，而且使帝国虽历内战仍疆域完整，保持韧性，终未解体。

奥斯曼被弑后爆发内战，这向阿拉伯人证明，以宗教为基建立和统治世界性帝国有其弊端，一如希拉克略当初所见。661年，穆阿威叶战胜阿里，出任哈里发，此后逊尼派成为王朝主导，而认定阿里及后裔有哈里发继任权的什叶派，连同哈瓦利吉派和其他伊斯兰派系继续反对伍麦叶王朝，前两次内战虽败仍不甘休。不过，纵有宗教冲突，逊尼派仍将帝国稳控于手，第三次内战时伍麦叶王朝虽被赶至伊斯兰世界的西部边陲①，帝国的宗教凝聚力也未受影响。在什叶派（急于拥立阿里后裔为哈里发）与波斯人（谋求帝国政治更多发言权）的支持下，爆发了阿拔斯革命②，结果只是阿拉伯王朝出现更迭。

古典世界终结

希拉克略与库思老鏖兵二十余载，论兵力、规模和持续时间，此番交锋均超过以往多属徒然的战争。可见两人坚信，他们在为各自帝国的未来而战。罗马与波斯已时断时续交兵达四百年，的确，602至628年的战争在诸多方面均可视作双方的决战：古典世界的两强大动干戈，最终近乎同归于尽。未来并不属于这两个帝国，对此双方浑然不晓。在这场终极对决中，罗马与波斯两败俱

---

① 750年，阿卜杜勒·拉赫曼（伍麦叶王朝第十任哈里发希沙姆之孙）摆脱阿拔斯人追杀，辗转逃至西班牙，于756年建立后伍麦叶王朝（756—1031），中国史籍称"西大食"。
② 阿拔斯革命，747年，阿拔斯家族武装起义，于750年推翻伍麦叶王朝，建立阿拔斯王朝。

伤，故而被伊斯兰新兴军队较轻易地战败。后来，先知教义得到传播并由此带来地缘政治的改变，成为七世纪中期影响世界的最显著变革。与此同时，伊斯兰哈里发帝国灭波斯、败罗马之举也被人视作古典时代的最终谢幕，取而代之的是被称作黑暗时代的文化与经济衰落期。该时代似在五世纪晚期西罗马帝国覆灭后已降临于西欧。

然而，"黑暗时代"的概念正日益遭到摒弃。对不断拓展的伊斯兰世界而言，该时期几乎称不上黑暗，尤其是与被称作拜占庭帝国的罗马余脉一样，伊斯兰世界对保存众多古典著述和学说起到重要作用。有些方面，较之先前罗马人，伊斯兰教的到来改善了更多文化条件，尤其在宗教哲学领域。因氛围宽容，基督教学者可阅读亚里士多德的著述，可评论教会行为，而不必担心皇权强推信条、实施报复。毫无疑问，调集帝国各地工匠，营建起耶路撒冷圆顶清真寺、大马士革清真寺、巴格达城等恢弘杰作的文明不能被说成文化暗夜。因有此成就，史家越来越频繁地讲到，所谓的黑暗时代相对而言其实也有"光明"，甚至在西欧亦如是。[5] 黑暗时代之说与后罗马时期地中海地区的实际情况相去甚远，而在学术界，该提法用以描述史载不详、考古记录阙如的历史时期，则更具科学意义。

但这并不意味着，罗马人先后被日耳曼部落、斯拉夫人、穆斯林征服后未有经济、社会、文化的重大变革。或许最重要的变化在于，重心已从地中海转移至中东。中世纪早期世界中心由以海连接的罗马帝国城市网络（君士坦丁堡、安条克、亚历山大、迦太基、罗马）转移至哈里发帝国首都（麦地那、大马士革、后来的巴格达①）。这些城市以及巴士拉、库费、福斯塔特、托莱多、科尔多

---

① 661年，伍麦叶王朝首任哈里发穆阿威叶将都城从麦地那迁至大马士革；762年，阿拔斯王朝第二任哈里发曼苏尔建巴格达为都。

瓦等其他城市，几乎无一近海，而包括巴勒斯坦凯撒里亚在内的几座大型海港已永远没落。究其原因，阿拉伯人从阿拉伯绿洲带来游牧生活方式。尽管该生活方式未对众多征服之地的定居农业和城市发展造成重大影响，但阿拉伯人青睐陆路贸易，最初对大海心存畏惧，因而恢复了穿过中亚到达中国市场的商队路线。这些商路开辟于六、七世纪罗马与波斯鏖战之时。

由于陆路联系在发挥重要作用，且罗马人一直在海上活动，后来又有威尼斯、热那亚、比萨等意大利城邦青出于蓝，因此在中东和南地中海两地大部，长期作为贸易中坚力量的船舶渐被取代，骆驼占据了贸易主导地位，成为主要商业运输工具。即使穆斯林从事海运贸易，对象也并非地中海地区。巴格达建城后，伊斯兰贸易沿底格里斯河与幼发拉底河而下，经巴士拉，入波斯湾，抵达印度次大陆、印度尼西亚、中国东南等地沿海港口。有人称，阿拔斯王朝的贸易"东进"堪比罗马海军的希腊火或者查理·马特的法兰克军队，同样拯救了欧洲。[6]

在宗教领域，伊斯兰教已打破基督教对地中海地区长达多个世纪的主宰地位，同时，阿瓦尔人、斯拉夫人、保加尔人、可萨人的异教再度兴盛。伊斯兰教借由征服传入东起印度、中国，西至大西洋沿岸、撒哈拉沙漠、比利牛斯山脉的广大区域，而除此之外，伊斯兰教还有更大影响。先知所创信仰改变和削弱了罗马人的势力，影响到君士坦丁堡的宗教政策，尤其是有关毁坏圣像运动的政策，使得教皇威望不仅在辖区意大利，乃至在域外的西欧基督教国王之中出现提升。最终，基督教内部纷争加剧，分裂为天主教和东正教，该状态持续至今。

在军事方面，通常以为，阿拉伯人、突厥人和阿瓦尔人之胜导致步兵作为主要战力的最终衰落。据称，这一衰落实际始于378

年的阿德里安堡之战①。此役中，罗马皇帝瓦伦斯被西哥特人击溃。不过，一如"黑暗时代"的情形，认为战争迎来"骑兵时代"也有欠妥当。在630和640两年代阿拉伯击败波斯与罗马的历次大战中，对阿拉伯步兵的作用也许记载不够，实则步兵不逊于骑兵。对抗希拉克略和伊嗣俟的步兵时，若无步卒开路，哈立德、伊亚德、卡卡的精骑则无法予敌致命打击。法兰克人与罗马人训练有素的步兵亦可在正面交锋中击退、战败穆斯林骑兵。甚至百余年后，穆斯林依然在将步兵用作军队核心。尤其是伍麦叶叙利亚军队，可能在与罗马人和亚美尼亚人作战时善用矛墙。最典型例证也许莫过于750年1月25日的扎卜河之战②。此役中，阿拔斯一方所以获胜，主因在于骑兵下马，临时筑起步兵矛墙。

诸变将历时久远。十字军东征虽到处掀起血雨腥风，亦无法逆转大势。实际上，经济重心东移一直持续到公元后第二个千年初期西方出现人口激增，而东西方文化和政治的失衡状态或直到文艺复兴后才彻底改观。后来，更专业的步兵回归，火药兴起，骑兵称雄疆场的地位受到挑战，但工业革命时骑兵仍是军队的重要构成，直到发明速射机枪和坦克始被完全取代。因此，古典时代终结后，或未出现"黑暗时代"的蔓延，重心确已从地中海转向美索不达米亚，贸易从海路转向骆驼商队，主战兵力从步卒转向骑兵。诸变表明，较之七世纪，八世纪未必更黑暗，却定然迥乎有别：罗马帝国国土沦丧、元气大伤，萨珊波斯帝国已倾覆，伊斯兰哈里发帝国胜出，雄踞当时。

---

① 阿德里安堡之战，此役中，西哥特起义军大败以步兵为主的六万罗马军队，皇帝瓦伦斯负伤受困，被烧死。
② 扎卜河之战，阿拔斯王朝创立者阿布·阿拔斯终结伍麦叶王朝的最后一战。

原 注

导 言

1. 关于萨珊史料，见 Wiesehöfer（2001），154–164；Daryaee（2009），xvii–xix。
2. *Approaching the Ancient World* 丛书对实物证据有所概述：关于莎草纸文献，见 Bagnall（1995）；关于铭文，见 Bodel（2001）；关于古币，见 Howgego（2001）；关于考古文物，见 Biers（1992）。
3. Howard-Johnston（2010）的杰作是对七世纪文献最具权威的研究。Barchiesi 与 Scheidel（2010）书中各条目，以及 Bagnall（1–200页），Bodel、Harries、Hurst、Metcalf 等人的著作对古典世界存世文献的类型、价值、潜在缺陷均有详细介绍。

第 1 章　走向公元 600 年的罗马与萨珊

1. Williams and Friell（1999），191。
2. *CJ* II.7.25 [519]。
3. Procopius，*Anecdota* XIX.7.
4. Procopius，*De Aedificiis*.
5. *Scriptores Originum Constantinopolitanarum* I.105.
6. 关于贝利萨留的生平与战绩，见 Hughes（2009）。
7. Jacobsen（2010）。
8. 据 Evagrius IV.29，疫情暴发于埃塞俄比亚；据 Evans（2001），160，疫情源自更南地区的肯尼亚、乌干达或刚果。
9. Procopius，*BP* II.23.1.
10. 关于罗马帝国犹太人口的估计，见 Noethlichs（1996），10，151–153 n.64–68；Wasserstein（1996），309–314 对犹太人口总数近七百万的一

般观点持异议。
11. Jones（1964），950.
12. *CTh* XVI.8.24［418］.
13. Murdoch（2003）.
14. Procopius, *BP* I.13.21–29, 18.5; *BG* VII.29.3; Marcellinus Comes 95.
15. Jones（1964），1449; Treadgold（1995），63.
16. Agathias V.13.17.
17. Theophanes, *Chronographia* 251.24–27; Cedrenus, 690.14–15; Treadgold（1995），64.
18. Mauricius, *Strat.* III.8, 10.
19. Mauricius, *Strat.* XI.
20. Vegetius I.20; Procopius, *BV* IV.2.1–2; IV.3.4–6.
21. Mauricius, *Strat.* XII B.
22. Mauricius, *Strat.* XII B 1–6.
23. Mauricius, *Strat.* XII B.9.
24. Procopius, *BV* III.11.3–4; IV.5.13; *BG* VII.5.13–14.
25. Jones（1964），666.
26. Procopius, *Anecdota* XXIV.21–26.
27. Treadgold（1995），96.
28. *CTh* VII.20.4［325］; 22.8［372］.
29. Procopius, *Anecdota* XXIV.13–14.
30. Southern and Dixon（1996），37.
31. *CJ* I.27.2 §8［534］.
32. Whitby in Cameron（1995），89.
33. Walter Scheidel 的大量著作对晚古时期人口研究所面临的诸多问题作出解答。
34. Dio LXXX.3;"Ardashir"（阿尔达希尔）的西化拼法为"Artaxerxes",阿契美尼德王朝有三位万王之王曾用此名，该事实令此说更为可信。
35. *Chronicle of Arbela* VIII; Dio LXXX.3; 霍尔米兹达干或地近去往哈马丹途中的伊斯法罕; 在塞琉西亚，沃洛加西斯六世钱币的铸造或持续到229年，但此事有些不足信，且对萨珊政权未构成实际威胁。
36. Boyce（1979），29.
37. Boyce（1979），1.

38. Wiesehöfer（2001），200.
39. Wiesehöfer（2001），200.
40. 记载有犹太教、佛教、印度教、摩尼教，以及基督教各分支。
41. Wiesehöfer（2001），169–170.
42. Tabari I.897.
43. Daryaee（2009），54–55.
44. Daryaee（2009），39–40.
45. Procopius, *BP* I.19.1；20.9；Menander Protector fr. 19ff.
46. 据 Harris（1980），118；（1999），65，总人口有六分之一到五分之一是奴隶；据 Scheidel（1997c），158，奴隶人口约占 10%。
47. Wiesehöfer（2001），199.
48. Tabari I.964.9.
49. Plutarch, *Crassus* 27.2.
50. Daryaee（2009），45.
51. Ammianus XXV.1.11–14.
52. Ammianus XXV.1.11–14.
53. Mauricius, *Strat.* XI.1.
54. Ammianus XXV.1.11–14.
55. Ammianus XXV.1.18；Mauricius, *Strat.* XI.1.
56. Mauricius, *Strat.* XI.1.
57. Ammianus XIX.5；XX.6；Mauricius, *Strat.* XI.1；Wiesehöfer（2001），198.
58. Procopius, *BP* I.13.23；14.1；15.1，11.
59. Theophylactus Simocatta V.9.3–4.
60. Dio LXXX.4.
61. Lactantius, *De Mort. Pers.* 5
62. Garnsey and Saller（1987），8.

第 2 章 篡位者之战与希拉克略起义

1. George of Pisidia, *Heraclias* II.6–11；Theophylactus Simocatta，4；Theophanes, *Chronographia* I: 290；Nikephoros, *SH* 3；Cedrenus I: 708.
2. Bury（1889），II.206；Pernice（1905），7；Ostrogorsky（1963），72ff.
3. Olster（1993）.

4. Gregory the Great, *Registrum Epistolarum* XIII.31, 38.
5. Theophylactus Simocatta, *Hist.* III.1.1.
6. Sebeos, *Hist.* ch.6–7.
7. 埃皮法尼娅很可能来自卡帕多西亚。据 John of Nikiou, *Chron.* 106.2, 109.27, 小希拉克略有卡帕多西亚血统, 但"卡帕多西亚"一词可指从安纳托利亚东部到美索不达米亚边境的广大区域, 因此称小希拉克略是亚美尼亚裔并非说不通。情况抑或是, 希拉克略出生于卡帕多西亚, 却无或几无该地血统。
8. Charles Cawley 的网站 Medieval Lands 对"中世纪西方世界的疆域以及统治这些疆域的皇室和贵胄家族", 包括希拉克略家族在内, 有精彩概述, 见 http://fmg.ac/Projects/MedLands/ BYZANTIUM.htm。
9. Kaegi (2003)。
10. Fredegarius IV.65。
11. Leo Grammatikos, *Chron.* 147。
12. Fredegarius IV.65。
13. John of Nikiou, *Chron.* 107.10。
14. John of Nikiou, *Chron.* 106.1–6。
15. Nikephoros, *SH* I.
16. Kaegi (2003), 37。
17. 老希拉克略虽也自称执政官, 在反叛中几乎未发挥作用。或因年事较高加之患病, 希拉克略的捷音传至阿非利加后不久, 老希拉克略即去世, 时间不详。
18. John of Nikiou, *Chron.* 107.5。
19. Kaegi (2003), 45–48 介绍了希拉克略行经地中海的路线, 以及正反证据; John of Antioch, *FHG* V.38。
20. John of Nikiou, *Chron.* 109.26。
21. John of Nikiou, *Chron.* 110.4–7; Kaegi (2003), 51; *Chron. Pasch.* 700–701; John of Antioch, *FGH* V.38。
22. Theophanes, *Chron.* AM 6102; John of Nikiou, *Chron.* 110.9。
23. Nikephoros, *SH* 2.
24. Kaegi (2003), 51。
25. 在黎凡特, 不断爆发城市骚乱以及犹太人与基督徒的冲突, 见 Olster (1994), 73; 93。

第3章 "老兵出阵"

1. Kaegi（2003），61；Nikephoros，*SH* 3；Zonaras XIV.14.
2. Sebeos. *Hist.* 108–111.
3. *Vie de Theodore de Sykeon* c.153；Theophanes，*Chron.* AM 6103.
4. Nikephoros，*SH* 2.
5. Sebeos. *Hist.* 114, ch.34.
6. Sebeos. *Hist.* 115, ch.34.
7. Qur'an，*Sura* 30.1–3.
8. Agapios，*Kitab al-Unvan* PO8: 450；Ps-Isidore，*Continuationes* 335.
9. Strategius VIII.5–6.
10. Flusin（1992），II.154–158 认为破城时间在 5 月 17 日到 20 日之间，Howard-Johnston（2010），164 n.2 为此提供了证据。
11. 公元 70 年，耶路撒冷被罗马人围困达七个月。见 Faulkner（2002），294–361。
12. 关于使用燃烧硫磺和沥青，见 James（2010），20–27。
13. Sebeos，*Hist.* ch.24.
14. Reich in Geva（1994），111–118.
15. Howard-Johnston（2010），422.
16. 关于七世纪中叶史籍中的反犹主义，以及反犹主义可能对事件重述的歪曲，见 Sophronius，*Anacreontica* 18.85–88；George of Pisidia，*In rest. S. Cruciis* 25–26；Theophylactus Simocatta V.7.8–7；Eutychius c.270；Howard-Johnston（2010），ch.5。
17. 614 年，以弗所发生地震，因此人们或愈信神降天谴之说。见 Kaegi（2003），79；Foss（1979），103。
18. 关于致库思老的书信，见 *Chronicon Paschale* 707–709。
19. Theophanes，*Chron.* AM 6105；6109.
20. Nikephoros，*SH* 6–7.
21. Lilie（1985），34；John of Nikiou，*Chron.* 109.18；Isidore of Seville 129；Fredegarius，*Chron.* IV.33.
22. Nikephoros，*SH* 8；另据 *Chron. Pasch.* 708，希拉克略曾致书库思老二世，称自己无意皇位，欲返阿非利加。

23. Theophanes, *Chron.* AM 6113; Nikephoros, *SH* 11; George of Pisidia, *Heraclias* II.35–61; Cameron（1976）.
24. 据 *Chron. Pasch.* 713–714，希拉克略和玛蒂娜于 624 年 3 月成婚；Garland（1999），52–65。
25. 关于瘟疫传至阿非利加，见 Anastastius the Sinaite c.40。
26. Kaegi（2003），101.
27. *Chron. Pasch.* 706；Hendy（1985），494–499；另据 Grierson（1951）；（1953），为发军饷，曾在靠近主要前线的塞琉西亚伊索里卡开设铸币厂。
28. *Chron. Pasch.* 711；Nikephoros, *SH* 12.4–8.
29. Theophanes, *Chron.* AM 6112.
30. George of Pisidia, *Exped. Pers.* I.163–238.
31. George of Pisidia, *Exped. Pers.* II.165–169.
32. George of Pisidia, *Exped. Pers.* III.144–152.
33. George of Pisidia, *Exped. Pers.* III.30–304.
34. Mauricius, *Strat.* XI.1.
35. Vegetius III.6.
36. George of Pisidia, *Exped. Pers.* III.179–304；Haldon（1984），95–100；105–107；116–118.
37. Kaegi（2003），117.
38. 确切时间存争议，也有人认为是 617 或 619 年。见 Kaegi（2003），119 n.59。
39. George of Pisidia, *Exped. Pers.* III.311–340；Theophanes, *Chron.* AM 6113；Fine（1983），34–59；Nikephoros, *SH* 10.
40. Nikephoros, *SH* 13.
41. Kaegi（2003），120.
42. Theophanes, *Chron.* AM 6111；Theodore Synkellos, *Analecta Avarica* 302.28–35.
43. George of Pisidia, *Heraclias* I.157–158.
44. Sebeos, *Hist.* 123 ch.38.
45. Tabari, V.320–321.
46. Haldon（1999），27–33；Dennis in Laiou and Mottahedeh（2001），31–39；contra Kolbaba（1998），194–221；Whitby（1998），191–208.

47. 363年，罗马皇帝尤里安率六万五千至九万五千兵力，远征波斯，最终殒命。见 Ammianus XXIII.3.5; Zosimus III.12.5–13.1; Jones (1964), 684; Elton (1996), 210–211。502年，阿纳斯塔修斯发兵五万两千，往攻卡瓦德一世。见 Joshua the Stylite 54。
48. 据 Sebeos, *Hist.* 124 ch.38, 兵力为十二万；据 Haldon (1997); (1999); Howard-Johnston (1999), 1–44, 兵力较少。
49. Theophanes, *Chron.* AM 6113.
50. George of Pisidia, *Heraclias* II.162–166; Sebeos, *Hist.* 124 ch.38; Theophanes, *Chron.* 308.
51. Sebeos, *Hist.* 124 ch.38.
52. Theophanes, *Chron.* AM 6114.
53. Stratos (1968–1980) 认为是625年。该观点虽被更多人接受，但事件顺序有些混乱。Zuckerman (2002a) 对此提出质疑。
54. Sebeos, *Hist.* 124 ch.38.
55. Theophanes, *Chron.* AM 6115.
56. Theophanes, *Chron.* AM 6115.
57. Theophanes, *Chron.* AM 6115.
58. Mauricius, *Strat.* XI.1.51–53.
59. Sebeos, *Hist.* 126 ch.38.
60. Theophanes, *Chron.* AM 6116; Eutychius, *Hist.* c.29.
61. Theophanes, *Chron.* AM 6116.
62. Kaegi (2003), 129; Wiita (1977), 99–108.

第4章 "攻城槌已触墙"

1. *Chron. Pasch.* 170; Theodore Synkellos, *Analecta Avarica* 300; Nikephoros, *SH* 12.
2. George of Pisidia, *Bell. Avar.* 197–203; Nikephoros, *SH* 13 均认为，波斯人与阿瓦尔人围攻君士坦丁堡事先有部署。
3. *Chron. Pasch.* 170–171; George of Pisidia, *Bell. Avar.* 219; Theodore Synkellos, *Analecta Avarica* 300.39 均认为阿瓦尔人的兵力有数万之多；Barisic (1954) 认为有斯拉夫人参战；Theophanes, *Chron.* AM 6117 认为或有格皮德人参战。

4. *Chron. Pasch.* 168–169 谈及塞斯莫斯；Theophanes，*Chron.* AM 6117 谈及援兵；George of Pisidia，*Bell. Avar.* 246–247，266–293；*Chron. Pasch.* 718。
5. 关于 618 年取消粮食救济，见 *Chron. Pasch.* 711 以及 Nikephoros，*SH* 12.4–8。
6. Theodore Synkellos，*Analecta Avarica* 300.35.
7. Theodore Synkellos，*Analecta Avarica* 305.21–26；302–303.
8. *Chron. Pasch.* 173.
9. Theodore Synkellos，*Analecta Avarica* 306.
10. *Chron. Pasch.* 174.
11. *Chron. Pasch.* 721 以及 *Chron. Pasch.* 175 称援兵有三千；George of Pisidia，*Bell. Avar.* 329–331 称援兵有一千。
12. *Chron. Pasch.* 175–178；Theodore Synkellos，*Analecta Avarica* 306–308；Nikephoros，*SH* 13；波斯使节举止傲慢或属文学虚构。作者或知晓战争结局，如此虚构不仅为表现波斯人过于自信，更为解释波斯使节何以遭罗马人凶残对待，终被斩首。
13. Theodore Synkellos，*Analecta Avarica* 312–313；*Chron. Pasch.* 180–181.
14. *Chron. Pasch.* 725.
15. McCotter（1996）；*Chron. Pasch.* 180.
16. 沙欣死因不明，不知究竟是殒命沙场，伤重而亡，寿尽而终，抑或为库思老怒杀。Theophanes，*Chron.* AM 6117 指出，库思老将沙欣剥皮和盐渍之说或是对琐罗亚斯德教葬俗的曲解。
17. 赫拉克洛纳斯或生于拉齐察。见 Nikephoros，*SH* 55；Moses Dasxuranci，*Hist.* II.12；Eutychius 104；Zuckerman（2002b）；Theophanes，*Chron.* AM 6117；Brown, Bryer and Winfield（1978），30。
18. 西突厥汗国是突厥汗国分支。突厥汗国于六世纪中叶立国，统辖从里海到蒙古，间或更远地区的中亚大片疆域。突厥人战败阿瓦尔人，迫使其逃至欧洲。580 年代中期，庞大的汗国陷入十年内战，从而分裂为东、西突厥汗国。
19. 与希拉克略联手的突厥可汗是谁，同样众说纷纭。有人认为罗马史料提及的齐贝尔即 618 至 628 年在位的西突厥可汗统叶护，但此说不乏批评。
20. Theophanes，*Chron.* AM 6117；Moses Dasxuranci，*Hist.* II.12；

Nikephoros, *SH* 12.
21. Dennis（1998）, 99–115.
22. Nikephoros, *SH* 12.51–64.
23. Theophanes, *Chron.* AM 6118; Moses Dasxuranci, *Hist.* II.16; Thomson（1996）, 234–235; Zuckerman（2002b）.
24. Theophanes, *Chron.* AM 6118; Sebeos, *Hist.* 126.
25. 罗赫·韦罕（Roch Vehan）在希腊语史籍中称 Rhazates，在波斯语史籍中称 Rhahzadh。
26. Theophanes, *Chron.* AM 6118.
27. 同时在 627 年，意大利爆发教会争端。教皇霍诺留不满撒丁岛总督狄奥多尔对该岛教会事务的干预，最终致阿非利加总督卷入争端。"结局不详，但这场风波表明，世俗与教会当权者没有为对抗信奉琐罗亚斯德教的萨珊人而暂止争端。"见 Kaegi（2003）, 155。
28. Mauricius, *Strat.* III.14.
29. Theophanes, *Chron.* AM 6118.
30. Tabari V.322–323.
31. Theophanes, *Chron.* AM 6118; Nikephoros *SH* 14 对罗马皇帝的称颂语气略淡，其中记载，罗赫·韦罕曾对决希拉克略。
32. Theophanes, *Chron.* AM 6118.
33. 罗马人不仅夺回战斗中丢失的三百面旗帜，而且获得"大量沉香木——每块重七八十磅的沉香木树干、大批丝绸、胡椒、不计其数的亚麻衫、糖、姜、银币坯料、全丝绸衬衫、羊毛毯、缝制毯（毯子因过多过重、无法携带而被烧毁）等物不一而足"。见 Theophanes, *Chron.* AM 6118。
34. Theophanes, *Chron.* AM 6118.
35. *Chron. Pasch.* 732.
36. Theophanes, *Chron.* AM 6118; Tabari I.1046–1049; 1059–1061.
37. *Acta* 42.
38. Theophanes, *Chron.* AM 6118; *Chron. Pasch.* 184 n.486.
39. Eutychius ch.29.
40. Nikephoros, *SH* 15.
41. *Chron. Pasch.* 735–736.
42. Theophanes, *Chron.* AM 6119; Eutychius 29.

43. Nikephoros, *SH* 18.
44. *Chron. Pasch.* 730–731; Tabari I.1043.
45. *Sebeos*, *Hist.* 127 ch.39; Moses Dasxuranci, *Hist.* II.16.
46. *Chron. Pasch.* 704–705.

第 5 章　新来挑战者

1. 关于穆罕默德创教前的阿拉伯历史，Hoyland（2001）的介绍虽枯燥却权威。
2. 关于前伊斯兰阿拉伯，见 Donner（1981），11–49。
3. Hourani（2005），10。
4. Hourani（2005），12。
5. Fisher（2011）。
6. Kaegi（1992），52。
7. Brown（2006），189。
8. Hourani（2005），15。
9. Brown（2006），190。
10. Brown（2006），190–191。
11. Ibn Ishaq，119。
12. Hourani（2005），21。
13. Landau-Tasseron in Cameron（1995），299。
14. Hoyland（1997）。
15. Kennedy（2001），3。
16. Landau-Tasseron in Cameron（1995），309。
17. 关于早期哈里发的权威，见 Donner in Cameron（1995），337–360。
18. Hill in Parry and Yapp（1975）。
19. 鉴于其重要作用，阿拉伯骑兵理应配有马镫。不过，《战略》首次记载马镫，称马镫为 σκάλα，义为"台阶"或"阶梯"，可见当时罗马人初用马镫（Mauricius, *Strat.* I.2）。阿瓦尔人将其引入东欧后，马镫似乎才得到更广泛的使用。由于亚洲各部落在北方边境活动，而且同中国（到五世纪末马镫似已广为使用）互有往来，波斯人或接触马镫稍早。阿拉伯人不掌握独立制作马镫的技术，因此在军事扩张前似极少接触过马镫，轻骑兵极少见识过马镫之便。

20. Kennedy（2001），171 引用 Nicolle in Lev（1997），15。
21. Kennedy（2001），183–194；Purton（2009），49；摇臂技术直到六世纪晚期才出现于西欧，597 年阿瓦尔人围攻帖撒罗尼迦时首次使用。真正的投石机直到十二世纪才出现，穆斯林所用不太可能是真正的投石机。
22. Landau-Tasseron in Cameron（1995），310。
23. Brown（2006），193。
24. Kennedy（2001），1。
25. Landau-Tasseron in Cameron（1995），324–334。
26. 瘟疫旷日持久，反复暴发，通常被认为是罗马和波斯兵力衰减的一个主因。由于查士丁尼瘟疫对阿拉伯半岛及其人口未造成影响，以上解释越发容易被人接受。见 Donner in Maas（2004），519；Sarris（2002），173。不过，倘若募兵的社会、经济和政治基础结构已垮，纵然罗马和波斯人口增多，也无法更成功抗击阿拉伯的征服。当年，罗马帝国西部落入二三十万蛮族人之手，已证明这一点。见 Scheidel in Scheidel（2001），68n.276。
27. Mauricius, *Strat.* III.8, 10。

第 6 章　伊斯兰风暴

1. Kaegi（2003），222。
2. Kaegi（2003），222。
3. Kaegi（1992），39–40。
4. 希拉克略不仅重建宗教场所，强迫犹太人接受洗礼，强迫民众接受基督一志论，试图在整个帝国统合宗教，而且同法兰克王国以及波斯祭司往来，试图在域外统合宗教。见 Kaegi（2003），213–220。
5. Suda II: 583 称殁者达二十万。
6. Kaegi（2003），224。
7. Kaegi（2003），218；Theophanes, *Chron.* AM 6123；Nikephoros, *SH* 20。
8. Moses Dasxuranci, *Hist.* II.14。
9. Moses Dasxuranci, *Hist.* II.16。
10. Daryaee（2009），34–35。
11. Daryaee（2009），36；Daryaee（1999）；（2004）。
12. Donner（1981），177。

13. Donner（1981），177–178 对大部分争议作出归纳。
14. 关于确定哈立德进兵希拉途经的重要地点，见 Donner（1981），179 n.66。
15. Donner（1981），187–188 更多聚焦于哈立德所攻打的部落，而不是据称他所克的城邑和所败的军队。
16. Donner（1981），187。
17. Donner（1981），97。
18. Kaegi（1992），41。
19. 阿姆鲁率六千兵力，见 Tabari I.2107, 2108, 2079；Kufi I.123。
20. Theophanes, *Chron.* AM 6127；Nikephoros, *Hist.* 20。
21. 关于守卫罗马属巴勒斯坦和叙利亚南部的可用兵力，见 Kaegi（1992），39–43。
22. 关于阿雷奥波利斯（亦称迈阿布）的战事，见 Kaegi（1992），83–87。
23. Tabari I.2108。
24. Donner（1981），116；据 Kufi I.124，阿布·伯克尔下达直接命令，要求避开城邑和空旷乡村。
25. Tabari I.2122；Ibn al-Athir, *Kamil* II.408。
26. Donner（1981），119–127 谈及哈立德众多的史载征战路线；128–146 谈及多条事件线，但奇怪的是未得出结论。
27. Kaegi（2003），234。
28. "十五万罗马士卒被杀。"见 Fredegarius, *Chron.* IV.66。
29. Nicolle（1994），43。
30. Kaegi（1992），101。
31. Nikephoros, *SH* 69。
32. "既然你不愿加害我们父子，我亦不会加害你们父子。但你要听我之命，去派遣地生活，我将对你施以仁慈。"见 Sebeos, *Hist.* 133，44.143，44。
33. 但是，不能完全排除"高多梅莱特"具体是指马耳他群岛第二大岛（今戈佐岛）的观点。

第 7 章　穆斯林战兽肆虐（636）

1. Donner（1981），130。

2. Baladhuri p.140：二十万；Tabari II.598：二十万；Ibn Ishaq（Tabari III.75）：十万；*Chronica Minora* II p.75：此战造成五万罗马士兵阵亡。
3. Kaegi（1992），131：一万五千至两万。
4. Baladhuri p.140，Ibn Ishaq（Tabari III p.74）：两万四千；Donner（1981），133，135，221：两万至四万。
5. Nicolle（1994），64。
6. Kaegi（1992），119。
7. 布奇纳特（Buccinator）在穆斯林史籍中被称为卡纳蒂尔（Qanatir），其身份乃至国籍存有争议。人们曾长期认为，他可能是斯拉夫王子，在罗马军队中统领一支斯拉夫分遣队。不过，因为他与另一将领乔治产生嫌隙，有些人认为他与后者一样具有亚美尼亚血统，这使得两人的恩怨涉及个人、家族，甚至宗教因素。"buccinator"的词义与军事有关，是拉丁文，指铜管号角（buccina，在罗马军营用于宣布换岗及其他行动）吹奏者。
8. 关于罗马军内纷争，见 Theophanes，*Chron.* AM 6126。
9. Haldon（2008），59。
10. Kaegi（1992），139。
11. Eutychius 279。
12. Michael the Syrian，*Chron.* XI.6.
13. Donner（1981），192。
14. *CHI*，IV.8。
15. Ps-Sebeos and Moses Dasxuranci 根据 637 年波斯的反攻确定河桥会战的时间，Howard-Johnston（2010），467 n.20 认同该观点。
16. 关于穆斯林军队的规模及构成，见 Donner（1981），192–195。
17. Donner（1981），199。
18. Donner（1981），203 n.174 给出这支波斯军队的一些史料。
19. Muruj II.312 记载为九万。
20. Tabari I.2261–2264；Kufi I.173。
21. Donner（1981），205–209。
22. Donner（1981），204。
23. 有关鲁斯塔姆之死的另一说法是，他在骆驼身后躲避沙暴时，被驼背上掉落的武器意外砸死。

第 8 章　告别叙利亚和美索不达米亚

1. 有些史籍称，穆斯林征服大马士革、凯撒里亚和加沙，结束巴勒斯坦的战事之后，耶路撒冷始向欧麦尔投降。
2. 贝鲁特投降或在 640 年凯撒里亚投降之后。见 Kaegi（1992），146。
3. "愿真主怜悯阿布·伯克尔。他比我更有识人之智。"见 Tabari 915。
4. 阿米克湖又名安条克湖，在 1940 年代至 1970 年代因开垦农田，2007 年又因建设哈塔伊机场而被排干。
5. Michael the Syrian, *Chron*. XI.7.
6. 穆斯林征战的时间线紊乱。伊亚德或在 637 年希拉克略拒绝哈尔基斯休战之后立即征服了卡利尼库姆和埃德萨等地。一年后阿拉伯基督徒攻打埃梅萨失利，伊亚德回师，继续同哈立德一道征战。或者，640 年之前，仅仅入侵过上美索不达米亚以及亚美尼亚南部诸行省。Kaegi（1992，181–204）特别指出，亚美尼亚在七世纪的罗马帝国占据重要地位，同时强调，概述穆斯林攻打亚美尼亚各行省的战事颇有难度。
7. 哈立德参与进攻亚美尼亚一事完全不能确定。参加此战，后又侦察安纳托利亚北部的"哈立德·本·瓦利德"或是其子阿布德·拉赫曼·本·哈立德·本·瓦利德，即后来的埃梅萨总督。
8. 回顾用酒消毒的历史，见 Beck（1990）。
9. 穆塔之战难称胜利，尽管当时哈立德指挥穆斯林军队，使之免于覆没。
10. 关于哈立德的生平和战绩，见 Akram（2004）。
11. 阿姆瓦斯曾长期被认为是《圣经》中提及的以马忤斯。《路加福音》24:13–15 记载称，拿撒勒的耶稣复活后首次在以马忤斯现身。但对于该观点，已有人提出质疑，理由是这处名为以马忤斯（亦称尼科波利斯）之地离耶路撒冷较远——《圣经》中记载的以马忤斯距圣城七英里，而阿姆瓦斯实有十八英里之远。《圣经》中的以马忤斯或毁于公元 132 至 136 年的巴尔·科赫巴起义，致后世学者将阿姆瓦斯认作以马忤斯。
12. Kaegi（1992），175.
13. Donner（1981），154.
14. Donner（1981），155.
15. 在有关穆斯林战斗的记载中，一再出现夺取敌后桥梁的情节。可以认为，该情节几乎被用作文学传统主题，使人对这些一讲再讲的故事真实与否产生怀疑。

第9章 夺罗马粮仓，断波斯国祚

1. 尽管出版年代晚，Butler（1902）仍是研究穆斯林入侵埃及的最佳著作之一。
2. Butler（1902），208。
3. Herodotus II.141; III.1.13; Procopius, *BP* II.22.6.
4. Jones（1964），1438根据《百官志》记载，列出埃及军队一览表；Treadgold（1995，50）对Jones的统计有所修正，并据此指出，埃及有步兵一万六千五百，骑兵九千，而底比斯有步兵一万，骑兵一万两千五百；《百官志》现存手稿缺失利比亚/昔兰尼加的兵力部分，Treadgold（1995，50）指出，利比亚总督统领约一万三千兵力。
5. Butler（1902），228 n.1。
6. Butler（1902），233。
7. Pliny, *NH* VI.31指出，底格里斯河与幼发拉底河或曾各有波斯湾入海口。
8. 因图斯塔尔投降、波斯军队进一步后撤，穆斯林得以控制卡伦河两岸大片农业区。河上最著名的设施为恺撒坝桥。这是桥坝结合的建筑，据称由公元260年埃德萨之战的罗马俘虏设计和建造，现为联合国教科文组织世界遗产。
9. Donner（1981），217。
10. 据称，一部分波斯步卒被锁在一起，可见有些"志愿兵"属强征入伍。
11. 纳哈万德之战的日期无法确定，但前锋向战场的运动、兵力部署、穆斯林的正面攻击，以及决胜进攻似发生在641年12月和642年岁初。
12. 此时，西突厥汗国或在崩解，或已覆亡，使伊嗣俟三世获得更多募兵选择，而同时对阿拉伯人的全面威胁因之减轻。

第10章 国主俱亡，三神存二，一雄胜出

1. Kaegi（2003），300–301概括出希拉克略一生曾遭遇的十三次重大危机，包括内战，欧多西娅及子女早亡，阿撒拉里科斯未果的谋反，一再出现的财政危机，波斯人、阿瓦尔人、穆斯林的入侵，推行基督一志论的失败，继续危机，每况愈下的身体；Nikephoros, *SH* 27认为希拉克略患

泌尿系统疾病；Lascaratos, Poulakou-Rembelakou, Rembelakos 和 Marketos（1995）认为其病或是尿道上裂，而鉴于他子女众多，患该病的几率因此降低。

2. Kaegi（2003）数次提及。
3. Kaegi（2003），314。
4. Haldon（1993），1–67；（1999），71–74。
5. Gibbon（1788），V.46。
6. Kaegi（2003），315。
7. Ostrogorsky（1956），99。
8. Nikephoros *SH* 29。
9. Haldon（1997）；（1999）；Treadgold（1995）；（1997）。
10. Herrin（2007）对拜占庭帝国加以概述；Haldon（2008）对拜占庭帝国的众多战争予以描述。
11. Madelung（1997）对阿布·伯克尔、欧麦尔、奥斯曼、阿里的登位，以及伍麦叶王朝的建立有详细记述。
12. 究竟是乌特巴、穆吉拉，抑或阿布·穆萨，无法确定。
13. 不久后，霍尔穆赞为欧麦尔之子所杀。
14. 亚美尼亚等半自治地区之外，似乎还有十二个行省：阿拉伯半岛分为麦地那和麦加，伊拉克分为巴士拉和库费，巴勒斯坦分为艾利亚和拉姆拉，埃及分为上埃及和下埃及，波斯分为阿塞拜疆、法尔斯和呼罗珊，叙利亚单为一行省。
15. Madelung（1997），113–140。
16. Madelung（1997），140。
17. Madelung（1997），148–149。
18. Madelung（1997），267–269；293–307。
19. 伍麦叶家族在第三次内战的大屠杀中幸存。756年，家族最后余脉到达穆斯林治下的西班牙，在此建立科尔多瓦哈里发政权，统治伊比利亚半岛近三个世纪，在十一世纪初陷入无政府乱局，最终于1031年瓦解。
20. 七世纪上半叶，突厥汗国灭亡后，唐朝设立安西都护府，管辖天山、帕米尔高原和塔里木盆地。
21. 或是太宗（627至649年在位），或是高宗（650至683年在位）。
22. Lipman（1997），29。

23. Gibbon（1788），V.51 n.38.
24. 今中国陕西省省会西安，曾是唐朝都城，此前亦是周、秦、汉、隋等诸朝国都，此地历史遗存丰富，有秦始皇兵马俑，是古代丝绸之路起点，1963年蓝田人发现于此。
25. 关于后期萨珊大事记，见 Daryaee（2004），59–79；阿罗憾的征战或是中古波斯语诗歌《非凡的阿罗憾到来》的创作依据。
26. Daryaee（2009），38.

第11章 盛宴继续：从大西洋到印度洋

1. 昔兰尼加与的黎波里塔尼亚大体相当于今利比亚地中海沿岸地区，而阿非利加行省大部在今突尼斯。
2. Pringle（1981），46.
3. Diehl（1896），562.
4. Diehl（1896），559–560.
5. 公元前146年，罗马人在小西庇阿的率领下摧毁迦太基，仅过百余年该城又得重建。
6. 塔里克身世不详。普遍认为，他是穆萨的释奴，其来处则众说纷纭：金达阿拉伯人，北非柏柏尔人，哈马丹波斯人，信奉基督教的哥特人，甚至改信伊斯兰教的犹太人，等等。
7. 该局面主要是五世纪末、六世纪初图尔奈的克洛维实施征服和暗杀所致，而到八世纪早期，墨洛温国王已失势，沦为宫相任意摆布的短命傀儡。
8. Mastnak（2002），99–100；Barbero（2004），10.
9. Paul the Deacon LIV.
10. 此处，第三次阿拉伯内战中的事件实际是指，在逃亡的伍麦叶王朝占领伊斯帕尼亚之后，作为阿拔斯哈里发的盟友，丕平攻打穆斯林飞地塞普提马尼亚。查理曼跨越比利牛斯山的征战也是法兰克—阿拔斯联合讨伐伍麦叶哈里发政权（以科尔多瓦为中心）的一部分。
11. 此为巴兰加尔三场战役的首场。之前的723和732两年，穆斯林曾在该地获胜。
12. Haldon（1997），64；Treadgold（1997），325.
13. 关于曼齐刻尔特之败前的三百年，见 Carey（2012）。

尾 声

1. Brown（2006），200.
2. 关于伊斯兰教在七世纪的发展，Holland（2012）的论述发人深省。
3. Kennedy（2001），6.
4. Brown（2006），194.
5. Wells（2008）；Wickham（2009）.
6. Brown（2006），202.

参考书目

一手文献

Acta of St Anastasius the Persian (Franklin, C.V., translation, 2004).
Agapios, *Kitab al-Unvan* (Vasiliev, A.A., translation, 1910–1912).
Agathias, *De imperio et rebus gestis Iustiniani* (Frendo, J.D., translation, 1975).
Ammianus Marcellinus (Hamilton, W., translation, Penguin Classics, 1986).
Anastasius the Sinaite (Nau edition, 1902).
Baladhuri, *Futuh al-Buldan* (de Goeje, M.J., translation, 1866).
Cassius Dio, *Historia Romana* (Cary, E., translation, Loeb Classical Library, 1914–1927).
Cedrenus, *Historiarium Compendium* (Bekker, I., edition, 1838).
Chronica Minora (Mommsen, T., edition, Teubner, 1892).
Chronicle of Arbela (Kroll, T., translation, 1985).
Chronicle of Zuqnin/Pseudo-Dionysius of Tel-Mahre, *Chronicle* (Witakowski, W., translation, 1997).
Chronicon Paschale (Whitby, M. and Whitby, M., translation, Translated Texts for Historians, 1989).
Codex Iustinianus (Krueger, P., translation, 1914).
Codex Theodosianus (Pharr, C., translation, 1952).
Eutychius, *Annals* (Breydy, M., translation, 1985).
Evagrius Scholasticus, *Historia Ecclesiastica* (Whitby, M., translation, Translated Texts for Historians, 2000).
Fredegarius, *Chronicle* (Wallace-Hadrill, J.W., translation, 1960).
George of Pisidia, *Bellum Avaricum* (Tartaglia, L., translation, 1998).

—— *De Expeditione Persica* (Tartaglia, L., translation, 1998).
—— *Heraclias* (Tartaglia, L., translation, 1998).
—— *In rest. S. Cruciis* (Tartaglia, L., translation, 1998).
Gregory the Great, *Registrum Epistolarum* (Ewald, P. and Hartmann, L., edition, 1887–1899).
Herodotus, *Histories* (de Selincourt, A., and Marincola, J., translation, 2003).
Ibn al-Athir, al-Kamil fi-l Ta'rikh (Tornberg, C.J., translation, 1965).
Ibn Ishaq (Guillaume, A, translation, 1978).
Isidore of Seville, *Historia Vandalorum* (Mommsen, T., edition, Teubner, 1892).
John of Antioch (Mariev, S., translation, 2008).
John of Nikiou, *Chronicle* (Charles, R.H., translation, 1916).
Joshua the Stylite, *Chronicle* (Trombley, F.R., and Watt, J.W., translation, 2000).
Kufi, *Kitab al-futuh* (Muhammad Ali al-Abbasi and Sayyid Abd al-Wahhab Bukhari, translation, 1968–1975).
Lactantius, *De Mortibus Persecutorum* (Creed, J.L., translation, 1984).
Leo Grammatikos, *Chronographia* (Bekkeri, I., edition, 1842).
Marcellinus Comes, *Chronicon* (Croke, B., translation, 1995).
Mauricius, *Strategikon* (Dennis, G.T., translation, 1984).
Menander Protector, *Historia* (Blockley, R.C., translation, 1985).
Michael the Syrian, *Chronicle* (Palmer, A., translation, Translated Texts for Historians, 1993).
Moses Dasxuranci, *History of Albania* (Dowsett, C.J.F., translation, 1961).
Muruj al-dhahab (de Meynard, B., translation, 1861–1917).
Nikephoros, *Short History* (Mango, C., translation, 1990).
Notitia Dignitatum (Jones, A.H.M., translation, 1964).
Paul the Deacon, *Historia Langobardorum* (Foulke, W.D., translation, 1906).
Pliny the Elder, *Natural History* (Bostock, J., and Riley, H.T., translation, 1855).

Plutarch, *Lives* (Perrin, B., translation, Loeb Classical Library, 1923).
Procopius, *Anecdota* (Williamson, G.A., translation, Penguin Classics, 1967).
—— *De Aedificiis* (Dewing, H.B., translation, Loeb Classical Library, 1940).
—— *De Bello Gothico* (Dewing, H.B., translation, Loeb Classical Library, 1919).
—— *De Bello Persico* (Dewing, H.B., translation, Loeb Classical Library, 1914).
—— *De Bello Vandalico* (Dewing, H.B., translation, Loeb Classical Library, 1916).
Ps-Isidore, *Continuationes Isidorianae Byzantia Arabica et Hispana* (Mommsen, T. edition, 1961).
Scriptores Originum Constantinopolitanarum (Preger, T., Teubner edition, 1907).
Sebeos, *History* (Thomson, R.W., translation, 1999).
Sophronius, *Anacreontica* (Gigante, M., translation, 1957).
Strategius (Garitte, G., translation, 1974–1975).
Suda (Adler, A., translation, 1928–1938).
Tabari (Yar-Shater, E., translation, 1985–1999).
Theodore Synkellos, *Analecta Avarica* (Sternbach, L., translation, 1900 and Cameron, A., translation, 1979).
Theophanes, *Chronographia* (Mango, C., and Scott, R., translation, 1997).
Theophylactus Simocatta, *Historiae* (Whitby, M., and Whitby, M., translation, 1986).
Vegetius, *De rei militari* (Milner, N.P., translation, 1993; Reeve, M.D., translation, 2004).
Vie de Theodore de Sykeon (Festugiere, A.-J., translation, 1970).
Zonaras, *Epitome* (Banchich, T.M., and Lane, E.N., translation, 2009).
Zosimus, *New History* (Ridley, R.T., translation, 1982).

二手文献

Akram, A.I., *The Sword of Allah: Khalid bin al-Waleed—His Life and Campaigns*, Karachi (2004).

—— *Muslim Conquest of Persia*, Rawalpindi (2009).

Al-Tel, O.I., *The First Islamic Conquest of Aelia (Islamic Jerusalem): A Critical Analytical Study of the Early Islamic Historical Narratives and Sources*, Dundee (2003).

Bagnall, R.S., *Reading Papyri: Writing History*, Ann Arbor (1995).

Ball, W., *Rome in the East: The Transformation of an Empire*, London (2000).

Barbero, A., *Charlemagne: Father of a Continent*, Berkeley (2004).

Barchiesi, A. and Scheidel, W. (eds.), *The Oxford Handbook of Roman Studies*, Oxford (2010).

Barisic, F. 'Le siege de Constantinople par les Avares et les Slaves en 626', *Byzantion* XXIV (1954), 371-395.

Beck, W.C., 'Disinfection from antiquity to the present', *The Guthric Journal* 59 (1990), 191-195.

Biers, W.R., *Art, Artefacts and Chronology in Classical Archaeology*, London (1992).

Bodel, J. (ed.), *Epigraphic Evidence: Ancient History from Inscriptions*, London (2001).

Boyce, M., *Zoroastrians: Their Religious Beliefs and Practices*, London (1979).

Bravmann, M.M., *The Spiritual Background of Early Islam: Studies in Ancient Arab Concepts*, Leiden (2009).

Brooks, E.W., 'On the Chronology of the Conquest of Egypt by the Saracens', *ByzZ* IV (1895), 435-444.

Brown, P., *The World of Late Antiquity*, London (2006).

Brown, T.S., Bryer, A. and Winfield, D. 'Cities of Heraclius', *Byzantine and Modern Greek Studies* 4 (1978), 15-38.

Bury, J.B., *A History of the Later Roman Empire from Arcadius to Irene*,

395 A.D. to 800 A.D., 2 Vols., London (1889).
Butler, A.J., *The Arab Conquest of Egypt*, Oxford (1902).
Cameron, A., *Circus Factions: Blues and Greens at Rome and Byzantium*, Oxford (1976).
Cameron, A. (ed.), *The Byzantine and Early Islamic Near East III: States, Resources and Armies*, Princeton (1995).
Cameron, A. and Conrad L.I. (eds.), *The Byzantine and Early Islamic Near East I: Problems in the Literary Source Material*, Princeton (1992).
Carey, B.T., *Road to Manzikert: Byzantine and Islamic Warfare 527–1071*, Barnsley (2012).
Casey, P.J., 'Justinian, the Limitanei and Arab-Byzantine relations in the Sixth Century', *JRA* 9 (1996), 214–222.
Collins, R., *The Arab Conquest of Spain, 710–97*, London (1989).
—— *Visigothic Spain, 409–711*, London (2004).
Conrad, L.I., *History and Historiography in Early Islamic Times: Studies in Perspective*, Princeton (1994).
Daryaee, T., *The Fall of the Sasanian Empire and the End of Late Antiquity: Continuity and Change in the Province of Persis*, Ph.D Thesis, UCLA (1999).
—— *The Fall of the Sasanians*, Nashr-e Tarikh-e, Iran (2004).
—— *Sasanian Persia: The Rise and Fall of an Empire*, New York (2009).
Debevoise, N.C., *A Political History of Parthia*, Westport (1970).
Dennis, G., 'Byzantine Heavy Artillery: The Helepolis', *Greek, Roman, and Byzantine Studies* 39 (1998), 99–115.
—— 'Defenders of the Christian Peopie: Holy War in Byzantium', in Laiou, A.E. and Mottahedeh, R.P. (eds.), *The Crusades from the Perspective of Byzantium and the Muslim World*, Washington (2001), 31–39.
Diehl, C., *L'Afrique Byzantine. Histoire de la Domination Byzantine en Afrique (533–709)*, Paris (1896).
Dols, M.W., 'Plague in Early Islamic History', *Journal of the American Oriental Society* 94 (1974), 371–383.

Donner, F.M., *The Early Islamic Conquests*, Princeton (1981).

—— 'Centralized Authority and Military Autonomy in the Early Islamic Conquests', in Cameron, A. (ed.), *The Byzantine and Early Islamic Near East III: States, Resources and Armies*, Princeton (1995), 337–360.

—— *Narrative of Islamic Origins: The Beginnings of Islamic Historical Writing*, London (1998).

—— 'The Background to Islam', in Maas, M. (ed.), *The Cambridge Companion to the Age of Justinian*, Cambridge (2004), 510–533.

Edwell, P.M., *Between Rome and Persia: the Middle Euphrates, Mesopotamia and Palmyra under Roman Control*, London (2008).

Elton, H., *Warfare in Roman Europe AD 350–425*, Oxford (1996).

Evans, J.A.S., *The Age of Justinian: The Circumstances of Imperial Power*, London (2001).

Faulkner, N., *Apocalypse: The Great Jewish Revolt against Rome AD 66–73*, Stroud (2002).

Fine, J.V.A., *The Early Medieval Balkans: A Critical Survey from the Sixth to the Late Twelfth Century*, Ann Arbor (1983).

Fisher, G., *Between the Empires: Arabs, Romans and Sasanians in Late Antiquity*, Oxford (2011).

Flusin, B., *Saint Anastase le Perse et l'histoire de la Palestine au début du VIIe siècle*, 2 Vols, Paris (1992).

Foss, C., 'The Persians in Asia Minor and the End of Antiquity,' *EHR* 90 (1975), 721–743.

—— *Ephesus After Antiquity*, Cambridge (1979).

Frye, R.N. (ed.), *The Cambridge History of Iran Vol. IV*, Cambridge (1975).

—— *The Golden Age of Persia: The Arabs in the East*, London (1993).

Garland, L., *Byzantine Empresses: Women and Power in Byzantium AD 527–1204*, London (1999).

Garnsey, P. and Saller, R., *The Roman Empire: Economy, Society and Culture*, Berkley (1987).

Geva, H. (ed.), *Ancient Jerusalem Revealed*, Jerusalem (1994).

Gibb, H.A.R., *The Arab Conquests in Central Asia*, London (1923).

Gibbon, E., *The Decline and Fall of the Roman Empire*, 6 Vols, London (1776–1788).

Gnoli, G., 'The Quadripartition of the Sasanian Empire', *East & West* 35 (1985), 265–270.

Greatrex, G., 'Byzantium and the East in the Sixth Century', in Maas, M. (ed.), *The Cambridge Companion to the Age of Justinian*, Cambridge (2004), 477–509.

Greatrex, G. and Lieu, S.N.C., *The Roman Eastern Frontier and the Persian Wars AD 363–628*, London (2007).

Grierson, P., 'The Isaurian Coins of Heraclius,' *NC* ser. 6, 11 (1951), 56–67.

—— 'A New Isaurian Coin of Heraclius,' *NC* ser. 6, 13 (1953), 145–146.

Haldon, J.F., *Recruitment and Conscription in the Byzantine Army c.550–950: A Study on the Origins of the Stratiotika Ktemata*, Vienna (1979).

—— *Byzantine Praetorians: An Administrative, Institutional and Social Survey of the Opsikion and Tagmata c.580–900*, Bonn (1984).

—— 'Military Service, Military Lands and the Status of Soldiers: Current Problems and Interpretations', *DOP* 47 (1993), 1–67.

—— *State, Army and Society in Byzantium: Approaches to Military, Social and Administrative History 6th–12th Centuries*, Aldershot (1995).

—— *Byzantium in the Seventh Century: The Transformation of a Culture*, Cambridge (1997).

—— *Warfare, State and Society in the Byzantine World 565–1204*, London (1999).

—— 'The Byzantine World', in Raaflaub, K.A., and Rosenstein, N. (eds.), *War and Society in the Ancient and Medieval Worlds: Asia, The Mediterranean, Europe, and Mesoamerica*, Cambridge (2001), 241–270.

—— *The Byzantine Wars*, Stroud (2008).

Harris, W.V., 'Towards a study of the Roman slave trade', in D'Arms, J.H. and Kopff, E.C. (eds.), *The Seaborne Commerce of Ancient Rome: Studies in Archaeology and History*, Rome (1980) 117–140.

—— (ed.), *The Transformation of the 'Urbs Romana' in Late Antiquity*, JRA Suppl. 33, Portsmouth (1999).

Hendy, M., *Studies in the Byzantine Monetary Economy c.300–1450*, Cambridge (1985).

Herrin, J., *Byzantium: The Surprising Life of a Medieval Empire*, London (2007).

Hill, D.R., 'The Role of the Camel and the Horse in the Early Arab Conquests', in Parry, V.J. and Yapp, M.E. (eds.), *War and Technology and Society in the Middle East*, London (1975), 32–43.

Hinds, G.M., *Studies in Early Islamic History*, Princeton (1996).

Holland, T., *In The Shadow Of The Sword: The Battle for Global Empire and the End of the Ancient World*, London (2012).

Hourani, A. *A History of the Arab Peoples*, London (2005).

Howard-Johnston, J. 'The Two Great Powers in Late Antiquity: A Comparison', in Cameron, A. (ed.), *The Byzantine and Early Islamic Near East III: States, Resources and Armies*, Princeton (1995), 157–226.

—— 'Heraclius' Persian Campaigns and the Revival of the East Roman Empire, 622–630', *War in History* 6 (1999), 1–44.

—— *East Rome, Sasanian Persia and the End of Antiquity: Historiographical and Historical Sources*, Aldershot (2006).

—— *Witnesses to a World Crisis: Historians and Histories of the Middle East in the Seventh Century*, Oxford (2010).

Howgego, C., *Ancient History from Coins*, London (2001).

Hoyland, G.R., *Seeing Islam as Others Saw It: A Survey and Evaluation of Christian, Jewish and Zoroastrian Writing*, Princeton (1997).

—— *Arabia and Arabs: From the Bronze Age to the Coming of Islam*, London (2001).

Hughes, I., *Belisarius: The Last Roman General*, Barnsley (2009).

Isaac, B., 'The Army in the Late Roman East: The Persian Wars and the Defence of the Byzantine Provinces', in Cameron, A. (ed.), *The Byzantine and Early Islamic Near East III: States, Resources and Armies*, Princeton (1995), 125–155.

Jabbur, J.S., *The Bedouin and the Desert: Aspects of Nomadic Life in the Arab East*, New York (1995).

Jacobsen, T.C., *The Gothic War: Rome's Final Conflict in the West*, Yardley (2010).

James, S., 'Death Underground: Gas Warfare at Dura-Europus', *CWA* 38 (2010), 20–27.

Jones, A.H.M., *Ancient Economic History*, London (1948).

—— *Later Roman Empire 284–602*, Oxford (1964).

Kaegi, W.E., *Some Thoughts on Byzantine Military Strategy*, Brookline (1983).

—— *Byzantium and the Early Islamic Conquests*, Cambridge (1992).

—— 'The Battle of Nineveh', *AABSC* 19 (1993), 3–4.

—— *Heraclius, Emperor of Byzantium*, Cambridge (2003).

Kennedy, H., 'The Financing of the Military in the Early Islamic State', in Cameron, A. (ed.), *The Byzantine and Early Islamic Near East III: States, Resources and Armies*, Princeton (1995), 361–378.

—— *The Armies of the Caliphs: Military and Society in the Early Islamic State*, London (2001).

Khorasani, M.M., *Arms and Armor from Iran: The Bronze Age to the End of the Qajar Period*, Tübingen (2006).

King, G.R.D. and Cameron, A. (eds.), *The Byzantine and Early Islamic Near East II: Land Use and Settlement Patterns*, Princeton (1994).

Kolbaba, T., 'Fighting for Christianity: Holy War in the Byzantine Empire, ' *Byzantion* 68 (1998), 194–221.

Laga, C., 'Judaism and Jews in Maximus Confessor's Works. Theoretical Controversy and Practical Attitudes', *Byzsl* 51 (1990), 177–188.

Laiou, A.E. and Mottahedeh, R.P. (eds.), *The Crusades from the Perspective of Byzantium and the Muslim World*, Washington (2001).

Landau-Tasseron, E., 'Features of the Pre-Conquest Muslim Armies in the Time of Muhammad', in Cameron, A. (ed.), *The Byzantine and Early Islamic Near East III: States, Resources and Armies*, Princeton (1995), 299–336.

Lascaratos, J., Poulakou-Rembelakou, E., Rembelakos, A. and Marketos, S., 'The First Case of Epispadias: An Unknown Disease of the Byzantine Emperor Heraclius (610–641 AD) ', *British Journal of Urology* 76 (1995), 380–383.

Lev, Y. (ed.), *War and Society in the Eastern Mediterranean 7th–15th Centuries*, New York (1997).

Lewis, D.L., *God's Crucible: Islam and the Making of Europe 570–1215*, London (2008).

Lilie, R.-J., 'Kaiser Herakleios und die Ansiedlung der Serben, ' *Sudest-Forschungen* 44 (1985), 17–43.

Lipman, J.N., *Familiar Strangers: A History of Muslims in Northwest China*, Washington (1997).

Luttwak, E.N., *Grand Strategy of the Byzantine Empire*, Cambridge (2009).

Maas, M. (ed.), *The Cambridge Companion to the Age of Justinian*, Cambridge (2004).

Madelung, W., *The Succession to Muhammad: A Study of the Early Caliphate*, Cambridge (1997).

Mastnak, T., *Crusading Peace: Christendom, the Muslim World, and Western Political Order*, Berkeley (2002).

McCotter, S.E.J., 'The Strategy and Tactics of Siege Warfare in the Early Byzantine Period', Ph.D Thesis, Queen's University, Belfast (1996).

Millar, F., *A Greek Roman Empire: Power and Belief under Theodosius II 408–450*, London (2006).

Nicolle, D., *The Armies of Islam 7th–11th Centuries*, London (1982).

—— *Armies of the Muslim Conquest*, London (1993).

—— *Yarmuk AD 636: The Muslim Conquest of Syria*, Oxford (1994).

—— 'Arms of the Umayyad Era: Military Technology in a Time of Change', in Lev, Y. (ed.), *War and Society in the Eastern Mediterranean 7th–15th Centuries*, New York (1997), 9–100.

Noethlichs, K.-L., *Das Judentum und der romische Staat: Minderheitenpolitik im antiken Rom*, Darmstadt (1996).

Noth, A. and Conrad, L.I., *The Early Islamic Historical Traditions: A Source Critical Study*, Princeton (1994).

Olster, D.M., *The Politics of Usurpation in the Seventh Century: Rhetoric and Revolution in Byzantium*, Amsterdam (1993).

—— *Roman Defeat, Christian Response, and the Literary Construction of the Jew*, Philadelphia (1994).

Ostrogorsky, G., *The History of the Byzantine State*, Oxford (1956).

—— *Geschichte des Byzantinischen Staates*, Munich (1963).

Parry, V.J. and Yapp, M.E. (eds.), *War and Technology and Society in the Middle East*, London (1975).

Pearson, J.D. (ed.), *A Bibliography of Pre-Islamic Persia*, London (1975).

Pernice, A., *Imperatore Eraclio*, Florence (1905).

Pourshariati, P., *Decline and Fall of the Sasanian Empire: The Sasanian-Parthian Confederacy and the Arab Conquest of Iran*, London (2009).

Pringle, D., *The Defence of Byzantine Africa from Justinian to the Arab Conquest: An Account of the Military History and Archaeology of the African Provinces in the Sixth and Seventh Century*, Oxford (1981).

Purton, P., *A History of the Early Medieval Siege c.450–1200*, Woodbridge (2009).

Reich, R., 'The Ancient Burial Ground in the Mamilla Neighbourhood, Jerusalem', in Geva, H. (ed.), *Ancient Jerusalem Revealed*, Jerusalem (1994), 111–118.

Reinink, G.J. and Stolte, B. (eds.), *The Reign of Heraclius (610–641) : Crisis and Confrontation*, Leuven (2002).

Rickman, G., Austin, M.M., Harries, J. and Smith, C.J., *Modus Operandi: Essays in Honour of Geoffrey Rickman*, London (1998).

Roth, N., 'The Jews and the Muslim Conquest of Spain, ' *Jewish Social Studies* 38 (1976), 146–148.

Rubin, Z., 'The Reforms of Khusro Anūshirwān', in Cameron, A. (ed.), *The Byzantine and Early Islamic Near East III: States, Resources and Armies*, Princeton (1995), 227–298.

Sarris, P., 'The Justinianic Plague: Origins and Effects', *Continuity and Change* 17 (2002), 175–179.

Scheidel, W., 'Quantifying the Sources of Slaves in the Early Roman Empire', *JRS* (1997), 156–169.

—— (ed.), *Debating Roman Demography*, Leiden (2001).

—— 'Progress and Problems in Roman Demography', in Scheidel, W. (ed.), *Debating Roman Demography*, Leiden (2001), 1–81.

Southern, P. and Dixon, K.R., *The Late Roman Army*, London (1996).

Stratos, A., *Byzantium in the Seventh Century*, 6 vols., Amsterdam (1968–1980).

Thomson, R.W., *Rewriting Caucasian History: The Medieval Armenian Adaptation of the Georgian Chronicles*, Oxford (1996).

Treadgold, W., *Byzantium and its Army 284–1081*, Stanford (1995).

—— *A History of the Byzantine State and Society*, Stanford (1997).

—— *The Early Byzantine Historians*, London (2007).

Wasserstein, A., 'The Number and Provenance of Jews in Graeco-Roman Antiquity: A Note on Population Statistics', in Katzoff, R. (ed.), *Classical Studies in Honor of David Sohlberg*, Ramat Gan. (1996), 307–17.

Wells, P.S., *Barbarians to Angels: The Dark Ages Reconsidered*, New York (2008).

Whitby, M., *The Emperor Maurice and his Historian: Theophylact Simocatta on Persian and Balkan Warfare*, Oxford (1988).

—— 'Greek Historical Writing after Procopius: Variety and Vitality', in Cameron, A. and Conrad, L.I. (eds.), *The Byzantine and Early Islamic Near East I: Problems in the Literary Source Material*, Princeton (1992), 25–80.

—— 'Recruitment in Roman armies from Justinian to Heraclius (ca. 565–615) ', in Cameron, A. (ed.), *The Byzantine and Early Islamic Near East III: States, Resources and Armies*, Princeton (1995), 61–124.

—— 'Deus Noiscum: Christianity, Warfare and Morale in Late Antiquity', in Rickman, G., Austin, M.M., Harries, J. and Smith, C.J.,

Modus Operandi: Essays in Honour of Geoffrey Rickman, London (1998), 191–208.

—— 'Emperors and Armies AD 235–395', in Swain, S. and Edwards, M. (eds.), *Approaching Late Antiquity: The Transformation from Early to Late Empire*, Oxford (2004), 156–186.

—— 'Army and Society in the Late Roman World: A Context for Decline?', in Erdkamp, P. (ed.), *A Companion to the Roman Army*, Oxford (2007a), 515–531.

—— 'The Late Roman Army and the Defence of the Balkans', in Poulter, A.G. (ed.), *The Transition to Late Antiquity on the Danube and Beyond*, Oxford (2007b), 135–161.

Wickham, C., *The Inheritance of Rome: Illuminating the Dark Ages 400–1000*, London (2009).

Wiesehöfer, J., *Ancient Persia From 550 BC to 650 AD*, London (2001).

Wiita, J.E., 'The Ethnika in Byzantine Military Treatises', Ph.D. Thesis, University of Minnesota (1977).

Williams, S. and Friell, G., *Theodosius: The Empire at Bay*, London (1994).

—— *The Rome That Did Not Fall: The Survival of the East in the Fifth Century*, London (1999).

Zuckerman, C., 'Heraclius in 625', *REB* 60 (2002a), 189–197.

—— 'The Khazars and Byzantium', in *Proceedings of the International Colloquium on the Khazars* (2002b).

索引[*]

A

阿拔斯王朝（Abbasids）206，215，221，222，223–237，238 n.10

阿卜杜拉·本·阿卜杜拉（Abdullah b. Abdullah）192

阿卜杜拉·本·穆蒂姆（Abdullah b. al-Mutim）138，143，160，162

阿卜杜拉·本·萨阿德（Abdullah b. Saad）210

阿卜杜勒-拉赫曼（Abdur-Rahman）113，202–203

阿卜杜勒·拉赫曼（Abdul Rahman）213–214

阿布·伯克尔（Abu Bakr）88–91，99，106，108–111，117–119，133，135，202，234 n.24，235 n.3，237 n.11

阿布德·马利克（Abd al-Malik）214

阿布·鲁鲁阿（Abu Lu'lu'ah），见菲鲁兹（Firuz）

阿布·穆萨（Abu Musa）181–183，204

阿布·塔利布（Abu Talib）82

阿布·乌拜达·本·贾拉（Abu Ubayda b. al-Jarrah）109–121，123，125–126，128，146–52，154，156–157，168，202

阿布·乌拜达·本·莫德（Abu Ubayd b. Ma'ud）133–135，137

阿尔巴尼人（Albani）14，57

阿尔达希尔三世（Ardashir III）75，76，97–98

阿尔达希尔一世（Ardashir I）14，20–21，79，228 n.34

阿尔切什（Archesh）58

阿非利加（Africa）3，4，6，33，51，115，156，197，222，237 n.1；军力（military forces）8–9，11；希拉克略家族（the Heraclii）32–33，49；与阿拉伯半岛的往来（links with Arabia）78，81；穆斯林征服（Muslim conquest）208–211，214

阿非利加总督区（Exarchate of Africa）6，32，208–211

阿吉纳丹之战（Ajnadayn, battle of）113–115，117，119–120，122，148

阿卡尼奇之战（Akanich, battle of）31，40

阿拉比索斯（Arabissos）76

阿拉伯哈里发政权（Arab caliphate）：

建立（establishment）81-89，另见穆罕默德（Muhammad）

哈里发及其登位（caliphs and their accessions），见阿布·伯克尔，阿里·本·阿比·塔利布，欧麦尔·本·哈塔卜，奥斯曼·本·阿凡（Abu Bakr, Ali b. Abi Talib, Umar b. al-Khattab, Uthman b. Affan）

组织（organisation）117-119, 202, 237 n.14

征服（conquests）：

阿拉伯半岛（Arabia）xiii, 77, 81-87, 89-91, 97；幼发拉底河（Euphrates）99-108；叙利亚和巴勒斯坦（Syria and Palestine）108-111, 113-115, 117, 118, 119-133, 146-152, 158；埃及（Egypt）158, 167-180；阿非利加（Africa）206-210；亚美尼亚（Armenia）155, 216-217；波斯属美索不达米亚（Persian Mesopotamia）133-145, 158-166, 181；罗马属美索不达米亚（Roman Mesopotamia）152-155；胡齐斯坦（Khuzestan）181-184；信德（Sindh）192, 216；呼罗珊（Khurasan）192-194；塔巴里斯坦（Tabaristan）194-195；阿特罗帕特尼（Atropatene）195；伊朗（Iran）158, 184-192

与可萨人的战争（war with the Khazars）217

人丁税（jizya）105, 113, 147, 148, 161, 170, 175, 182, 184，另见第一次穆斯林内战（Fitna, First）

阿拉伯河（Shatt al-Arab），181-182

阿拉伯军队（army, Arab）91-94

前伊斯兰时期（pre-Islam）91-92

兵力（numbers）83, 87, 94, 101, 106, 109-110, 114, 121, 133-137, 149, 161-162, 164, 167, 172, 178, 181-182, 187, 204, 210-211

步兵（infantry）83, 92-93, 102, 105, 107, 122-133, 136-144, 161, 163-164, 174, 223, 225-226

穆巴里津（mubarizun）124, 138, 140-141, 143, 156, 160

---

* 索引所列页码均为原著页码，即全书正文页边所标数字，请对照查阅。

骑兵（cavalry）79，83，92–93，102–103，105，107，114，122–133，134，139，142，144，149，156–64，174，177–178，181–182，187，189，206，212–214，223，225–226，233 n.19，另见贝都因人（Bedouin）

骆驼（camels）92，94，111，141

弓箭手（archers）92–93，139，141

装备（equipment）92–93

攻城术（siegecraft）93，114–115，175–176，233 n.21

募兵（recruiting）93–94，135

海军（navy）211，217–219，220

阿拉伯人，阿拉伯半岛（Arabs, Arabia）：

文化（culture）xiv，78，81，82，86，另见易卜拉欣（Abraham）

历史编纂（Historiography）xiv；59，81，91，111–113，另见《古兰经》（Qur'an）

未受瘟疫影响（lack of plague），4，158，233 n.26

贸易（trade）14，17，22，77，79，81–82，108，225

前伊斯兰（pre-Islam）77–81，232 n.1–2

地理（geography）77–79

幼发拉底河沿岸（along the Euphrates）99，105，182

罗马边境（Roman frontier）110，154

社会（society）77，79，82，225，另见贝都因人（Bedouin）

宗教（religion）80–81，另见伊斯兰教（Islam）

异教信仰（paganism）8，80，88

信仰基督教的部落（Christian tribes）79，80–82，86，88，93，105–106，154，157，162，另见加萨尼人，拉赫姆人（Ghassanids, Lakhmids）

犹太教（Judaism）43，80，82，86，88，93，另见古莱扎部落（Qurayza）

与萨珊的交往（Sassanid interaction with）14，20，22，29，79，80，另见拉赫姆人服役波斯军队（Lakhmids service in the Persian army）19，51，56，58–59，91，101，104–107，133，162

与罗马的交往（Roman interaction with）27，74，79–81，86，97，另见加萨尼人服役罗马军队（Ghassanids service in the Roman army）12，51，56，79–80，91，109，122，132

统一（unification of）xiii，77，81–87，97，99，另见穆罕默德，里达战争（Muhammad, Ridda Wars）

阿拉斯河（Araxes River）56，57，68

阿勒颇（Aleppo）120, 151, 158, 204, 220

阿雷奥波利斯（Areopolis）110

阿雷蒂翁（Aretion）167, 170

阿里·本·阿比·塔利布（Ali b. Abi Talib）88–89, 117, 119, 185–187, 202–205, 207, 218, 223–224, 237 n.11

阿里什（Arish）168–170

阿里之战（Ali, battle of）58

阿罗城之战（Ar-rur, battle of）216

阿罗憾（Wahram）207, 237 n.25

阿马尔·本·亚希尔（Ammar b. Yasir）182, 185, 187

阿曼（Oman）29, 79, 89

阿米达（Amida）21, 22, 24, 40, 59, 74, 155

阿姆河（Oxus River）119, 166, 192, 194, 205–206, 215

阿姆河之战（Oxus River, battle of）194, 205–206

阿姆鲁·本·阿斯（Amr b. al-As）92, 109–111, 114, 118, 119, 123–131, 147–149, 169–180, 203–204, 209–210, 223

阿姆瓦斯瘟疫（Plague of Amwas）148, 157–158, 166–167, 181, 184, 217

阿纳夫·本·卡伊斯（Ahnaf b. Qais）192, 194, 195

阿纳斯塔修斯，亚历山大长官（Anastasius, Prefect of Alexandria）171–172, 174

阿契美尼德波斯人（Achaemenid Persians）12, 14, 18–19, 38, 69, 169

萨珊人为其后裔（Sassanid descent from）12, 228 n.34

阿萨内修斯（Athanasius）62–63

阿萨斯·本·卡伊斯（Ath'ath b. Qais）138–139

阿塞拜疆（Azerbaijan），见阿特罗帕特尼（Atropatene）

阿斯图里亚斯王国（Asturias）212, 214

阿斯瓦德·本·拉比耶（Aswad b. Rabeea）183–184

阿特罗帕特尼（Atropatene）23, 162, 195, 217

阿提克河（Ateeq River）137, 144

阿瓦尔可汗（Avar Khan）53, 60–65

阿瓦尔人（Avars）xiii, 8–9, 12, 25–27, 31, 34, 48–51, 53, 74, 78, 93, 96, 115, 197, 201, 218, 219, 225, 233 n.19, 233 n.21

到达欧洲（arrival in Europe）5–6, 231 n.18

异教（paganism）8, 225

围攻君士坦丁堡（siege of Constantinople）60–65, 231 n.2–3

阿瓦兹（Ahwaz），见奥尔玛兹德-阿尔达希尔（Ohrmazd-Ardashir）

阿西姆·本·阿姆鲁（Asim b. Amr）138–143, 161, 216

阿扎尔姆公主（Azarmigduxt）98

埃德萨（Edessa），21-22，29-30，40，75，80，149，154

埃尔祖鲁姆（Erzurum），见塞奥多西奥波利斯（Theodosiopolis）

埃及巴比伦堡（Babylon, Egypt）47，170-180

埃及（Egypt），xiii，4，14，50-51，109，158，198
 粮食供给（grain supply），33-34，62，180
 军队（military forces），169-170，236 n.4
 宗教（religion），179，197，另见基督教，科普特，基督一性论，赛勒斯，亚历山大牧首（Christianity, Coptic, Monophysitism, Cyrus, Patriarch of Alexandria）
 尼切塔斯夺取该地（capture by Nicetas），33-35，40
 波斯人征服该地（Persian conquest）41，46-49，60，67，74
 阿拉伯人征服该地（Arab conquest）167-180，184，195，203，208-210

埃梅萨（Emesa）43，113-115，120-121，133，149，154，157

埃皮法尼娅（希拉克略之女）（Epiphania, daughter of Heraclius）38

埃皮法尼娅（希拉克略之女）（Epiphania, daughter of Heraclius）38

埃塞俄比亚（Ethiopia）17，81，227 n.8

艾莎（穆罕默德之妻，阿布·伯克尔之女）（Aisha, wife of Muhammad and daughter of Abu Bakr）88，204

艾因达卡尔（Ayn Dhakar）121，123，129-130

艾因塔穆尔（Ayn al-Tamur）106，107，111

安巴尔（al-Anbar）105-106

安纳托利亚（Anatolia）51，53，55，68，145，157-158，166，185，197，200-201，221，229 n.7，235 n.7
 遭波斯进攻（Persian attacks on）22，40-42，46，59，65，74；罗马人退守该地（Romans fall back to）149，151，158，180，198，217；遭穆斯林进攻（Muslim attacks on）152-155，218-220

安条克（Antioch）6，21，42，93，120，152，158，220，225，235 n.4
 波斯军队在附近取胜（Persian victory near）41，46，49，52；波斯军队克城（Persian capture）41；铁桥之战（battle of Iron Bridge）151；穆斯林克城（Muslim capture）151

· 305 ·

安西都护府（Anxi Protectorate）206，215，237 n.20

奥多，阿基坦公爵（Odo, duke of Aquitane）213

奥尔玛兹德－阿尔达希尔（Ohrmazd-Ardashir）181-183

奥卡巴·本·纳菲（Uqba b. Nafi）210

奥斯曼·本·阿凡（Uthman b. Affan）88，168，185，201-205，218，223

B

巴德尔之战（Badr, battle of）83，94，136，181

巴尔干半岛（Balkans）5，9，26，31，51，62，96，170

 阿瓦尔人/斯拉夫人的突袭（Avar/Slav raids）5，6，48，51，197，218-219，221

 罗马人的征战（Roman campaigns）25-26，218-219

巴尔米拉（Palmyra）21，111，113

巴格达（Baghdad）162，221-222，224-225

巴赫拉姆六世（Bahram VI Chobin）18，20，23，28-29，67

巴赫曼（Bahman）102，104-107，133-134，136，141，187-192

巴兰加尔之战（Balanjar, battle of）217，238 n.11

巴勒贝克（Baalbek）113，120-121，149

巴勒斯坦凯撒里亚（Caesarea, Palestine）43，121，146，148，152，167-168，225

巴勒斯坦（Palestine）7，79，123，151，156，158，176，另见阿姆瓦斯瘟疫（Plague of Amwas）

 波斯征服（Persian conquest）43，46，62，74

 阿拉伯征服（Arab conquest）97，108-111，114，146-149，152，157，167，170，178，192，195，202

巴林（Bahrain）29，79，89，184

巴士拉（Basra）181-182，184-185，187，192，202-204，225

巴士拉之战（Bassorah, battle of）204

巴特曼河（Batman River），见萨蒂达马河（Satidama River）

巴锡恩之战（Basean, battle of）31，40

拔汗那（Ferghana）28，194，215

柏柏尔人（Berbers）4，8，12，35，51，210-211，213，220，223

拜赫奈萨（Bahnasa）171-172

保加尔人（Bulgars）12，201，219，221，225

卑路斯（Peroz）206-207

贝都因人（Bedouin）77-78，83，87，91，93，101，119，170-171，178

贝利萨留（Belisarius）3-5，8，11，20，22

贝鲁西亚（Pelusium）4，34，47，

169–170, 178
贝罗埃亚（Beroea），见阿勒颇（Aleppo）
比尔赞（Beerzan）137, 141, 160
比勒拜斯（Bilbeis）170, 178
比沙普尔（Bishapur）17, 192
波尔多（Bordeaux）213–214
波斯波利斯（Persepolis）184, 192, 206
波斯军队（army, Persian）17–20
 兵力（numbers）20, 57–58, 60, 71, 104–105, 134, 136, 164, 185
 步兵（infantry）18–20, 102, 105, 136–139, 163–164, 226, 236 n.10
 骑兵（cavalry）18–20, 64, 67, 103, 136–144, 156
 "不死军"（'Immortals'）18–19
 象兵（elephants）19, 134, 136–141
 弓箭手（archers）19–20, 69, 73, 163–164
 装备（equipment）18–19
 攻城术（siegecraft）19–20, 45, 161, 163–164
 海军（navy）64
 阿拉伯人服役波斯军队（Arab service in the Persian army）19, 51, 56, 58–59, 91, 101, 104–107, 133, 162
波斯人圣阿纳斯塔修斯（St. Anastasius the Persian）73
波斯特拉（Bostra）113–114

波西斯（Persis）14，另见法尔斯（Fars）
伯珊（Baysan），见斯基托波利斯（Scythopolis）
博纳基斯（Bonakis）34
博诺苏斯（Bonosus）34, 36
博斯普鲁斯海峡（Bosphorus）46–47, 51, 62, 64–65
布兰（Buran）98
布诺斯（Bonus）51, 53, 62, 64–65
布奇纳特（Buccinator）122–132, 197, 234 n.7

C

查理·马特（Charles Martel）213–214, 225
查士丁二世（Justin II）5, 11, 22
查士丁尼二世（Justinian II）201, 219
查士丁尼一世（Justinian I）3–9, 11, 22, 25, 33, 37, 50, 96, 169
查士丁尼之柱（Column of Justinian）3
查士丁一世（Justin I）11

D

达拉（Dara）20, 22, 24, 30, 40
达拉尔·本·阿兹沃尔（Dharar b. al-Azwar）129–130
达里齐德（Darizeed）187–192
达米埃塔（Damietta）176, 180
达钦（Dathin）109–110, 120, 122, 167, 170

达斯特盖尔德（Dastagard）56, 72
怛罗斯之战（Talas, battle of）215
大马士革（Damascus）42–43, 93, 110–111, 113, 115, 119–123, 145, 148–149, 210, 224–225
大卫·萨哈鲁尼（David Saharuni）115–116
大卫·提比略（David Tiberius）200
德温（Dvin），56, 68, 216
的黎波里塔尼亚（Tripolitania）33, 209–211, 237 n.1
狄奥多尔（埃及统帅）（Theodore, commander in Egypt），171–179
狄奥多尔·特里图里奥斯（Theodore Trithurios），115, 120–123, 132–133, 197
狄奥多尔（希拉克略之弟）（Theodore, brother of Heraclius），32, 41–42, 65, 75, 86, 114–115, 133
狄奥多尔（希拉克略之侄）（Theodore, nephew of Heraclius），115–116
狄奥多西（埃及行政长官）（Theodosius, Egyptian prefect），171–172, 174
狄奥多西，莫里斯之子（Theodosius, son of Mauricius）29–30, 36, 40, 49
狄奥多西，希拉克略之子（Theodosius, son of Heraclius）67, 76

迪亚拉河（Diyala River），72, 163
底格里斯河（Tigris River）21, 102, 160–162, 181, 225, 236 n.7
杜玛占达（Dumat al-Jandal），99, 101, 106, 111
多门蒂亚努斯（Domentianus），171, 177, 179
多门兹奥鲁斯（Domentziolus），26, 28, 35
多瑙河（Danube）1, 4, 5, 25–27, 31, 48, 51, 221

E

恩达扎哈（Andarzaghar）102–105

F

法比娅（Fabia），见欧多西娅（希拉克略之妻）（Eudocia, wife of Heraclius）
法尔斯（Fars）12, 184, 192, 194, 195
法赫尔（Fahl），见佩拉（Pella）
法兰克人（Franks）1, 12, 22, 212–214, 220, 226
法尤姆（Fayum）171–172, 174, 178–179
凡湖（Lake Van）57–59, 68, 155
菲拉兹之战（Firaz, battle of）107, 111, 145
菲鲁兹（Firuz）201–202
腓力比库斯（Philippicus）8, 31–32, 37, 41, 47, 50
福卡斯（Phocas）：

· 308 ·

兵变（mutiny）26–27
登基（accession）26
才能（abilities）27
描述（depiction）27–28, 33, 48
家族（family）26–27, 36, 另见科门蒂奥鲁斯，多门兹奥鲁斯（Comentiolus, Domentziolus）
与库思老交兵（war with Khusro）29–31, 37, 40
希拉克略家族反叛（revolt of the Heraclii）33–36, 40, 201
死亡（death）36–37, 197
福卡斯之柱（Column of Phocas）28
福斯塔特（Fustat）174, 210, 225, 另见开罗（Cairo）

G

盖山（Gayshan）66
甘扎克（Ganzak）56, 59, 68, 74
高贵者格列高利（Gregory the Patrician）210
高加索人（Caucasians）12, 14, 20, 57, 74, 217, 另见亚美尼亚人，拉兹人，伊比利亚人（Armenians, Laz, Iberians）
高加索山脉（Caucasus Mountains）18, 23, 57–58, 66, 68, 119, 197
格蕾戈里娅（尼切塔斯之女）（Gregoria, daughter of Nicetas）97
格列高利（希拉克略叔父）（Gregory, uncle of Heraclius）32

格列高利一世（Gregory I）28
格马尼西亚凯撒里亚（Germanicia Caesarea）152, 156
格曼努斯（福卡斯部将）（Germanus, general of Phocas）30
格皮德人（Gepids）5, 12, 231 n.3
古尔达纳斯帕·拉泽（Gourdanaspa Razei）73
古莱什部落（Quraysh）82–87, 101, 另见巴德尔之战，壕堑之战，乌胡德之战（Badr, battle of; Trench, battle of the; Mount Uhud, battle of）
古莱扎部落（Qurayza）85, 86, 另见壕堑之战（Trench, battle of the）
《古兰经》（Qur'an）xiv, 43, 81, 88, 203, 222
古太白·本·穆斯利姆（Qutayba b. Muslim）214–216

H

哈尔基斯（Chalkis）120, 149, 151, 154, 155
哈贾吉·本·优素福（al-Hajjaj b. Yusuf）214, 216, 223
哈里斯河（Halys River）59, 155
哈立德·本·阿尔法塔（Khalid b. Arfatah）138, 160
哈立德·本·瓦利德（Khalid b. al-Walid）92, 119–120, 167, 197, 202
前伊斯兰时代（pre-Islam）83,

另见乌胡德之战（Mount Uhud, battle of）
归信伊斯兰（conversion）86
里达战争（the Ridda Wars）89
决斗与穆巴里津（duelling and the mubarizun）101, 103, 113, 124, 155–156, 223, 226
征服幼发拉底河（conquest of the Euphrates）90–91, 99–108, 133–134, 181, 另见艾因塔穆尔，铁索之战，杜玛占达，菲拉兹之战，胡赛德，海纳菲斯，迈德海尔之战，穆扎耶，萨尼，乌莱斯之战，瓦拉贾之战，祖迈尔（Ayn al-Tamur; Chains, battle of; Dumat al-Jandal; Firaz, battle of; Husaid; Khanafis; al-Madhar, battle of; Muzayyah; Saniyy; Ullais, battle of; Walaja, battle of; Zumail）
进军叙利亚（march to Syria）109, 111–114, 145
征服叙利亚和巴勒斯坦（conquest of Syria and Palestine）113–115, 117–133
被褫夺最高指挥权（removed from supreme command）119
耶路撒冷之围（siege of Jerusalem）147–148, 另见阿吉纳丹之战，波斯特拉，迈尔季拉希特之战，迈尔季苏法尔之战，穆塔之战，佩拉，耶尔穆克之战（Ajnadayn, battle of; Bostra; Marj al-Rahit, battle of; Marj a-Suffar, battle of; Mu'ta, battle of; Pella; Yarmuk, battle of）
征战叙利亚北部和安纳托利亚（campaigning in northern Syria and Anatolia）148–155, 158, 216, 235 n.7
罢职与隐退（dismissal and retirement）155–157
遗产（legacy）86, 102, 156, 157
哈马丹（Hamadan）185, 189, 192, 194–195, 228 n.35
哈奈根（Khanaqin）164–166
哈齐尔之战（Hazir, battle of）149–151
哈塞夫河（Khaseef River）105
哈桑·本·阿里（Hasan b. Ali）205
哈桑·本·努曼（Hasan b. al-Nu'man）211
哈瓦津（Hawazin）87, 136
哈希姆·本·乌特巴（Hashim b. Utba）136, 141, 145, 160–164
海纳菲斯（Khanafis）106–107
壕堑之战（Trench, battle of the）83–86, 181
河桥会战（Bridge, battle of the）133–137, 141

赫布多蒙（Hebdomon）35–36，218
赫蒂彻（Khadija）178
赫拉克洛纳斯（Heraklonas）49，115，179，199–200，231 n.17
赫利奥波利斯（Heliopolis）170–174，178
赫利奥波利斯之战（Heliopolis, battle of）172–174，180
黑暗时代（Dark Ages）xii，224–225
黑海（Black Sea）51，57，66，217
黑色圣石（Black Stone）82
红海（Red Sea）79，81，109，172
《侯代比叶和约》(Hudaybiyyah, treaty of）86
侯奈因之战（Hunayn, battle of）87，94
呼罗珊（Khurasan）102，162，192，195，205，215
胡达法赫·本·亚曼（Hudayfah b. al-Yaman）187–192，195，217
胡拉扎德（Khurrazad）161–164
胡齐斯坦（Khuzestan）160，167，181–184，185
胡赛德（Husaid）106–107
霍尔米兹达干（Hormizdagan）14，228 n.35
霍尔米兹德四世（Hormizd IV）22–23，28
霍尔木兹（波斯总督）(Hormuz, Persian governor）101–102
霍尔穆赞（Hormuzan）137–144，160，181–183，192，201，237 n.13

霍姆斯（Homs），见埃米萨（Emesa）
霍纳（Honah）98，99

J

基督教，基督徒（Christianity, Christians）6–8，15，43–47，55，73，75，79–80，82，86，88，93，95–96，108，147–148，168，183，197–198，212，223–225，另见阿拉伯，阿拉伯半岛，信仰基督教的部落，加萨尼人，拉赫姆人，教皇，牧首，真十字架（Arab, Arabia, Christian tribes, Ghassanids, Lakhmids, Papacy, Patriarch, True Cross）
科普特基督教/科普特基督徒（Coptic）48，81，169，176
基督一性论（Monophysitism）7，48，80，197
基督一志论（Monothelitism）7，197，210，216，221，223
《尼西亚/迦克敦信经》(Nicene/Chalcedonian）7，15，48
聂斯脱利派（Nestorianism）15–16，21，29，71
加萨尼人（Ghassanids）79–81，97，99，106，108，110，113，120，122–123，129
加沙（Gaza）109，114，148，167，170
迦克敦（Chalcedon）7，15，26，38，46–47，50，62，64，67
迦太基（Carthage）3，6，32–33，49，210–211，225

贾巴拉（Jabalah）122，132
贾班（Jaban）105
贾比亚（al-Jabiya）110，121，132
贾里尔·本·阿卜杜拉（Jarir b. Abdullah）135–136，138–139，160，181–182
贾利努斯（Jalinus）137–144，158，160
教皇职位（Papacy）6–7，15，28，48，88，96，221–222，225，232 n.27
杰伊汉河（Ceyhan River）59，152
禁卫军长官（Praetorian Prefect）47，232 n.27
君士坦丁堡（Constantinople），见书中各处
  军队（military forces）8，62，170，210
  福卡斯夺城（capture by Phocas）26–27
  希拉克略夺城（capture by Heraclius）34–36
  君士坦丁堡城墙（Great Walls of Constantinople）3，26，45，48，51，62，65，218
  阿瓦尔人/波斯人围城（Avar/Persian siege）xiii，60–65，67
  穆斯林围城（Muslim sieges）218–220
君士坦丁堡牧首塞尔吉乌斯（Sergius, Patriarch of Constantinople），36，49，62，199
君士坦丁三世（Constantine III）38，41，49，97，115，179–180，199–200
君士坦丁四世（Constantine IV）201，218–219
君士坦丁一世（Constantine I）6，8，11，21
君士坦斯二世（Constans II）179–180，198–201，210，216，218，221

K

卡迪西亚（Qadisiyyah）108，133，138，141
卡迪西亚之战（Qadisiyyah, battle of）xiv，92，94，135–145，158，160，162，181–182，184，192，214
卡卡·本·阿姆鲁（Qaqa b. Amr）141–143，160，164–167，189–192，226
卡雷（Carrhae）21，24
卡里安之战（Kariun, battle of）178
卡林（Qarin）101–102
卡伦河（Karun River）181–182；236 n.8
卡纳蒂尔（Qanatir），见布奇纳特（Buccinator）
卡帕多西亚凯撒里亚（Caesarea, Cappadocia）40–41，50–52，55；59，152，158

卡帕多西亚（Cappadocia）40，51，155

与希拉克略家族的往来（links to the Heraclii）33，229 n.7

卡瓦德二世（Kavad II）73–75，98

卡瓦德一世（Kavad I）16

开罗（Cairo）47，171，174

凯鲁万（Kairouan）210–211

恺撒坝桥（Band-e-Kaisar）236 n.8

康斯坦提亚之战（Constantia, battle of）30

科门蒂奥鲁斯（Comentiolus）26，28，36–37，49，198

可萨人（Khazars）66，201，217，220，225

库费（Kufa）134，154，181–182，185，187，192，203–205，216，225

库思老二世（Khusro II）xiii，16–20，28–29，60，68–69，78

  登基（accession）23

  与莫里斯缔盟（alliance with Mauricius）9，20，23–26，96

  与拉赫姆人作战（war with the Lakhmids）80

  与罗马人作战（war with the Romans）xii

  与福卡斯交兵（against Phocas）29–31，33，37

  与希拉克略交兵（against Heraclius）

    拒绝停战（rejections of peace）40，47，50，55，72

    围困耶路撒冷（siege of Jersualem）43，45–46

    甘扎克和塔赫特苏莱曼圣火祠遭劫（sack of Ganzak and Takht-i-Suleiman）56–57，59

    沙欣之死（death of Shahin）67，231 n.16

    与沙赫巴勒兹的矛盾（trouble with Shahrbaraz）67

    战败（defeat）71–73，107，198，217，另见尼尼微之战（Nineveh, battle of）

  被废与死亡（deposition and death）73–74

  对萨珊政权的危害（damage to Sassanid regime）75，98–99，185，222，224

库思老一世（Khusro I）xiii，4，16，18，22

L

拉赫姆人（Lakhmids）29，79–81，99，135

拉贾斯坦之战（Rajasthan, battle of）216

拉卡得河（Raqqad River）121–123，129–131

拉姆霍尔木兹（Ramhormuz）182–184

拉锡尔之战（Rasil, battle of）192，216

拉兹人，拉齐察（Laz, Lazica）14，

22, 24, 30, 57, 66, 155, 217, 231 n.17
莱昂蒂乌斯（皇帝）(Leontius, emperor) 201, 211, 219
劳达赫（Raudah）175, 177
老希拉克略（Heraclius the Elder）31–33, 229 n.17
里达战争（Ridda Wars）89–91, 92, 94, 99, 108–109, 119, 135
里海（Caspian Sea）66, 194, 206
鲁斯塔姆·法罗赫扎德（Rustam Farrokhzad）136–145, 161, 194, 235 n.23
伦巴第人（Lombards）5, 7, 9, 12, 48, 96, 197, 214, 218, 221
罗得岛（Rhodes）200, 217–218
罗德里克（Roderic）211–212
罗赫·韦罕（Roch Vehan）68–71, 232 n.25, 232 n.31
罗马城（Rome, city）1, 6, 28, 221, 225
罗马帝国（Roman Empire），见书中各处
  七世纪前（pre-seventh century）xii, 1–12
  史料来源（sources）xiii–xv
  皇帝（emperors），见君士坦斯二世，君士坦丁一世，君士坦丁三世，君士坦丁四世，希拉克略，赫拉克洛纳斯，叛教者尤里安，查士丁尼一世，查士丁尼二世，莫里斯，福卡斯，提比略二世（Constans II, Constantine I, Constantine III, Constantine IV, Heraclius, Heraklonas, Julian the Apostate, Justinian I, Justinian II, Mauricius, Phocas, Tiberius II）
  地理（geography）1–6
  军事（military），见罗马军队（army, Roman）
  宗教（religion），6–8，另见基督教，犹太教（Christianity, Judaism）
  贸易（trade）17, 22, 77–79, 81, 83, 108, 169, 225
  与波斯的关系（relations with Persia）xii, 20–24
  与波斯人的战争（war with the Persians）xii, 38–49, 51–74, 77, 222, 224，另见希拉克略（Heraclius）
  希拉克略家族反叛（revolt of the Heraclii）27, 33–37，另见希拉克略（Heraclius）
  与阿拉伯人的交往（interaction with Arabs），27, 74, 79–81, 86, 97，另见加萨尼人（Ghassanids）
  阿拉伯征服（Arab conquests）：叙利亚和巴勒斯坦（Syria and Palestine）108–111, 113–115, 117–133, 146–152, 158；埃及（Egypt）158, 167–180；阿非利加（Africa）206–210；

亚美尼亚（Armenia）155，216–217；罗马属美索不达米亚（Roman Mesopotamia）152–155

与伍麦叶王朝的战争（war with the Umayyads）210–211，216–220

王朝困境（dynastic problems）199–201

生存（survival）218–220，221–222

罗马军队（army, Roman）8–12

兵力（numbers）8–9，10，33，55–56，62，71，94，95–96，114，120–121，149，151，169，170，175，230 n.47–48，234 n.2–4，236 n.4

步兵（infantry）8–10，19，122–133，172，225–226，236 n.4

骑兵（cavalry）8–10，70–71，123，129–130，156，171–172，177，236 n.4

弓箭手（archers）10，114，128，171–172，174

装备（equipment）10

攻城术（siegecraft）19，66–68，75，175，178，233 n.21

海军（navy）4，33–35，64–66，152，218–220

私兵（bucellarii）10–11，35，41

同盟军（foederati）10

值宿警卫（excubitores）11，33，35，41

精英团（optimates）11，52

边防军（limitanei）8，11，14，43，109，169

禁卫军（protectores）11

内院卫队（scholae）11

东境军事统帅（magister militum per Orientem）23，29，31，69，80

亚美尼亚军事统帅（magister militum per Armeniam）32

御驾野战军统帅（magister militum praesentalis）28，51，62

执事长官（magister officiorum）28，115

阿拉伯人服役罗马军队（Arabs serving in the Roman army）12，51，56，79–80，91，109，122，132

骆驼之战（Camel, battle of the），见巴士拉之战（Bassorah, battle of）

M

马尔马拉海（Sea of Marmara），35，116，218

玛蒂娜（Martina）49，51，96，115–116，179，199–200

玛利亚（Maria）32，49

迈尔达桑（Merdasan）73

迈尔季拉希特（Marj al-Rahit, battle of）113

迈尔季苏法尔（Marj al-Suffar）119

麦地那（Medina）77，81–83，85，

87–93, 99, 101, 106, 109–111, 133, 135–136, 154, 156, 172, 178, 185, 187, 201–204, 225, 另见巴德尔之战, 穆罕默德, 古莱扎部落, 壕堑之战, 乌胡德之战（Badr, battle of; Muhammad; Qurayza; Trench, battle of the; Mount Uhud, battle of）

麦加（Mecca）77, 81–83, 86–88, 94, 107–108, 202, 另见巴德尔之战, 穆罕默德, 古莱什部落, 壕堑之战, 乌胡德之战（Badr, battle of; Muhammad; Quraysh; Trench, battle of the; Mount Uhud, battle of）

梅尔夫（Merv）194, 196, 206

梅利泰内（Melitene）22, 152

梅纳斯（哈尔基斯城罗马将领）（Menas, Roman commander at Chalkis）149–151

梅纳斯（亚历山大城将领）（Menas, Alexandrian commander）179

美索不达米亚巴比伦（Babylon, Mesopotamia）160, 162

美索不达米亚（Mesopotamia）22–23, 38, 50, 156–157, 167, 178, 184, 192, 195, 202, 204, 222, 226

 波斯属（Persian）14, 17, 18, 22, 56, 67

 罗马征服（Roman invasion）68–72, 96

 阿拉伯征服（Arab conquest）94, 99, 107, 133, 134–135, 137, 144–145, 160–166, 181–182, 185

 罗马属（Roman）1, 5, 7, 20–22, 23–24, 32, 74, 76, 109–110, 120, 149

 波斯征服（Persian conquest）29–31, 33, 40

 阿拉伯征服（Arab conquest）133, 152–154, 158

米赫兰（Mihran）137–139, 161–166

摩苏尔（Mosul）162, 217

莫克兰（Makran）192, 216

莫里斯（Mauricius）5–6, 8–9, 11–12, 27, 31–32, 36, 80, 95

 《战略》（Strategikon）xiii, 18–19, 94

 与库思老二世缔盟（alliance with Khusro II）23–25, 29, 30, 74

 与阿瓦尔人作战（war with the Avars）25–26, 96

 被废与死亡（deposition and death）26–28

牧首（Patriarch）15

 亚历山大（Alexandria）7, 47–48, 171, 175–176, 179

 安条克（Antioch）7

 君士坦丁堡（Constantinople）7, 36, 49, 62, 199–200, 222

 耶路撒冷（Jerusalem）7, 147–148

穆阿威叶（Mu'awiya）148, 200,

204–205，210，216–219，223
穆罕默德·本·卡西姆（Muhammad b. Qasim）214，216
穆罕默德（Muhammad）xiii，80–88，90，97，99，113，117，133，135–136，155，203，222–225
　神启（revelation）81–82，87–88，91，另见伊斯兰教，《古兰经》（Islam, Qur'an）
　圣迁（Hijra）82，86，88
　与麦加的战争（war with Mecca），83–87，另见巴德尔之战，壕堑之战，乌胡德之战，进一步扩张（Badr, battle of; Trench, battle of; Mount Uhud, battle of; further expansion）87，89，108，202
　与穆斯林军队（and the Muslim army）91–94
　归真（death）88
　登霄（mi'raj）108
　遗产（legacy），88–89
穆吉拉·本·舒巴（al-Mughira b. Shuba）136，181
穆萨·本·努赛尔（Musa b. Nusayr）211–212，214
穆萨利马（Musaylima）89
穆萨纳·本·哈里斯（al-Muthanna b. Harith）99，101–102，133–136，181
穆斯林内战（菲特纳）（Fitna）：
　第一次（First Fitna）204，210，223
　第二次（Second Fitna）210–211，219，223
　第三次（Third Fitna）205，223，237 n.19，237 n.10
穆塔之战（Mu'ta, battle of）86，94，108
穆扎耶（Muzayyah）107，134，156

N

拿撒勒的耶稣（Jesus of Nazareth）7，15，55，88，96，108，235 n.11
纳博讷（Narbonne）212，214
纳尔西斯（波斯王）（Narses, Persian king）xiii，21
纳尔西斯（莫里斯部将）（Narses, Mauricius' general）23，29–31
纳哈万德之战（Nahavand, battle of）184–192，194–195，205，214.236 n.11
纳希切万（Nakhchawan）56–57，68
奈赫赖万运河（Nahrawan Canal）72，162
奈赫赖万之战（Nahrawan, battle of）206
奈姬（沙赫巴勒兹之女）（Nike, daughter of Shahrbaraz）67，76
尼赫迈亚·本·胡希尔（Nehemiah b. Hushiel）43，46
尼基奥（Nikiou）47，174，177–178
尼基奥的约翰（John of Nikiou）168–170

尼基塔斯（Niketas）76, 133, 197
尼罗河（Nile River）4, 34, 47, 77, 169–172, 175–177, 179
尼尼微之战（Nineveh, battle of）69–71
尼切塔斯（Nicetas）32, 33–36, 40–48, 50, 97, 170
尼西比斯（Nisibis）20–21, 24
泥涅师（Narseh）206–207
努曼·本·穆克林（Nu'man b. Muqrin）187–189

O

欧多西娅（希拉克略之女）(Eudocia, daughter of Heraclius）66
欧多西娅（希拉克略之妻）(Eudocia, wife of Heraclius）32–33, 35–36, 38, 199
欧麦尔·本·哈塔卜（Umar b. al-Khattab）88–89, 117–119, 133, 135–137, 146–148, 151, 154, 155–157, 160, 166, 167–169, 171, 181–182, 184–185, 187, 189, 192, 194–196, 201–204, 206, 208, 216, 223
《欧麦尔契约》(Covenant of Umar）148

P

帕米尔高原（Pamir Mountains）206, 237 n.19
叛教者尤里安（Julian the Apostate）8, 21–22

佩拉（Pella）113, 117, 120, 122, 146–147
丕平（Pepin）214, 237 n.10
普里斯库斯（Priscus）33–35, 40–41, 198

Q

乔治（巴比伦堡罗马将领）(George, Roman commander at Babylon）175–177
乔治（耶尔穆克罗马将领）(George, Roman commander at Yarmuk）122–132, 197, 234 n.7
乔治（中队长官）(George, tourmarch）71, 72

R

日耳曼人（Germans）9, 26, 51, 62, 224, 另见格皮德人，伦巴第人（Gepids, Lombards）

S

萨蒂达马河（Satidama River）, 59
萨莫萨塔（Samosata）59, 149
萨姆赫·本·马利克（al-Samh b. Malik）212–213
萨尼（Saniyy）107, 134, 156
萨珊波斯（Sassanid Persia）
七世纪前（pre-seventh century）xii, 12–14, 另见阿契美尼德波斯人（Achaemenid Persians）

史料来源（sources）xiii, xiv
君主（rulers），见阿尔达希尔一世，阿尔达希尔三世，阿扎尔姆公主，巴赫拉姆六世，布兰，卡瓦德二世，库思老一世，库思老二世，沙赫巴勒兹，沙普尔一世，沙普尔二世，伊嗣俟三世（Ardashir I, Ardashir III, Azarmigduxt, Bahram VI Chobin, Buran, Kavad II, Khusro I, Khusro II, Shahrbaraz, Shapur I, Shapur II, Yazdgerd III）
地理（geography）13, 14
军事（military），见波斯军队（army, Persian）
宗教（religion）14–16，另见琐罗亚斯德教，基督教，犹太教（Zoroastrianism, Christianity, Judaism）
社会（society）16–17
贸易（trade）14, 16–17, 22
与罗马的关系（relations with Rome）xii, 20–24
与罗马人的战争（war with the Romans）xii, 38–49, 51–74, 77, 222, 224
与阿拉伯人的交往（interaction with Arabs）14, 20, 22, 29, 79–80，另见拉赫姆人（Lakhmids）
阿拉伯征服（Arab conquests）:

幼发拉底河（Euphrates），99–108；波斯属美索不达米亚（Persian Mesopotamia）133–45, 158–166, 181；胡齐斯坦（Khuzestan），181–184；呼罗珊（Khurasan）192–194；塔巴里斯坦（Tabaristan），194–195；阿特罗帕特尼（Atropatene），195；伊朗（Iran），158, 184–192
亡国（destruction），205–207, 222，另见伊嗣俟三世，卑路斯二世（Yazdgerd III, Peroz II）
萨塔拉（Satala），22, 56, 65, 155
塞奥多西奥波利斯（Theodosiopolis），40–41, 56
塞巴斯蒂亚（Sebasteia），22, 56, 59, 152
塞基夫部落（Thaqif），87, 133, 135, 181
塞浦路斯（Cyprus）48, 217
赛勒斯，亚历山大牧首（Cyrus, Patriarch of Alexandria）171, 175–176, 179–180, 197
赛义德·本·阿比·瓦卡斯（Sa'd b. Abi Waqqas）92, 136–144, 158, 160–162, 166, 181–182, 187, 202, 205–206, 223
色雷斯（Thrace）8–9, 53, 220
沙赫巴勒兹（Shahrbaraz），xiv, 41–68, 133, 151, 218
保持中立（neutrality），67, 72–75

· 319 ·

在位及被刺（as Persian ruler and assassination）, 75–76, 97–99, 134, 217

沙普尔二世（Shapur II）, 21, 79

沙普尔一世（Shapur I）, xiii, 15, 21–22, 79

沙欣（Shahin）, xiv, 40–41, 46–47, 49–50, 56–58, 60, 65–67, 151, 218, 231 n.16

圣墓（Holy Sepulchre）45–46

圣索菲亚大教堂（Hagia Sophia）3, 49

舒拉比尔·本·哈萨纳（Shurahbil b. Hasana）, 109–111, 113–114, 117, 119–120, 123, 125–126, 128, 147–149, 157

舒拉比尔·本·萨姆特（Shurahbeel b. al-Samt）, 138–139, 143, 160

丝绸之路（Silk Road）, 14, 22, 237 n.24

斯拉夫人（Slavs）, xiii, 5–6, 8–9, 12, 25–26, 31, 48, 50–51, 62–65, 96, 120, 197, 201, 218–219, 221, 224–225

苏菲图拉之战（Sufetula, battle of）210

苏海勒·本·阿迪（Suhail b. al-Adi）192

苏萨（Susa）183–184

索夫罗尼厄斯（Sophronius）, 147–148

琐罗亚斯德教（Zoroastrianism）

T

塔巴里斯坦（Tabaristan）194–195, 206, 222

塔布克（Tabouk）87, 172

塔尔哈·本·乌拜杜拉（Talha b. Ubaydullah）202, 204

塔尔苏斯（Tarsus）42, 152

塔赫特苏莱曼圣火祠（Takht-i-Suleiman）56, 59–60

塔里克·本·齐亚德（Tariq b. Ziyad）211–212, 237 n.6

塔里木盆地（Tarim Basin）205, 237 n.20

塔伦之战（Taron, battle of）31, 40

塔伊夫（Ta'if）87, 93

太巴列（Tiberias）, 7, 43, 46

太巴列的本杰明（Benjamin of Tiberias）43, 46

泰西封（Ctesiphon）15, 21, 23, 45, 72, 73, 80, 98, 102, 105, 133–134, 137, 144, 166

阿拉伯人克城（capture by Arabs）93, 158–162, 182

坦杜尼亚斯（Tendunias）, 170–174

梯弗里斯（Tiflis）66–69, 97–98

提比略二世（Tiberius II）5, 8, 11, 28, 80

天房（Kaaba）82, 86, 88, 203

铁桥之战（Iron Bridge, battle of）151

铁索之战（Chains, battle of the）101–102, 104

帖撒罗尼迦（Thessalonica）48,

51, 218–219, 221, 233 n.21

突厥人, 突厥汗国 (Turks, Turkic Khaganate) 5, 8, 12, 14, 17, 19–20, 22, 28–29, 77, 98–99, 161, 205–207, 215, 217, 220, 222–224, 231 n.18–19, 236 n.12, 237 n.20, 另见拔汗那, 可萨 (Ferghana, Khazars)

与希拉克略缔盟 (alliance with Heraclius) 66–68, 71, 74, 76, 97–98, 134, 155, 198

图尔之战 (Tours, battle of) 213–214

图斯塔尔 (Tustar) 182–184, 201, 236 n.8

托罗斯山 (Taurus Mountains) 21, 42, 51, 58, 145, 149, 152, 158, 220

W

瓦尔丹 (Wardan) 114

瓦汉 (Vahan) 69, 115, 120–133, 144–145, 156, 197–198

瓦拉贾之战 (Walaja, battle of) 102–105, 134, 156

瓦拉兹提罗茨 (Varaztirochs) 115

瓦伦蒂努斯 (Valentinus) 179–180, 200

桅杆之战 (Masts, battle of) 218

维赫-阿尔达希尔 (Veh-Ardashir) 160–162

瘟疫 (Plague) 4, 12, 50, 158, 169, 233 n.26, 另见阿姆瓦斯瘟疫 (Plague of Amwas)

沃洛加索塞塔 (Vologaesocerta) 160–161

乌布拉 (Ubulla) 101–102, 181

乌胡德之战 (Mount Uhud, battle of) 83–84, 94, 181

乌拉·本·哈德拉米 (Ula b. al-Hadrami), 184

乌莱斯 (Ullais) 104–106, 135

乌萨马·本·扎伊德 (Usama b. Zayd) 89, 108, 110

乌斯曼·本·阿比·阿斯 (Usman b. Abi al-Aas) 192

乌特巴·本·加兹万 (Utba b. Ghazwan) 181

伍麦叶哈里发政权 (Umayyad caliphate):

建立 (Establishment), 另见阿里·本·阿比·塔利布, 第一次穆斯林内战, 第二次穆斯林内战, 穆阿威叶, 奥斯曼·本·阿凡 (Ali b. Abi Talib; Fitna, First; Fitna, Second; Mu'awiya; Uthman b. Affan)

征服 (conquests), 另见拉贾斯坦之战, 图尔之战 (Rajasthan, battle of; Tours, battle of)

阿非利加 (Africa) 210–211

西班牙 (Spain) 211–212

中亚 (Central Asia) 214–215

与可萨人交兵 (war with the

Khazars）217
第一次围困君士坦丁堡（first siege of Constantinople）218—219
第二次围困君士坦丁堡（second siege of Constantinople）219—220
战败（defeat），见阿拔斯王朝，第三次穆斯林内战（Abbasids；Fitna, Third）
勿斯里（Misr）171，174，178

X

西班牙（Spain），1，4—6，8—9，48，96，197，211—214，237 n.19
西亚赫（Siyah）,183
希拉（Hira）29，79，99，101—107，111，133—134，136—137，154
希拉克略（Heraclius），见书中各处
　血统及家族（origins and family）5，31—32，152，229 n.7—8，另见欧多西娅（希拉克略之妻），埃皮法尼娅（希拉克略之母），格列高利（希拉克略叔父），老希拉克略，玛利亚，玛蒂娜，尼切塔斯，狄奥多尔（希拉克略之弟），狄奥多尔（希拉克略之侄）（Eudocia, wife of Heraclius; Epiphania, mother of Heraclius; Gregory, uncle of Heraclius; Heraclius the Elder; Maria; Martina; Nicetas; Theodore, brother of Heraclius; Theodore, nephew of Heraclius）
　子女（children）75，200，另见君士坦丁三世，埃皮法尼娅（希拉克略之女，）欧多西娅（希拉克略之女），赫拉克洛纳斯，约翰·阿撒拉里科斯，狄奥多西（希拉克略之子）（Constantine III; Epiphania, daughter of Heraclius; Eudocia, daughter of Heraclius; Heraklonas; John Athalarichos; Theodosius, son of Heraclius）
　反叛福卡斯（revolt against Phocas）27，33—37
　处斩福卡斯（execution of Phocas）36
　加冕（coronation）36
　迎娶欧多西娅（marries Eudocia）36
　迎娶玛蒂娜（marries Martina）49，115—116
　应对科门蒂奥鲁斯（dealing with Comentiolus）36—37
　应对普里斯库斯（dealing with Priscus）40—41
　与波斯人作战（war with the Persians）xii，38—49，51—74，77，222，224
　　洗劫凯撒里亚（sack of

Caesarea）40

兵败安条克（defeat at Antioch）41–42

622年的东征（campaign of 622）51–53

624–625年的东征（campaign of 624–625）53–59

627–628年的东征（campaign of 627–628）66–74, 另见尼尼微之战（Nineveh, battle of）

与卡瓦德的和议（peace treaty with Kavad）74

战后（post-war）95–99, 107, 170

与阿瓦尔人的关系（relations with the Avars）, 53, 君士坦丁堡之围（siege of Constantinople）xiii, 60–65, 67

与突厥人的关系（relations with the Turks）66–67

与沙赫巴勒兹的谈判（negotiations with Shahrbaraz）67–68, 75–76, 97

驾临耶路撒冷（visit to Jerusalem）76, 97, 另见真十字架以及阿拉伯征服（True Cross and the Arab conquests）113–122, 133–155

停驻埃梅萨及撤军（at Emesa and withdrawal）113–114, 117–120

任命瓦汉（appointment of Vahan）115, 122

与狄奥多尔失和（falling out with Theodore）115

阿撒拉里科斯谋篡（plot of Athalarichos）115–116

耶尔穆克战后撤往安纳托利亚（retreat to Anatolia, post-Yarmuk）133, 147, 149–152, 158

与伊嗣俟协同作战（coordination with Yazdgerd）144–145

将亚美尼亚和美索不达米亚作为防御重心（prioritising Armenia and Mesopotamia）152–155

赛勒斯和埃及（Cyrus and Egypt）176

与基督教（and Christianity）7, 46, 51, 96, 115–116, 197, 223, 233 n.4

与伊斯兰教（and Islam）86, 97, 108

立嗣（succession）179, 199–201

疾病（illness）196, 236 n.1

死亡（death）176, 179–180

功绩与遗产（achievements and legacy）75, 95, 196, 197–199, 201

希拉克略·君士坦丁（Heraclius Constantine）, 见君士坦丁三世（Constantine III）

希腊（Greece）48, 222

希腊火（Greek fire）218, 220, 225
昔兰尼加（Cyrenaica）33, 208, 210, 237 n.1
锡尔河（Jaxartes River）205, 215
锡芬之战（Siffin, battle of）204–205
锡斯坦（Sistan）, 192, 194, 206
信德（Sindh）, 192, 216
匈人（Huns）1, 4, 5, 8, 12, 14, 19, 51
叙利亚（Syria）7, 21–23, 36, 58, 72, 75, 79, 82–83, 98, 154, 168, 170, 205
 波斯征服（Persian conquest）31, 41–43, 47, 60, 67–68, 74
 阿拉伯征服（Arab conquest）97, 105, 108–133, 136–137, 141, 145, 149–152, 156–158, 168, 197–198, 200, 202–204, 217–218

Y

亚伯拉罕（伊斯兰教称易卜拉欣）（Abraham）15, 82, 88, 108, 162
亚丁湾（Gulf of Aden）22, 77, 119
亚喀巴（Aqaba）109–110, 172
亚历山大城（Alexandria）6, 33, 55, 93, 171, 174–176, 180, 206, 225
 希拉克略反叛（Heraclian revolt）34；波斯征服（Persian conquest）47–48；穆斯林"围城"与该城投降（Muslim 'siege' and capitulation）167, 177–180
亚历山大大帝（Alexander the Great）xii, 12, 14, 69, 72, 169, 195
亚美尼亚人，亚美尼亚（Armenians, Armenia）8, 9, 23, 37, 51–53, 60, 221
 与罗马的交往（Roman interaction with）21–22, 24, 41, 55–56, 58, 74, 149, 170, 216–217, 219
 服役罗马军队（service in the Roman army）12, 114, 120, 133, 152, 218, 另见瓦尔丹，瓦汉，大卫·萨哈鲁尼，瓦拉兹提罗茨，布奇纳特，乔治（耶尔穆克之战的罗马将领）(Wardan; Vahan; David Saharuni; Varaztirochs; Buccinator; George, Roman commander at Yarmuk)
 与萨珊的交往（Sassanid interaction with）14, 21–22, 30–31, 38–40, 74
 服役波斯军队（service in the Persian army）19, 另见罗赫·韦罕（Roch Vehan）
 与穆斯林的交往（Muslim interaction with）133, 153–

155，197，216–217，219，226，235 n.6–7，237 n.14

突厥人入侵（Turkic invasion）98

与希拉克略家族的往来（links to the Heraclii）31–33，152，229 n.7

基督一性论（Monophysitism）7，197

耶尔穆克之战（Yarmuk, battle of）xiv，94，109，113，120–133，144，146–147，149，155–156，158，167–168，192，197–198，214

耶路撒冷（Jerusalem）3，6，47，55，76，86，93，97，108，113–114，223–224

波斯人围城（Persian siege）7，16，43–47

穆斯林围城（Muslim siege）146–148，166

耶马迈之战（Yamamah, battle of）89–90，101，105，110–111，181

耶齐德·本·阿比·苏夫扬（Yazid b. Abi Sufyan）109–111，113–114，119–133，147–149，156，157

嚈哒人（Hephthalites）14，19，22，194

伊比利亚半岛（Iberian Peninsula）211–212

伊比利亚人（Iberians）14，57，66，155，217

伊斯比扎罕（Isbeezahan）187–190

伊斯凡迪亚尔（Isfandiar）194–195

伊斯兰教（Islam）：

背景（background），15，80，82，86，另见易卜拉欣（Abraham）

史料来源（sources），xiv–xv，81，203，另见《古兰经》（Qur'an）

建立（establishment）xiii–xiv，77，81–87，另见穆罕默德（Muhammad）

信条（tenets）81–82，87–88，155–156，183

先知（prophets）88，108，184–185

圣迁（Hijra）82，86，88，202

逊尼-什叶两派分裂（Sunni-Shi'ite division）89，223，另见阿里·本·阿比·塔利布（Ali b. Abi Talib）

哈瓦利吉派（Kharijites）204–205，223

朝觐（Hajj）107，181

清真言（shahadah）87–88，113

宽容（tolerance）xiii，148，179，212，223–224

伊嗣俟三世（Yazdgerd III）19，98，101，104–105，134，136，144，161–162，165–166，182，185–187，194–196，205–208，226

伊苏里亚人利奥三世（Leo III the Isaurian）220–222

伊亚德·本·甘姆（Iyad b. Ghanm）99–101，106，136–137，154–155，

158, 167, 216, 223, 226, 235 n.6
意大利（Italy）xiv, 3–6, 8–9, 22, 25, 28, 48, 96, 210, 218, 221, 232 n.27, 另见意大利总督区（或称拉韦纳总督区），伦巴第人，教皇职位（Exarchate of Italy/Ravenna, Lombards, Papacy）
意大利总督区（或称拉韦纳总督区）（Exarchate of Italy/Ravenna）6, 28, 48
因塔克（Intaq）162
印度（India）xiii, 14, 17, 20, 22, 77, 192, 207, 216, 223, 225
印度河（Indus River）119, 166, 192, 216
犹太人，犹太教（Jews, Judaism）7–8, 15–16, 50, 55, 75, 82, 88, 108, 148, 207, 218, 223, 227 n.10, 228 n.40, 233 n.4
波斯人围困耶路撒冷（Persian siege of Jerusalem）43–46
犹太阿拉伯人（Jewish Arabs）43, 80, 82, 86, 88, 93, 另见古莱扎部落（Qurayza）
反犹主义（anti-Semitism）46, 75, 148, 230 n.16
幼发拉底河（Euphrates River）29, 31, 40, 111, 114, 133–136, 144, 152, 154–155, 181, 204, 225

阿拉伯征服（Arab conquest）99–108
约旦河（Jordan River）110, 117, 146
约翰·阿撒拉里科斯（John Athalarichos）53, 115–116, 198

Z

扎卜河（Zab River）69–71
扎卜河之战（Zab River, battle of the）205, 226
扎特萨拉希尔（Dhat al-Salasil），见铁索之战（Chains, battle of）
詹德萨布尔（Junde Sabur）183–184
真十字架（True Cross）45–46, 76, 95, 97, 147
中国人，中国（Chinese, China）xiii, xiv, 14, 17, 194, 205–207, 214–215, 220, 222–223, 225, 233 n.19, 237 n.24
朱奈德·本·阿布德·拉赫曼（Junayd b. Abd al-Rahman）216
祖拜尔·本·阿瓦姆（Zubayr b. al-Awwam）172–178, 202, 204
祖海尔·本·卡伊斯（Zuhair b. Qais）210–211
祖赫拉·本·哈维亚（Zuhra b. al-Hawiyya）138–144, 160–162
祖迈尔（Zumail）107, 134, 156